A CHAVE PARA ENTENDER A BÍBLIA
O NOVO TESTAMENTO

A CHAVE PARA ENTENDER A BÍBLIA

O NOVO TESTAMENTO

J. David Pawson, M.A., B.Sc

Anchor Recordings

Copyright © 2018 David Pawson
Unlocking the Bible New Testament

Uma publicação da Anchor Recordings Ltd
DPTT, Synegis House, 21 Crockhamwell Road,
Woodley, Reading RG5 3LE, UK

Os direitos autorais referentes a este livro são assegurados a
David Pawson, de acordo com a Lei de Direitos Autorais, Desenhos Industriais
e Patentes de 1988 (Reino Unido).

Todos os direitos reservados.
Nenhuma parte desta publicação pode ser reproduzida ou distribuída, em qualquer forma ou por quaisquer meios, sejam eles eletrônicos ou mecânicos, incluindo fotocópias e gravações, ou por qualquer sistema de armazenamento e recuperação de informações, sem autorização prévia, por escrito, da Editora.

A menos que indicado de outra forma, todas as referências das Escrituras são da Biblia Sagrada, Nova Versão Internacional®, NVI® Copyright © 1993, 2000 by Biblica®. Usado com permissão. Todos os direitos reservados.

Outras versões bíblicas utilizadas:

(ARA) Almeida Revista e Atualizada, copyright 2009 Sociedade Bíblica do Brasil. Todos os direitos reservados.

(ARC) Almeida Revista e Corrigida, copyright 1995 Sociedade Bíblica do Brasil. Todos os direitos reservados.

(NTLH) Nova Tradução na Linguagem de Hoje, copyright 2000 Sociedade Bíblica do Brasil. Todos os direitos reservados.

(KJA) Bíblia King James Atualizada, copyright 1999 AbbaPress.
Todos os direitos reservados.

Traduzido por Cláudia Vassão Ruggiero
Revisado por Elisabete da Fonseca

Esta tradução para o português foi publicada
pela primeira vez na Inglaterra, em 2018 por
Anchor Recordings Ltd

ISBN 978-1-911173-49-6

SUMÁRIO

II – O NOVO TESTAMENTO

O EIXO CENTRAL DA HISTÓRIA 9
36. Os Evangelhos 11
37. Marcos 37
38. Mateus 41
39. Lucas e Atos 67
40. Lucas 79
41. Atos 103
42. João 129

O DÉCIMO TERCEIRO APÓSTOLO 161
43. Paulo e suas cartas 163
44. 1 e 2 Tessalonicenses 181
45. 1 e 2 Coríntios 201
46. Gálatas 225
47. Romanos 267
48. Colossenses 289
49. Efésios 303
50. Filipenses 319
51. Filemom 339
52. 1 e 2 Timóteo e Tito 345

DO SOFRIMENTO À GLÓRIA   **375**
53. Hebreus   377
54. Tiago   411
55. 1 e 2 Pedro   435
56. Judas   467
57. 1, 2, e 3 João   487
58. Apocalipse   519
59. O Milênio   619

O EIXO DA HISTÓRIA

36. Os Evangelhos

37. Marcos

38. Mateus

39. Lucas e Atos

40. Lucas

41. Atos

42. João

36.
OS EVANGELHOS

Introdução

A Bíblia é composta por obras de 40 autores diferentes, escritas ao longo de mais de 1.400 anos. Deus não nos deu um compêndio de textos divididos por capítulos e versículos numerados, ou mesmo livros doutrinários, organizados de forma sistemática. Ele nos deu, sim, uma biblioteca com **diferentes tipos de literatura**, bastante diversificados, como poesia e história, cartas e revelação – obras redigidas em três línguas diferentes: basicamente grego e hebraico, com um pouco de aramaico.

Variedade
Essa biblioteca reflete **os pontos de vista e as personalidades singulares** dos vários autores, assim como duas obras que fazem parte do acervo de uma biblioteca são singulares, pois cada uma possui características particulares, conforme a individualidade de seus autores. É importante termos em mente que o Espírito Santo, o divino "editor" da Bíblia, não tratou os autores como processadores de texto, exigindo que comunicassem a verdade sem levar em conta suas mentes e seus corações. Inquestionavelmente, o Espírito Santo foi o grande autor, porém, ao mesmo tempo, os próprios indivíduos eram livres para se expressar à sua maneira. Na realidade, poucos deles imaginavam que o texto que escreviam um dia faria parte da Bíblia Sagrada.

Tendo isso em mente, as aparentes contradições bíblicas podem muitas vezes ser esclarecidas quando fazemos uma análise das **intenções dos autores**. Vejamos, por exemplo, a controvérsia entre a afirmação de Paulo de que não somos salvos pelas obras, mas pela fé, e o que Tiago ensina em sua epístola sobre a necessidade das boas obras. Paulo e Tiago tinham expectativas diferentes quando abordaram o tema da fé em suas cartas. Paulo, ao escrever aos Romanos, trata de questões relacionadas à salvação e aconselha os cristãos a não buscar a salvação pelas obras. Tiago afirma que as obras acompanham a fé, por isso atestam que ela é genuína.

Unidade
Apesar dessa variedade, a Bíblia também transparece, ao mesmo tempo, sua autoria divina. Um tema universal está presente de Gênesis a Apocalipse: o **desenrolar do drama da redenção**. As passagens de Gênesis 1–3 e Apocalipse 21–22 têm semelhanças marcantes apesar de terem sido escritas com um intervalo de 1.400 anos entre elas, o que reflete a ação de Deus de forma maravilhosa. É possível reconhecer a unidade da Bíblia sem presumir que os relatos sejam igualmente uniformes. Assim como Deus é três em um, também a sua palavra reflete tanto a unidade quanto a variedade.

Abordagens do estudo bíblico
Precisamos considerar esses aspectos sempre que nos propusermos a estudar a Bíblia. Duas abordagens são igualmente importantes:
1. Variedade: analisar um livro e perceber em que aspectos ele se **difere** de outros livros.
2. Unidade: observar em que pontos ele se **assemelha** a outros livros, e que lugar ele ocupa no todo.

As pessoas com uma visão liberal da Bíblia tendem a se concentrar na variedade, negando as alegações quanto à sua unidade. Os que leem a Bíblia a partir de uma perspectiva evangélica concentram-se na unidade, com receio de que a atenção dedicada à variedade possa revelar contradições.

É preciso manter um equilíbrio entre o reconhecimento da autoria divina e a inerente unidade da Bíblia, e, simultaneamente, examinar cada livro como obra de um ser humano que, ao escrever, tinha um objetivo específico em mente. Se nos concentrarmos apenas na autoria divina, podemos, involuntariamente, assimilar uma verdade absoluta a partir de uma perspectiva incorreta, deixando de observar a maneira por meio da qual os diferentes autores trataram um tema. Equivocadamente, analisamos trechos sobre determinados temas sob o contexto geral da Bíblia [ou biblioteca], com uma única mensagem e um único estilo, esquecendo-nos de que Deus usou o contexto específico do livro e das particularidades do autor para comunicar sua verdade. Por outro lado, se nos concentrarmos na individualidade do livro apenas, é possível que nos esqueçamos de que ele faz parte de uma biblioteca com volumes reunidos por Deus, que exibem uma maravilhosa unidade de tema e propósito.

O valor dessa abordagem fica particularmente evidente quando estudamos os **Evangelhos**. De certo modo, há uma unidade de tema, pois todos os autores escrevem sobre as boas novas de Jesus. Todos registram eventos ocorridos no mesmo espaço de tempo, com as mesmas pessoas e nos mesmos lugares, porém cada um considera um **foco e um público-alvo específico**. É o caso específico do Evangelho de João, que se distingue de forma evidente dos outros Evangelhos "sinópticos", que, por sua vez, têm muitos pontos em comum. Tão logo estudarmos especificamente essas diferenças, o traço distintivo de João ficará evidente.

Os Evangelhos

O relato dos Evangelhos é o que mais se aproxima de uma biografia de Jesus, pois cobre sua vida, morte e ressurreição.

O que poucos percebem, no entanto, é que eles foram escritos em um estilo peculiar, desconhecido no primeiro século e sem equivalente na literatura moderna. Os leitores cautelosos sabem que, para interpretar os Evangelhos de forma adequada, devem analisar cada versículo tanto em seu contexto imediato *como* no contexto do livro como um todo. Essa tarefa pode se tornar difícil para aqueles que não compreendem o *estilo* de literatura que estão lendo. Antes de analisarmos cada Evangelho separadamente, é preciso esclarecer o que é um "Evangelho".

O que é um Evangelho?
Um Evangelho definitivamente não é uma autobiografia, pois Jesus jamais escreveu qualquer livro. Porém, também não é uma biografia simplesmente, visto que mais de um terço das páginas de cada Evangelho descreve a morte de Jesus. Nenhuma biografia dedicaria um terço de suas páginas à morte da pessoa biografada, por mais espetacular ou trágica que essa morte tenha sido. Talvez a melhor comparação com a vida moderna não esteja no mundo literário, mas no mundo da mídia. Um Evangelho se assemelha a um **boletim de notícias**.

A palavra "Evangelho" é uma versão do termo grego *evangelion*, usado na época do Novo Testamento para descrever a proclamação de notícias impactantes, anunciadas por um mensageiro que percorria cidades e vilarejos da região. A derrota de um inimigo ou a morte de um imperador seriam exemplos típicos do tipo de notícia divulgada. Um Evangelho, da mesma forma, é a proclamação de notícias animadoras. Subentende-se aqui que o mundo jamais será o mesmo quando ouvi-las.

Assim como as notícias costumam ser anunciadas em voz alta, a leitura dos Evangelhos (bem como do restante do Novo Testamento) também deveria ser feita dessa forma. Ler os Evangelhos tanto silenciosamente quanto em voz alta (mesmo que para nós mesmos) pode ser uma atividade muito proveitosa.

Por que foram escritos?
É clara a razão pela qual os Evangelhos foram escritos na forma como os conhecemos hoje. Nas primeiras décadas, após a ascensão de Cristo, a igreja crescia em número e espalhava-se pelo mundo romano, à medida que os apóstolos proclamavam a mensagem do Evangelho. Desse modo, muitos desejavam ouvir as "notícias" diretamente daqueles que haviam acompanhado de perto os eventos da vida de Jesus. Tornou-se imperativo que as **testemunhas** da mensagem e dos atos de Jesus registrassem **relatos fidedignos** de sua vida e época.

Por que há quatro Evangelhos?
O primeiro elemento que surpreende muitos é o fato de haver quatro Evangelhos que coincidem consideravelmente em conteúdo e vocabulário. Para algumas pessoas, parece desnecessário que haja quatro Evangelhos, especialmente se o conteúdo deles for o mesmo, como parece ser o caso. Não teria sido muito mais conveniente se houvesse apenas um? Por que alguém não reuniu todo o material e produziu um único volume com a contribuição individual de cada escritor?

Aparentemente, essa seria uma abordagem lógica e sensata, mas um elemento importante se perde sempre que alguém tenta agrupar os Evangelhos em um único volume. Deus teve um bom motivo para inspirar quatro Evangelhos diferentes, assim como teve uma boa razão para duplicar outros trechos da Bíblia. Há, por exemplo, dois relatos da criação – Gênesis 1 e 2 – sendo que um deles retrata a perspectiva de Deus e o outro, a perspectiva do homem. Também encontramos dois relatos da história de Israel em Reis e Crônicas, com pontos de vista completamente diferentes, embora as passagens cubram o mesmo período. Da mesma forma, temos quatro relatos da vida e morte de Jesus, porque foi desejo de Deus nos oferecer vários ângulos distintos, a fim de que pudéssemos ter a visão do todo. Se você quisesse mostrar a alguém um avião Concorde através de fotografias, precisaria de pelo menos quatro ou cinco imagens, do contrário não seria possível entender todo o conceito da aeronave, uma vez que ela parece diferente dependendo do ângulo em que é vista. Do mesmo modo, sendo Jesus a pessoa mais admirável que já existiu, Deus inspirou quatro pessoas a observá-lo por nós e registrar o que dele vissem e ouvissem. Cada autor dos Evangelhos escreveu sobre Jesus de forma independente, sob sua própria perspectiva.

INSPIRAÇÃO

Essa perspectiva da produção dos Evangelhos nos mostra algo importante a respeito da inspiração das Escrituras. Ela destaca que os autores da Bíblia não eram "processadores de texto", que redigiam palavras ditadas diretamente da boca de Deus. Deus escolheu usar indivíduos que pudessem acrescentar sua própria percepção de quem era Jesus e assim transmitir a mensagem considerando um alvo específico. O que eles escreveram, no entanto, não deixa de ser a palavra de Deus, totalmente inspirada. A Bíblia é, simultaneamente, palavra do homem e palavra de Deus. A inspiração, portanto, inclui a individualidade de cada autor.

Como os Evangelhos se distinguem entre si?
Após a morte de uma figura conhecida, costuma surgir uma série de obras a seu respeito.
 1. As primeiras publicações geralmente contam **o que a pessoa fez**; os obituários servem a esse fim.

2. Um tempo depois, as pessoas se interessam **pelo que a pessoa disse** e, assim, começam a publicar coleções de cartas e discursos.

3. Chega-se então ao terceiro estágio, no qual as pessoas não estão mais interessadas em conhecer palavras ou ações, mas em descobrir **quem era a pessoa** e examinar seu caráter, motivação e verdadeira natureza.

Os quatro Evangelhos seguem esses estágios de forma clara, como demonstra a tabela na página 21. Marcos, por exemplo, se interessa mais pelo que Jesus fez, concentrando-se em suas ações, seus milagres, sua morte e ressurreição. Mateus e Lucas destacam o que Jesus disse e registram mais pregações, em comparação a Marcos. João, no entanto, não está interessado apenas no que Jesus fez, nem se concentra no que ele disse. Seu foco maior está na identidade de Jesus: quem ele era. Embora os Evangelhos sejam formas peculiares de literatura, eles incluem uma ampla reflexão sobre Jesus, proporcionando uma visão completa e oferecendo ao leitor uma compreensão abrangente.

Como estudar os Evangelhos
Uma vez observada a singularidade de cada Evangelho como forma de literatura, há dois níveis pelos quais podemos analisá-los a fim de desvendar sua mensagem. O primeiro deles já foi apresentado, a saber, a necessidade de examinar cada Evangelho do ponto de vista da **percepção do autor**, avaliando o ângulo do escritor – o que ele viu e entendeu a respeito de Jesus. O outro é abordar o Evangelho com base na **intenção do autor** e na reação que ele esperava obter de seus leitores. Esses dois níveis se sobrepõem, mas serão de grande ajuda quando examinarmos cada livro.

A percepção do autor

Cada autor dos Evangelhos quis transmitir uma percepção específica a respeito de Jesus que se reflete em seu relato (veja a tabela na página 21). Seu desejo não era simplesmente trazer à lembrança as palavras e os feitos de Jesus, mas também oferecer um contexto no qual a vida de Jesus pudesse ser compreendida. Não há um ponto de vista necessariamente exclusivo de um Evangelho: há uma sobreposição entre os autores, porém fica evidente que cada um deles tem uma percepção principal.

- Marcos escreveu o primeiro e mais breve Evangelho, no qual apresenta Jesus como o Filho do homem.
- Lucas escreveu o segundo Evangelho e via Jesus como o Salvador do mundo.
- Mateus escreveu o terceiro Evangelho, retratando Jesus como o Rei dos judeus.
- João, o autor do quarto Evangelho, mostra Jesus como o Filho de Deus.

Os autores deliberadamente estruturaram seu relato da maneira que melhor transmitisse suas perspectivas individuais.

A intenção do autor

Entretanto, também precisamos considerar cada Evangelho segundo a perspectiva do leitor. Cada autor se dedica a comunicar sua percepção de Jesus a um público-alvo específico.

Um estudo detalhado indica que os Evangelhos de Mateus e João foram escritos para os crentes:

- Mateus tem o cuidado de escrever para os novos cristãos e seu livro nos ensina a viver como discípulos.

- O Evangelho de João foi escrito para crentes maduros, com o intuito de encorajá-los a persistir em sua fé em Jesus e de combater as heresias a respeito de João Batista e do próprio Jesus.

Marcos e Lucas, por sua vez, foram escritos principalmente para incrédulos:

- Marcos está interessado em despertar seus leitores para as boas novas a respeito de Jesus, a fim de que depositem nele sua fé.
- Lucas, o único autor gentio da Bíblia, direciona a mensagem de Cristo aos demais gentios.

Os autores fazem a seleção dos temas e organizam seu relato considerando esses diferentes públicos-alvo.

Semelhanças

Já falamos sobre a sobreposição de conteúdo e de vocabulário presente nos Evangelhos, sendo a semelhança entre os três primeiros particularmente marcante. Na verdade, 95% do conteúdo de Marcos está incluído em Mateus e Lucas, em alguns casos com texto idêntico ou equivalente. Esses três primeiros Evangelhos são conhecidos como **"sinópticos"**. O termo "sinóptico" é formado por duas palavras gregas: *sin*, que significa "com", e *opsis*, que quer dizer "ver" ou "vista". Os autores dos três primeiros Evangelhos refletem praticamente a mesma perspectiva de Jesus em seu texto, diferentemente de João, que escreve de forma mais independente. Há uma enorme mudança quando concluímos a leitura de Mateus, Marcos e Lucas e passamos a ler o Evangelho de João.

Boa parte do texto é comum aos três Evangelhos. Alguns elementos são encontrados somente em Marcos, mas tanto Mateus quanto Lucas usaram parte desse material, de maneiras diferentes. Mateus fragmentou Marcos em pequenos pedaços e os mesclou ao seu próprio material, enquanto Lucas apropriou-se de partes do Evangelho de Marcos, usando trechos inteiros.

Obviamente, surgem algumas perguntas: "Mateus e Marcos usaram o Evangelho de Lucas?" ou "Mateus e Lucas basearam-se no Evangelho de Marcos e o expandiram?" ou, quem sabe, "Marcos resumiu o texto de Mateus e de Lucas?". É mais provável que Mateus e Lucas tenham trabalhado com base no Evangelho de Marcos, expandindo-o. Parte do relato de Mateus é única, não foi extraída de nenhuma outra fonte, e Lucas também apresenta conteúdo original.

O RELATO DE MARCOS COMO BASE

Como era de se esperar, os três Evangelhos sinópticos têm uma conexão literária evidente, fundamentada em Marcos. Embora seja o segundo na sequência do Novo Testamento, é praticamente certo que o Evangelho de Marcos tenha sido escrito primeiro. Marcos divide-o cuidadosamente em duas partes, com um intervalo entre elas. A primeira cobre o ministério de Jesus no Norte, na região da Galileia. A segunda parte relata a movimentação de Jesus rumo à Judeia, no Sul. Exceto por um incidente em Nazaré, quando os habitantes da cidade tentaram lançá-lo de um penhasco, Jesus era muito popular no Norte, onde tinha milhares de seguidores. No Sul, entretanto, era muito impopular e enfrentava problemas frequentemente. As autoridades judaicas eram hostis e poucas pessoas o seguiam. Levando em conta essa divisão, o relato de Marcos alcança o ápice quando Jesus deixa o ambiente amistoso do Norte e segue em direção à hostilidade e consequente morte encontradas no Sul.

Essa estrutura bifásica também é usada como base tanto

por Mateus quanto por Lucas. O Evangelho de Lucas foi o segundo a ser escrito. O autor reescreveu o texto de Marcos, acrescentando conteúdo original e outros conteúdos que aparecem em Mateus. Esses conteúdos provavelmente vêm de uma fonte independente, oral ou escrita, conhecida tanto por Mateus quanto por Lucas, e designada pelos estudiosos do Novo Testamento como "Q" por causa da palavra alemã para "fonte" (*Quelle*). Mateus, portanto, preparou seu Evangelho acrescentando os resultados de sua própria pesquisa, inclusive conteúdo de fonte "Q", mas dispondo-o de forma diferente para servir ao seu propósito pessoal.

Conclusão

Se quisermos compreender plenamente a mensagem de um Evangelho, é importante que compreendamos o que é um Evangelho e para quem ele foi escrito. A tabela abaixo resume a introdução aos Evangelhos.

QUATRO EVANGELHOS
Marcos – Jesus, o Filho do homem
Mateus – Jesus, o Rei dos judeus
Lucas – Jesus, o Salvador do mundo
João – Jesus, o Filho de Deus

TRÊS ESTÁGIOS
O que Jesus fez – Marcos
O que Jesus disse – Mateus/Lucas
Quem era Jesus – João

DOIS ÂNGULOS
Autor – percepção: o quê? como?
Leitor – intenção: para quem? por quê?

Nos Evangelhos encontramos quatro boletins de notícias que falam sobre a pessoa e obra de Cristo, com relatos singulares em primeira mão de sua vida e de sua época, elaborados com o propósito de trazer amadurecimento aos cristãos fiéis ou de convencer os incrédulos a depositarem sua fé naquele a quem Deus enviou. Melhor é lê-los de uma só vez, preferivelmente em voz alta, da forma como eram anunciados antes de serem registrados em texto.

São livros extraordinários, pois descrevem "o eixo da história". O mundo jamais será o mesmo. Cristo veio, simultaneamente como homem e Deus, para ser o Salvador do mundo. Graças a isso, o tempo foi dividido em duas épocas a.C. (antes de Cristo) e d.C. (depois de Cristo).

37.
MARCOS

Introdução

Vimos na introdução geral aos Evangelhos (páginas 11–23) que Marcos foi o primeiro Evangelho a ser escrito, embora seja o segundo na sequência do Novo Testamento. Foi escrito primeiramente para **incrédulos** e, logo no início, é possível perceber seu estilo vívido, dramático e emocional. Depois de iniciada, é difícil interromper sua leitura.

Quem foi Marcos?
O autor do Evangelho de Marcos, assim como os autores dos outros três Evangelhos, não informa o próprio nome. Recusa-se a atrair a atenção para si mesmo, embora haja claras evidências de quem ele seja. É quase como se desejasse que toda a nossa atenção se voltasse para Jesus, e não para o autor. É um homem com três nomes, cada um deles trazendo uma pista de sua origem.

1. "Marcos" vem do nome latino **Marcus** e nos revela que, mesmo sendo judeu, o autor tinha algum tipo de conexão oficial com os romanos. Não sabemos ao certo que tipo vínculo era esse, mas sua família tinha uma grande casa em Jerusalém e talvez desfrutasse de algum status social, com, pelo menos, uma criada.
2. Seu nome hebraico era **Yohanan** ou João, que significa "*Yahweh* (Deus) mostrou graça", e ele era conhecido como João Marcos.
3. Seu terceiro nome é pouco comum: **Colobodactylus**, um nome grego que significa "dedos gorduchos". O primeiro Evangelho a ser escrito teve a autoria de alguém com dedos gorduchos!

Marcos, portanto, tinha três nomes, um apelido grego, um nome latino e outro hebraico.

A CASA DE SUA FAMÍLIA

O nome da mãe de Marcos era Maria, ou Miriam em hebraico. Há grande possibilidade de sua casa ter sido o local da última ceia. Essa conclusão deve-se a um incidente inusitado na ocasião da prisão de Jesus, imediatamente após a última ceia, que fora realizada numa sala do "andar superior", em Jerusalém.

Lemos que enquanto Jesus estava sendo levado, os soldados tentaram prender um jovem que vestia apenas um lençol de linho. Ele escapou, deixando o lençol nas mãos de um dos soldados, e fugiu nu na escuridão da noite. Esse é um detalhe um tanto insólito para ser incluído, a menos que o jovem fosse o próprio João Marcos que, tendo deixado sua casa apressadamente para seguir os discípulos até o jardim, se escondera atrás de uma daquelas antigas oliveiras, o que lhe permitira ouvir a oração de Jesus e presenciar o momento de sua prisão. Isso explicaria o fato de conhecermos os detalhes da oração de Jesus, que estava fora do alcance da audição dos discípulos que ele levara consigo.

Tudo isso é especulação, mas é muito provável que o local da última ceia tenha sido a casa de João Marcos e que esse incidente confirme sua autoria.

Como ele obteve as informações?
João Marcos não fazia parte do grupo dos apóstolos. Ainda jovem, ele teria visto Jesus, sem, contudo, se tornar uma figura de destaque nos eventos que sucederam. Embora seja mencionado em outras passagens do Novo Testamento, ele é sempre retratado como "coadjuvante" ou como assistente de alguém. Por essa razão, talvez surpreenda que, entre

tantos outros, João Marcos tenha sido o autor do primeiro Evangelho.

Ele foi assistente de três grandes líderes cristãos da igreja primitiva, e isso nos dá uma pista quanto à fonte de seu material. Primeiramente, ele auxiliou seu primo mais velho, Barnabé, um levita de Chipre. Aparentemente, **Barnabé** o treinou para o serviço cristão.

Em seguida, Marcos tornou-se assistente do apóstolo Paulo e, juntamente com Barnabé, acompanhou-o em sua primeira viagem missionária. A experiência não foi um sucesso completo, pois João Marcos retornou quando eles alcançaram a costa da Ásia Menor. Em Atos, Lucas não informa a razão exata da partida de João Marcos. Talvez ele sentisse saudade de casa. Alguns especulam que teve dificuldade para aceitar a liderança de Paulo por acreditar que seu primo Barnabé deveria ser o líder. Outros sugerem que os riscos de ataques dos bandidos o desanimaram. Não sabemos ao certo. O que sabemos, no entanto, é que, quando Paulo e Barnabé partiram em sua segunda viagem, João Marcos tornou-se o foco de uma discussão, na qual Paulo insistia em deixar o jovem de fora da próxima missão, por causa de sua deserção anterior, enquanto Barnabé argumentava que ele deveria acompanhá-los na viagem. Por essa razão, Paulo e Barnabé acabaram encerrando a parceria.

Finalmente, Marcos tornou-se assistente pessoal do apóstolo **Pedro**, que foi a Roma logo depois de Paulo. Foi através desse relacionamento que Marcos obteve as informações para o seu Evangelho. Sua tarefa inicial foi interpretar para o latim as mensagens de Pedro ministradas às igrejas durante sua viagem a Roma. Um documento da igreja primitiva nos conta que alguns membros da congregação da igreja de Roma queriam dispor dos sermões de Pedro de uma forma mais permanente. Eles temiam que a ousadia de Pedro o levasse à prisão – especialmente por viverem na época do temido imperador Nero – e cuidavam para que as lembranças que Pedro tinha de Jesus não se perdessem. O texto afirma que Pedro não ficou particularmente entusiasmado com a ideia, mas que "não dificultou nem encorajou Marcos a fazê-lo".

Estilo
Como resultado dessa estreita conexão com Pedro, o Evangelho de Marcos também é conhecido como o **"Evangelho de Pedro"**. De fato, um olhar atento aos sermões de Pedro em Atos revela uma correlação próxima com o relato de Marcos. O próprio temperamento de Pedro transparece nas páginas desse Evangelho. Poderíamos apelidar Pedro de "homem de ação", pois era impetuoso, geralmente falava sem pensar e muitas vezes queria agir enquanto outros demonstravam ser mais cautelosos. Em outros Evangelhos, tomamos conhecimento de que foi Pedro quem quis andar sobre as águas. Foi ele quem se cansou de esperar pela aparição de Jesus após a ressurreição e anunciou: "Vou pescar". Foi ele quem, estando no barco, lançou-se ao mar quando João disse que era Jesus o homem que estava em pé na praia.

Pedro não conseguia ficar estático e esse Evangelho transmite essa excitação esbaforida. A palavra "imediatamente" ocorre muitas vezes, representando o entusiasmo de Pedro pela vida. Por essa razão, Marcos é o mais vívido e intenso dos quatro Evangelhos e o mais emocionante de ser lido em voz alta. A atuação do ator Alec McCowen lotou um teatro em Londres durante meses com um recital específico do Evangelho de Marcos.

Na primeira parte de Marcos, relativamente pouca atenção é dedicada aos primeiros dois anos e meio do ministério de Jesus. O texto tem um estilo dinâmico através do qual Marcos procura levar o leitor a empolgar-se com os acontecimentos. Na segunda parte, no entanto, ele dedica mais tempo aos meses subsequentes e, em seguida, mais tempo ainda às últimas semanas de Jesus, até concentrar-se na última semana e, principalmente, no último dia, descrevendo os detalhes de cada hora. É como um trem expresso que gradativamente reduz a velocidade até parar totalmente – bem em frente à cruz.

Na estrutura de seu Evangelho, Marcos organiza todos os fatos até a morte de Jesus e então desacelera para deter-se diante da cruz. É uma peça jornalística magistral, talvez o melhor Evangelho a ser apresentado a uma pessoa que desconheça completamente Jesus e queira ler sobre essa pessoa extraordinária que é nosso Salvador e Senhor.

O conteúdo do Evangelho de Marcos

A fraqueza de Pedro

O Evangelho de Marcos, de forma característica, lança sobre Pedro uma luz que não o favorece, pois enfatiza muito mais suas fraquezas do que seus pontos fortes – quase como se Pedro acreditasse que os leitores deveriam conhecer seus **erros**. Marcos, portanto, inclui as palavras de Jesus a Pedro: "Para trás de mim, Satanás!", diante do protesto de Pedro à afirmação de Jesus sobre seu sofrimento futuro. Em contrapartida, lemos em Mateus: "Você é Pedro, e sobre esta pedra edificarei a minha igreja, e as portas do Hades não poderão vencê-la". Marcos também inclui o relato tocante do momento em que Pedro nega o Senhor, mas deixa de fora sua reintegração, que está registrada em João.

Milagres

Pedro ficou muito mais impressionado com **o que Jesus fez** do que com o que disse e, por isso, o Evangelho revela um grande entusiasmo pelos milagres de Jesus. Essa característica reflete um coração evangelista, empenhado em compartilhar a mensagem de maneira atrativa para os incrédulos. Marcos registra 18 milagres, assim como Mateus e Lucas. No entanto, ele inclui 4 parábolas, em contraste com as 18 encontradas em Mateus e as 19 em Lucas, e somente um longo discurso, no capítulo 13.

Omissões
A própria ignorância de Pedro se reflete no Evangelho. Temos a impressão de que Pedro não sabia onde ou de que forma Jesus havia nascido. Em suas pregações registradas em Atos ou mesmo em suas cartas, Pedro não dá sinais de ter qualquer conhecimento sobre o nascimento de Jesus. O conhecimento de Pedro a respeito de Jesus tem origem no evento do rio Jordão, onde ele e seu irmão André foram batizados e apresentados a Jesus por meio de João. Em Marcos, consequentemente, não há relato sobre o nascimento ou sobre a infância de Jesus. O relato do Evangelho se desenvolve a partir do ponto que marca o conhecimento de Pedro a respeito de Jesus: a pregação e o batismo de João.

Formato
O Evangelho de Marcos cobre os três anos do ministério público de Jesus, mas seu formato pode ser percebido tanto no tempo como no espaço, a saber, em sua **cronologia** e **geografia**. A narrativa dos primeiros dois anos e meio é construída até chegar a um divisor de águas (veja a página 30), do qual todos os fatos decorrem, inclusive aqueles ocorridos nos últimos seis meses da vida de Jesus na terra. Marcos concentra-se no ministério de Jesus na Galileia, omitindo suas visitas a Jerusalém nos primeiros anos.

O EIXO DA HISTÓRIA

ESTRUTURA CRONOLÓGICA
Há três fases no ministério de Jesus.
- **A primeira fase:** Jesus era muito popular. Milhares de pessoas vinham em busca de cura, e ele era o principal assunto em todo o país.
- **A segunda fase:** começa a oposição. Tendo como ponto de partida uma divergência de opinião a respeito do sábado, a oposição estendeu-se a outras áreas e logo Jesus havia conquistado mais inimigos do que amigos.
- **A terceira fase:** Jesus concentrou-se em seus 12 discípulos, entre os milhares que se reuniam para ouvi-lo.

O Evangelho cobre três períodos distintos. Os primeiros dois anos e meio estão registrados nos capítulos 1–9, o capítulo 10 cobre os seis meses seguintes, e os capítulos 11–16 falam da última semana de Jesus.

ESTRUTURA GEOGRÁFICA
A estrutura geográfica dos Evangelhos corresponde à divisão do tempo. A história tem início no rio Jordão, o local de menor altitude na superfície da terra, e segue dali até a Galileia, onde Jesus exerceu a maior parte de seu ministério. O diagrama indica uma escalada até o ponto mais alto da Terra Prometida – o monte Hermom, aos pés da cidade de Cesareia de Filipe. É aqui que chegamos ao **divisor de águas** do Evangelho. Assim que alcança esse ponto, Jesus volta os olhos a Jerusalém e começa, literalmente, sua descida, daquele ponto mais alto até a Judeia, passando por Pereia, a leste do Jordão, e finalmente chegando a Jerusalém, onde morre sobre uma cruz e ressuscita três dias depois.

A CHAVE PARA ENTENDER A BÍBLIA

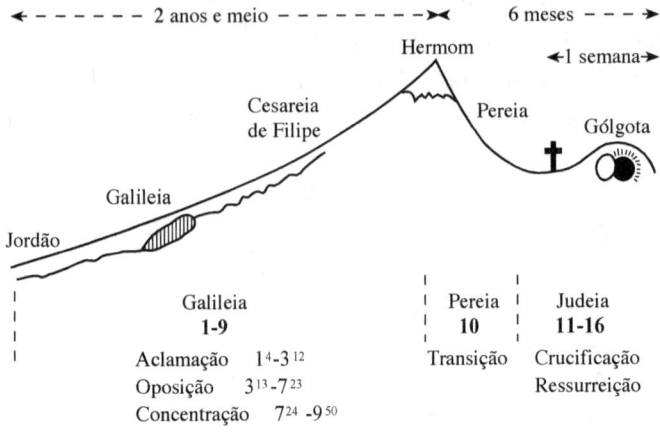

Sendo assim, o que aconteceu em Cesareia de Filipe nos primeiros dois anos e meio que alterou de forma definitiva o rumo do ministério de Jesus e que Marcos está tão ansioso a destacar para seus leitores?

O DIVISOR DE ÁGUAS

Um pouco do contexto pode nos ajudar. Cesareia de Filipe é uma fonte e está localizada na nascente do rio Jordão, que emerge aos pés do monte Hermom e tem entre 9 e 12 metros de largura. A origem da água é a neve do cume do monte Hermom, que derrete e, através das fendas, infiltra-se no interior da montanha, escoando por uma cavidade na própria extensão do rio.

Esse curioso fenômeno natural transformou o local em um recanto de superstições e cultos religiosos e centro da adoração pagã durante séculos. Esculpidos na encosta do penhasco acima do rio há nichos onde eram colocadas estátuas de deuses. Uma delas era a estátua do deus grego Pan, razão pela qual o local é chamado até hoje de Panias ou Banias. Havia também uma estátua de César, ali colocada por Filipe, um dos quatro filhos de Herodes, o Grande, que herdou essa parte da terra após a morte de seu pai. Filipe batizou o local unindo seu próprio nome ao do imperador romano: Cesareia de Filipe.

Temos aqui, portanto, uma estátua de Pan – deus grego que supostamente aparecera na terra como um homem mortal – e uma estátua de César, um homem que era chamado deus. A esse local, Jesus levou os Doze discípulos e lhes perguntou: "Quem o povo diz que eu sou?".

Os discípulos responderam com as diversas opiniões da época: a maioria das pessoas acreditava que Jesus fosse a reencarnação de grandes homens da história de Israel – Jeremias, Elias e até mesmo João Batista.

Jesus, então, perguntou-lhes abertamente quem *eles* mesmos achavam que ele era. Pedro tinha a resposta certa. Ele sabia que Jesus havia vivido antes, mas não aqui na terra. **"Tu és o Cristo"**, disse ele, **"o Filho do Deus vivo"**.

Esse evento marca a primeira vez que um homem teve a revelação de quem era Jesus (a primeira mulher foi Marta, cuja confissão está registrada no Evangelho de João). Essa resposta constitui o ponto central do Evangelho. Jesus havia aguardado dois anos e meio para fazer essa pergunta e, agora, podia falar a Pedro sobre dois aspectos que jamais mencionara:

1. Jesus falou que **edificaria a sua igreja**, tema nunca mencionado antes, mesmo em meio a tantos milagres, pregações e curas. A razão é clara: Jesus não poderia edificar sua igreja sem que as pessoas soubessem quem ele era de fato, pois a igreja é a comunidade de pessoas que conhecem a identidade de seu fundador. A essa altura, ele muda o nome de Simão ("junco"), que passa a se chamar Pedro. O nome "Pedro" nos remete imediatamente à palavra "pedra".

2. Jesus também falou pela primeira vez sobre seu **propósito de ir a Jerusalém e morrer na cruz**.

Os discípulos o seguiam havia dois anos e meio e ele nunca lhes dera indicações de que fosse morrer. Jesus afirma que precisa enfrentar a cruz e que nada pode impedi-lo. Pedro, assustado com essa afirmação, declara que Jesus não pode ir a Jerusalém, mas logo é repreendido pelo Mestre. A partir desse momento, a cruz passa a ser o foco do Evangelho de Marcos.

Esse, portanto, é o **divisor de águas** do Evangelho de Marcos. Se não percebermos isso, podemos facilmente perder o encadeamento de ideias e a evolução da história, fazendo conjecturas a respeito dos discípulos, visto que conhecemos o desfecho da história, mas deixando passar despercebida a revelação progressiva descrita no Evangelho.

Agora que os discípulos compreendiam quem era Jesus, o próximo incidente se desenrola naturalmente. Jesus leva Pedro, Tiago e João a um alto monte e ali se transfigura diante deles. Ao descrever o evento, Pedro afirma que as vestes de Jesus ficaram brancas como nenhum alvejante na terra poderia deixar. Na realidade, ele usa o termo "sabão" (ou "lavadeiro", que era o equivalente na época). A luz veio de dentro, brilhando através das vestes de Jesus e eles "viram a sua glória". Jesus se encontrou com Moisés e Elias para discutir seu "êxodo", por meio do qual ele traria a libertação ao seu povo, conforme o registro de Lucas.

O ponto-chave do Evangelho, portanto, é a constatação pelos discípulos de quem é Jesus: ele é o Cristo, o Messias. Esse ponto é crucial também para os leitores. É a **boa nova** que Marcos anuncia através da apresentação de seu Evangelho. Mateus e Lucas a retomam e, baseando-se nela, desenvolvem os seus relatos.

O valor de Marcos para nós

1. Uma imagem clara da pessoa de Cristo

Marcos concentra-se principalmente no que Jesus fez, mas não é indiferente à pessoa de Cristo. Na verdade, é Marcos quem deixa claro que **Jesus revelou-se aos seus seguidores de forma gradual**. É intrigante que o autor de um Evangelho que revela a pessoa de Cristo ressalte que o próprio Jesus, aparentemente, não desejava fazer alarde de sua identidade.

Várias referências enfatizam esse ponto de forma contundente.

- Em 1.25 e 1.34, Jesus não permite que os demônios falem, pois eles conheciam sua identidade.
- Em 1.44, após ter curado um homem que sofria de lepra, Jesus o despediu com uma advertência clara: "Olhe, não conte isso a ninguém".
- Em 3.12, novamente dirigindo-se aos demônios, "ele lhes dava ordens severas para que não dissessem quem ele era".
- Em 5.43, após ressuscitar a filha de Jairo, "ele deu ordens expressas para que não dissessem nada a ninguém".
- Outros incidentes semelhantes ocorrem em 7.24, 7.36, 8.26, 8.30, 9.9 e 9.30. Mesmo no monte da Transfiguração, Jesus pediu aos seus discípulos que mantivessem segredo sobre sua identidade.

Esse traço especial de Marcos é conhecido como o "segredo messiânico" e reflete o cuidado demonstrado por Jesus em completar sua missão sem interrupção. Seu desejo era que os discípulos recebessem de seu Pai a revelação a seu respeito e, por isso, ele refreou os pensamentos daqueles homens para que pudessem chegar a essa conclusão da forma correta. Jesus também manteve em segredo sua identidade porque o reconhecimento antecipado de sua obra messiânica conduziria à glorificação prematura e à reivindicação de que ele se tornasse um messias político, o que traria obstáculos ao seu ministério e, possivelmente, evitaria sua morte.

2. O ensino sobre a obra de Cristo

O segundo grande tema do Evangelho de Marcos é a obra de Cristo. Ele enfatiza a **morte de Jesus**: um terço do Evangelho concentra-se na cruz – fato muitas vezes não observado pelos produtores de peças e filmes sobre a vida de Cristo. Esse aspecto ressalta quão singular é um Evangelho como forma de "história de vida". A biografia de figuras públicas como Mahatma Gandhi ou John F. Kennedy dificilmente incluiria uma descrição tão detalhada de suas mortes, apesar de esses homens terem sido assassinados.

A cruz domina o conteúdo de todo o Evangelho. Em Marcos, fica evidente que, desde o começo, as pessoas conspiraram para matar Jesus. Através de seus ensinamentos, ele conquistou tanto amigos quanto inimigos. Seus desafios ao *status quo* religioso eram impopulares entre políticos e líderes religiosos, e despertavam considerável hostilidade. Os fariseus, em especial, odiavam os ataques de Jesus às suas tradições.

OS ASPECTOS HUMANO E DIVINO DA MORTE DE JESUS

A ênfase de Marcos na cruz compreende os aspectos humano e divino da morte de Jesus.

Humano

Pela perspectiva humana, **Jesus foi acusado de blasfêmia**

por ter afirmado ser Deus, prática que a lei judaica considerava crime capital, punido com a pena de morte. No entanto, não foi possível comprovar tal acusação, pois os acusadores não chegaram a um consenso quanto às palavras usadas por Jesus. Por fim, o sumo sacerdote perguntou ao próprio Jesus quem ele era. Jesus, sendo judeu, era obrigado a responder quando questionado pelo sumo sacerdote, assim, ele admitiu ser ele mesmo o Cristo. O sumo sacerdote rasgou as próprias vestes e anunciou: "Vocês ouviram a blasfêmia. Que acham?", e o sinédrio – assembleia de juízes formada por 70 homens – determinou que ele merecia morrer.

Apesar desse veredito, não competia ao sinédrio condenar alguém à morte, pois o país estava ocupado pelos romanos e, portanto, sujeito à lei romana no que se refere à pena de morte. Sendo assim, eles precisavam da aprovação dos romanos para a sentença de morte, mas a lei romana não considerava a blasfêmia um crime. A única saída seria *alterar* a acusação em relação ao crime cometido. Por essa razão, Jesus foi levado perante Pilatos sob a acusação de **traição**, e não blasfêmia. O Evangelho de Marcos é o mais preciso nessa questão. Jesus não estava sendo julgado por ter afirmado "Eu sou Deus" (blasfêmia), mas pelas palavras que usou: "Eu sou o Rei, o Rei dos judeus" (traição).

O lado humano da morte de Cristo foi injusto do início ao fim. Embora não fosse culpado de blasfêmia ou de traição, Jesus foi acusado e condenado.

Divino

A perspectiva divina da morte de Cristo, contudo, também é apresentada em Marcos, pois, **desde o início, Jesus sabia que viera para morrer**. Mais de uma vez ele profetizou sobre sua morte e ressurreição. Lemos também que Jesus tomou o "cálice", uma imagem que – usada metaforicamente – sempre se refere à ira de Deus contra o pecado. Certamente Marcos ouviu essa palavra proferida por Jesus no jardim, na noite em que o Mestre foi traído.

Desde a primeira menção de Jesus ao seu sofrimento futuro, entendemos que ele precisaria ser traído, que esse era o plano de Deus, que Jesus estava ciente disso e que não havia como esquivar-se do sofrimento. Pedro não deveria tentar persuadir Jesus a livrar-se da cruz.

Essa combinação entre o humano e divino é fascinante e confronta os leitores com a dolorosa realidade da missão de Cristo. Por essa razão, o Evangelho de Marcos é bastante apropriado para se apresentar a incrédulos.

3. As reações das pessoas diante de Jesus

Repetidamente, Marcos registra as reações das pessoas aos milagres e ensinamentos de Jesus. Duas palavras-chave estão presentes em todo o texto: **medo** e **fé**. Do início ao final do Evangelho, é como se as pessoas que conheciam Jesus tivessem de fazer uma escolha entre os dois. Marcos parece indagar: Como você reage a essa história, com medo ou com fé?

No evento em que Jesus controla a tempestade, por exemplo, ele está no barco quando os discípulos lhe perguntam: "Não te importas que morramos?". Jesus responde: "Por que vocês estão com tanto medo? Ainda não têm fé?". Uma das frases prediletas de Jesus em todo o Evangelho é: "Não temas". Não é possível reagir com medo e fé em uma mesma circunstância, pois são reações incompatíveis e antagônicas.

Um fundamento para a fé

No Evangelho de Marcos, portanto, encontramos uma imagem nítida da pessoa e da obra de Cristo, e somos encorajados a deixar o medo e responder em fé diante da manifestação do sobrenatural. Essas razões somam-se a outras já mencionadas que caracterizam Marcos como um Evangelho próprio para ser apresentado aos incrédulos. Marcos oferece um conhecimento básico da pessoa de Cristo e de sua obra, e encoraja os leitores a reagirem de forma apropriada a ambos.

O final

O Evangelho de Marcos tem um final bastante peculiar. Na realidade, ele **termina no meio de uma frase**. As primeiras cópias manuscritas que temos do Evangelho são finalizadas, no versículo 8 do capítulo 16, com a insólita frase "porque temiam que...". As traduções costumam ajustar a linguagem para "porque estavam amedrontadas" ou "porque estavam possuídas de temor e assombro". Nenhuma dessas tentativas, no entanto, encobre o fato de que o Evangelho termina de forma repentina, num tom de apreensão.

Razões para o final abrupto

Além de ser surpreendente que o Evangelho de Marcos termine dessa forma, considerando que sua função principal é encorajar as pessoas a deixarem o medo e abraçarem a fé, o fato desperta uma série de indagações importantes: O que aconteceu com o restante da história? Por que o texto não é concluído de forma satisfatória? Por que o Evangelho de Marcos não traz relatos das aparições de Jesus após sua ressurreição? Há somente o túmulo vazio e a descoberta desse túmulo, mas nenhuma menção ao encontro de Jesus com os discípulos, o que é estranho se comparado com os outros três Evangelhos.

Existem, pelo menos, três explicações possíveis para isso.
1. Marcos **optou** deliberadamente por concluir nesse tom de incerteza e deixar o final em aberto.

2. Marcos foi **impedido** de concluir o texto – ou seja, algo interrompeu seu trabalho. É possível que o manuscrito jamais tenha sido concluído por motivo de viagem, prisão ou até morte repentina.
3. O final pode ter se **perdido** de alguma forma. É possível que o manuscrito tenha sido desmembrado por perseguidores, ou até que *Pedro* tenha rasgado o seu final! Sendo esse, de fato, o "Evangelho de Pedro", espera-se que seja um registro de sua pregação sobre Jesus. De acordo com o relato de 1Coríntios, uma das mais importantes aparições do Jesus ressurreto foi um encontro exclusivo com Pedro – um relato que não aparece nos Evangelhos. A informação talvez tenha sido originalmente incluída por Marcos, mas Pedro preferiu que fosse removida, pois acreditava ter vivido uma experiência tão preciosa, íntima e pessoal que não desejava a publicação de qualquer relato a respeito.

Alguns defendem que embora não tenhamos acesso ao verdadeiro final do Evangelho de Marcos, grande parte dele está incluída nas versões de Lucas e Mateus, Evangelhos que se baseiam de forma evidente na obra de Marcos.

Não sabemos o que ocorreu, mas o primeiro argumento é extremamente improvável, pois significa que Marcos, deliberadamente, tenha concluído seu texto no meio de uma frase, com as palavras "As mulheres não disseram nada a ninguém, porque temiam que...". Seria um final insólito para um Evangelho cujo objetivo era transmitir boas novas, especialmente direcionadas aos incrédulos.

Outro final é acrescentado

O que sabemos é que outros finais foram acrescentados, em versões mais longas ou abreviadas. Outra pessoa concluiu o Evangelho de Marcos a fim de que tivéssemos a história completa.

A versão mais longa, aquela geralmente encontrada nas Bíblias hoje, cobre os versículos de 9 a 20 e combina medo e fé – embora afirme que, mesmo vendo Jesus, os discípulos não acreditaram que ele havia ressuscitado. Essa versão inclui algumas afirmações surpreendentes feitas por Jesus, muitas delas pouco apreciadas por segmentos da igreja cristã hoje. Jesus fala sobre o dom de línguas (o único registro de que Jesus tenha mencionado que seus seguidores falariam em línguas) e profetiza que seus seguidores expulsariam demônios, curariam enfermos, pegariam em serpentes e isso não lhes faria mal algum (o que, de fato, aconteceu a Paulo em Malta). Há também aqui uma afirmação na qual Jesus torna o batismo com água um requisito essencial à salvação. Ele diz: "Quem crer e for batizado será salvo".

Não sabemos quem é o autor desse final, mas o texto reflete o que a igreja primitiva acreditava a respeito dos atos de Jesus entre sua ressurreição e ascensão, e inclui elementos de outros Evangelhos. Há um pequeno trecho sobre o caminho para Emaús, e uma breve seção semelhante à Grande Comissão registrada em Mateus. É como se alguém selecionasse vários elementos de outros Evangelhos, os reunisse e com eles finalizasse o Evangelho de Marcos. Não precisamos nos preocupar com a autenticidade desse final mais longo. É um trecho válido da palavra de Deus e reflete o entendimento da igreja primitiva, mesmo que não expresse as verdadeiras palavras de Marcos.

Conclusão

O Evangelho de Marcos concentra-se nos atos de Jesus, à medida que Pedro expressa sua apreciação por seu Mestre e seu desejo de que os incrédulos venham a depositar nele a sua fé. De uma forma clara e vívida, Marcos apresenta os fundamentos para a fé. O Evangelho tem valor significativo para aqueles que já são seguidores de Jesus, pois nos lembra da pessoa e da obra de Cristo e da necessidade de responder com fé e confiança a esse "boletim de notícias". Seu tom vivo e entusiástico é um bom antídoto para aqueles cuja caminhada cristã tornou-se insípida em consequência de terem perdido a fascinação diante da encarnação de Cristo. Por ser o Evangelho mais breve, é também o mais fácil de ser lido de uma só vez. Se for possível, para maior eficácia, leia em voz alta para si mesmo, ou melhor ainda, leia-o para outra pessoa.

38. MATEUS

Introdução

Quem foi o autor?
Há um consenso de que o autor desse Evangelho tenha sido Mateus, também conhecido como Levi, embora seu nome não apareça no documento original. Mateus foi um dos Doze apóstolos e seu nome significa "dom de Deus". Era coletor de impostos na cidade de Cafarnaum e, segundo os registros dos Evangelhos de Mateus e Lucas, deixou tudo para seguir Jesus, chegando a promover uma festa para que seus amigos e companheiros pudessem conhecer o Mestre. Mesmo sendo um dos Doze, não está entre os discípulos de maior destaque e raramente é mencionado nos demais Evangelhos.

Como o Evangelho de Mateus foi escrito?
Já comentamos que o Evangelho de Mateus baseia-se no conteúdo e na estrutura do Evangelho de Marcos. Há semelhanças notáveis, com vocabulário idêntico em algumas passagens. O relato de Mateus segue a divisão geral de Marcos – duas fases distintas – embora tenha estrutura e característica próprias. Sendo assim, ele inclui a "primeira fase", que cobre os dois anos e meio do ministério de Jesus na Galileia, e a "segunda fase", os seis meses finais no Sul, entre os judeus mais nacionalistas da Judeia. Mateus também percebe que o "divisor de águas" do ministério de Cristo coincide com a confissão de Pedro sobre quem era Cristo, em Cesareia de Filipe, e o subsequente deslocamento de Jesus rumo ao Sul e à cruz.

Observamos também a importância de assimilar a *percepção do autor* – sua visão e seu entendimento a respeito de Jesus. No caso de Mateus, esses elementos se sobressaem quando indagamos por que razão ele achou necessário reescrever o Evangelho de Marcos. É no exame das diferenças entre o Evangelho de Mateus e o de Marcos que o propósito de Mateus se torna evidente.

As diferenças entre Mateus e Marcos

Percepções

Mateus foi um dos Doze e teve tempo para refletir sobre os três anos que vivera próximo ao seu Mestre. Enquanto Marcos enfatiza a humanidade de Cristo (o Filho do homem), Mateus vê Jesus como o **Rei dos judeus**, aquele que veio cumprir as promessas feitas pelos profetas. Durante 600 anos, ninguém havia ocupado o trono de Davi – o rei Herodes, soberano na ocasião, não tinha direito por descendência. Finalmente, vislumbraram a possibilidade de um descendente legítimo se tornar o rei.

Desde as primeiras linhas, Mateus chama a atenção de seus leitores para o fato de Cristo pertencer à linhagem real de Davi, descrevendo a forma como seu nascimento cumpre a profecia e revela os sinais do envolvimento de Deus: a anunciação dos arcanjos e as boas-vindas de um coro angelical. Embora Lucas inclua os pastores, é Mateus quem registra a vinda dos sábios do oriente para adorar o menino. Essa visão de Jesus como o Rei dos judeus também é encontrada em seu martírio, pois Mateus registra a coroa de espinhos, o "cetro" (vara) e a inscrição sobre a cabeça de Jesus – elementos usados pelos soldados para zombar de suas pretensões. Na visão de Mateus, contudo, Jesus era realmente uma figura da realeza.

Intenções

Mateus escreve para um público completamente diferente do de Marcos. O Evangelho de Marcos foi escrito para incrédulos, ao passo que o de Mateus foi dirigido para **novos crentes** – judeus, em sua maioria.

Suas intenções podem ser claramente percebidas ao final do Evangelho, onde ele registra as últimas palavras de Cristo aos seus apóstolos, incluindo a ordem de "fazer discípulos de todas as nações". A intenção de Mateus é oferecer um manual para o discipulado de todos os que entram no Reino. De fato, foi para esse propósito que o Evangelho de Mateus serviu no contexto da igreja primitiva, sendo essa uma das razões pelas quais é o primeiro livro do Novo Testamento.

Embora o Evangelho de Marcos seja apropriado a alguém que demonstra interesse por Cristo, mas ainda não foi persuadido, a reedição que Mateus faz das palavras de Marcos atinge um propósito bastante distinto.

Um recuo no tempo
Mateus começa seu relato em um ponto muito anterior ao de Marcos: o nascimento de Jesus situado no contexto de seus antepassados. Marcos inicia com o batismo de Cristo e demonstra menor interesse pelo nascimento; é possível até que o desconheça. Desse modo, antes de relatar as palavras e os milagres de Jesus, Mateus prepara o cenário para nós, criando uma sensação de expectativa pela chegada do Messias judeu ao palco da história.

Um relato mais extenso
O Evangelho de Mateus traz o mais completo e sistemático relato da vida de Jesus, um possível reflexo da mente ordenada de um contador. Ele inclui aspectos resultantes de sua própria observação como um dos Doze e de sua pesquisa individual. Aparentemente, Lucas e Mateus usam a mesma fonte, que é desconhecida ou ignorada por Marcos. Mateus não somente acrescenta o nascimento de Jesus, como também registra mais sermões e palavras de Cristo. Seu relato contém mais detalhes referentes à morte de Jesus, incluindo outras 14 frases proferidas por ele.

Alterações

Mateus fez algumas alterações no texto de Marcos com o intuito de destacar aspectos que considerava importantes. Os relatos de Mateus são geralmente mais breves e omitem detalhes chocantes ou chamativos a fim de produzir uma história mais palatável, que esclareça possíveis ambiguidades e poupe os discípulos de quaisquer constrangimentos. O tom de Mateus, portanto, é mais sóbrio, menos entusiástico e menos emotivo do que o de Marcos. Temos aqui as reflexões de um homem de mais idade sobre as experiências que ele mesmo viveu – uma imagem mais parecida com a de um professor do que a de um pregador.

Uma coleção de citações

Mateus reúne as frases de Jesus em cinco "sermões" (veja a tabela a seguir), que resumem seu ensino sobre o discipulado. O Sermão do Monte é o mais conhecido deles, mas há quatro outros que abordam o mesmo tema: **o Reino**. Essa estrutura não é encontrada no relato de Marcos, que tem poucas passagens na forma de discurso, nem em Lucas, que distribui as frases de Jesus por toda a sua narrativa.

Levando-se em conta os leitores judeus, é grande a probabilidade de que Mateus tivesse uma razão especial para registrar exatamente *cinco* sermões. A posição central ocupada por esses sermões em seu Evangelho cria um paralelo com os cinco livros da lei de Moisés, no início do Antigo Testamento (de Gênesis a Deuteronômio). Mateus está dizendo aos seus leitores que Jesus nos apresenta uma **nova lei** – a lei de Cristo, que substitui a lei de Moisés. Encontramos em todo o Sermão do Monte, portanto, a retificação da lei: "Vocês ouviram o que foi dito na lei de Moisés, eu porém lhes digo...". A partir desse momento, nada será como era antes.

O EIXO DA HISTÓRIA

Estrutura
Como já observamos, Mateus usa a estrutura básica de Marcos, mas acrescenta a sua própria. Além da divisão bifásica de Marcos, ele inclui dois temas que são introduzidos pelas frases "Daí em diante" e "Desde aquele momento". Lemos, portanto: "Daí em diante Jesus começou a pregar: 'Arrependam-se, pois o Reino dos céus está próximo'" e "Desde aquele momento Jesus começou a explicar aos seus discípulos que era necessário que ele fosse para Jerusalém e sofresse muitas coisas...". A primeira expressa a razão de seu ministério no Norte, e a segunda, a inevitabilidade de sua morte no Sul. Mateus também usa as palavras: "Tendo dito essas coisas..." para mudar o rumo de sua narrativa.

A mudança estrutural mais evidente e reveladora, no entanto, diz respeito à maneira como ele alterna os cinco blocos que falam dos ensinamentos de Cristo com os quatro blocos sobre seus feitos e ações. Podemos demonstrar a narrativa da seguinte forma:

A ESTRUTURA DE MATEUS

Introdução: nascimento, batismo, tentação
Palavra Capítulos 5–7
Ação Capítulos 8–9
Palavra Capítulo 10
Ação Capítulos 11–12
Palavra Capítulo 13
Ação Capítulos 14–17
Palavra Capítulo 18
Ação Capítulos 19–23
Palavra Capítulos 24–25
Conclusão: morte e ressurreição

Temos, portanto, cinco sermões, quatro deles seguidos de narrativas sobre os feitos de Jesus que servem para ilustrar os sermões. O propósito dessa divisão será examinado em detalhes mais adiante. Por enquanto, devemos apenas observar que Mateus se esforça para demonstrar que Jesus se comunicava tanto através de suas palavras como de suas ações, deixando-nos um modelo a seguir. Marcos nos convida a ver de perto o que Jesus fez; Mateus, contudo, nos convida não apenas a ver o que ele fez, *mas também* a ouvir o que ele disse.

Uma narrativa sobre a cruz

O Evangelho de Mateus tem um final consideravelmente mais completo do que o de Marcos. Tendo em vista o final abrupto de Marcos, alguns especulam que a última parte de Mateus talvez fosse o final original de Marcos. Não temos como saber ao certo, mas podemos elencar as singularidades de Mateus nos dois últimos capítulos.

1. **Os detalhes da prisão de Jesus:** Mateus concentra-se na inocência de Cristo, por isso enfatiza que essas coisas aconteceram a fim de que se cumprissem as Escrituras.
2. **O fim de Judas:** Mateus registra as admoestações de Jesus aos discípulos e o remorso de Judas demonstrado no ato de devolver o dinheiro, embora fosse tarde demais.
3. **Eventos imediatamente após a morte de Jesus:** é Mateus quem registra os sepulcros abertos e as pessoas ressuscitadas que foram vistas em Jerusalém.
4. **O sepulcro:** Mateus registra o sepulcro vigiado e o relato mentiroso dos soldados de que o corpo fora roubado.

5. Após a ressurreição: Mateus conta muito mais do que Marcos a respeito dos eventos ocorridos após após a ressurreição. Ele registra o retorno de Jesus à Galileia e seu encontro com os 11 discípulos (e outras 500 pessoas, algumas das quais "duvidaram"). O local tem um profundo significado. A Galileia ficava na encruzilhada do mundo, sendo o monte Megido um ponto de cruzamento para onde convergiam as estradas do leste, norte, sul e oeste. Conhecida como a "Galileia das nações", sua população era cosmopolita. Jesus estava sobre um monte, o que nos remete a Moisés no monte Nebo. Nesse momento, é anunciada a Grande Comissão: eles devem fazer discípulos de todas as nações (literalmente, de todos os grupos étnicos).

Particularidades do Evangelho de Mateus

A. Seu interesse pelos judeus

Além de extrair seu material do Evangelho de Marcos, Mateus acrescenta sua própria série de elementos especiais, e o leitor é logo confrontado com as características judaicas do Evangelho de Mateus. O texto é explicitamente dirigido aos leitores judeus, embora não exclusivamente a eles. A sensibilidade de Mateus às questões e aos interesses dos judeus é evidente em todo o texto.

1. GENEALOGIA

O Evangelho começa com uma genealogia que desperta pouco interesse nos gentios, porém é fascinante para os judeus – ávidos por conhecer a **linhagem de Jesus,** pois acreditam que cada pessoa é definida por sua árvore genealógica. A forma como a genealogia é apresentada em Mateus também desperta a atenção dos judeus. Os antepassados de Jesus estão dispostos em três grupos de 14 nomes, sendo que o primeiro vai de Abraão ao rei Davi; o segundo, de Davi até o exílio; e o terceiro grupo, do exílio até Jesus. Essa divisão representa os períodos em que o povo de Deus foi governado por um estilo singular de liderança: profetas, príncipes (reis) e sacerdotes.

A importância dos três grupos pode passar despercebida se não entendermos que todo nome em hebraico tem um valor numérico, que é a soma das letras (cada letra equivale a um número). Davi, em hebraico (ou seja, sem vogais), é D-V-D e equivale a 14. Notamos imediatamente, portanto, a preocupação de Mateus em estabelecer um padrão: a linhagem de Cristo é davídica, e ele veio exatamente no tempo determinado.

Mateus opta por apresentar a genealogia dos antepassados de José. Podemos pensar que não há nada de inusitado nesse fato – até lembrarmos que Jesus não tinha parentesco de *sangue* com José. Por que não imitar Lucas, que prefere registrar a linhagem de Maria? A resposta para isso está no pensamento hebraico, que valorizava os *direitos legais*, e esses direitos eram herdados através do pai, embora hoje isso ocorra pelo lado da mãe.

Outro ponto curioso é que um judeu diligentemente versado em seu Antigo Testamento observaria que se Jesus fosse um descendente biológico de José, seus direitos ao trono de Davi seriam questionados, pois Jeconias está listado entre os antepassados de José. Deus havia dito através de Jeremias que nenhum descendente de Jeconias (também conhecido como Joaquim) se assentaria no trono de Davi. O propósito de Mateus foi estabelecer o direito *legal* de Jesus como um "filho de Davi".

2. TERMINOLOGIA

A sensibilidade de Mateus em relação aos leitores judeus também é observada na linguagem adotada por ele. Sua referência ao "reino" – tema-chave na mensagem de Jesus – é o exemplo mais evidente. Mateus fala do "**Reino dos céus**" e não do "Reino de Deus", como aparece nos outros Evangelhos. Os judeus evitariam usar o nome de Deus em seu discurso por receio de falar de forma irreverente. Por essa razão, Mateus prefere usar a expressão "Reino dos céus", em substituição a "Reino de Deus" usada por outros autores.

3. LIGAÇÃO COM O ANTIGO TESTAMENTO

Mateus faz mais referências ao Antigo Testamento do que qualquer outro Evangelho. Uma de suas expressões preferidas é "para que se cumprisse o que fora dito pelo profeta". Essa é uma das razões pelas quais Mateus é o primeiro livro do Novo Testamento, embora não tenha sido o primeiro a ser escrito. O relato de Mateus marca, de forma mais intensa do que os demais relatos, a **continuidade** do Antigo Testamento. No total, há 29 citações diretas e outras 121 referências ou alusões indiretas ao Antigo Testamento.

A narrativa do nascimento apresentada por Mateus concentra grande parte dessas citações e referências. Para os gentios, o autor parece dedicar um tempo considerável explicando por que Jesus nasceu em Belém: os profetas haviam profetizado que o rei nasceria em Belém da Judeia. Essa informação era muito relevante para os judeus, pois seria uma confirmação de que se tratava do Messias que Deus prometera havia muito tempo. A intenção de Mateus era que os leitores compreendessem que os profetas já haviam falado sobre o nascimento virginal, a matança de inocentes, a fuga para o Egito e o retorno à Galileia. A frase "para que se cumprisse o que fora dito pelo profeta" ocorre 13 vezes na história do nascimento de Jesus relatada por Mateus, com citações dos profetas Miqueias, Oseias, Jeremias e Isaías.

4. MESSIAS

A **crucificação** de Jesus também seria um empecilho para que os leitores judeus acreditassem que ele era o Messias. Como poderia o Messias ser condenado como um criminoso e sentenciado à morte? Mateus, portanto, enfatiza que Jesus era verdadeiramente inocente de todas as acusações. Os judeus, eles sim, eram responsáveis pelas acusações injustas, pelos julgamentos ilegais e pelas alterações nas denúncias com o intuito de obrigar os romanos a condená-lo e executá-lo. Mateus expõe os motivos da rejeição do Messias pelos judeus e inclui uma lista de "ais" contra os fariseus, os mais religiosos de todos os judeus.

5. A LEI

Além de enfatizar os aspectos relacionados aos judeus, Mateus também desejava que seus leitores compreendessem a lei de forma correta, à luz dos ensinamentos de Jesus. Ele reforça mais do que outros autores a mensagem de que Jesus não veio para abolir a lei, mas para **cumpri-la**. Em Mateus, lemos as palavras de Jesus: "De forma alguma desaparecerá da Lei a menor letra ou o menor traço". Muitos judeus pensavam que Jesus viera para destruir a lei, mas Mateus afirma claramente que esse não era o seu objetivo. Jesus veio para que a lei se "cumprisse" – para que fosse completada, não anulada.

POR QUE MATEUS SE DIRIGIRIA AOS JUDEUS DE FORMA TÃO VEEMENTE?

Para manter a porta aberta aos judeus
Por volta de 85 a.C., pouco depois de Mateus ter concluído

seu Evangelho, os judeus que criam em Jesus estavam sendo expulsos das sinagogas. A igreja como um todo tornava-se cada vez mais gentia. Consequentemente, um profundo abismo se abria entre os judeus e a igreja. Mateus desejava manter a porta aberta para os judeus, além de ajudá-los a perceber que os seguidores de Jesus não abandonavam o Antigo Testamento, tampouco haviam se esquecido de suas raízes judaicas. Ele era judeu, eles eram o seu povo e, assim como o apóstolo Paulo, Mateus ansiava que os judeus viessem a crer em seu próprio Messias.

Para lembrar os gentios de suas raízes judaicas
Em segundo lugar, Mateus escreveu um Evangelho judaico em essência porque desejava que os cristãos gentios jamais se esquecessem das raízes judaicas de sua fé cristã. Mateus, mais do que os outros Evangelhos, apresenta as raízes judaicas de Jesus, situando-o no contexto dos propósitos de Deus para Israel, com uma genealogia que remonta a Abraão e Davi.

Ele está dizendo aos judeus "Não abandonem os cristãos", e aos cristãos, "Não abandonem os judeus". A intenção desse Evangelho é reunir judeus e cristãos.

B. Seu interesse pelos gentios
O propósito de Mateus não é exclusivamente atingir o povo judeu. Ele se preocupa em mencionar o **cuidado de Cristo pelos gentios** também.

- Na genealogia do primeiro capítulo, ele inclui Rute e Raabe, ambas de origem gentia.
- Ele afirma que Jesus ministrou na "Galileia dos gentios".
- Mateus registra a fé do centurião romano, que causou grande admiração em Jesus.
- Lemos que muitos virão do Oriente e do Ocidente para se assentarem à mesa do Reino.

- O Evangelho é a boa nova para os gentios que creem em seu nome.
- Lemos sobre a fé da mulher cananeia.
- Mateus registra que Jesus é a pedra angular, rejeitada pelos construtores, e que o Reino será tirado dos judeus e entregue aos gentios.
- Ao final do Evangelho, Jesus dá uma ordem a seus seguidores – vão e façam discípulos de todas as "nações" –, e a palavra usada por ele abrange todos os grupos étnicos, a saber, os gentios.

Além disso, Mateus não hesita em registrar as **palavras negativas usadas por Jesus em referência aos judeus**. Ele inclui todo um capítulo dedicado aos "ais", bem como inclui outros comentários avulsos. O "ai" era uma palavra torpe. O capítulo 23 é uma coleção de frases de Jesus proferidas contra os fariseus e os líderes religiosos. É coisa séria.

Temos a tendência de ser mais receptivos às bênçãos de Jesus, esquecendo-nos de que ele também lançou maldições. No tempo de Jesus, 250 mil pessoas viviam no litoral da Galileia, em quatro cidades principais. Hoje, há apenas uma cidade. Por quê? Jesus disse: "Ai de ti, Corazim... Ai de ti, Betsaida... e você, Cafarnaum..." e todas elas desapareceram. A única cidade que não foi amaldiçoada por Jesus é Tiberíades, e ela ainda existe nos dias de hoje.

C. Seu interesse pelos crentes – de origem judaica ou gentia

UM MANUAL PARA O DISCIPULADO
Já observamos que Mateus tinha em mente os novos convertidos quando escreveu seu Evangelho e que seu

propósito pode ser inferido nas ordens de Jesus ao final do Evangelho, quando ele incumbe seus seguidores de uma missão a ser cumprida antes que ele retorne: "Vão e façam discípulos de todos os grupos étnicos, batizando-os e ensinando-os a observar tudo o que eu lhes ordenei". Essas palavras servem de fundamento para que compreendamos o objetivo de Mateus: **ajudar os discípulos**, ensinando-os a obedecer às ordens de Jesus. Podemos chamar seu Evangelho de "manual para o discipulado".

Inquestionavelmente, Mateus é o melhor livro do Novo Testamento para ser apresentado a novos convertidos. Foi cuidadosamente planejado para ensiná-los a viver, agora que são discípulos de Jesus. A vida cristã pode começar com uma *decisão* por Jesus, mas são necessários anos para se fazer um *discípulo*. Um dos pontos-chave do discipulado é aprender **como viver no Reino dos céus aqui na terra** e Mateus escreveu seu Evangelho precisamente para esse propósito: nos capacitar a fazer discípulos.

A IGREJA

Tal propósito explica por que Mateus é o único Evangelho que registra o que Cristo disse a respeito da igreja. A palavra é usada com dois sentidos distintos – a **igreja universal** e a **igreja local**.

O primeiro exemplo ocorre quando Pedro confessa que Jesus é "o Cristo, o Filho do Deus vivo" – um ponto crucial do Evangelho. Essa revelação era a premissa para Jesus edificar sua igreja e morrer na cruz. Aqui, a palavra "igreja" refere-se à igreja universal, à igreja de Jesus como um todo. Há apenas uma igreja de Jesus Cristo e é ele quem a edifica.

O segundo sentido da palavra encontra-se no capítulo 18: "Se o seu irmão pecar contra você, vá e mostre-lhe o erro. Se ele o ouvir, você ganhou seu irmão. Mas se ele não o ouvir, leve consigo duas ou três testemunhas. Se ele se recusar a ouvi-las, conte à igreja". O sentido aqui não pode ser a igreja universal, mas sim a comunidade local da qual faz parte a pessoa ofendida.

Nessas frases, Mateus salienta os dois sentidos da palavra "igreja" no Novo Testamento: a igreja de Jesus, aquela que ele está edificando, e a igreja local, parte integrante da igreja universal e à qual você pode levar suas queixas quando for preciso.

Além de ser o único Evangelho a falar sobre a igreja, Mateus também deixa claro que alguns dos ensinamentos seriam aplicados especificamente em um período posterior – a igreja no pós-Pentecoste. Ele registra conceitos que não são imediatamente relevantes aos seus ouvintes. Entre os 37 versículos do capítulo 10 que descrevem as instruções de Jesus aos Doze, por exemplo, apenas 12 foram imediatamente relevantes. O capítulo fala sobre perseguição que, até então, não existia. Mateus, portanto, está incluindo palavras de Jesus que teriam relevância *futura*. Do mesmo modo, a disciplina da "igreja" sobre a qual lemos no capítulo 18 deve ter sido ensinada para um período posterior, pois os discípulos não poderiam compreendê-la naquele momento.

O REINO

Embora o ensinamento sobre a igreja seja um tema exclusivo de Mateus, o que ele ensina sobre o Reino abrange temas abordados por outros Evangelhos também. "O Reino", especificamente, no entanto, é um tema de interesse *particular* de Mateus. Nenhum dos outros autores confere ao tema o mesmo destaque. Vimos anteriormente que Mateus organiza os ensinamentos de Jesus em cinco blocos. Todos esses blocos tratam de temas referentes ao Reino. Suas parábolas também costumam começar com as palavras "O Reino dos céus é como...". Esse tema dominante reflete a pregação de Jesus e permeia toda a narrativa bíblica: Deus reestabelecendo o Reino do céu na terra. Obviamente, o conceito aproxima judeus e cristãos, pois ambos buscam o Reino de Deus. É um tema que se ajusta ao objetivo de Mateus de unir judeus e gentios.

Há, no entanto, uma diferença crucial entre a *expectativa judaica* e a *experiência cristã* do Reino, o que explica por que tantos judeus são incapazes de entender que Jesus é o seu Messias. É importante que tenhamos essa compreensão se desejamos absorver o ensinamento de Jesus sobre esse tema. (Veja o diagrama na próxima página)

Para os judeus, o Reino é absolutamente futuro – é algo que ainda não veio e, por essa razão, referido como "a era que há de vir". Hoje, quando os judeus celebram a Festa dos Tabernáculos, no mês de setembro ou outubro, manifestam sua expectativa da vinda do Messias, que estabelecerá o Reino dos céus aqui na terra. Esse é o ponto central de sua esperança. Para eles, os dias de hoje são "esta presente era perversa", o mundo governado por Satanás. O diabo é o príncipe deste mundo, o soberano deste mundo, o deus deste mundo. Esses títulos são conferidos a Satanás, tanto por Jesus como por Paulo, e não são desconhecidos do povo judeu.

A. JUDEUS (Israel)	B. CRISTÃOS ("igreja")
Citações	Gentios
Alusões	Discípulos
Explicações	
Compilações	

(5x = "lei" de Cristo) | Manual para o discipulado

REINO DOS CÉUS (= Deus)

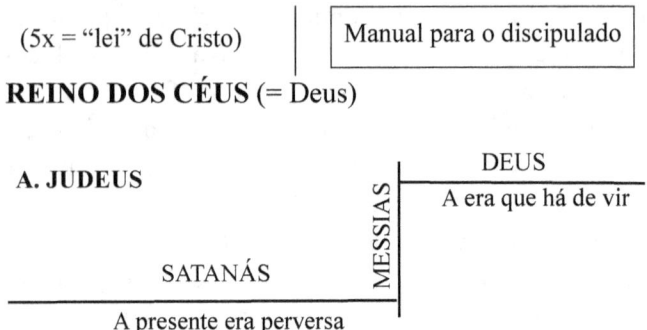

A. JUDEUS

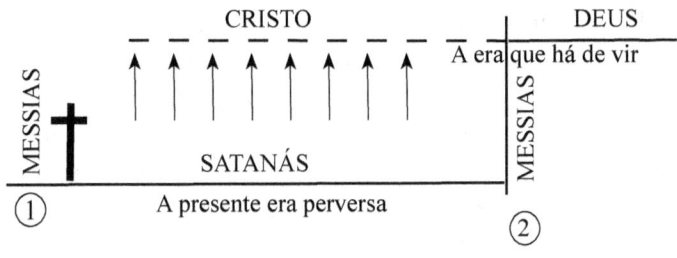

B. CRISTÃOS

A diferença da esperança cristã para o futuro é esta: **os cristãos creem que o Messias já veio, mas creem também que ele virá outra vez.** Em Mateus, Jesus refere-se a essa verdade como o segredo do Reino, a saber, que o Messias virá duas vezes, não apenas uma. Desse modo, a "era que há de vir", aguardada pelos judeus, já começou – foi inaugurada com a primeira vinda de Jesus. O Reino dos céus veio de forma muito real e está aqui na terra, porém coexiste com "esta presente era perversa", em vez de substituí-la, como esperam os judeus. Entre as duas vindas do Messias, sobrepõem-se as duas eras. Essa tensão que existe entre os cristãos e o mundo é o resultado de vivermos na "sobreposição das eras". O Reino é tanto presente quanto futuro; foi inaugurado, porém não implantado. Embora ainda não esteja estabelecido, pode-se herdar o Reino agora.

Com essa percepção do Reino *futuro*, podemos entender melhor por que a mensagem dos Evangelhos representa tamanha afronta aos judeus, que acreditam ser suficientemente bons para ingressar na era que há de vir. João Batista lhes disse que precisavam ser purificados e batizados no Jordão para que seus pecados pudessem ser lavados, em preparação para o Reino que viria. Muitos judeus estavam completamente alheios a essa exigência. Assim que assimilarmos essa ideia bastante inusitada a respeito do Reino, entenderemos muito melhor os ensinamentos de Jesus e os conflitos que ele enfrentou.

Mateus esforça-se para que haja equilíbrio entre o tema do Reino e outros ensinamentos, pois esse enfoque no Reino – os crentes como súditos do rei – pode limitar nosso entendimento sobre o relacionamento com Deus. A frequência do uso de uma palavra costuma ser um indicador importante da ênfase de um autor, e Mateus menciona o termo "Pai" 44 vezes ao todo, em contraste com apenas 4 menções em Marcos, e 17 em Lucas. Seu desejo é enfatizar que, embora vivamos como súditos do Rei dos céus, também podemos chamá-lo de "Aba, Pai". Somos, ao mesmo tempo, filhos e súditos. Caso fôssemos meramente súditos que procuram obedecer a um rei, poderíamos começar a acreditar que nossa obediência, de algum modo, nos salva, esquecendo-nos do relacionamento filial ao qual Deus nos chama. Esse equilíbrio, portanto, é um poderoso antídoto ao legalismo e a uma vida fundamentada em regras e ordenanças.

Com base no entendimento do Reino descrito anteriormente, é possível identificar o tema principal do Evangelho de Mateus: **Como viver no Reino hoje?** Vamos analisar brevemente os cinco "sermões" nos quais Mateus reuniu os ensinamentos de Jesus sobre o Reino.

1. O estilo de vida do Reino (capítulos 5–7)

Essa compilação é mais bem conhecida como o "Sermão do Monte" e costuma ser terrivelmente mal interpretada. Não se trata de uma série de conselhos e orientações de Jesus aos incrédulos sobre como se deve viver. Já é suficientemente difícil para um crente tentar viver dessa forma, que dirá para um incrédulo! Não. O sermão nos ensina **como os crentes devem viver, agora que estão no Reino.**

Logo no início, há uma série notável de afirmações: "Bem-aventurados os pobres em espírito, pois deles é o Reino dos céus... Bem-aventurados os humildes, pois eles receberão a terra por herança... Bem-aventurados os puros de coração, pois verão a Deus...". Jesus está descrevendo um novo tipo de pessoa, com um caráter transformado.

Após as "bem-aventuranças" iniciais, as ordens presentes no sermão são abrangentes e profundamente práticas. Aqui estão apenas alguns exemplos:

- Se chamar alguém de louco, você é um assassino.
- Diz a lei de Moisés: "Não se deite com aquela que não for sua mulher", mas Jesus disse: "Nem mesmo olhe para uma jovem imaginando que poderia deitar-se com ela".
- Ele também diz: "Não se divorcie para se casar novamente".
- Somos exortados a não nos preocupar, pois quando ficamos ansiosos, difamamos o Rei dos céus, que cuida de sua própria criação e, portanto, também cuidará de nós.

Esse é o estilo de vida do Reino a ser apresentado aos recém-convertidos. O principal conceito a assimilar é que não somos salvos *por* adotar esse estilo de vida, mas *para* viver nele.

2. A missão do Reino (9.35–10.42)

Esse "sermão" é uma sequência lógica do primeiro. Mateus informa que, ao entrarmos no Reino, passamos a ter a missão de buscar outras pessoas. Uma boa parte dos ensinamentos de Jesus sobre **evangelismo**, portanto, encontra-se nos capítulos 9 e 10.

Jesus instrui seus discípulos a demonstrarem a realidade do Reino, ressuscitando os mortos, expulsando demônios e curando enfermos, e, em seguida, a anunciarem que o Reino está próximo. Sendo assim, no que se refere ao Reino, as *ações* devem preceder as *palavras*. A passagem também discorre com considerável quantidade de detalhes sobre a forma como eles devem viajar, o que devem levar e como reagir à oposição.

3. O crescimento do Reino (13.1-52)

Passamos, então, da missão ao crescimento. O que devemos esperar no que se refere à **proclamação do Reino**? Jesus usa uma série de parábolas.

- O semeador: não devemos nos preocupar se três de cada quatro sementes não frutificarem. De uma única semente lançada em solo fértil é possível obter uma colheita de 30, 60 e 100 vezes mais, portanto valerá a pena.
- O joio que cresce juntamente com o trigo: o reino de Satanás crescerá simultaneamente ao Reino de Deus, até que sejam separados na última colheita.
- O grão de mostarda: Jesus descreve uma semente que se torna uma grande árvore, retratando o crescimento do Reino com um início modesto e equiparando-o acertadamente ao crescimento da igreja. Jesus começou com 11 bons homens e agora tem "1 milhão e 500 mil"!
- A pérola de grande valor: aprendemos a valorizar o Reino, pois ele é como uma pérola preciosa. Devemos

estar preparados para abrir mão de tudo o que temos a fim de nos apropriarmos desse Reino.
- A rede: Jesus nos ensina a não nos preocuparmos com os falsos convertidos, pois o Reino dos céus é como uma rede que apanha toda a sorte de peixes, tanto bons quanto maus. A mensagem de Jesus é que devemos esperar até que os "peixes" sejam finalmente trazidos à praia no último dia, em vez de tentar separá-los quando são pescados.

4. A comunidade do Reino (18.1-35)
Mateus inclui aqui alguns dos ensinamentos de Jesus referentes aos **relacionamentos daqueles que fazem parte da igreja local**. Ele fala como devemos lidar com os que se afastam da fé e com aqueles que pecam uns contra os outros na comunidade cristã.

5. O futuro do Reino (capítulos 24–25)
Na época em que Mateus redigiu seu Evangelho, muitos cristãos indagavam quando Jesus retornaria. Mateus, então (assim como Lucas e Marcos), incluiu uma seção que ajudava seus leitores a identificarem os **sinais da vinda de Cristo**.

O cenário desse "sermão" é significativo: Jesus e os discípulos estão sentados no monte das Oliveiras, avistando o templo, e os discípulos perguntam a Jesus sobre o final dos tempos. Mateus associa essas indagações dos discípulos à profecia de Jesus de que, um dia, o templo seria destruído.

Jesus lhes apresenta quatro sinais que antecederão sua vinda:
1. Catástrofes no mundo: guerras, fome, terremotos, falsos Cristos.
2. Ocorrências na igreja: perseguição universal, apostasia, falsos profetas, evangelização concluída.

3. Perigo no Oriente Médio: ditador profano, aflição inigualável (porém limitada), falsos cristos e falsos profetas.
4. Trevas nos céus: o sol, a lua e as estrelas desaparecem, um relâmpago cruza o céu do Oriente ao Ocidente, a vinda do verdadeiro Cristo e o ajuntamento de cristãos "dos quatro ventos".

O primeiro desses quatro sinais já pode ser visto; o segundo está em andamento; o terceiro ainda está por vir e, quando se cumprir, o quarto logo ocorrerá.

Mateus continua essa seção com uma série de parábolas que falam sobre estar pronto para quando o Rei voltar. Em cada parábola, encontramos a frase "demorou a chegar", enfatizando a necessidade de permanecermos fiéis diante da longa espera.

TEMAS PRINCIPAIS

Já observamos vários temas que Mateus aborda especificamente. Há três outros que também precisamos considerar, todos eles fundamentais ao discipulado no Reino.

1. Fé

O primeiro tema que se repete é o da fé. Não é um tema exclusivo de Mateus, mas certamente é alvo de seu interesse especial. O recado de Mateus é que um súdito do Reino – também um filho do Pai – vive pela fé. Essa ideia não está relacionada a uma decisão única por meio da fé, mas a alguém que, tendo crido uma vez, continua crendo. No Evangelho de Mateus, Jesus pergunta diversas vezes: "Vocês creem no que eu lhes disse? Creem que posso fazer todas essas coisas?". Jesus busca encontrar nos discípulos uma **confiança contínua** nele e em sua palavra. O maior elogio Jesus reserva ao centurião – que o havia procurado pedindo cura – ao contrastar a grande fé desse homem com a falta de fé de pessoas em algumas regiões de Israel.

2. Justiça

Um tema que não se encontra em outros Evangelhos é o da justiça – a necessidade de **agir e crer**. O texto deixa claro que a ordem é importante: primeiro vem o crer, mas crer com o intuito de agir. Considere, por exemplo, uma das mais breves parábolas de todos os Evangelhos, sobre um homem que pediu a seus dois filhos que fossem trabalhar em sua vinha. Um deles disse "sim", mas não foi; o outro disse "não", porém acabou indo. Jesus perguntou, portanto, qual dos dois filhos fez a vontade do pai, sugerindo que podemos alegar que somos obedientes, mas nos tornamos mentirosos quando não fazemos o que ele nos pediu. Ser um discípulo não se trata apenas de crer em Jesus, mas também de "agir com justiça".

O conceito de justiça está presente em muitos trechos do Evangelho de Mateus. Quando percebemos que a justiça está implícita, inclusive, no batismo de Jesus, passamos a entender esse ritual, que costuma ser mal interpretado. Por que Jesus foi batizado? Ele não tinha pecados dos quais precisava ser lavado, tampouco tinha a necessidade de ser purificado, no entanto, foi até João para ser batizado. Quando João protestou, afirmando que Jesus é quem deveria batizá-lo, Jesus ainda insistiu, dizendo: "Convém que assim façamos, para cumprir toda a justiça". Diferentemente das outras pessoas, Jesus não estava cumprindo um ato de arrependimento, mas um ato de justiça. Seu Pai ordenara que fosse assim, e ele obedeceu. Logo no início do Evangelho, Jesus demonstrou a importância de servir de exemplo para a atitude que esperava de seus seguidores.

Não é surpresa, portanto, que os ensinamentos de Jesus incluam esse tema. Ele afirma: "Se a justiça de vocês não for muito superior à dos fariseus e mestres da lei, de modo nenhum entrarão no Reino dos céus". Os fariseus eram pessoas excessivamente religiosas. Jejuavam duas vezes na semana; ofereciam o dízimo de tudo o que possuíam; cruzavam terra e mar para atrair seguidores; eram excelentes missionários; liam suas Bíblias; oravam. E, no entanto, Jesus disse que a justiça dos seus seguidores deveria ir além.

Assim como é importante sabermos exatamente o que se entende por fé, também devemos nos certificar de que agimos de acordo com o conceito de justiça apresentado por Mateus. Jesus não está afirmando que somos salvos *pela* justiça, mas *para* ela. É uma distinção importante. Se o Evangelho de Mateus for lido por um incrédulo, é possível que ele tenha a impressão de que ser cristão significa fazer o bem, quando, na realidade, somente *após* nos tornarmos cristãos – tendo sido salvos e perdoados – somos chamados para demonstrar os atos de justiça conforme Mateus descreveu.

3. Juízo

Esse terceiro tema talvez surpreenda: aparentemente, ele contradiz a tese de que Mateus tenha escrito um Evangelho para os crentes. Há em Mateus, contudo, um número considerável de ensinamentos sobre o juízo expressos pelo próprio Jesus. Além disso, um exame detalhado do contexto de cada exortação referente ao inferno revelará que, com exceção de duas, todas foram dirigidas aos crentes em Cristo.

Mateus está **exortando os discípulos contra a complacência**. Uma pessoa que decidiu seguir Jesus não tem passagem garantida para o céu. Os seguidores devem temer o inferno se quiserem permanecer "no caminho". Assim, embora duas das exortações sobre o juízo sejam dirigidas aos fariseus, as demais são dirigidas àqueles que haviam deixado tudo para seguir Jesus. O detalhe mais surpreendente é que ele nunca exorta os pecadores dessa forma.

Essa verdade torna-se particularmente evidente quando consideramos o contexto de uma das mais conhecidas afirmações de Cristo sobre o inferno: "Não tenham medo dos que matam o corpo, mas não podem matar a alma. Antes, tenham medo daquele que pode destruir tanto a alma como o corpo no inferno". A quem ele dirige essa exortação? Ele está falando aos missionários cristãos (os Doze) pouco antes de enviá-los para proclamar e manifestar o Reino. Ele não está dizendo que o temor do inferno deveria fazer parte da mensagem dos discípulos aos pecadores, mas sim que os próprios discípulos deveriam temer o inferno, pois se assim o fizessem, não temeriam ninguém ou coisa alguma, nem mesmo o martírio.

Se todo o Novo Testamento se resumisse apenas no Evangelho de Mateus, teríamos o suficiente para saber que os cristãos podem ser lançados no vale de Hinom – o depósito de lixo de Deus – local nas proximidades de Jerusalém, chamado de Geena por Jesus, onde se descartava tudo o que era imprestável para que fosse queimado. Mateus é um Evangelho austero para os discípulos, ensina-os a ser verdadeiros, a prosseguir, a continuar a crer e a seguir com Jesus até o fim.

COMO É TRANSMITIDA A MENSAGEM DE MATEUS

Se o objetivo de Mateus era oferecer um manual para o discipulado, por que ele inseriu todos esses ensinamentos na estrutura do Evangelho de Marcos? Por que não o intitulou de manual para o discipulado e simplesmente registrou as orientações necessárias a um discípulo? A resposta a essa pergunta nos ajuda a compreender o que Jesus e Mateus pretendiam transmitir e ensinar aos ouvintes e leitores.

Contexto
Mateus está sendo fiel à maneira de ensinar proposta originalmente por Jesus. Jesus expunha seus ensinamentos no contexto de seus feitos e realizava milagres no contexto de seus ensinamentos. O ensino precisa ser apresentado nesse contexto prático. Precisamos do **equilíbrio entre palavra e ação**.

Um processo de mão dupla
Também precisamos conhecer os *indicativos* do Evangelho: **o que Cristo fez por nós**, e, então, ser confrontados com os *imperativos*: **o que devemos fazer pelo Senhor**. Se nosso foco estiver em apenas um deles seremos levados ao erro. Se nos concentrarmos no que Deus fez, talvez imaginemos que não há nada que precisemos fazer, o que pode resultar em libertinagem (i.e. não importa a forma como eu vivo). Se nos concentrarmos somente no que realizamos para o Senhor, talvez imaginemos que tudo depende de nós, o que pode nos conduzir ao legalismo (i.e. minhas obras garantem minha salvação). Em vez disso, nosso comportamento deve ser guiado por aquilo que cremos – nossas ações refletem o que Deus faz por nós. O poder do Reino nos liberta do pecado a fim de que possamos viver na pureza do Reino. O Reino é, ao mesmo tempo, oferta e demanda. Assim, o Evangelho é tanto o que Deus faz por nós como o que fazemos por ele – essas são as boas novas do Reino.

A necessidade de equilibrar o indicativo e o imperativo é particularmente verdadeira quando consideramos a cruz de Cristo, pois é arriscado desassociar os ensinamentos de Cristo de tudo o que ele realizou. Não podemos ensinar as pessoas a viverem a vida cristã *sem* apresentar-lhes esses ensinamentos no contexto do que Cristo alcançou por elas na cruz. A ordem de Mateus nos ajuda a estar continuamente gratos a Jesus por tudo o que ele fez. Mateus, sabiamente, decidiu apresentar os ensinamentos dos discípulos no contexto da boa nova de que o mesmo Jesus que exigia todas essas coisas de seus seguidores também havia curado enfermos, ressuscitado mortos, morrido e ressuscitado por eles.

Conclusão

O Evangelho de Mateus era, sem dúvida, um grande favorito da igreja primitiva. As pessoas estavam movidas pela Grande Comissão: ir a todo o mundo e fazer discípulos de todas as nações, ensinando-os a observar tudo o que Jesus havia ordenado. O Evangelho de Mateus as capacitava a fazer exatamente isso. Como um manual para o discipulado de crentes judeus e gentios, Mateus unia o Antigo e o Novo Testamento e contava ao mundo que Cristo, o Rei dos judeus, viera para cumprir a promessa feita a Abraão de que, através dele e de sua semente, todas as nações do mundo seriam abençoadas. Eis aqui finalmente a vinda do Filho de Davi – eis aqui a forma como devemos viver hoje, como súditos do Rei.

39.
LUCAS E ATOS

Introdução

A Bíblia é palavra de Deus e palavra do homem – há muitos autores humanos, porém um único e divino editor. A maioria dos autores escreveu para suprir uma necessidade imediata e não imaginava que seu texto viria a fazer parte da Bíblia. Podemos, portanto, estudar os livros da Bíblia sob duas perspectivas: a histórica e a existencial. Considerando a perspectiva histórica, perguntamos: Por que o livro foi escrito? Com que motivação humana? Sob a perspectiva existencial, indagamos: Por que foi incluído na Bíblia? Por que Deus quer que tenhamos conhecimento dessas coisas? Usaremos essas duas perspectivas mais adiante, quando analisarmos o Evangelho de Lucas e o livro de Atos. Os dois livros têm o mesmo autor e juntos formam uma unidade bastante especial. Sendo assim, quem foi Lucas e por que ele escreveu esses dois volumes?

Quem foi Lucas?

1. UM GENTIO
Lucas é uma exceção entre todos os autores da Bíblia, pois é o único gentio. Seu nome vem do original Loukas e sua origem é a cidade de Antioquia, na Síria – a Paris do Mundo Antigo – localizada na extremidade oriental do mar Mediterrâneo, ao norte da Terra Prometida.

Foi em Antioquia que a primeira igreja gentia se estabeleceu e os seguidores de Jesus Cristo foram chamados de "cristãos" pela primeira vez – um apelido um tanto depreciativo dado pelos habitantes locais que observaram que o grupo procurava seguir "Cristo". Embora o termo "cristão" tenha se tornado comum e conte com uma ampla variedade de definições, em Atos o autor prefere usar as palavras "fiéis", "irmãos" ou "discípulos".

Como gentio, Lucas tinha condições de demonstrar, através de seus textos, como o Evangelho se difundira de Jerusalém a Roma. Podemos facilmente nos esquecer que uma religião tem a característica de transpor barreiras étnicas e, nesse caso, ela deixa de ser essencialmente judia para tornar-se amplamente gentia. A maioria das pessoas permanece na religião na qual nasceu. Nesse caso, a religião é transferida de um povo para outro. Esse enfoque nos leitores gentios é demonstrado de várias formas. Lucas, por exemplo, evita expressões em hebraico e aramaico como *Rabi* e *Aba*, usadas em Mateus e Marcos, preferindo traduzir tais palavras para o grego e assim garantir a compreensão de seus leitores.

2. UM MÉDICO

Lucas era médico – o apóstolo Paulo, em sua carta à igreja de Colossos, refere-se a ele como "o médico amado". A medicina já era praticada há 400 anos e os médicos eram cuidadosamente treinados. Lucas precisava ser atento, analítico e meticuloso em seus registros – habilidades que ele também coloca em prática quando redige seu Evangelho e o livro de Atos.

Muitos incidentes registrados por Lucas denunciam sua experiência como médico. O nascimento de Jesus, por exemplo, é relatado pela perspectiva de Maria. Temos os detalhes da circuncisão de Jesus, a menção aos panos, ou fraldas – todo tipo de detalhe que atrairia o interesse de um médico. (A propósito, Lucas nos apresenta a árvore genealógica de Maria para registrar a linhagem biológica de Cristo, enquanto Mateus nos oferece a linhagem pelo lado de José.) Quando Marcos descreve a enfermidade da sogra de Pedro, ele menciona simplesmente uma febre; Lucas, por sua vez, fala de uma "febre alta". Cinco entre os seis milagres registrados por Lucas são milagres de cura.

Deus usa um médico para relatar o sobrenatural! O nascimento virginal, os milagres de Jesus e os sinais e maravilhas encontrados no livro de Atos foram registrados por Lucas. Alguns médicos são céticos a respeito de qualquer coisa que extrapole a esfera do natural e do físico, mas Lucas foi capaz de trazer seu considerável talento como escritor e como médico para registrar o que de fato ocorreu, mesmo que estivesse além de sua habilidade ou conhecimento médico.

3. UM HISTORIADOR
Lucas era meticuloso em seus detalhes, seu vocabulário e sua compreensão das nuances culturais. Não sendo ele mesmo um apóstolo, seu conhecimento sobre Jesus dependia daqueles que conviveram com o Mestre. Alguns historiadores modernos criticam seu texto, alegando que ele estava equivocado, mas as descobertas arqueológicas subsequentes sempre falaram a favor de Lucas, a ponto de ele ser reconhecido hoje como um dos maiores historiadores de sua época. De fato, se tratarmos o "Evangelho" como um gênero distinto da "história", conforme sugerimos anteriormente (página 11), então Lucas é o único "historiador" do Novo Testamento. Seu principal objetivo não era somente anunciar a boa nova da salvação, mas oferecer um relato preciso e confiável das palavras e dos atos de Jesus, embora, certamente os dois objetivos se sobreponham.

4. UM VIAJANTE
Lucas também era um viajante experiente. É Lucas quem se refere ao "mar" da Galileia como um "lago" – são apenas

13 quilômetros de comprimento por 8 quilômetros de largura. Para um viajante tarimbado, certamente seria um lago! Lucas viajou com o apóstolo Paulo, fato indicado pela narração na primeira pessoa do plural (nós) em algumas passagens de Atos. Assim como fazem outros autores do Novo Testamento, Lucas se mantém no anonimato com o intuito de desviar a atenção de si mesmo. Entretanto, o uso do pronome "nós" revela que ele estava presente. Lucas foi companheiro de viagens de Paulo – principalmente por mar – na jornada de Trôade a Filipos, de Filipos a Jerusalém, e de Cesareia a Roma. Será que Paulo considerava apropriado ter um médico por perto quando navegasse? Alguns dos melhores textos de Lucas retratam as viagens nos capítulos finais de Atos e o naufrágio na costa de Malta.

Essa prontidão para as viagens é um elemento importante em nossa compreensão de como o Evangelho de Lucas e o livro de Atos vieram a ser escritos. Sabemos que Paulo esteve preso por dois anos em cada um desses dois lugares – Cesareia e Roma. Mais adiante, veremos que foi provavelmente durante esses períodos que Lucas redigiu seus dois volumes – o Evangelho, em Cesareia, e Atos, em Roma, onde, obviamente, teve oportunidade de entrevistar Paulo sem pressa.

5. UM ESCRITOR

Lucas escreve em um grego culto e polido, semelhante ao dos historiadores helenistas. Seu talento como escritor será discutido quando nos detivermos no estudo do Evangelho de Lucas e do livro de Atos. O relato que faz do naufrágio em Malta é considerado uma obra-prima da literatura do Mundo Antigo. Ele demonstra ter bom vocabulário, excelente estilo e a habilidade de prender a atenção do leitor, alternando os temas de forma rápida e suave. Seu talento como historiador também fica evidente; sua pesquisa é meticulosa e ele sabe o que incluir e o que deixar de fora.

6. UM EVANGELISTA

Lucas era um evangelista – com sua caneta, não com sua voz. "Salvação" é uma palavra-chave nos dois livros. Essa palavra e seus cognatos são usados repetidamente. Como gentio, Lucas enfatiza particularmente que a salvação é para "toda a carne". Em seu Evangelho, ele registra a citação que João Batista faz do profeta Isaías, considerada por muitos o tema central do Evangelho de Lucas: "E toda a carne verá a salvação de Deus".

Mais adiante, em nosso estudo de seu Evangelho, veremos que Lucas tem um interesse especial em vários grupos de pessoas que podem ter, e terão, acesso à salvação de Deus. Do mesmo modo, o tema de Atos é o Espírito Santo derramado sobre toda carne – sobre judeus, sobre samaritanos, até os confins da terra. Essa religião "dos judeus" é para todos, em todo o mundo: Lucas retrata Jesus como o Salvador do mundo.

A história registra que Lucas morreu aos 84 anos na Beócia, Grécia, e nunca se casou.

O público

Agora que sabemos mais sobre o autor, voltemos nossa atenção ao público que Lucas tinha como alvo dos dois volumes de sua obra. Ele escreveu os dois livros para um homem, Teófilo, cujo nome significa literalmente "Amigo de Deus". Parece estranho que Lucas dedicasse quatro anos à pesquisa com o intuito de escrever para uma única pessoa, mesmo se suspeitasse que, no futuro, haveria uma plateia maior. Quem era Teófilo?

Uma das teorias é que Teófilo seja uma figura fictícia, um representante imaginário de um grupo, algo do tipo: "Prezado Sr. Justo Juiz". Teófilo, portanto, seria um nome inventado, e "Amigo de Deus" indicaria alguém interessado na fé, desejoso de encontrar a Deus. Por mais válida que seja a teoria, contudo, ela não se encaixa em todos os fatos.

Outros argumentam que ele era uma pessoa real, provavelmente um editor interessado no cristianismo – uma ideia intrigante, certamente. De fato, é preferível ver Teófilo como um indivíduo que realmente existiu. Certamente era um homem de alguma importância, que ocupava algum cargo público, pois Lucas não somente lhe dá um nome como também um título: "Excelentíssimo" Sr. Amigo de Deus. Esse é precisamente o mesmo título atribuído a Festos e Félix quando presidiram os julgamentos de Paulo – um forte indício de que Teófilo exercia uma função jurídica, talvez de advogado ou juiz. Entretanto, por que Lucas escolheria destinar a um advogado um relato tão completo, primeiramente de Jesus e, posteriormente, de Paulo?

O advogado de defesa de Paulo
Se imaginarmos que Teófilo é o advogado de defesa de Paulo, ou até mesmo o juiz de seu julgamento em Roma, tudo ficará claro. Alguém que desempenhe uma dessas duas funções precisará de um relato completo, detalhando as circunstâncias que levaram ao julgamento.

Como teve início essa nova religião? Quem foi seu fundador? Como Paulo se tornou um de seus propagadores? Além disso, o advogado estaria particularmente interessado na forma como essa fé era vista pelas autoridades romanas. Assim, por ocasião da prisão de Paulo em Cesareia, Lucas pesquisou a vida e a morte de Jesus e, quando Paulo foi transferido para a prisão em Roma, passou a pesquisar e registrar a contribuição do apóstolo a essa nova religião.

Sua obra inclui indícios de que ele tenha entrevistado diversas pessoas de inegável importância para a igreja do Novo Testamento: Tiago, possivelmente Mateus e, certamente, João (alguns elementos presentes no Evangelho de Lucas também são encontrados somente em João, como, por exemplo, o incidente da orelha decepada de Malco, durante a prisão de Jesus).

Compilação dos livros
Lucas teve certas desvantagens no que se refere à coleta do material necessário para a "contestação". Ele não era um dos Doze, nunca conhecera Jesus, e, portanto, não havia sido testemunha ocular de sua vida e ministério. No entanto, superou essas dificuldades consultando aqueles que haviam *testemunhado* os fatos. Nos dois anos de sua estada em Cesareia, enquanto aguardava a transferência de Paulo a Roma, Lucas reuniu relatos a respeito de Jesus. Quando Paulo chegou a Roma, Lucas teve mais dois anos para registrar sua história em seu segundo volume, os "Atos dos apóstolos".

Se a hipótese da "contestação" estiver correta, traria esclarecimentos a muitos detalhes nos dois volumes. Explicaria, por exemplo, por que razão os romanos são retratados nos dois livros como totalmente tolerantes a essa nova religião. Tanto no julgamento de Jesus como no de Paulo, Lucas inclui três depoimentos de que os réus são totalmente inocentes. Pilatos declara três vezes que Jesus é inocente e, também, por três vezes, as autoridades romanas afirmam que Paulo teria sido liberto se não tivesse apelado a Roma. Nos dois volumes, portanto, as dificuldades que cercam os cristãos não são causadas pelos romanos, mas pelos judeus que procuravam criar obstáculos à nova fé.

Testemunhas oculares
Um advogado exigiria uma testemunha ocular, relatos de testemunhas oculares e **fatos cuidadosamente investigados**, apresentados de modo ordenado. Os dois

volumes de Lucas incluem datação meticulosa indicando eventos relacionados ao império romano (e.g. Lucas 2.1 e 3.1), e sua introdução a Teófilo no primeiro livro confirma seu propósito: "Muitos já se dedicaram a elaborar um relato dos fatos que se cumpriram entre nós, conforme nos foram transmitidos por aqueles que desde o início foram testemunhas oculares e servos da palavra. Eu mesmo investiguei tudo cuidadosamente, desde o começo, e decidi escrever-te um relato ordenado, ó excelentíssimo Teófilo, para que tenhas a certeza das coisas que te foram ensinadas". Esse vocabulário certamente condiz com o tipo de material que um advogado poderia solicitar.

FOCO EM PAULO

Essa teoria também explica os aspectos singulares do segundo volume. O livro de Atos é conhecido como "Atos dos apóstolos", mas concentra-se em apenas dois deles, faz raras menções a outros e omite qualquer referência à maioria. Além disso, embora Pedro seja o personagem principal nos primeiros 12 capítulos, ele praticamente desaparece logo após a conversão de Paulo. O livro, então, passa a focar quase que exclusivamente em Paulo, personagem que ocupa dois terços do relato. Uma proporção aparentemente incomum, a menos que o principal objetivo de toda a obra fosse defender Paulo e explicar às autoridades romanas que não havia qualquer traço de revolução ou subversão no que se refere à nova religião. Paulo, portanto, é retratado como um cidadão romano, inculpável pela lei romana e merecedor do veredito "inocente" em seu julgamento.

Há uma diferença curiosa a ser observada entre o julgamento de Paulo e o de Jesus, em Jerusalém. Pela lei romana, Jesus era inocente, mas foi crucificado como resultado da pressão feita pelos judeus. Paulo, em contrapartida, enfrentou o tribunal em um lugar onde os judeus não poderiam influenciar o veredito. Seu apelo a César excluiu a interferência dos judeus.

A teoria também esclarece por que encontramos três registros do testemunho de Paulo no livro de Atos – um pequeno excesso (nenhum outro apóstolo dá seu testemunho) a menos que, pelo fato de Paulo estar sendo levado a julgamento, fosse essencial que o advogado ouvisse seu testemunho em cada um dos julgamentos anteriores a fim de que todos os elementos pudessem ser usados a seu favor.

Além disso, ler o livro de Atos como se fosse uma contestação enviada ao advogado de defesa ajuda a esclarecer o final abrupto do livro. O texto é interrompido no momento em que Paulo aguarda o julgamento. Esse fato também desmantela outros argumentos quanto ao propósito de Atos. Se o livro fosse exclusivamente um registro da vida de Paulo, seria estranho concluí-lo nesse ponto. Sabemos que o próprio Lucas viveu até os 84 anos, portanto estava vivo e poderia registrar a morte de Paulo, caso o objetivo de Atos fosse biográfico. Por outro lado, tendo o texto um propósito jurídico, a contestação encerra exatamente onde deveria encerrar, no momento que antecede o julgamento de Paulo.

Uma inconsistência final parece resolver a questão. Por que o Dr. Lucas dedicaria tanto espaço a um relato tão detalhado do naufrágio em Malta se seu objetivo fosse escrever a história da igreja primitiva? E por que ele descreveria somente esse incidente no mar, sendo que Paulo enfrentara pelo menos outros três? Certamente porque seu desejo era ressaltar o comportamento exemplar de Paulo, que não tenta fugir em meio à confusão, mas escolhe salvar as vidas de todos a bordo, inclusive de seus captores romanos, que estavam incumbidos de levá-lo em segurança à corte romana. Depois de relatar esse esforço heroico e patriótico, posso imaginar as palavras finais do advogado de defesa de Paulo no tribunal: "Nada mais a declarar, excelência".

ESSA CONTESTAÇÃO OBTEVE ÊXITO?

Todos os indícios apontam para a absolvição de Paulo em seu primeiro julgamento em Roma. As cartas que escreveu a Timóteo e Tito contêm detalhes que não remetem à sua vida antes do aprisionamento, sugerindo que ele foi libertado. Existe até mesmo uma forte convicção de que ele tenha realizado seu desejo de chegar à Espanha. Algumas das mais antigas igrejas da Espanha alegam que Paulo foi seu fundador.

Não podemos afirmar ao certo, mas os indícios dessa linha de pensamento apontam para o fato de que Paulo foi libertado em seu primeiro julgamento, porém mais tarde novamente aprisionado e, posteriormente, decapitado. Apesar desse fim, o trabalho de Lucas aparentemente não foi em vão: se o seu principal objetivo ao redigir os dois volumes era salvar a vida de Paulo em seu primeiro julgamento, libertando-o para que pudesse dar continuidade ao seu apostolado, ele obteve êxito.

Conclusão

Nesse estudo, nos concentramos no interesse de Lucas em ajudar Paulo, porém as implicações desse julgamento se refletiram no cristianismo como um todo. O cristianismo estava no banco dos réus juntamente com Paulo: a notícia do fato ocorrido em Roma espalhou-se por todos os lugares, tornando-se um importante caso em que o cristianismo foi testado.

Os dois volumes de autoria de Lucas poderiam ser chamados de *A História do Cristianismo – Primeira e segunda parte*. Eles compreendem um relato magnificamente redigido que cobre um período de 33 anos, desde o início do ministério público de Jesus até o aprisionamento de Paulo e sua posterior prisão domiciliar. Os dois livros estão repletos de informações exclusivas para que tanto o leitor imediato quanto os leitores ocasionais soubessem o que de fato ocorreu e como deveriam agir em tais circunstâncias.

Seguramente, Lucas estava ciente de que sua obra interessaria a um **público mais abrangente**, à medida que a população geral de Roma constatasse o crescimento excepcional do cristianismo. Logo, o cristianismo não mais seria visto como uma vertente do judaísmo, mas como uma fé internacional e universal em expansão, que ganharia destaque na própria cidade de Roma. A obra de Lucas, portanto, não foi apenas uma contestação de defesa, mas uma **declaração de fé** e, como tal, constitui-se uma contribuição fundamental à missão entre os gentios.

Seu Evangelho, portanto, é um componente singular. Na introdução, ele diz a Teófilo que muitos outros haviam elaborado relatos dos fatos ocorridos. É provável que tivesse conhecimento do registro de Marcos ou de Mateus, e possivelmente de outros. Seu próprio Evangelho, no entanto, é fruto de **pesquisa própria e aprofundada**, que incluiu entrevistas e relatos verbais de testemunhas oculares, todas inseridas no contexto do mundo romano. Ele apresenta uma vista panorâmica e, em seguida, aproxima o foco nos indivíduos. Embora Lucas não tenha sido um apóstolo, nunca houve qualquer dúvida de que seu Evangelho e o livro de Atos deveriam ser incluídos no cânon do Novo Testamento. Esse é verdadeiramente um sinal do respeito da igreja primitiva por essa obra extraordinária, "apostólica" em conteúdo e autoridade, se não em autoria.

40.
LUCAS

Introdução

Lucas é o mais amado e o menos conhecido dos quatro Evangelhos. Essa observação talvez pareça surpreendente. A maioria das pessoas conhece extremamente bem alguns trechos **exclusivos** de Lucas: o bom samaritano é a parábola preferida de muitos (a expressão se tornou popular e já faz parte do nosso vocabulário); a maioria das pessoas associa a expressão "o bom filho à casa retorna" à história do filho "pródigo"; e os relatos dos encontros de Jesus com Zaqueu, Maria e Marta, o ladrão na cruz e os dois homens na estrada de Emaús também são muito conhecidos.

No entanto, quando o texto de Lucas **coincide** com o de outros Evangelhos, geralmente conhecemos melhor os relatos de outros autores. Qual é, por exemplo, o significado da analogia entre os discípulos e o "sal", registrada tanto por Mateus quanto por Lucas? A maioria das pessoas presume que seja uma referência ao papel dos crentes e sua função de conservar e dar sabor à sociedade, baseando-se na utilização do sal na preparação dos alimentos. Lucas, contudo, registra outros detalhes, afirmando que se o sal perder o seu sabor, não serve nem para o solo nem para adubo. Isso indica que a metáfora, na realidade, relaciona-se à agricultura e não à culinária. O sal vinha do mar Morto e era cheio de potássio e de outros minerais. Era usado como fertilizante na agricultura e como neutralizador de dejetos humanos. Como tal, o sal permitia o crescimento do que era desejável e impedia a disseminação do indesejável. Os discípulos, disse Jesus, deveriam fazer o mesmo. A maioria das pessoas não observa os detalhes adicionais de Lucas e tira as próprias conclusões do significado de "sal da terra" de Mateus.

Outro exemplo de nossa displicência com o Evangelho de Lucas está na afirmação: "Pois, se fazem isto com a árvore verde, o que acontecerá quando ela estiver seca?". Nas oportunidades que tenho de ministrar a palavra, costumo provocar meus ouvintes perguntando-lhes se essa frase é do Antigo Testamento, do Novo Testamento ou de William Shakespeare. A maioria geralmente erra! Na realidade, Jesus disse essas palavras enquanto carregava sua cruz até o Calvário. Somente Lucas as registra, e, aparentemente, poucas pessoas as leram.

Elementos exclusivos de Lucas
O Evangelho de Lucas segue a mesma organização do Evangelho de Marcos, e seu divisor de águas ocorre em Cesareia de Filipe, pouco antes da partida de Jesus para Jerusalém. Esse Evangelho, contudo, também pode ser dividido em cinco seções:

1.1–4.13	Os primeiros 30 anos de sua vida
4.14–9.50	Seu ministério na Galileia
9.51–19.44	A viagem para Jerusalém e a propagação de seu ministério de ensino
19.45–23.56	Os últimos dias em Jerusalém (esse trecho é radicalmente diferente da abordagem de Marcos)
24	A ressurreição e a ascensão

Vamos avaliar os trechos que aparecem somente no Evangelho de Lucas.

Detalhes sobre o nascimento
Todos os relatos do nascimento de Jesus são feitos pelo ângulo de Maria, em contraste com o enfoque sobre José

visto no Evangelho de Mateus. Isso confere um tom muito diferente à narrativa. Lucas demonstra um maior interesse no aspecto humano e informa detalhes minuciosos da concepção e do parto, mencionando até os panos que envolveram o bebê. Assim como faz Mateus, Lucas também inclui a genealogia de Jesus, mas registra os antepassados do lado de Maria, remontando a Adão. Pela lei, é através de José que Jesus descende de Davi, mas, pelo lado de Maria, sua descendência biológica também é traçada até Davi. Jesus, portanto, tem dupla linhagem real.

Em sua narrativa, Lucas indiretamente nos informa o **mês do nascimento de Jesus**. Lemos que Zacarias pertencia à tribo sacerdotal de Abias. Em 1Crônicas, tomamos conhecimento do mês em que essa tribo cumpria sua função sacerdotal no templo: em um ciclo de um ano, a tribo era responsável pelo oitavo turno de um total de 24 turnos. Zacarias, portanto, estava servindo no templo no quarto mês do calendário judaico. Sabemos que Isabel engravidou nesse período, seis meses antes de Maria, por isso, podemos calcular que Jesus nasceu 15 meses depois, no sétimo mês do ano seguinte, na Festa dos Tabernáculos (final de setembro ou início de outubro para nós). Os judeus esperavam que o Messias viesse durante essa celebração e até hoje aguardam por ele nessa data.

Detalhes sobre a infância
Lucas registra a única história dos primeiros 30 anos da vida de Jesus. Aos 12 anos de idade, Jesus teve seu *bar-mitzvá*, que significa "filho da lei ou do mandamento", em hebraico. Quando um menino judeu atinge essa idade, ele se torna responsável por suas próprias escolhas. Até que o menino complete 12 anos, os pais são responsabilizados pelos erros da criança, mas, a partir dessa idade, ele é responsável por seus atos e por guardar os mandamentos

de Deus. É levado à sinagoga, onde lê um trecho da lei de Moisés. Daquele momento em diante, ele é considerado um homem. Ele passa a ser um parceiro de trabalho de seu pai, seja qual for seu ofício ou profissão.

Isso explica a história da **visita de Jesus a Jerusalém na companhia de José e Maria**. Naqueles dias, as mulheres seguiam à frente, caminhavam por volta de 25 quilômetros durante o dia e então armavam as tendas e preparavam a refeição para a chegada dos homens. As crianças menores de 12 anos viajavam com suas mães, e os meninos acima de 12, com seus pais. É possível que Jesus tivesse viajado para Jerusalém com Maria, como sempre fizera, mas agora que completara 12 anos, teria sido normal que retornasse com José. É compreensível que tanto Maria quanto José pensassem que Jesus estava na companhia do outro.

O fato também traz luz à resposta de Jesus a Maria, quando ela o encontra no templo. "Não sabiam que eu devia estar na casa [ou cuidando dos negócios] de meu Pai?". É o primeiro registro das palavras de Jesus. O detalhe mais impressionante é a afirmação a seguir, de que ele voltou para Nazaré e era submisso a seus pais. A história revela que, mesmo aos 12 anos de idade, Jesus sabia quem de fato era. Também fica evidente que Maria nunca dissera a Jesus quem ele era de fato (ela se refere a José como "seu pai").

Batismo

Lucas também inclui informações exclusivas sobre o batismo de Jesus. É ele quem nos conta que foi como **resultado de oração** que **Jesus recebeu o Espírito Santo** após seu batismo. Mateus e Marcos registram que Jesus recebeu o Espírito ao sair da água, mas é Lucas quem menciona sua oração: "E, enquanto ele estava orando, o céu se abriu e o Espírito Santo desceu sobre ele em forma corpórea, como pomba". De fato, Lucas apresenta mais detalhes sobre o batismo no Espírito do que qualquer outro autor do Novo Testamento. Adiante, vamos analisar esse tema mais profundamente (páginas 89-90).

Os ensinamentos de Jesus

BLOCOS DE ENSINAMENTOS EXCLUSIVOS

Também é diferente a forma como Lucas aborda os ensinamentos de Jesus. O Sermão da Montanha, registrado por Mateus, torna-se o Sermão da Planície, e cada bem-aventurança é acompanhada de um lamento [ou "ai"]. Assim, por exemplo, "Bem-aventurados os que choram" equivale a "Ai de vocês, que agora riem". Isso de forma alguma sugere que Mateus e Lucas discordassem entre si. É evidente que Jesus pregou esse sermão mais de uma vez e de formas variadas. Lucas simplesmente nos apresenta uma forma diferente e mais resumida do mesmo sermão.

PARÁBOLAS EXCLUSIVAS

Devemos inteiramente a Lucas muitas das histórias contadas por Jesus:
- A parábola do bom samaritano.
- A parábola do filho pródigo (ou do pai pródigo e dos dois filhos perdidos – veja a paráfrase nas páginas 96–98).
- A parábola da viúva persistente.
- A parábola do fariseu e do coletor de impostos.
- A parábola do amigo que, à meia-noite, bate à porta do vizinho em busca de pão para um visitante inesperado.
- A parábola da figueira estéril.
- A parábola do administrador desonesto.
- A parábola de Lázaro e do homem rico que acabou no inferno – a única parábola que tem o nome de uma

pessoa ("Lázaro" pode até referir-se a uma pessoa de fato; veja a paráfrase nas páginas 100–101).

INCIDENTES EXCLUSIVOS
Entre os eventos registrados exclusivamente por Lucas estão:
- A pesca milagrosa.
- A missão dos Setenta (72 em algumas versões).
- A ascensão. Lucas é o único Evangelho a incluir um relato da ascensão além da breve menção no final "estendido" de Marcos. Lucas também registra um relato da ascensão no início de Atos, associando, assim, as duas obras e enfatizando a importância desse acontecimento.

Lucas também inclui incidentes específicos com **pessoas** que despertaram seu interesse.
- A prostituta que ungiu os pés de Jesus na casa do fariseu.
- A mulher que tocou a orla das vestes de Jesus em meio a uma multidão.
- A refeição na casa de Marta e Maria.
- O coletor de impostos na árvore (Zaqueu).
- A cura do homem que tinha o corpo inchado.
- A mulher encurvada.
- Os dez leprosos.
- A oferta da viúva.
- O ladrão na cruz.
- Os dois homens no caminho de Emaús.

Essas histórias demonstram que Lucas, mais do que qualquer outro autor dos Evangelhos, interessava-se pelas pessoas – uma característica que se espera encontrar em um médico.

Interesse nas pessoas
Há, pelo menos, seis grupos de pessoas nas quais Lucas tinha interesse especial.

1. SAMARITANOS
Os samaritanos formavam um grupo **considerado proscrito [excluído] pelos judeus**, pois eram fruto de casamentos mistos entre judeus e gentios durante o exílio. Tal era a rivalidade, que os judeus que viajassem entre a Judeia e a Galileia optavam pelo trajeto mais longo a leste do Jordão, em vez de passar pela região de Samaria.

Somente Lucas relata que entre os dez leprosos curados, o único que retornou para agradecer era samaritano. Os outros eram judeus e não deram valor à bênção da cura.

Lucas também registra que Tiago e João desejavam que fogo dos céus descesse sobre os samaritanos, pois eles haviam sido rudes com Jesus. Ele continua a história em Atos, onde lemos que João e Pedro retornaram a Samaria e oraram para que o fogo do Espírito Santo viesse sobre os samaritanos!

Ele também conta a história do bom samaritano, embora o adjetivo "bom" não fosse considerado apropriado para referir-se a essas pessoas. Ao registrar o espanto dos ouvintes judeus diante da grande bondade do samaritano, Lucas revela seu zelo para que essa história de Jesus fosse preservada, como um encorajamento aos samaritanos, sem dúvida, e como um incentivo reparador da inimizade entre os dois povos.

2. GENTIOS
Sendo ele mesmo gentio, é natural que os gentios apareçam com frequência no relato de Lucas e que essa expressão ganhe mais destaque. Lucas evidencia esse tema logo no início, quando Simeão afirma que Jesus seria "**luz para revelação aos gentios**".

Ele registra a menção de Jesus à viúva de Sarepta e a Naamã, o sírio, em seu sermão em Nazaré. Sugere que esses gentios tinham mais fé do que os israelitas, que, por sua vez, influenciavam os moradores da região a atentar contra a vida de Jesus.

Lucas também relata o envio dos Setenta – um número que, com base em Gênesis 10, os judeus consideravam simbólico –, e posiciona o ministério de Jesus na Pereia, a leste do Jordão. Os autores dos outros Evangelhos incluem a viagem de Jesus desde o Norte até Jerusalém, mas omitem a obra que ele realizou em sua jornada por territórios estrangeiros.

3. EXCLUÍDOS

Lucas demonstra grande interesse nos excluídos, **por qualquer um que seja tratado com desprezo**. Ele registra a cura dos dez leprosos e o chamado de Zaqueu, o coletor de impostos. Essa profissão era menosprezada por dois motivos: primeiro, por causa do conluio dos coletores de impostos com os romanos, que lhes atribuíam a responsabilidade de recolher impostos, e segundo, porque retinham parte da arrecadação abusiva para si próprios. Jesus, no entanto, não somente se encontra com Zaqueu, um praticante dessa profissão impopular, como também afirma que naquele dia a "salvação" chegara à sua casa.

Lucas também registra o envolvimento dos pastores no testemunho e na proclamação das novas do nascimento de Jesus. Naquele tempo, os pastores eram vistos como inescrupulosos parasitas da sociedade, vivendo do que conseguiam roubar de outros. Como resultado, o testemunho de um pastor não tinha legitimidade em um tribunal.

Também vale observar a forma como Lucas inclui a história da ex-prostituta que ungiu os pés de Jesus – uma reação exemplar ao perdão que recebera de Jesus e um exemplo prático aos hipócritas.

4. MULHERES

Lucas demonstra um interesse específico nas histórias das mulheres. Marta e Maria já foram mencionadas. Além delas, Lucas escreve sobre a mulher que é curada ao tocar a orla do manto de Jesus. Nenhum outro autor menciona as mulheres que choram por Jesus enquanto ele carrega sua cruz. Lucas também cita os nomes das mulheres ricas que sustentavam financeiramente o ministério de Jesus. O Evangelho de Lucas inclui **dez mulheres que não são mencionadas em nenhum outro texto** e outras três em parábolas.

5. POBRES

Lucas parece quase **tendencioso quando se refere aos pobres**. Ele registra, por exemplo, as palavras de Jesus "Bem-aventurados vocês, os pobres" e "Ai de vocês, os ricos", enquanto Mateus afirma: "Bem-aventurados os pobres em espírito", sem fazer referência aos ricos. No Evangelho de Lucas, a pobreza é considerada uma bênção, em contraste com a forma como era vista pelo povo de Israel, que acreditava ser um sinal da desaprovação de Deus. Ele relata que Maria e José, na ocasião do nascimento de Jesus, trouxeram pombos para a oferta no templo. Esse era o sacrifício de menor valor permitido pela lei levítica.

Lucas também inclui vários outros dizeres que refletem aspectos dos ensinamentos de Jesus referentes à pobreza:
- "Dê a todo o que lhe pedir, e se alguém tirar o que pertence a você, não lhe exija que o devolva."
- Então Jesus disse ao que o tinha convidado: "Quando você der um banquete ou jantar, não convide seus amigos, irmãos ou parentes, nem seus vizinhos ricos;

se o fizer, eles poderão também, por sua vez, convidá-lo, e assim você será recompensado. Mas, quando der um banquete, convide os pobres, os aleijados, os mancos, e os cegos. Feliz será você, porque estes não têm como retribuir. A sua recompensa virá na ressurreição dos justos".

- Na parábola do grande banquete: "Vá rapidamente para as ruas e becos da cidade e traga os pobres, os aleijados, os cegos e os mancos".
- Na parábola do homem rico e Lázaro: "Chegou o dia em que o mendigo morreu, e os anjos o levaram para junto de Abraão. O rico também morreu e foi sepultado. No Hades, onde estava sendo atormentado, ele olhou para cima e viu Abraão de longe, com Lázaro ao seu lado...".

6. PECADORES

A última categoria de pessoas em quem Lucas demonstra interesse especial pode ser surpreendente. Mas Jesus não veio para salvar pecadores? "Pecador" naquela época era um termo específico para os judeus que **haviam desistido de tentar cumprir a lei de Moisés**. Já era suficientemente difícil com as 613 leis de Moisés, mas os líderes religiosos haviam acrescentado mais algumas. Uma grande parcela da população simplesmente havia desistido. Lucas registra histórias e incidentes destacando que essas pessoas eram exatamente as que Jesus viera alcançar. Ele salienta que os fariseus odiavam Jesus porque ele se misturava com pessoas que não cumpriam as leis. Como ele poderia estar perto de Deus convivendo tão próximo a "pecadores"?

O Evangelho de Lucas é muito **humanitário**. Lucas dispensava às pessoas a mesma atenção e importância dispensadas por Jesus. Ele se importava com aqueles que *não podiam ajudar* a si mesmos, e com aqueles a quem *ninguém ajudaria*. Apreciava a palavra *splanknidzomai*, que significa "compaixão", retratando Jesus como um homem que não vivia para seu próprio prestígio ou popularidade, mas para que os incapacitados pudessem ser tocados por Deus. Uma afirmação ao final da história de Zaqueu resume essa ideia: "O Filho do homem veio buscar e salvar o que estava perdido". De modo semelhante, lemos: "...e todos procuravam tocar nele, porque dele saía poder que curava a todos".

Outros destaques em Lucas

1. ANJOS

Lucas demonstra interesse especial nos anjos, principalmente no início de sua narrativa. Seres celestiais anunciam o nascimento de João, informam a Zacarias que nome ele deve dar ao seu filho e anunciam a Maria o nascimento de Jesus. Mais adiante, o texto de Lucas registra a ministração dos anjos no jardim do Getsêmani: "Apareceu-lhe então um anjo do céu que o fortalecia".

Acredita-se que os profissionais da área médica sejam os mais céticos a respeito do sobrenatural. Lucas, médico e meticuloso historiador, não parece ter dificuldade alguma em incluir os anjos em sua narrativa e ainda destaca seu **papel vital.**

2. O ESPÍRITO SANTO

O relato de Lucas tem sido chamado de **"Evangelho carismático"**. Nele encontramos mais informações sobre o Espírito Santo do que nos Evangelhos de Mateus e Marcos juntos.

- Lucas registra a obra do Espírito Santo na concepção de Jesus: "O Espírito Santo virá sobre você, e o poder do Altíssimo a cobrirá com a sua sombra".

- O Evangelho de Lucas afirma que tanto Isabel quanto Zacarias foram cheios do Espírito Santo, e profetiza que João Batista seria cheio do Espírito Santo ainda no ventre de sua mãe.
- O conceito da unção do Espírito presente no Antigo Testamento também é visto em Ana e Simeão. Simeão é movido pelo Espírito a encontrar o bebê Jesus, e Ana é identificada como uma profetiza.
- O Espírito Santo veio sobre Jesus em seu batismo. Então "Jesus, cheio do Espírito Santo, voltou do Jordão e foi levado pelo Espírito ao deserto".
- Após o período de tentação no deserto, "Jesus voltou para a Galileia no poder do Espírito...".
- Lucas registra o ensinamento de Jesus sobre a oração que clama pelo Espírito: "...quanto mais o Pai que está no céu dará o Espírito Santo a quem o pedir!".

O Evangelho conclui com a instrução de Jesus a seus seguidores para que aguardassem em Jerusalém até que fossem "revestidos do poder do alto". O interesse de Lucas no Espírito Santo continua em seu segundo volume, Atos, que inclui muitas outras referências à sua ação.

3. ORAÇÃO

a) Por si mesmo

Lucas escreve muito mais sobre as orações de Jesus do que qualquer outro autor dos Evangelhos. Como vimos anteriormente, a descida do Espírito Santo sobre Jesus em forma corpórea em seu batismo ocorreu em resposta à sua oração, a primeira a ser registrada. A última oração de Jesus é expressa na cruz: "Pai, nas tuas mãos entrego o meu espírito".

Entre essas duas orações, Lucas registra nove ocasiões

nas quais Jesus orou. Sete delas são encontradas somente em Lucas. Jesus parecia estar em **constante oração ao seu Pai**, em busca de direção.

b) Pelos seus discípulos
Lucas também se preocupa que compreendamos a **importância da oração para cada discípulo**. O capítulo 11, em especial, inclui um ensinamento profundo sobre o tema. Além dessa passagem, temos a parábola da viúva persistente, com a mensagem encorajadora de que Deus está disposto a responder às orações, bem como a parábola seguinte, comparando a atitude do coletor de impostos e a do fariseu – um encorajamento a assumir uma atitude humilde na oração. A oração era essencial tanto para Jesus quanto para os que o seguiriam.

4. ALEGRIA

O relato de Lucas apresenta **mais palavras derivadas da raiz "alegria" do que qualquer outro livro no Novo Testamento.** Lucas é o único autor, por exemplo, a usar a palavra com o sentido de "riso". Ele também registra a alegria no céu por um pecador que se arrepende. E em certa ocasião, Jesus "se alegrou no Espírito Santo".

Esse tema está relacionado aos temas do louvor e da adoração. A narrativa do nascimento começa com o canto dos anjos "Glória a Deus nas alturas" e termina no templo, com o povo "louvando a Deus". Lucas sempre **eleva seus leitores aos céus.** Alguns dos mais belos cânticos de louvor estão em Lucas, como o *Magnificat* (cântico de Maria) e o *Nunc Dimittis* (cântico de Simeão).

5. O EVANGELHO UNIVERSAL

Lucas é considerado o Evangelho universal, pois mostra Jesus como o **Salvador de todo o mundo**. Esse tema pode ser percebido em todo o livro, à medida que esse escritor gentio tenta demonstrar aos seus leitores – gentios em grande parte – que a boa nova também lhes diz respeito.

- A princípio, ele faz isso com a genealogia de Jesus. Sem enfatizar as raízes judaicas, como faz Mateus, Lucas retrocede até Adão, destacando a humanidade de Jesus e o fato de que o Evangelho é para todos: Deus sempre se importou com todos os povos.
- Desde o início, o cântico dos anjos inclui as palavras "Paz na terra aos homens aos quais ele concede o seu favor".
- Lucas cita Isaías, revelando-nos que "Toda a humanidade verá a salvação de Deus".
- Os Setenta não são enviados "às ovelhas perdidas de Israel" conforme instrução dada aos Doze em Mateus, mas a "todas as cidades e lugares".
- Lemos que "Pessoas virão do oriente e do ocidente, do norte e do sul, e ocuparão os seus lugares à mesa no Reino de Deus".
- No final do Evangelho, Jesus profetiza que "em seu nome seria pregado o arrependimento para perdão de pecados a todas as nações".

Aqui, portanto, fielmente registrados por Lucas, encontramos os relatos de uma fé com firmes raízes judaicas, embasada em um contexto judaico com seu ápice em Jerusalém – constituindo-se a estrutura para a história de Atos, que destaca essa fé sendo propagada por todo o império e alcançando até mesmo a própria Roma. Por isso, é o menos judaico dos Evangelhos, como se pode esperar, dado o objetivo de Lucas de convencer os gentios da veracidade dos eventos que registra.

Como devemos ler o Evangelho de Lucas?

Um Evangelho humano
Trata-se de um Evangelho **para seres humanos perdidos no pecado**. Jesus é o Salvador. Entre todos os Evangelhos, Lucas é o único a usar o termo "salvação" como substantivo. Com base nos eventos históricos que descreveu, ele deseja que seus leitores conheçam a salvação de Cristo. O verbo "salvar" é encontrado nesse relato com mais frequência do que em qualquer outro livro do Novo Testamento.

Lucas reforça esse conceito com a expressão "hoje" houve salvação, que ocorre mais vezes em seu Evangelho do que no Evangelho de Mateus e Marcos. Ele destaca que a misericórdia, o perdão e a reconciliação estão disponíveis aqui e agora. Essa salvação é alcançada por meio da cruz de Cristo – um batismo na sua morte. Assim como o povo judeu foi liberto da escravidão no Egito, a cruz de Cristo proporciona ao seu povo um novo "êxodo". Esse, portanto, é um Evangelho de salvação. Lucas deseja que seus leitores encontrem a salvação em Jesus.

Um Evangelho de alegria
Os temas do **louvor e regozijo são recorrentes**. É o Evangelho que menciona o riso e apresenta mais palavras relacionadas à alegria do que qualquer outro. Nas populares parábolas do capítulo 15, vemos a alegria daqueles que encontram o que estava perdido, retratando a festa no céu pelo pecador que se arrepende. A reação dos discípulos diante do Senhor ressurreto é de alegria, e o Evangelho termina com regozijo. Nesse sentido, o Evangelho de Lucas é atrativo e fácil de ser usado, ideal para o leigo que deseja aprender mais sobre Jesus.

Um Evangelho celestial

Lucas mantém **o foco no céu**. Ele destaca o nascimento sobrenatural de Jesus, o envolvimento do Espírito Santo e a importância da oração. Deseja que seus leitores, independentemente de suas origens, sintam-se no céu. As palavras de Jesus na parábola do grande banquete resumem essa intenção: "Vá pelos caminhos e valados e obrigue-os a entrar, para que a minha casa fique cheia". Lucas sabe que Deus deseja levar ao céu pessoas de todas as nações – pois Jesus é, verdadeiramente, o Salvador do mundo.

Um Evangelho fácil de ler

Lucas foi muito hábil ao reunir os elementos da narrativa. Costumamos chamar a história registrada em Lucas 15, por exemplo, de "parábola do filho pródigo". Isso ocorre, no entanto, porque não conseguimos perceber a **habilidade de Lucas como escritor** e também porque deixamos de apreciar a parábola no contexto do Evangelho. Na verdade, essa é a parábola do *pai* do filho pródigo, que perdeu seu dinheiro ao doá-lo a seus dois filhos. Quando lemos os capítulos 15 e 16, podemos perceber como os temas fluem – e como Lucas teve o trabalho de redigir um Evangelho bastante compreensível e fácil de ler.

O capítulo 15 começa com Jesus ceando com coletores de impostos e pecadores em uma casa, enquanto fariseus e escribas murmuram do lado de fora. A narrativa restante dos dois capítulos flui desse contexto, com exemplificações a respeito da questão principal. Jesus conta a história de uma ovelha que está perdida; ela encontra-se distante de onde deveria estar e está ciente disso. Em seguida, ele fala de uma moeda que está perdida em casa, mas que não se dá conta de sua situação – uma história para os homens, uma para as mulheres, porém dois itens "perdidos". Chegamos, então, à história principal, a dos dois filhos perdidos, porém a ênfase não está sobre o caçula, mas sobre o mais velho. Ele está mais "perdido" do que seu irmão, mas não percebe. O filho mais novo, portanto, é como a ovelha perdida, está distante de onde deveria estar e sabe de sua condição. O filho mais velho é como a moeda da história, perdido em casa, porém sem se dar conta disso.

Os paralelos, contudo, não terminam aqui, pois, quando passamos para o capítulo 16, vemos novamente outros dois personagens que correspondem aos dois filhos descritos no capítulo 15. O primeiro paralelo é a intrigante história de um administrador desonesto, que recebe elogios de Jesus. Curiosamente, a mesma palavra que descreve o *desperdício* da fortuna do filho mais novo em terras distantes é usada na história do administrador desonesto, referindo-se, porém, ao *desperdício* do dinheiro de seu mestre. Temos, portanto, a mesma palavra e o mesmo personagem. Assim como o filho mais velho alegava ter agido corretamente – "nunca desobedeci às tuas ordens" – também o homem rico da segunda história do capítulo 16 não é descrito como culpado por qualquer pecado, no entanto, termina no inferno em consequência de sua indiferença aos outros, sua benevolência consigo mesmo e sua independência de Deus.

Sendo assim, um **tema recorrente** flui dessas parábolas, primorosamente apresentadas por Lucas. Infelizmente, nossas divisões de capítulos e versículos acabam separando o que Lucas deliberadamente reuniu com muita habilidade. As seguintes paráfrases das histórias contadas por Jesus nos ajudam a reforçar o tema recorrente de Lucas.

Parábolas parafraseadas

Dois homens e seu dinheiro (Lucas 15–16)
Pouco tempo depois, os proscritos espirituais, alguns deles simplesmente incrédulos, outros completamente imorais,

reuniram-se ao redor de Jesus para ouvir o que ele tinha a dizer. No entanto, os fariseus e os mestres da lei, criticando Jesus por associar-se a eles, murmuravam entre si: "Este homem parece apreciar a companhia daqueles que nem mesmo *tentam* guardar as leis de Deus – ele chega a sentar-se à mesa com eles!". Por isso, Jesus defendeu sua conduta em relação aos "pecadores" contando-lhes uma história.

Ele começou dizendo: "Qual de vocês que perdendo uma de suas cem ovelhas, não deixa as 99 no campo e sai em busca da ovelha perdida, até achá-la novamente? E fica tão feliz quando a encontra, que nem se importa de levá-la nos ombros no caminho de volta. Ao chegar em casa, convida os amigos e vizinhos dizendo: 'Venham e celebrem comigo, pois encontrei minha ovelha perdida'. Eu lhes digo que, da mesma forma, haverá mais alegria no céu por um único pecador que se arrepende de seu desatino intencional do que por 99 cidadãos respeitáveis que nunca deram um passo em falso".

"Ou, qual é a mulher que, possuindo um pingente com dez contas de prata, e perdendo uma delas, não buscaria uma lanterna e procuraria em cada canto e fresta da casa até encontrá-la? E quando de fato a encontrasse, reuniria suas amigas e vizinhas e diria: 'Venham celebrar comigo, pois encontrei o que havia perdido'. Eu lhes digo que o mesmo acontece entre os anjos de Deus; eles também comemoram sempre que o coração de um pecador se transforma."

Jesus continuou: "Um homem tinha dois filhos. O mais novo foi até o pai e exigiu: 'Pai, quero a minha parte da herança agora, antes da sua morte'. O pai, então, repartiu seus bens entre os dois filhos. Pouco tempo depois, o filho mais novo vendeu sua parte na herança e com o dinheiro que obteve partiu para uma terra distante. Lá, desperdiçou sua fortuna com um estilo de vida extravagante. Quando já havia gastado todo o seu dinheiro, houve grande fome naquela região. Os preços dispararam e logo ele se viu em dificuldades. Para sobreviver, pediu trabalho para um dos cidadãos da região, que permitiu que ele alimentasse os porcos. Muitas vezes, seu desejo era encher o estômago na mesma tina de onde os porcos comiam, mas ninguém sequer pensava em lhe dar coisa alguma".

"Caindo finalmente em si, ele pensou: 'Quantos empregados da fazenda de meu pai têm comida de sobra, enquanto estou aqui, morrendo de fome! É melhor voltar para meu pai. Eu vou lhe dizer somente: Pai, cometi um grave erro contra Deus e contra ti. Não sou mais digno de ser chamado teu filho; mas que tal me incluir na folha de pagamento juntamente com os outros empregados?'"

"E, assim, ele partiu rumo à sua casa. Mesmo estando ainda longe, seu pai viu que ele se aproximava. Tomado por compaixão do fundo de seu ser, o pai correu até seu filho, o abraçou e o beijou. O filho começou o discurso que havia preparado: 'Pai, percebo que cometi um grave erro, diante de Deus e de ti. Simplesmente não mereço ser considerado teu filho...'"

"Mas seu pai o interrompeu, voltou-se para os servos que haviam se aproximado para ver o que estava acontecendo e lhes ordenou: 'Tragam minha melhor roupa e vistam-no apropriadamente, coloquem meu anel em seu dedo e calçados em seus pés. Tragam o novilho gordo e matem-no. Vamos fazer uma festa e comemorar este momento. Pensei que este meu filho estivesse morto e agora ele voltou a fazer parte da minha vida. Pensei que o havia perdido, mas nos encontramos novamente'. E começaram a festejar."

"Todo esse tempo, o filho mais velho estivera trabalhando no campo. Ao final do dia, quando se aproximava de casa, ouviu os sons da festa – as pessoas cantavam e dançavam acompanhadas de uma banda. Então ele chamou um dos servos e perguntou o que estava acontecendo. O servo logo revelou: 'Seu irmão voltou, e seu pai matou o novilho que você estava engordando, porque o recebeu de volta são e salvo.'"

"O filho mais velho ficou furioso, e não quis se aproximar. Rapidamente, então, seu pai saiu, pela segunda vez naquele dia, a fim de persuadi-lo a mudar sua atitude. O filho, no entanto, muito irado, respondeu ao pai: 'Pense em todos esses anos que tenho trabalhado como um escravo ao teu serviço! Nunca desobedeci às tuas ordens ou agi contra os teus desejos. Mas tu nunca me permitiste que eu matasse nem mesmo um cabrito para festejar com os meus amigos. Porém, assim que aparece esse teu filho, depois de ter esbanjado com as prostitutas o que poupaste com muito esforço, matas o melhor animal da fazenda em sua honra!'"

"O pai, contudo, respondeu gentilmente: 'Meu filho querido, você sempre ficou ao meu lado e sabe que o restante do que tenho já é seu. Não entende que devíamos comemorar e nos alegrar? Pois aqui está seu irmão que acreditávamos estar morto, mas que voltou a conviver conosco. Pensei que o havíamos perdido para sempre, mas nos encontramos outra vez.'"

Jesus, então, começou a contar outra história a seus seguidores. "Certa vez, um homem rico que contratara um administrador para cuidar de sua fortuna ficou sabendo que esse homem estava apropriando-se de seus bens. Por isso, ele o chamou e o confrontou: 'Que é isso que estou ouvindo a seu respeito? Vou pedir agora mesmo uma auditoria de sua administração. Não posso mantê-lo como administrador'".

"Assim, o administrador considerava suas perspectivas futuras. 'O que posso fazer para sobreviver', disse consigo, 'agora que o chefe me demitiu? Vou garantir que quando estiver desempregado, muitos de meus antigos clientes queiram me ajudar'".

"Chamou todos aqueles que tinham uma dívida significativa com o seu empregador. Ao primeiro que chegou, indagou: 'Quanto você deve ao meu patrão?'"

'Quatro mil litros de azeite', respondeu o devedor.

"Então, o administrador disse: 'Aqui está o contrato original. Rápido, sente-se aqui e altere a quantidade para dois mil'. Em seguida, disse a outro devedor: 'Você aí, quanto concordou pagar?'"

'Duzentas sacas de trigo', foi a resposta.

"O administrador continuou: 'Aqui está seu contrato; pode diminuir um quinto do total de sua dívida.'"

"Quando o homem rico soube dos contratos revisados, pôde apenas parabenizar o administrador por sua astúcia e rapidez de raciocínio."

"Infelizmente, é comum que aqueles cuja vida é dedicada ao que este mundo oferece demonstrem mais astúcia em seus negócios do que aqueles que foram esclarecidos a respeito do mundo que há de vir. O conselho que lhes dou, portanto, é este", disse Jesus: "Use o dinheiro sujo deste mundo para certificar-se de ter muitos amigos, a fim de que quando você finalmente deixar para trás todos os seus bens, eles o recebam no céu de braços abertos."

"O homem que é fiel nos assuntos insignificantes terá a mesma integridade nas questões importantes. E o homem que não for digno de confiança com as pequenas quantias será, da mesma forma, desonesto nos grandes negócios. Assim, se vocês não forem dignos de confiança ao lidar com algo corruptível como o dinheiro, quem lhes confiará algo de valor eterno? E se vocês não forem dignos de confiança em relação ao que é dos outros, quem pensará em lhes dar o que lhes pertence?"

"Nenhum servo pode servir com dedicação a dois senhores. Ficará inclinado a fazer comparações e gostará mais de um do que do outro, ou será mais leal a um e se importará menos com o outro. Por essa razão, vocês não podem dedicar-se a servir a Deus e ganhar dinheiro ao mesmo tempo."

Alguns fariseus ouviram essas observações de Jesus a seus discípulos. Zombaram dessas palavras, pois conseguiam ser ricos e religiosos. Jesus, no entanto, sabia o que pensavam sobre ele e lhes disse: "Talvez vocês convençam seus amigos, mas Deus vê o seu interior! Os homens podem ficar impressionados, mas Deus está enojado".

"Os mandamentos de Moisés e as acusações dos profetas estavam em vigor até a chegada de João, aquele que batizava. Desde então, o governo de Deus foi inaugurado e todos estão buscando uma oportunidade de viver sob esse domínio. Na verdade, é mais fácil que o planeta Terra e todo o espaço sideral desapareçam do que um único traço da lei divina seja anulado."

"Somente para lhes dar um exemplo: aos olhos de Deus, quem se divorcia de sua mulher e se casa com outra mulher está vivendo em adultério, e o homem que se casa com uma mulher divorciada também comete adultério."

"Havia certo homem rico que costumava vestir-se com os ternos mais caros e desfrutava de refeições fartas todos os dias de sua vida. E havia um mendigo que se sentava na sarjeta, em frente ao portão da casa do homem rico, e cujo nome era, apropriadamente, Deus socorreu. Seu corpo esquálido era coberto de úlceras e ele passava tanta fome que estava disposto a revirar o lixo daquela casa em busca de alimento. Os cães da vizinhança costumavam lamber as secreções de suas feridas. Com o passar do tempo, o mendigo morreu e seu espírito foi conduzido pelos anjos aos braços ternos de Abraão. Pouco depois, o homem rico faleceu e recebeu um pomposo funeral. No entanto, ele mesmo não compareceu. Já estava sofrendo no inferno."

"Em seu tormento, ele olhou para cima e viu Abraão sentado ao longe, abraçando Deus socorreu, o velho mendigo! 'Pai Abraão', gritou o homem, 'tem misericórdia de mim. Eu lamberia a ponta do dedo desse mendigo se ele o molhasse primeiro na água! Esse calor é insuportável!'"

"Abraão, no entanto, respondeu solenemente: 'Lembre-se de como era confortável a sua vida e como era miserável o quinhão de meu amigo Deus socorreu. Chegou a hora em que ele pode ter algum conforto e você pode conhecer o que é sofrer. De qualquer forma, há um imenso abismo entre nós. Ninguém consegue passar desse lado para o seu e ninguém pode vir do seu lado para o nosso.'"

"À vista disso, o homem rico pensou em outra possibilidade. 'Eu lhe suplico, então, pai Abraão, se não podes enviar alguém até aqui, peço que envies alguém a minha casa, na terra. Pelo menos meus cinco irmãos poderiam ser avisados sobre este terrível lugar.'"

"Mas Abraão balançou a cabeça e respondeu: 'Eles têm uma Bíblia em casa. Se apenas lerem o que Moisés e os profetas tinham a dizer, terão toda a admoestação de que precisam.'"

"O homem condenado, contudo, não concordou: 'Isso não é suficiente para convencê-los, pai Abraão. Mas se alguém voltasse dos mortos para lhes contar o que acontece de fato, certamente eles mudariam de vida.'"

"Abraão simplesmente respondeu: 'Se eles não prestam atenção nas palavras que Deus concedeu através de Moisés e de outros profetas, é pouco provável que creiam em alguém que afirma ter retornado de entre os mortos.'"

41.
ATOS

Introdução

O estudo de qualquer livro da Bíblia requer que os leitores se envolvam com o texto em dois níveis. Primeiro, devemos examinar o **nível humano**, analisando quem o escreveu e por que o fez, cientes de que cada livro está fundamentado em uma situação específica e tem um determinado público-alvo. Nesse nível, avaliamos o momento histórico, procurando tornar *real* a palavra de Deus em seu contexto original.

Em segundo lugar, consideramos o livro no **nível divino**, pedindo ao Espírito Santo que nos revele o propósito dessa leitura e sua relevância para nós hoje.

Podemos chamar esses dois níveis de **histórico** e **existencial**. No nível histórico, questionamos por que razão o livro foi escrito e qual foi o raciocínio humano por trás dele. No nível existencial, procuramos saber por que o livro faz parte da Bíblia e os motivos pelos quais Deus deseja que o conheçamos. Essa abordagem dupla se mostrará particularmente útil quando analisarmos o livro de Atos.

Nível histórico

Quem é o autor do livro e por que o escreveu?

O AUTOR
O livro foi escrito por Lucas, médico por profissão, nascido em Antioquia, Síria, e o único escritor gentio em toda a Bíblia. Foi companheiro de viagens de Paulo, viajava com frequência em sua companhia e interessava-se pela pesquisa dos eventos que cercavam a vida de Jesus e o crescimento da igreja. Foi provavelmente em Cesareia e em Roma que

ele escreveu o Evangelho de Lucas e Atos, respectivamente (para mais detalhes sobre Lucas como autor desses dois livros, confira as páginas 67–71).

CONTESTAÇÃO

Já vimos que Atos é o segundo e último volume de uma obra escrita por Lucas para preparar a defesa de Paulo enquanto este aguardava julgamento em Roma (veja páginas 71–77). Lucas começa dirigindo-se ao mesmo homem mencionado no início do Evangelho –"Excelentíssimo" Teófilo, um título que sugere se tratar de um advogado ou juiz e é usado em outra passagem de Atos em referência a Félix e Festo, ambos governadores que se encontraram com Paulo. Sem dúvida, Lucas estava ciente de que sua "contestação" poderia ser mais amplamente divulgada, pois as pessoas em Roma indagavam a respeito da fé pela qual Paulo estava sendo julgado.

Se o objetivo do livro fosse registrar a história de Paulo, Lucas teria incluído ao menos o veredito de seu julgamento, ou mesmo detalhes sobre a sua morte. Se fosse registrar a história da igreja, esperaríamos muitos outros detalhes a respeito da igreja de Roma. A intenção de Lucas, no entanto, não era oferecer uma completa e detalhada biografia de Paulo, nem cobrir a história da própria igreja, mas fornecer dados suficientes que ajudassem Teófilo a compreender a evolução da fé cristã e os motivos pelos quais o apóstolo Paulo estava sendo injustamente acusado. Por isso, os leitores se deparam com um final abrupto, quando Lucas concluiu o depoimento para Teófilo.

Estrutura e esboço
Entendida a razão pela qual o livro foi escrito, a próxima pergunta refere-se a sua estrutura, uma vez que esse aspecto também revela o propósito do livro. Há três teorias

comumente sustentadas no que se refere à estrutura de Atos planejada por Lucas.

1. DUAS SEÇÕES

Segundo a teoria mais simples, Lucas estruturou Atos em torno dos **dois principais apóstolos**. Pedro é o apóstolo aos judeus e o personagem principal dos capítulos 1–12, e Paulo é o apóstolo aos gentios e domina o restante do livro. Muitos elementos sustentam essa teoria, pois há um paralelo marcante entre o que Lucas afirma a respeito de Pedro e o que diz sobre Paulo. É possível que sua intenção fosse conter a ameaça do surgimento de duas igrejas distintas, uma judaica e uma gentia, cada uma delas alegando que seu apóstolo deveria ser seguido. O relato de Lucas destaca que as vidas de Paulo e Pedro eram semelhantes em muitos aspectos, portanto não deveríamos classificá-los em escala de importância. Aqui estão algumas das semelhanças:

- Ambos realizaram milagres.
- Ambos tiveram visões.
- Ambos sofreram por sua fé.
- Ambos pregaram longos sermões.
- Ambos foram cheios do Espírito Santo.
- Ambos pregaram com ousadia.
- Ambos pregaram aos gentios e aos judeus, embora Pedro pregasse principalmente aos judeus e Paulo, aos gentios.
- Ambos foram aprisionados, mas libertos de forma milagrosa.
- Ambos curaram enfermos.
- Ambos curaram um aleijado de nascença.
- Ambos expulsaram demônios.
- Ambos tinham meios de cura extraordinários, Pedro com sua sombra e Paulo com seu lenço.
- Ambos ressuscitaram mortos.

- Ambos anunciaram o juízo sobre os falsos mestres.
- Ambos não permitiram ser alvo da adoração de homens.
- Ambos morreram em Roma (embora Lucas não inclua essa informação em seu relato).

Essa análise sugere fortemente que entre as motivações de Lucas para escrever Atos esteja o desejo de assegurar que os dois apóstolos fossem igualmente honrados e valorizados pela igreja. Uma forma de abordar o livro de Atos, portanto, é simplesmente dividi-lo em duas seções.

2. TRÊS SEÇÕES

Em Atos 1.8 lemos: "E serão minhas testemunhas em Jerusalém, em toda a Judeia e Samaria, e até os confins da terra". Para alguns, essa afirmação reflete a estrutura usada por Lucas na elaboração de seus temas. O testemunho de Cristo **começa em Jerusalém**, nos capítulos 1–7. Os capítulos 8–10 estendem o testemunho **até Judeia e Samaria**, e dali finalmente ele se propaga à **Europa e ao coração do império romano**. Lucas, portanto, parece evidenciar que as palavras de Jesus, ditas antes de sua ascensão, foram cumpridas do início ao fim do livro, enquanto o Evangelho chega a Roma por meio de Paulo, testemunha de Cristo ao próprio imperador. Roma, no entanto, dificilmente seria considerada "os confins da terra"!

3. SEIS SEÇÕES

A estrutura de três seções pode ser atrativa sob alguns aspectos, mas há uma maneira melhor e mais detalhada de compreender a abordagem de Lucas. Essa compreensão resulta diretamente da observação de um **artifício literário** que Lucas parece estar usando para destacar seu tema. Ele inclui uma **série de frases semelhantes** em diversos pontos

de sua narrativa. Observe:
- **Atos 6.7**: "Assim, *a palavra de Deus se espalhava*. Crescia rapidamente o número de discípulos em Jerusalém; também um grande número de sacerdotes obedecia à fé".
- **Atos 9.31**: "A *igreja* passava por um período de paz em toda a Judeia, Galileia e Samaria. Ela se edificava e, encorajada pelo Espírito Santo, *crescia em número*, vivendo no temor do Senhor".
- **Atos 12.24**: "Entretanto, *a palavra de Deus* continuava a crescer e a espalhar-se".
- **Atos 16.5**: "Assim *as igrejas* eram fortalecidas na fé e *cresciam em número cada dia*".
- **Atos 19.20**: "Dessa maneira *a palavra do Senhor muito se difundia* e se fortalecia".

Essas cinco afirmações encontradas em Atos sobre o crescimento, seja da palavra de Deus ou da igreja, oferecem uma conclusão resumida que marca o final de uma seção. Lucas nos conta o que aconteceu e então afirma que, em consequência do ocorrido, a igreja cresceu e se espalhou.

À luz dessas divisões, está parcialmente correta a sugestão de que Lucas organiza o texto de forma geográfica, pois esses versículos indicadores sugerem as seguintes seis seções:

1–6.7	Judeus em Jerusalém
6.8–9.31	Helenistas e samaritanos
9.32–12.24	Gentios e Antioquia
12.25–16.5	Ásia Menor
16.6–19.20	Europa
19.21–28.31	Roma

Lucas está descrevendo a "força irresistível" dessa nova religião por todo império romano. É como se a morte e a ressurreição de Jesus fossem uma pedra lançada em uma lagoa. Lucas mostra como as ondulações se propagaram, e cada afirmação indica que as ondulações persistem até chegarem à capital do império – Roma. É uma descrição claramente seletiva – a expansão é retratada em uma direção somente: de norte a oeste. A única sugestão de expansão para o sul é a conversão do etíope que voltava para casa, na África.

Eventos significativos
Vamos agora considerar alguns dos eventos que Lucas considerou significativos dentro dessa expansão, à medida que ele mostra o caminho pelo qual a fé cristã cresce de um movimento campestre judaico para uma fé cosmopolita e internacional.

O DIA DE PENTECOSTE
Lucas começa com o **primeiro grande evento na propagação do Evangelho**: o dia de Pentecoste (capítulo 2). O Espírito Santo veio sobre 120 discípulos no templo, às 9 horas, quando se reuniam para as orações matinais no pórtico de Salomão. O dom de línguas que acompanhou o derramamento foi o reverso do juízo divino na torre de Babel (Gênesis 11) e permitiu que pessoas de várias nacionalidades reunidas na festa ouvissem o sermão de Pedro em seus próprios idiomas. Algo em torno de três mil pessoas se arrependeram e foram batizadas, sendo acrescentadas à igreja. Muitos retornaram posteriormente a seus países de origem para anunciar a mensagem, inclusive em Roma.

A QUEIXA DAS VIÚVAS
Surpreendentemente, Lucas registra no início do capítulo 6 a queixa das viúvas gentias, que não estavam recebendo

uma porção justa na distribuição de alimento, e como esse evento marcou a expansão da igreja, que ocorre logo antes da primeira conclusão resumida em 6.7. Os apóstolos zelavam para que **não houvesse distinção entre judeus e não judeus** no que se refere à assistência. Uma cisão entre judeus e gentios naquele momento deveria ser evitada a todo custo. Como resultado, os apóstolos escolheram sete homens de boa reputação para auxiliar na distribuição dos alimentos. Dois desses homens, Filipe e Estêvão, se destacariam de forma impactante.

O MARTÍRIO DE ESTÊVÃO
Estêvão estava pregando quando foi preso e levado perante os líderes religiosos, sob a acusação de fazer campanha contra os judeus. Em Atos, encontramos muito pouco a respeito de Estêvão, porém seu último sermão está entre os capítulos mais longos de todo o livro (capítulo 7). Suas palavras destacam o propósito de Lucas de explicar como o cristianismo passou de uma religião nacional judaica a uma **fé gentia e internacional.**

Para horror de seus acusadores, Estêvão expõe diante dos líderes judeus a extensão da ação de Deus ocorrida em terras estrangeiras, antes mesmo de haver um templo em Israel. Os eventos da aliança com Abraão, do resgate do Egito e da outorga da lei ocorreram fora da Terra Prometida. As acusações de que ele blasfemava contra esse santo lugar e contra a lei, portanto, eram falsas, pois a palavra e a presença de Deus transcendem as fronteiras da nação.

Esse discurso é uma justificativa e uma explicação teológica para a propagação da mensagem aos gentios e, no contexto do drama que se desenrola em Atos, demonstra como a morte de Estêvão e a subsequente perseguição obrigam os fiéis a deixarem Jerusalém, em direção a Samaria e Antioquia, cidade natal de Lucas.

FILIPE EM SAMARIA

Lucas registra, então, como Filipe, um dos sete homens de boa reputação, foi a Samaria e testemunhou a conversão de muitas pessoas que ouviram sua pregação. Havia muita antipatia entre judeus e samaritanos, sendo que os próprios discípulos não haviam se mostrado totalmente generosos. Na última vez em que João esteve em Samaria com Jesus, ele e seu irmão Tiago perguntaram se poderiam orar para que Deus mandasse fogo dos céus e consumisse todos os samaritanos. Agora, **muitos samaritanos se convertiam**, e Pedro e João, posteriormente, vieram orar para que os samaritanos fossem batizados no Espírito Santo, pedindo novamente fogo do céu, porém por outra razão!

Assim, Filipe foi transportado para pregar a um eunuco etíope que partia de Jerusalém rumo à sua terra natal. Seria, aparentemente, um incidente curioso a ser incluído não fosse pelo objetivo de Lucas de mostrar como o Evangelho se espalhara. Foi assim que o Evangelho chegou à Etiópia, por meio daquele eunuco, o **primeiro africano convertido**.

A CONVERSÃO DE SAULO

A conversão de Saulo é outro momento crucial da narrativa como um todo (capítulo 9). Na verdade, esse testemunho está registrado três vezes para que Teófilo pudesse conhecer as provas oferecidas a outros especialistas. Saulo, mais tarde, passou a ser chamado Paulo, foi **comissionado para servir a Cristo** e reuniu-se aos crentes em Jerusalém para que pudessem elaborar uma estratégia conjunta. Assim que Paulo e Barnabé são enviados pela igreja de Antioquia, o foco do livro passa de Pedro para Paulo.

PEDRO EM CESAREIA

A expansão do Evangelho deparou-se com uma pedra de tropeço significativa: as **regras alimentares judaicas** proibiam os judeus de comer com os gentios. Lucas, portanto, inclui um registro de como Deus ensinou a Pedro que comer alimentos "não *kasher*" era permitido, e o enviou a um lar gentio para que pregasse o Evangelho.

Atos 10 é um capítulo importante, pois mostra a surpresa de Pedro quando o **Espírito Santo veio sobre os gentios** exatamente como viera sobre os judeus em outro momento. Tão crucial era essa questão, que Pedro precisou explicar aos apóstolos em Jerusalém a maneira como Deus agia.

O CONCÍLIO DE JERUSALÉM

A conversa de Pedro com os crentes de Jerusalém antecede a reunião do Concílio de Jerusalém, no capítulo 15. Paulo estava compartilhando a maneira pela qual seu ministério entre os gentios levara ao crescimento da igreja. Contudo, ele estava consciente do risco de um distanciamento entre a igreja judaica e esse influxo de gentios no Reino. Obviamente, eles tinham pouca ou nenhuma compreensão da herança judaica. A carta enviada às igrejas gentias posteriormente assegurava que a **igreja gentia poderia crescer livremente,** com o encorajamento da igreja "mãe" em Jerusalém.

PROPÓSITO COERENTE

Fica evidente que Lucas escolheu eventos específicos a fim de apresentar a Teófilo não apenas **o fato de a igreja estar se expandindo**, mas também informações de **como se deu esse processo**. Não são apenas histórias aleatórias. Elas retratam como a fé cristã propagou-se pelo mundo romano e como permaneceu unida a despeito das pressões culturais que enfrentou. Lucas não nos conta sobre muitas conversões individuais, nem do que aconteceu à maioria dos apóstolos, mas seleciona acontecimentos específicos que servem ao seu propósito.

Nível existencial

Tendo avaliado os aspectos humano e histórico do livro de Atos, precisamos agora voltar nossa atenção à razão pela qual o editor divino planejou que esse livro estivesse na Bíblia. Não devemos contextualizar nosso estudo apenas no passado, mas sim buscar sua mensagem para os dias de hoje. Assim, mudamos o foco da importância histórica do livro ao seu significado existencial, para saber o que ele tem a nos dizer hoje a respeito de Deus.

Conexões
Atos estabelece uma **conexão vital entre os Evangelhos e as Epístolas**. Imagine o Novo Testamento sem ele. Seria difícil entender muitas coisas. As Epístolas mencionam pessoas e ideias sem qualquer explicação adicional. Sem esse livro, alguns locais e personagens-chave não podem ser compreendidos.

1. PAULO
A maioria das cartas do Novo Testamento foi escrita por Paulo, mas quem era Paulo? Ele não foi um dos Doze apóstolos, portanto não é mencionado nos Evangelhos. Sem o livro de Atos, saberíamos muito pouco a respeito de sua pessoa ou de seu ministério, ou de como ele veio a escrever às igrejas e a indivíduos, e por que essas cartas são importantes.

2. BATISMO NA ÁGUA
O batismo dos convertidos é outra questão com conexões importantes em Atos. **Somente em Atos encontramos a descrição do batismo na água.** Assim, embora Paulo refira-se ao batismo com frequência em suas *cartas* – como, por exemplo: "Ou vocês não sabem que todos nós,

que fomos batizados em Cristo Jesus, fomos batizados em sua morte?" – ele nunca relaciona de fato as palavras "batizado" e "água". Isso levou alguns estudiosos a afirmar que Paulo não ensinou o batismo com água e que o "o batismo em Cristo" significa algo puramente espiritual. Em Atos, contudo, descobrimos que o próprio Paulo foi batizado e conduziu seus convertidos ao batismo. Sabemos, portanto, que, quando Paulo fala sobre "batismo" em suas cartas, ele se refere ao batismo na água.

3. BATISMO NO ESPÍRITO

A frase "batizado no Espírito Santo" aparece em todos os quatro Evangelhos, mas nenhum deles nos informa seu real significado, ou o que acontece quando alguém é batizado dessa forma. Se você procurar um significado nas epístolas, também ficará desapontado. Paulo usa a frase em 1Coríntios – "Pois em um só corpo todos nós fomos batizados em um único Espírito" – mas não revela o significado na prática. Somente o livro de Atos explica **o que realmente significa ser batizado no Espírito Santo,** pois é somente nesse relato que o evento é de fato descrito.

4. A LEI DE MOISÉS

Atos também nos ajuda a usar uma abordagem adequada à lei de Moisés hoje. Como saber se nós, cristãos, não estamos debaixo dela? A lei de Moisés tinha 613 mandamentos distintos, por isso precisamos saber com certeza se estamos livres ou não dessas leis. Como saber se eles ainda são obrigatórios? Encontramos a resposta ao lermos sobre o grande debate referente à circuncisão, que alcança o ápice em Atos 15, quando se determinou, de uma vez por todas, que **os cristãos estão livres da lei de Moisés**, embora ainda estejam debaixo da lei de Cristo.

5. A IGREJA

É surpreendente descobrir que até mesmo a palavra "igreja" poderia ser mal interpretada, não fosse pelo registro de Lucas em Atos. Nos Evangelhos, Mateus é o único a mencioná-la, e suas duas referências não descrevem como uma igreja deveria ser na prática. As epístolas geralmente são endereçadas a igrejas e nos dão algumas pistas, mas somente em Atos aprendemos **o que de fato era uma igreja**, como ela era plantada, como os apóstolos indicavam presbíteros e qual era o relacionamento entre os apóstolos e as igrejas que fundavam.

6. CONVERSÃO

Atos é crucial para nós também porque aprendemos muito sobre **a forma apropriada pela qual as pessoas nasciam de novo**. Os Evangelhos registram eventos antes da vinda do Espírito Santo e as Epístolas são dirigidas a pessoas que já estavam firmadas em sua fé. Nenhum deles oferece um modelo apropriado de como as pessoas se convertem a Jesus na era da igreja. Então podemos encontrar em Atos os detalhes de como os apóstolos conduziam as pessoas ao Reino, qual era o padrão aceito para o *arrependimento, a fé, o batismo na água* e o *batismo no Espírito*. (Para mais explicações desse processo, veja meu livro *The Normal Christian Birth.*)

Um modelo para os dias de hoje

O livro de Atos é, portanto, uma fonte importante de informação e explanação – porém, claramente, vai muito além disso. Muitos o entenderiam como um modelo para a vida da igreja em qualquer lugar – a expressão de um anseio pelo dia em que **as igrejas modernas apresentem as mesmas qualidades descritas por Lucas**. Essa parece ser uma suposição razoável. Afinal, é a única história da igreja que temos nas Escrituras. Pode-se presumir que o Espírito Santo desejasse que o livro de Atos fosse incluído na Bíblia para que conhecêssemos o plano de Deus para o seu povo.

1. EVENTOS POSITIVOS E NEGATIVOS

Embora essa visão do "modelo" seja válida, os problemas de fato surgem quando presumimos que o modelo seja sempre *adequado*. O retrato feito por Lucas está longe de ser idealista e inclui tanto as dificuldades quanto as bênçãos. Atos registra **discórdias, divisões e erros, bem como um crescimento extraordinário.**

- Poucos desejariam apresentar a história de Ananias e Safira e sua fraude como um modelo de comportamento exemplar.
- Simão e seu desejo flagrante de lucrar com o recebimento do dom do Espírito Santo não parece um bom exemplo para um jovem convertido que deseja progredir em seu ministério.
- Até mesmo o apóstolo Paulo tem um "desentendimento sério" com Barnabé. Nenhuma culpa é atribuída a qualquer um dos lados, mas os termos usados sugerem que, certamente, não foi a preparação ideal para uma empreitada missionária.
- Lucas descreve a posição de Gamaliel em relação ao novo movimento. Ele aconselha seus companheiros de liderança a permanecerem neutros, esperando para ver o que acontecerá, em vez de se declararem contra ou a favor dos cristãos. A descrição de Lucas, contudo, não indica que tal objetividade imparcial fosse uma reação apropriada e esse observador passivo não é mencionado novamente.
- Em contrapartida, Saulo de Tarso, discípulo de Gamaliel, opta por uma postura mais agressiva. Ao invés de "esperar para ver", ele prefere perseguir

a igreja e tentar impedir o avanço da nova fé. Sua hostilidade é derrubada na estrada para Damasco, e ele se torna um grande apóstolo, talvez o maior de todos.

O relato da comunidade de crentes encontrado em Atos, portanto, é uma combinação de eventos positivos e negativos. Há rivalidades, discussões, hipocrisias, imoralidades e heresias. Temos exemplos de como *não* fazer as coisas, bem como exemplos a seguir.

2. EVENTOS USUAIS E INCOMUNS

Quando se trata de compreender os eventos em Atos, há uma distinção a ser feita entre o usual e o incomum. Certos acontecimentos registrados em Atos foram bastante incomuns – **não devemos esperar que ocorram novamente e de forma contínua**.

Veja a conversão de Paulo, por exemplo. Ele ouve a voz de Jesus, vê uma luz forte e fica cego. Certamente trata-se de uma experiência única. Se a usarmos como paradigma ou padrão para conversões modernas, poucos passariam no teste. De fato, o próprio Paulo alegava que seu chamado para ser apóstolo fora extraordinário.

Considere também a morte de Ananias e Safira. Existem cristãos hoje que fazem [ou fizeram] coisas piores e, no entanto, não morreram por isso. E o uso de sortes para descobrir quem substituiria Judas? É um modelo para os nossos dias? É evidente que não.

Além disso, se os eventos devessem continuar se repetindo, seria difícil, em certos casos, decidir qual precedente seguir. Pedro foi salvo de Herodes, mas Tiago, não. A que conclusão devemos chegar hoje? Precisamos tomar cuidado para não transformar um acontecimento ou uma experiência da igreja primitiva em regra a ser observada pela igreja ao longo dos séculos.

Essa discussão nos leva à pergunta-chave: **Como distinguir entre o usual e o incomum?** A posição da igreja, mais de uma vez, já se mostrou equivocada ao julgar que determinados fenômenos eram incomuns e irrelevantes para nossos dias. Algumas perguntas básicas podem nos ajudar a fazer essa distinção.

a) O evento é mencionado apenas uma vez?
Se um evento é mencionado apenas uma vez, é provável – embora não garantido – que tenha sido incomum. No dia de Pentecoste, por exemplo, alguns acontecimentos foram específicos. Não podemos esperar que o som de um vento impetuoso seja ouvido e labaredas de fogo sejam vistas sobre uma pessoa quando ela receber o dom do Espírito. Em outra ocasião, lemos que tremeu o lugar onde os crentes estavam reunidos para orar. Não podemos esperar que hoje aconteça a mesma coisa toda vez que nos reunimos para orar fervorosamente. **Alguns dos acontecimentos na igreja primitiva foram necessariamente extraordinários**. Se algo é mencionado apenas uma vez, portanto, ele *pode* ocorrer novamente, mas seria equivocado afirmar que *tem de* se repetir.

b) O evento se repete?
Nas descrições do batismo do Espírito encontradas em Atos, no entanto, podemos ver algumas semelhanças. No dia de Pentecoste, o vento e as línguas de fogo são certamente extraordinários, mas outros fenômenos se repetem. Quando os da casa de Cornélio (10.46) e os discípulos de João recebem o Espírito, eles falam em línguas – sugerindo que poderia se tratar de um fenômeno que se repetiria, mesmo que o vento e as línguas de fogo não se manifestassem novamente. Na verdade, sempre que alguém em Atos é batizado no Espírito, algo acontece tanto aos que recebem

como aos que testemunham, para que não haja dúvidas sobre a vinda do Espírito. **Quando um evento acontece mais de uma vez é provável que ele seja considerado usual e relevante para a igreja nos dias de hoje.**

c) Há confirmação sensata em outras passagens bíblicas?
Se os Evangelhos ou as Epístolas **atestam de forma sensata que o evento em questão fazia parte normal da vida cristã da época, é praticamente certo que podemos aceitá-lo hoje.** Por exemplo, não é apenas Atos 2.33 que fala sobre o derramamento do Espírito. Joel 2.28, no Antigo Testamento, e Tito 3.6, no Novo, conferem ampla legitimidade ao fenômeno.

A indicação de presbíteros em Atos é outro exemplo. Foi um evento extraordinário? Não, não se tratava de uma função temporária em Atos: Tito, 1Timóteo e Hebreus incluem referências à necessidade universal desse tipo de liderança.

3. PRESENTE E PASSADO
Respondidas as três indagações acima, estamos mais bem preparados para distinguir entre os eventos extraordinários – que apenas fazem parte do relato histórico de Lucas – e aqueles que Deus, segundo seu propósito, deseja que reconheçamos como eventos que sempre *devem* ocorrer, mesmo que estejam distantes do que *de fato* acontece nas igrejas hoje, de modo geral.

É importante que usemos essas perguntas e que tenhamos Atos como um modelo, pois se não o fizermos, podemos incorrer no erro de tentar replicar outro período da história da igreja. Muitas denominações de fato espelham-se em determinados períodos, seja a Reforma, a época dos puritanos, os metodistas ou os primeiros pentecostais. Elas se esquecem de que **a Bíblia oferece um modelo**

adequado, que representa o padrão definitivo por meio do qual podemos avaliar todas as outras épocas.

Atos nos oferece um modelo de quem eram e o que faziam os primeiros membros da igreja.

O que faziam

Atos nos conta sobre a comunhão calorosa daqueles irmãos, a centralidade do ensino dos apóstolos, a importância da oração, o evangelismo espontâneo, à medida que o Espírito os capacitava e os enviava para contar a outros a boa notícia a respeito de Cristo. Atos também nos fala da destemida proclamação do Evangelho diante da oposição tanto de judeus quanto de gentios. É um livro vibrante, repleto de exemplos da ação de Deus e do crescimento do Reino.

Quem eram

Eram pessoas cheias da alegria de conhecer a Deus, louvando-o mesmo quando estavam aprisionadas. Eram pessoas que temiam a Deus. E tinham esperança e coragem: Pedro e João estavam dispostos a desobedecer aos líderes judeus e recusaram-se a deixar de pregar. Estêvão também estava preparado para confrontá-los, embora isso significasse perder a vida.

Atos como um manual de missões

Admitindo que Atos seja um modelo para nós nos dias de hoje, como devemos lê-lo? Uma das abordagens mais úteis para a leitura de Atos foi desenvolvida por Roland Allen, autor do início do século 20. Ele escreveu três livros que moldaram o pensamento daqueles que buscam entender como Atos deve ser usado hoje. Intitulam-se *Missionary Methods – St. Paul's or Ours?*, *The Spontaneous Expansion of the Church* e *The Ministry of the Spirit*. Sua mente estava muito à frente do seu tempo, e eu devo muito à sua reflexão.

Ele sustenta que **Atos não é somente um modelo para o comportamento da igreja, mas um manual de missões para a expansão da igreja**. Atos nos fala como cumprir a Grande Comissão e espalhar o Evangelho. Tomando como base exclusivamente esse livro, é possível identificar uma estratégia de sete pontos que pode ser usada hoje.

1. ENVIAR APÓSTOLOS

A palavra "apóstolo" significa literalmente "enviado". A igreja primitiva entendia que certos indivíduos eram comissionados por Deus para proclamar o Evangelho. Há cinco tipos de apóstolo no Novo Testamento:
  1. Jesus, o *Apóstolo Supremo* – não há outro como ele.
  2. Os Doze apóstolos, *testemunhas da ressurreição* – não há ninguém como eles hoje (Matias substituiu Judas).
  3. Paulo, o décimo terceiro apóstolo, o "nascido fora do tempo" – não há ninguém como ele hoje, *inspirado autor das Escrituras*.
  4. O *pioneiro plantador de igrejas*, que edifica novas igrejas com novos convertidos – o apóstolo Paulo estaria entre esses também, assim como Barnabé e outros, que eram sempre enviados em grupo.
  5. *Qualquer cristão enviado de A a B para qualquer atividade* é um "apóstolo". Epafrodito, por exemplo, foi enviado a Roma para servir Paulo – nesse sentido, qualquer um poderia ser um "apóstolo".

São a quarta e a quinta definições que se aplicam hoje. A igreja de Jesus Cristo precisa de **plantadores de igrejas assim como de pessoas dispostas a ser enviadas para realizar tarefas específicas em nome de Deus.**

A iniciativa e o suporte devidos devem vir da igreja local. Fica evidente em Atos que o Espírito Santo era quem separava as pessoas para a obra. O envio não decorria de uma decisão feita pelo povo, mas da direção do Espírito. Foi o Espírito, portanto, quem disse que Paulo e Barnabé deveriam ser separados para a obra que ele lhes havia reservado. A igreja estava preparada para enviar seus melhores elementos a fim de que o nome Cristo fosse anunciado.

Vale notar também que os apóstolos eram enviados em grupos. Havia sempre um mínimo de dois viajantes (Jesus também enviou seus discípulos aos pares). Em Atos, não encontramos relatos de missionários do tipo "viajante-solitário".

2. ALCANÇAR CIDADES

Era comum que os apóstolos começassem o trabalho em centros densamente povoados, para que o crescimento da igreja pudesse ter um efeito cascata na região ao redor. Assim, por exemplo, quando Paulo foi a Éfeso e pregou diariamente na escola de Tirano, lemos que "todos os judeus e os gregos que viviam na província da Ásia ouviram a palavra do Senhor". É provável que um homem chamado Epafras tenha se convertido através dessas pregações e plantado a igreja de Colossos. Paulo escreveu a essa igreja, embora jamais a tivesse visitado ou se envolvido em seu crescimento.

Foi, portanto, um plano sensato e eficaz usar áreas urbanas maiores como posição estratégica para uma futura expansão – e essa estratégia deve ser considerada nos nossos dias.

3. PREGAR O EVANGELHO

Paulo costumava dirigir-se primeiramente às sinagogas. "Segundo o seu costume, Paulo foi à sinagoga e por três sábados discutiu com eles com base nas Escrituras".

Quando Paulo estava com os judeus, usava o Antigo Testamento. Observe, contudo, como **sua abordagem mudava de acordo com os ouvintes**. Quando Paulo pregava aos judeus ele citava a Bíblia, mas quando pregava aos gentios, buscava estabelecer um consenso antes de apresentar os conceitos bíblicos. Veja, por exemplo, o registro de seu discurso aos atenienses encontrado em Atos 17. Apesar de não ser uma mensagem particularmente bem-sucedida, houve alguns convertidos dignos de nota. Lucas a inclui para que possamos ver como ele se dirigia a um público pagão.

Em sua mensagem aos atenienses, Paulo referiu-se a incidentes que haviam ocorrido na história passada de seus ouvintes e a poetas que eles conheciam. Ele sabia sobre o terremoto que atingira Atenas muitos anos antes, devastando a cidade e destruindo seus edifícios. Como politeístas, os atenienses acreditavam ter desagradado a um de seus deuses e estavam ansiosos para descobrir qual deles. Assim, decidiram deixar algumas ovelhas soltas na rua principal. O ídolo que estivesse mais próximo do local onde as ovelhas se deitassem seria o deus a quem os atenienses haviam desagradado. As ovelhas, entretanto, recusaram-se a seguir o plano e acabaram deitando-se no meio de um campo. O conselho, então, se reuniu e concluiu que, como eles ainda não sabiam a qual deus haviam desagradado, possivelmente tivessem se esquecido de algum deles, e esse deus estaria insatisfeito por não dispor de um altar. Mais um altar, portanto, foi erguido, e sobre ele foram inscritas as palavras "Ao deus desconhecido".

Em visita à cidade, Paulo, ao se deparar com o altar, usa-o como referência para falar aos atenienses sobre o Deus que eles não conheciam. Imediatamente atrai a atenção de seus ouvintes. Tendo estabelecido um consenso, ele pode falar sobre um Deus que eles devem e podem conhecer, e pode falar sobre Jesus, a quem esse Deus ergueu dos mortos e designou como juiz da raça humana.

Esse enfoque na pregação do Evangelho é visto em quase todas as páginas de Atos, à medida que o Espírito

Santo concede aos cristãos ousadia e poder para anunciar sua mensagem.

4. FAZER DISCÍPULOS

Os apóstolos dedicavam-se a fazer dos convertidos verdadeiros "discípulos". Eles não estavam interessados em nossos métodos modernos de apelo: erguer a mão, vir à frente em público ou preencher uma ficha. Entendiam que o **discipulado é um processo lento** e, por essa razão, Paulo permanecia no local por um tempo considerável a fim de certificar-se de que os convertidos estavam bem fundamentados. Em Éfeso, ele ensinou a respeito do Reino de Deus todas as tardes, das 12 às 16 horas (horário da sesta) durante dois anos, para que os novos convertidos pudessem aprender e outros viessem a se converter. Por isso, embora Lucas tenha registrado a origem da palavra "cristão" em Antioquia, aqueles que se convertiam costumavam ser conhecidos como "discípulos", ou seguidores "do caminho". Era a **perseverança na jornada** que importava, e não uma decisão única que pouco efeito tinha no dia a dia.

5. PLANTAR IGREJAS

Atos registra que a formação de grupos de convertidos se deu por meio da pregação do Evangelho e que os apóstolos voltavam a visitar esses grupos posteriormente, a fim de que cada jornada missionária produzisse frutos na **implantação de comunidades ativas de convertidos**. Esse aspecto da estratégia missionária pode facilmente passar despercebido quando vivemos em um país onde há muitas igrejas. Desse modo, deixamos de observar que algumas delas atendem apenas a um segmento específico da sociedade, limitando-se provavelmente a uma única modalidade sociológica. Normalmente, essas igrejas não se dedicam a alcançar os demais segmentos da sociedade. O estilo de plantação de igrejas apresentado em Atos assegura que as igrejas existentes não se sintam ameaçadas com a chegada de novos grupos, visto que estarão **alcançando um segmento da sociedade totalmente diferente**, mesmo que as comunidades estejam estabelecidas muito próximas geograficamente umas das outras.

6. INDICAR PRESBÍTEROS

Lemos que Paulo e Barnabé retornaram a Listra, Icônio e Antioquia e "designaram-lhes presbíteros em cada igreja; tendo orado e jejuado, eles os encomendaram ao Senhor, em quem haviam confiado".

O pouco tempo de existência das igrejas significa que os "presbíteros" talvez tivessem apenas 12 meses de conversão, mas isso não era problema. Contanto que os candidatos estivessem se destacando e em processo de amadurecimento, **a liderança poderia lhes ser confiada**. Esse padrão de indicação de líderes para condução do rebanho está presente em todo o livro de Atos. Os apóstolos procuravam encontrar líderes locais a fim de que as comunidades pudessem ser autônomas e independentes de seu fundador. Aparentemente, os presbíteros eram designados por toda a igreja, como uma confirmação das indicações apostólicas pelos crentes locais. (A palavra "designar" significa literalmente "erguer mãos", portanto, os presbíteros eram eleitos pelo voto manifestado pelo erguer das mãos.)

De certa forma, o trabalho de um apóstolo era definido explicitamente:
- Alcançar cidades estratégicas.
- Pregar o Evangelho adaptando-o para os ouvintes.
- Fazer discípulos e não simplesmente fazer apelos.
- Acompanhá-los e treiná-los.
- Plantar igrejas para estabelecer uma comunidade.
- Designar presbíteros como líderes dessa comunidade.

7. OS APÓSTOLOS PARTEM

O sétimo e último estágio do modelo missionário também é crucial. Assim que a igreja era estabelecida, os apóstolos seguiam em frente. O contato posterior poderia ocorrer através de uma carta, uma visita ou do envio de um "ministro apostólico". **Quando a comunidade tivesse líderes locais, o apóstolo poderia encarregá-los de dar prosseguimento à obra**. As igrejas tinham autonomia no seu crescimento, governo e sustento. Por isso, o ministério dos verdadeiros apóstolos era itinerante. Geralmente, eles levantavam o próprio sustento através de sua profissão e, portanto, não representavam uma carga financeira a ninguém durante o período de estabelecimento de uma igreja.

OMISSÕES NO PLANO

Essa análise dos métodos "missionários" usados em Atos destaca a ausência de elementos interessantes que hoje costumam ser considerados essenciais.

- Não havia construções (ou "templos") – os crentes se reuniam em lares ou edifícios alugados.
- Não se considerava necessário o investimento em propriedades.
- Não havia distinção entre os presbíteros e os membros.
- Todas as posições na igreja eram baseadas em dom e função – e considerava-se que todo crente tinha um ministério.
- Não havia hierarquia.
- Não havia sede matriz.
- Não havia batismo infantil.
- Não havia igrejas baseadas em ideologia nacional ou denominacional.
- Não havia instruções para a adoração – embora tenhamos indícios de como as igrejas adoravam, não há padrões da época definidos que possam ser seguidos.

- Os apóstolos não fundaram hospitais, escolas, clínicas ou organizações assistenciais.

Boa parte do que consideramos parte normal da igreja ou da ação cristã de hoje não era usual para a igreja primitiva.

O ângulo teológico

Nossa avaliação de Atos foi bastante abrangente. Observamos o propósito do livro, a identidade dos destinatários, a forma pela qual Lucas estruturou seu livro para alcançar seu propósito e como o livro pode ser usado como um "manual de missões". Há uma última maneira de avaliar o livro que se encaixa na análise que já fizemos, a saber: olhar para o livro sob uma perspectiva teológica. Como devemos vê-lo nesse nível?

Atos [ou ações] de quem?
Vamos começar com o título. O livro foi originalmente chamado simplesmente de "Atos". O termo vem da palavra grega *práxis*, de onde deriva a palavra "prática". Atos, portanto, descreve **a prática do cristianismo**, mas é a prática de quem? De quem são esses "atos"? Há quatro respostas possíveis para essa pergunta.

1. APÓSTOLOS
O livro costuma ser chamado de "Atos dos apóstolos", nome que, como vimos, é bastante equivocado, pois **a maioria dos apóstolos não é citada!** Tiago é decapitado logo nos primeiros capítulos, João é mencionado juntamente com Pedro, mas somente Pedro recebe destaque, e mais da metade do livro concentra-se em Paulo, que não fazia parte dos Doze originais. Portanto, o livro não trata estritamente dos "Atos dos apóstolos".

2. JESUS

O livro começa afirmando: "Em meu livro anterior, Teófilo, escrevi a respeito de tudo o que Jesus *começou* a fazer e a ensinar", implicando claramente, portanto, que o volume presente fala sobre **tudo o que Jesus continuou a fazer e a ensinar**. Sendo assim, o nome do livro poderia ser "Atos de Jesus, segunda parte". Jesus é mencionado 40 vezes nos primeiros 13 capítulos. Ele foi o tema da pregação dos apóstolos e era em seu nome que se realizavam as curas. Pode-se afirmar, portanto, que se trata dos "Atos de Jesus".

3. ESPÍRITO SANTO

Um estudo mais atento, no entanto, revela que a **pessoa que mais se destaca em Atos é o Espírito Santo**, mencionado 40 vezes nos primeiros 13 capítulos e 70 vezes no total. Então talvez devamos chamar o livro de "Atos do Espírito Santo". Certamente seria feita justiça com seu papel. É o Espírito Santo quem capacita os 120 discípulos para o testemunho no dia de Pentecoste e há várias descrições de como ele desceu sobre os crentes. Algumas das decisões importantes em Atos devem-se à direção do Espírito Santo, sendo que a mensagem de Pedro na casa de Cornélio é interrompida pela descida do Espírito sobre os que estavam presentes. Foi o Espírito Santo quem impediu os crentes de entrarem na Ásia e Bitínia, enviando-os, em vez disso, a Trôade. Dele depende a dinâmica para a expansão missionária. Assim, certamente seria válido se entendêssemos o livro como os "Atos do Espírito Santo".

4. DEUS

Isso faria sentido, exceto pelo fato de uma pessoa mais importante também ser mencionada de forma marcante no livro. Embora o Espírito Santo seja mencionado 40 vezes nos primeiros 13 capítulos, outra pessoa é mencionada

100 vezes: o próprio Deus. Se determinarmos Jesus ou o Espírito Santo como o foco do livro, poderíamos nos tornar involuntariamente "unitarianos" na teologia, armadilha na qual caem alguns grupos. **O Espírito Santo nos leva a focar em Jesus, e Jesus nos leva de volta a Deus.**

A trindade

Atos, portanto, assume de fato uma teologia trinitária. A palavra "trindade" não está na Bíblia, mas é uma expressão abreviada para as três pessoas que formam nosso Deus único. Atos, portanto, fala de três coisas:
1. O Reino de Deus, o Pai
2. O nome de Jesus, o Filho
3. O poder do Espírito Santo

Assim, o título mais completo para o livro seria **"Atos de Deus por meio de Jesus Cristo pelo Espírito Santo nos apóstolos"**.

Conclusão

Atos é o relato marcante da propagação do cristianismo de Jerusalém a Roma. Lucas examina as evidências e seleciona os eventos que demonstram essa expansão, oferecendo um modelo para a vida da igreja e um manual de missões para o prosseguimento dessa expansão. Ele também atinge seu objetivo geral de levar informações a Teófilo, a fim de que seu amigo, o apóstolo Paulo, possa ser declarado inocente em seu julgamento. Ao mesmo tempo, o desejo de Deus é que compreendamos como ele age na edificação de seu Reino, para que, independentemente de quem sejamos e de onde vivamos, possamos estar seguros quanto aos ideais pelos quais devemos trabalhar e orar.

42.
JOÃO

Introdução

Na introdução aos Evangelhos (páginas 11–22), vimos que é possível identificar três estágios de interesse pela vida de um grande homem que já tenha partido desta vida: o que ele **fez**, o que **disse**, e **quem ele era**. João se interessa, claramente, pelo terceiro aspecto. Ele olha para o *interior* de Jesus e pergunta: Quem era esse homem?

A atenção de Mateus, Marcos e Lucas concentra-se principalmente nos atos e nas palavras de Jesus, raramente tratando de questões relacionadas à sua motivação. É João quem nos oferece um retrato da **identidade e da vida interior de Jesus**. Veremos adiante que essa não foi sua única motivação para escrever, mas é um aspecto importante a considerar se desejamos compreender o Evangelho.

De modo geral, há cinco principais diferenças entre João e os Evangelhos de Mateus, Marcos e Lucas.

1. Omissões

A forma como João se distingue dos Evangelhos sinópticos fica particularmente evidente quando consideramos o **conteúdo de seu Evangelho**. Não se trata apenas de uma perspectiva especial que João talvez tivesse a respeito de Jesus, mas do fato de ele omitir algumas áreas consideradas importantes pelos outros autores dos Evangelhos:
- a concepção e o nascimento de Jesus
- seu batismo
- suas tentações
- a expulsão de demônios
- a transfiguração
- a última ceia

- o sofrimento em oração no Getsêmani
- a ascensão

São omissões surpreendentes, especialmente se observarmos o destaque conferido pelos demais autores a esses eventos. A transfiguração, por exemplo, é vista como um evento crucial nos Evangelhos sinópticos. Se levarmos em consideração o pedido feito por Jesus a João para que cuidasse de sua mãe, é possível que o intuito do autor ao omitir a história do nascimento fosse preservar Maria de muita publicidade. No entanto, a principal razão para essas omissões é simplesmente que **tais detalhes não serviam ao propósito de João**. Sua intenção era nos relatar algo bastante diferente do que relataram os outros autores dos Evangelhos e não faria sentido incluir informações consideradas, por ele, desnecessárias.

Além das omissões, há também uma **minimização de alguns temas** considerados importantes ou merecedores de mais atenção nos outros três Evangelhos. Nos Evangelhos de Mateus, Marcos e Lucas, por exemplo, há muitos milagres, porém João registra apenas sete. João também dedica pouco espaço a um dos temas mais marcantes da pregação de Jesus: o Reino de Deus. A expressão aparece somente duas vezes, quando Jesus diz a Nicodemos que, a menos que nasça de novo, ele não poderá ver o Reino de Deus, e quando responde a Pilatos que seu Reino não é deste mundo. Isso não significa, obviamente, que os milagres ou o Reino tenham pouca importância, mas apenas que João tem um propósito diferente dos outros escritores e uma maneira diferente de alcançá-lo.

2. Acréscimos
MILAGRES
Assim como há omissões, há também alguns acréscimos

muito importantes. Dos sete milagres mencionados por João, **cinco são completamente novos:**
- a água transformada em vinho no casamento em Caná.
- o paralítico do tanque de Betesda.
- a cura do filho do oficial do rei.
- a cura do cego de nascença.
- a ressurreição de Lázaro.

Somente dois milagres – andar sobre as águas e alimentar os cinco mil – são repetições.

Além disso, João usa uma **palavra diferente para os milagres**, referindo-se a eles como "sinais". Um sinal sempre aponta para algo além de si próprio. João, portanto, não registra um número menor de milagres por acreditar que eles tenham menor importância, mas para destacar a forma pela qual o milagre ou o sinal aponta para Jesus. Mais adiante, vamos analisar todo o impacto que tais diferenças produziram no Evangelho de João.

INDIVÍDUOS

João inclui mais histórias de indivíduos e muitas delas são exclusivas de seu Evangelho. A recusa inicial de Pedro sobre ter os pés lavados, a conversa com Nicodemos e o encontro com a mulher samaritana à beira do poço são incluídas. De fato, esses **diálogos pessoais** recebem maior destaque do que as reuniões com as multidões, que aparecem com frequência nos outros três Evangelhos. Nesse Evangelho, as palavras de João Batista sempre ocorrem em conversas particulares, não em proclamações públicas.

AFIRMAÇÕES SOBRE JESUS

Há também em João sete frases importantes a respeito do próprio Jesus, conhecidas como as **afirmações "Eu sou"**:
- Eu sou o pão da vida.

- Eu sou a luz do mundo.
- Eu sou a porta.
- Eu sou o bom pastor.
- Eu sou a ressurreição e a vida.
- Eu sou o caminho, a verdade e a vida.
- Eu sou a videira verdadeira.

Essas afirmações são encontradas apenas no Evangelho de João e servem para enfatizar o propósito do autor, à medida que ele nos oferece uma percepção da forma como Jesus via a si mesmo.

3. Ênfases

Os Evangelhos sinópticos baseiam-se no esboço de Marcos e tendem a seguir sua estrutura: 30 meses no Norte (Galileia) seguidos por seis meses no Sul (Judeia), com enfoque especial em Jerusalém. João, no entanto, é bem diferente. Praticamente todo o seu Evangelho transcorre **no Sul,** incluindo informações sobre o início do ministério de Jesus. Ele prefere enfatizar as ocasiões em que Jesus foi a Jerusalém para as **festas** (provavelmente três vezes em um ano). Boa parte do Evangelho de João, portanto, fala da Festa dos Tabernáculos, da Páscoa e da dedicação do templo, desconsiderando boa parte do ministério de Jesus no Norte.

4. Estilo

As diferenças de estilo em João podem ser vistas principalmente em duas áreas.

LINGUAGEM

A linguagem usada por João difere daquela encontrada nos outros Evangelhos. Neles, há um número considerável de sobreposições, e o mesmo vocabulário é usado em alguns pontos. A linguagem de João sugere que sua obra é

totalmente independente. Na descrição da multiplicação dos pães e peixes para as cinco mil pessoas, por exemplo, os Evangelhos sinópticos apresentam 53 palavras em comum entre si; destas, apenas 8 aparecem em João. Até mesmo a palavra usada para "peixe" é diferente.

DEBATES

Os Evangelhos sinópticos exploram as parábolas de Jesus. Longas passagens com ensinamentos são raras. Em João, no entanto, Jesus parece estar envolvido em **debates infindáveis, com longos discursos focados mais nas questões de fé do que nas questões comportamentais**. Visto que eles acontecem, em grande parte, em suas viagens ao Sul, temos a impressão de que o estilo de pregação de Jesus era diferente, possivelmente por estar envolvido em debates mais frequentes com os judeus da Judeia a respeito de sua identidade.

Veja, por exemplo, o longo debate em João 8. Jesus estava falando de seu relacionamento com Deus, seu Pai. Os fariseus lhe perguntam: "Onde está o seu pai?" – eles presumiam que Jesus não falaria de forma resoluta sobre seu pai, pois havia rumores de que ele era um filho ilegítimo.

"Vocês não conhecem nem a mim nem a meu Pai", respondeu Jesus. "Se me conhecessem, também conheceriam a meu Pai". Jesus, portanto, afirma saber quem é seu pai e devolve a argumentação aos fariseus. Eles também deveriam conhecê-lo, porém estão longe dele.

Esse diálogo introduz uma questão interessante, e muitas vezes incompreendida, a respeito dos opositores de Jesus. Quando lemos no Evangelho de João que os "judeus" odiavam Jesus, que Jesus estava sempre envolvido em alguma discussão com eles e que foram os judeus quem o crucificaram, temos a tendência de generalizar e aplicar o termo "judeus" a toda a nação. E isso é um grande erro! Na realidade, há mais de dois mil anos esse equívoco tem alimentado o antissemitismo.

Quando João se refere aos "judeus", ele quer dizer o povo do Sul, da Judeia, distinguindo-os dos galileus, ao Norte, cuja atitude em relação a Jesus (salvo algumas exceções) era completamente diferente e bem mais positiva.

5. Perspectiva

A perspectiva de João é muito diferente daquela encontrada nos Evangelhos sinópticos. João estava ciente da **necessidade de comunicar a mensagem tanto ao mundo grego quanto ao hebraico**. Ele estava escrevendo seu Evangelho em Éfeso, na Ásia (hoje oeste da Turquia), onde havia uma confluência entre os pensamentos grego e hebraico. A compreensão da diferença entre eles é necessária para que entendamos algumas das abordagens usadas por João na organização de seu material.

Em poucas palavras, o pensamento hebraico baseava-se em uma *linha de tempo horizontal*, unindo as ideias comuns do passado, do presente e do futuro. Eles conheciam a Deus como aquele que era, que é e que há de vir. Todo pensamento hebraico se encaixava nessa linha, na qual o tempo tem tanto propósito quanto progresso. A mente grega, em contrapartida, pensava em uma *linha vertical no espaço* e interessava-se pela vida nos níveis superior e inferior, no céu e na terra.

Se nos basearmos no pensamento hebraico, portanto, entenderemos que o tempo avança em uma única direção, na qual Deus é quem decide para onde todas as coisas caminham. Os primeiros três Evangelhos adotam esse tipo de linha do tempo, e João não a abandona por completo. Afinal, ele também é judeu. Cinco vezes, por exemplo, João inclui o conceito de "hora".

No entanto, ele também usa a abordagem grega, com uma linha vertical que conecta o céu e a terra, o que é de cima e o que é de baixo. Assim, ele vê Jesus como **aquele que veio do céu**, citando suas palavras em 3.13: "Ninguém jamais subiu ao céu, a não ser aquele que veio do céu: o Filho do homem". E em 6.33: "Pois o pão de Deus é aquele que desceu do céu e dá vida ao mundo".

Vimos anteriormente que João faz poucas referências ao Reino de Deus. Enquanto os Evangelhos sinópticos enfatizam a vinda do Reino à presente era perversa e a consequente espera pela implantação do Reino, João concentra-se mais no aspecto *vertical* do amor de Deus ao enviar Jesus à terra. Podemos dizer que João é primeiramente um Evangelho do tipo "de cima e de baixo", enquanto os outros são Evangelhos do tipo "agora e depois".

Como devemos entender o Evangelho de João

Agora que avaliamos as maneiras pelas quais o Evangelho de João distingue-se dos outros três, precisamos direcionar um olhar mais atento ao próprio João.

Quem foi João?

UM PESCADOR
Antes de ser chamado para seguir Jesus, João era um pescador envolvido nos dois lados do ofício: a pesca e a comercialização de peixes. Sabemos que ele tinha conexões em Jerusalém, o que provavelmente contemplava a atividade da venda dos peixes pescados na Galileia. João, portanto, **vivia em dois ambientes**: o Norte rural e a cidade urbana de Jerusalém, no Sul. Como tal, ele se distinguia da maioria dos apóstolos, cuja maioria vinha do Norte – o único nascido no Sul era Judas Iscariotes.

UM PARENTE DE JESUS
Ele era **primo** de Jesus e irmão de Tiago, outro discípulo. Na verdade, pelo menos cinco e, provavelmente, sete dos

Doze eram da família de Jesus, embora seus próprios irmãos tenham permanecido céticos até a ressurreição, quando Tiago e Judas não somente se converteram, como também escreveram dois dos livros do Novo Testamento. Essa proximidade ficou evidente na cruz, quando Jesus pediu a João que cuidasse de sua mãe.

O AMIGO MAIS PRÓXIMO DE JESUS

João, contudo, não era próximo de Jesus apenas por laços de parentesco. Juntamente com Tiago e Pedro, ele também fazia parte do **círculo restrito,** daqueles que eram especialmente próximos de Jesus. João refere-se a si mesmo como o "discípulo a quem Jesus amava", e seu intuito é desviar de si a atenção, evitando citar o próprio nome, mas, ainda assim, nos oferece a informação de que, entre os Doze, ele era o mais próximo de Jesus. Na última ceia, foi João quem se sentou próximo a Jesus quando se reclinaram para comer. Jesus queria ter seu bom amigo por perto quando partilhassem juntos desse momento significativo.

O ÚLTIMO APÓSTOLO

João não somente foi o mais próximo de Jesus, como também o último apóstolo a morrer. Ele escreveu seu Evangelho **já com idade avançada**, refletindo sobre Jesus com discernimento singular. No final, ele registra que Pedro ouviu do próprio Jesus sobre sua crucificação, e que lhe fez uma pergunta sobre a morte de João. Jesus respondeu que esse assunto não era da alçada de Pedro e que se ele quisesse manter João com vida até a sua vinda, poderia fazê-lo. Daquele dia em diante, circularam boatos de que Jesus voltaria antes da morte de João, mas não foi isso que ele disse, e João esclarece esse ponto no final de seu Evangelho.

A proximidade entre João e Jesus reflete-se na maneira pela qual o autor **se sente livre para expandir as palavras**

proferidas por Jesus. João parafraseia parte do discurso de Jesus a fim de destacar todo o seu significado, pois acredita que conhece a mente de Jesus a ponto de poder explicar o que ele quis dizer. Por exemplo, quando lemos em João 3.16 "Porque Deus tanto amou o mundo que deu o seu Filho...", não fica claro quem está falando. É Jesus em conversa com Nicodemos ou é João, expandindo o trecho com sua própria reflexão? De fato, é estranho que Jesus dissesse algo assim; essas palavras sobre Jesus mais parecem ter vindo de uma terceira pessoa, de forma bastante indireta. Essa é uma característica do estilo de João, presente em todo o seu Evangelho. João expande a mensagem de Jesus porque realmente entende o que ele quis dizer. Ele extrai as implicações **sob a orientação do Espírito Santo**. Por essa razão, Eusébio, um dos primeiros pais da igreja, chamou João de "Evangelho espiritual", e é fácil perceber o porquê.

O propósito de João

Qual era exatamente o propósito de João ao escrever seu Evangelho? A reflexão sobre essa pergunta realmente ampliará nossa compreensão do livro. Já falamos que João preocupava-se em olhar para o interior de Jesus, mas isso fazia parte de um objetivo maior, que ele esclarece no final de seu Evangelho. João nos conta que selecionou as informações **para que os leitores pudessem crer que Jesus é o Cristo, o Filho do Deus vivo** e para que, assim crendo, pudessem ter vida em seu nome. Essa afirmação é suficientemente clara, mas é importante compreendermos *todo* o significado das palavras de João.

O SIGNIFICADO EXATO

Primeiramente, precisamos entender as palavras exatas do original, na língua grega. Um tempo verbal usado no grego é o "presente contínuo", cuja tradução não é simples, mas que costuma ser crucial para a compreensão adequada do texto. Seu significado é estar **continuamente fazendo** algo. Para traduzir esse sentido, é necessário acrescentar a palavra "continue". Por exemplo, Jesus não disse "Peçam, e lhes será dado; busquem, e encontrarão; batam, e a porta lhes será aberta", como se cada ação devesse ser feita apenas uma vez. Na realidade, ele disse: "*Continuem pedindo*, e lhes será dado, *continuem buscando* e encontrarão, *continuem batendo* e a porta lhes será aberta". Portanto, se alguém não receber o Espírito Santo quando pedir pela primeira vez, não deve entrar em pânico: deve continuar pedindo.

O presente contínuo é usado por João em 20.31. Portanto, a tradução mais apropriada desse versículo seria: "Estes foram escritos para que vocês *continuem crendo* que Jesus é o Cristo, o Filho de Deus e, ao *continuar crendo*, *continuem tendo vida* em seu nome". João 3.16, por sua vez, é mais bem compreendido desta forma: "Porque Deus tanto amou o mundo que deu o seu Filho Unigênito, para que todo o que *continuar crendo* nele não pereça, mas *continue tendo* a vida eterna".

PARA CRENTES OU PARA INCRÉDULOS?

O Evangelho de João não foi escrito para levar os leitores a crerem que Jesus é o Filho de Deus. Ele foi escrito para que eles pudessem *continuar* crendo. Boa parte do conteúdo de João é inapropriada para aqueles que se achegam ao Evangelho sem conhecimento anterior sobre Jesus. O livro é direcionado a **cristãos maduros**, para ajudá-los a se firmar em sua fé e para que não se desviem de seu entendimento de quem é Jesus, mas continuem crendo e assim continuem a ter a vida eterna.

Esse foi o critério de João para selecionar as informações a serem incluídas em seu relato. Seu intuito não era que o Evangelho fosse abrangente, mas que oferecesse aos leitores o que eles precisavam saber para continuar a ter vida através da fé constante. Em outras palavras, o objetivo de João é que os leitores "tenham vida", que é obtida por meio **da fé e da obediência contínuas.**

O OBJETIVO É TER VIDA

João descreve a vida que Jesus ofereceu como uma **vida no presente contínuo**. A vida eterna compreende o aspecto quantitativo – é eterna – e o aspecto qualitativo – é em abundância. Não é apenas uma garantia contra a morte, mas algo que devemos desfrutar aqui e agora. A afirmação do propósito de João em 20.31 implica que essa vida é algo que já temos, mas que podemos perder se não persistirmos na fé. Desse modo, os temas da vida e da fé são cruciais para o propósito geral de João. Ele escreve para que tenhamos vida – que seus leitores continuem a ter vida – enquanto o ato de crer – a fé – é o meio para alcançá-la. Se continuarmos a crer, continuaremos a ter vida.

POR MEIO DA FÉ

A importância dada por João ao ato de crer é confirmada pela frequência com que ele usa a palavra: 98 vezes. Muito mais do que os outros três Evangelhos juntos. Precisamos ser cautelosos, contudo, pois nem todas as vezes ele a usa com o mesmo sentido. Para João, há **três estágios ou fases do processo de crer.**

a) Crédito [ou credibilidade]

Dar crédito significa **crer que algo é verdadeiro**. A palavra-chave é crer "que". Sendo assim, cremos *que* Jesus morreu e *que* ressuscitou. É crer em certos fatos históricos, aceitando a credibilidade do Evangelho e a sua verdade. O crédito baseia-se nas palavras e nas obras que consolidam as afirmações de Cristo.

Não se trata da fé que por si mesma é salvadora, pois nesse estágio, qualquer um pode afirmar crer que algo é verdadeiro. Aceitar a verdade é o primeiro passo *que conduz à* fé salvadora. (Os demônios creem nos fatos e "tremem", mas isso não os torna crentes – Tiago 2.19.)

b) Confiança
A confiança é o segundo estágio do processo de crer: tendo aceitado a verdade, colocamos então nossa fé *em* Jesus **confiando nele e obedecendo-lhe**. Significa apropriar-se da verdade e agir fundamentado no que se afirma ser verdadeiro. No final do Evangelho de João, Jesus diz a Pedro: "Siga-me" – um ato de fé, embasado na confiança e na obediência. Podemos afirmar crer em alguém, mas se não tivermos confiança nele, nossa "fé" é superficial.

c) Continuidade
Essa terceira dimensão do processo de crer refere-se ao aspecto da continuidade que observamos pouco antes, quando avaliamos o principal propósito de João. Devemos **continuar crendo**. Tanto no grego quanto no hebraico, "fé" e "fidelidade" são a mesma palavra, e algumas vezes não sabemos a qual delas o texto se refere. Se você realmente confiar em alguém, continuará confiando. Se você realmente estiver cheio de fé, então será fiel. Você continuará a crer em alguém a qualquer preço, não importa o que aconteça. A fé, portanto, não é um *passo* único (instantâneo), mas uma *condição* (contínua).

Jesus torna claro esse conceito em João 15, quando ensina seus discípulos. Usando a figura da videira para descrever a si mesmo, Jesus lhes diz que eles são os ramos dessa videira. Ele os exorta a estar ligados nele, manter-se ligados, permanecer ligados nele. Caso contrário, não darão frutos e serão cortados e lançados ao fogo. Desse modo, embora João ensine que ninguém pode vir a Jesus a menos que o Pai o traga, ele também fala da necessidade de que o crente *permaneça em Cristo* se deseja desfrutar da vida eterna. A vida está na videira, e não nos galhos (cf. 1Jo 5.11).

Resumindo, portanto, o que observamos a respeito do propósito de João: seu objetivo é que os leitores continuem a crer em Jesus a fim de que continuem a ter a vida eterna. Esse ato de crer envolve três estágios: aceitar a verdade, agir fundamentado na verdade e permanecer na verdade. O próprio Jesus é a verdade.

A verdade sobre Jesus
Há outro aspecto do propósito de João que pode nos ajudar a entender alguns detalhes do texto. Quando João estava escrevendo, por volta de 90 d.C., havia **considerável especulação a respeito de Jesus**, até mesmo em relação aos seus primeiros anos de vida. Alguns Evangelhos apócrifos foram escritos sob a alegação de retratar a infância de Jesus. Um deles descreve Jesus, ainda menino, brincando nas ruas de Nazaré e sendo empurrado numa poça de lama. A reação de Jesus foi amaldiçoar com lepra a criança que o empurrou. Em outra história, o menino Jesus molda pequenos pássaros de argila, abençoa-os e observa-os quando eles levantam voo.

Na realidade, Jesus não realizou um único milagre até seus 30 anos de idade, pois sem o poder do Espírito Santo ele não poderia fazê-lo. Jesus não realizou milagres como Filho de Deus, mas como Filho do homem, cheio do Espírito. Diante do falso ensino que se difundia, a preocupação de João era silenciar definitivamente toda a especulação a respeito da identidade de Jesus. **Quem era ele de fato?** Duas ideias em particular circulavam em Éfeso, e João sentia que era necessário corrigi-las.

1. UMA VISÃO EXCESSIVAMENTE ELEVADA DE JOÃO BATISTA

Em Atos 19, lemos que havia em Éfeso seguidores de João Batista que somente passaram a crer em Jesus depois que Paulo os corrigiu. Aparentemente, mesmo na época de João, ainda havia os que veneravam João Batista a tal ponto, que representavam um risco de se tornarem uma seita do cristianismo **com enfoque no arrependimento e na moralidade que João pregava, mas sem a ênfase no Espírito Santo trazida por Jesus**.

O apóstolo João decidiu escrever um Evangelho que corrigisse essa exaltação a João Batista. Sempre que menciona João Batista, ele minimiza sua importância. Afirma que ele não era a luz do mundo – apenas apontava para essa luz. Enfatiza que João Batista não realizou milagres. Registra as palavras do próprio João Batista sobre a necessidade de que ele diminuísse e Jesus crescesse, e declara que Jesus era o noivo, enquanto João Batista era apenas o padrinho.

João Batista fez duas afirmações vitais a respeito de Jesus:
- Ele será o **Cordeiro de Deus** que tira o pecado do mundo.
- Ele será aquele que **batiza com o Espírito Santo**.

Esses dois ensinamentos precisam ser transmitidos para que os seguidores alcancem um equilíbrio adequado em seu entendimento sobre Jesus. João Batista deixou claro que *somente* Jesus poderia tirar o pecado e batizar com o Espírito Santo. Seus seguidores, contudo, não se lembravam do que ele dissera e não concederam a Jesus seu devido lugar de honra.

2. UMA VISÃO DEMASIADAMENTE MODESTA DE JESUS

Muito mais grave era a forma excessivamente limitada como Jesus já era visto em Éfeso. Podemos compreender esse fato, em parte, se considerarmos a forte influência da filosofia grega. Como observamos anteriormente, os filósofos gregos dividiam a vida em duas esferas. Por isso, vários termos são usados indistintamente: de cima e de baixo, o físico [a matéria] e o espiritual, o temporal e o eterno, o sagrado e o secular. Eles não somente faziam essas distinções, como também exaltavam um em detrimento do outro. Platão afirmava que o plano espiritual é mais real. Aristóteles dizia que o mais real é o plano físico.

Desse modo, os gregos tinham uma dificuldade real com o ensinamento de que Jesus era tanto físico [material] como espiritual, tanto terreno como celestial, tanto humano como divino. Segundo o seu pensamento, **o físico e o espiritual não poderiam ser unidos** dessa forma e, assim, eles desenvolveram diversas variações a fim de decidir de qual lado da realidade estava Jesus.

1. **Mais divino do que humano?** Alguns diziam que Jesus era mais divino do que humano, que ele nunca foi verdadeiramente homem, mas apenas *tinha a aparência* de ser humano. Essa heresia era conhecida como "docetismo", nome derivado de uma palavra que significa "espectro" – ou seja, Jesus apenas aparentava ser humano. Segundo essa visão, Jesus nunca experimentou de fato a humanidade, pois sua divindade sempre ofuscou seu lado humano.

2. **Mais humano do que divino?** Outros afirmavam que ele era mais humano do que divino; um homem que se relacionava com Deus de forma perfeita e que desenvolveu em sua plenitude a capacidade do divino presente em todos nós. A essa teoria dá-se o nome de "adocionismo" – ou seja, Jesus era apenas *adotado* como Filho de Deus, o que teria acontecido em seu batismo, quando ele foi cheio

do Espírito. Infelizmente, essa heresia ainda é ensinada nos dias de hoje.

3. **Parte humano, parte divino?** Alguns defendem que ele era parcialmente divino e parcialmente humano, sem afirmar se ele tinha mais de um lado do que de outro. Essa visão ainda persiste hoje. Testemunhas de Jeová alegam que devemos ver Jesus como um semideus, semi-humano, o primogênito da *criação*. Visto que o primeiro versículo de João afirma explicitamente que Jesus era Deus, e que estava com Deus no início, a passagem é interpretada por Testemunhas de Jeová como se ele fosse *um* Deus, inserindo um artigo indefinido que não está presente no original grego.

4. **Plenamente humano, plenamente divino?** O Evangelho de João afirma de forma clara que Jesus é plenamente divino *e* plenamente humano. Para que o propósito de João fosse atingido, era vital que isso fosse demonstrado. Somente aquele que fosse plenamente divino e plenamente humano poderia salvar a humanidade do pecado – sua *humanidade* possibilitaria que ele morresse em nosso lugar e sua *divindade* asseguraria que a morte fosse vencida e a vida concedida aos que nele cressem. Para que os leitores de João tivessem vida em nome de Jesus, era necessário que conhecessem o *mesmo* Jesus que os apóstolos conheceram.

João, portanto, desejava que as pessoas conhecessem a verdade a respeito de Jesus, por isso concentrou-se deliberadamente nessas duas áreas: a humanidade e a divindade de Jesus.

1. SUA REAL HUMANIDADE

Jesus é de fato retratado "mais humano" no quarto Evangelho do que nos outros três. Veja, por exemplo, o versículo mais breve da Bíblia: "Jesus chorou". Mostra Jesus absolutamente humano, diante do túmulo de um de seus melhores amigos e, apesar de estar ciente de que logo o tiraria de lá, ele se comove pela situação. João registra momentos em que Jesus demonstra características completamente humanas como fome e sede, cansaço ou surpresa. Com as palavras "Eis o homem!", Pilatos, involuntariamente, resume o que João estava retratando. Em Jesus, João nos mostra **como, é de fato, a humanidade**, ou como ela deveria ser.

Essa humanidade também é percebida na ênfase de João à **vida de oração** de Jesus, pois ele oferece mais detalhes em comparação aos outros Evangelhos. João retrata um Jesus verdadeiramente humano, que precisava orar e dependia de seu Pai para guiar suas palavras e ações. Algumas das mais belas orações de Jesus estão nesse Evangelho.

Além disso, o enfoque de João à **morte de Jesus** destaca como nenhum outro Evangelho que ele realmente morreu. João relata que um dos soldados perfurou o lado de Jesus com uma lança e dali brotaram água e sangue. A seguir, ele acrescenta a frase: "Aquele que o viu, disso deu testemunho, e o seu testemunho é verdadeiro". Para João, era importante que seus leitores soubessem que Jesus havia morrido de fato. A propósito, essa reação incomum do corpo de Jesus indica uma ruptura do pericárdio ou um "coração partido".

Da mesma forma, ao mencionar o túmulo vazio, as faixas de linho e o lenço que estivera sobre a cabeça de Jesus, João também nos apresenta uma prova testemunhal da **ressurreição**. Jesus não somente havia morrido de fato, mas também ressuscitara dentre os mortos.

2. SUA DIVINDADE

A principal ênfase em João, contudo, é a **absoluta divindade de Jesus**. Esse conceito nos remete ao propósito do autor do Evangelho e nos dá a oportunidade de observar, com mais atenção, a forma intrigante como ele desenvolve o tema. Já vimos que João admite que a fé começa com o crédito – crer que algo é verdadeiro. Estruturando sua comprovação em torno do algarismo sete – o número perfeito segundo o pensamento hebraico –, João defende a crença de que Jesus é totalmente divino. Ele inclui em seu Evangelho **três conjuntos de provas da divindade de Jesus**: sete testemunhas, sete milagres e sete afirmações.

a) Sete testemunhas

O substantivo "testemunha" e as variações do verbo "testemunhar" ocorrem 41 vezes no quarto Evangelho. João ressalta que temos **testemunhos pessoais** da verdade a respeito de Jesus. Nesse Evangelho, sete pessoas atribuem a divindade a Jesus:
- João Batista
- Natanael
- Pedro
- Marta (a primeira mulher a fazê-lo)
- Tomé
- João, o discípulo amado
- O próprio Jesus

Na lei judaica, duas ou três testemunhas seriam suficientes para estabelecer a verdade, mas aqui João inclui o número perfeito de pessoas para testificar que Jesus é o verdadeiro Filho do Deus vivo.

b) Sete milagres

Observamos anteriormente que João registra apenas sete milagres ao todo, e que ele os chama de "sinais", pois apontam para a pessoa de Jesus. Na realidade, João incluiu os sete milagres (sinais) que simbolizavam os atos mais sobrenaturais e extraordinários realizados por Jesus. Não estão incluídas as ações de expulsar demônios, pois, no Mundo Antigo, várias pessoas podiam fazê-lo, inclusive os fariseus. João prefere destacar **milagres que nenhum outro poderia realizar**.

- Transformar a água em vinho – um milagre inequívoco.
- Curar o filho do oficial do rei a quilômetros de distância, sem que visse o enfermo ou impusesse sobre ele as mãos.
- Curar o homem que, por 38 anos, estivera próximo ao Tanque de Betesda, padecendo de uma enfermidade crônica.
- Alimentar cinco mil pessoas, milagre registrado por todos os quatro Evangelhos – um milagre criativo, a abundância sendo produzida a partir da escassez.
- Andar sobre as águas.
- Conceder a visão ao cego de nascença.
- Ressuscitar Lázaro – não se tratava de trazer alguém novamente à vida logo após sua morte, como acontecera com a filha de Jairo ou com o filho da viúva da cidade de Naim, mas ressuscitar um homem cujo corpo já entrara em estado de decomposição.

João está dizendo que esses são "sinais" que apontam para a divindade de Jesus. Como afirmou Nicodemos, ninguém poderia realizar os sinais que Jesus realizava a menos que Deus estivesse com ele.

c) Sete afirmações

Com exclusividade, João registra sete "afirmações" expressas por Jesus a respeito de si mesmo. Para ouvidos judeus, suas afirmações eram inequívocas, pois ele sempre iniciava com a palavra hebraica para Deus – Y-H-W-H – cujo significado é "Eu sou". João toma o cuidado de incluir essas afirmações **em contextos que confirmam a legitimidade de Jesus**.

- "Eu sou o pão vivo que desceu do céu" – após ter alimentado cinco mil pessoas com cinco pães e dois peixes.
- "Eu sou a luz do mundo" – após ter concedido a visão ao cego de nascença.
- "Eu sou a ressurreição e a vida" – enquanto trazia Lázaro do interior de seu túmulo.

Jesus também disse: "Eu sou a porta", "Eu sou o bom pastor", "Eu sou o caminho, a verdade e a vida", e "Eu sou a videira verdadeira". Eis aqui um homem que estava ciente de ser Deus encarnado, e as sete afirmações, deliberadamente distribuídas por todo o Evangelho, são cruciais para João estabelecer o argumento de que Jesus é digno da confiança dos leitores.

Relacionamento aberto com o Pai
Em João, o relacionamento de Jesus com o Pai é muito mais aberto do que nos Evangelhos sinópticos. João registra que Jesus foi **enviado** pelo Pai, era **um** com o Pai, e **obediente** ao Pai no falar e no agir.

Grande parte da controvérsia de Jesus com os judeus estava relacionada à sua identidade, um tema que despertava grande animosidade, especialmente quando ele declarava ser Deus: "Respondeu Jesus: 'Eu lhes afirmo que antes de Abraão nascer, Eu Sou!' Então eles apanharam pedras para apedrejá-lo, mas Jesus escondeu-se e saiu do templo".

Na realidade, João é o único Evangelho que descreve pontualmente Jesus como Deus, embora isso esteja implícito nos outros três Evangelhos. Ele começa com a afirmação "O Verbo era Deus" [ARA] e próximo ao final do livro, Tomé confessa diante de Jesus: "Senhor meu e Deus meu".

Temas

Finalmente, vamos avaliar os temas que integram o propósito geral de João de afirmar que a fé em Cristo é um ato contínuo.

1. Glória

"Glória" é uma palavra-chave em João, pois, no Antigo Testamento, era reservada ao próprio Deus. Logo no primeiro capítulo, João refere-se ao Verbo que habita entre os homens usando o mesmo termo que descreve a glória *shekinah*, quando Deus revelou-se em todo o tabernáculo, no final do livro de Êxodo. João viu esse esplendor de Deus durante toda a vida, morte, ressurreição e ascensão de Jesus. Até mesmo na cruz, Jesus foi glorificado. Desde o início, portanto, somos apresentados a um homem que é **completamente diferente** de seus contemporâneos, diferenciado de todos os outros homens de Deus.

2. Logos

João inicia seu Evangelho de forma singular. O relato de Marcos sobre Jesus começa com Jesus aos 30 anos de idade, quando se manifestou pela primeira vez ao público. É provável que Mateus tenha escrito seu Evangelho em seguida, mas decidiu retroceder um pouco, acreditando ser necessário incluir a concepção e o nascimento de Jesus, e sendo ele judeu, sua genealogia deveria remontar a Abraão. Para Lucas, Jesus era o Filho do homem e deveria ser visto como um ser humano, que fazia parte da raça humana, por isso sua genealogia remonta a Adão.

Contrastando com os outros três autores, João decide começar seu relato ainda antes, enfatizando a existência de Jesus antes da criação. Por isso, na introdução do seu Evangelho, ele se baseia nas palavras de Gênesis 1.1 [ARA]: "No princípio era o Verbo, e o Verbo estava com Deus, e o Verbo era Deus" (veja nas páginas 157–158 a paráfrase da introdução de João).

O NOME DE JESUS

Surge aqui uma pergunta interessante que nos ajudará a entender o que João escreveu. **Qual é o nome de Jesus antes de seu nascimento?** Estamos tão acostumados a dizer "Jesus" que nos esquecemos de que esse era um nome novo, a ele dado quando veio à terra. Qual era então seu nome antes disso? Se o intuito de João é escrever sobre alguém que existia desde o princípio, como devemos chamá-lo?

João escolheu um nome singular: *logos*, traduzido como "palavra" ou "verbo" na maioria das traduções da Bíblia. Esse nome foi escolhido por João porque expressa muito bem quem era Jesus, de uma forma que faria sentido aos leitores. Costumamos pensar em "uma palavra" como um pensamento que sai pela boca e entra pelo ouvido. Uma palavra é expressa por uma pessoa e afeta outra. Nesse sentido, Jesus é uma **comunicação** – uma palavra de Deus para nós.

A ORIGEM DO "LOGOS"

Uma breve história nos ajudará a entender por que João escolheu chamar Jesus de *logos*. Esse conceito tinha significado especial em Éfeso, local onde João estava escrevendo. Seiscentos anos antes, vivera em Éfeso um homem chamado Heráclito, considerado o fundador da ciência. Ele acreditava na necessidade da **investigação científica**, voltada à exploração do mundo natural e à indagação do como e do porquê das coisas. Seria tudo obra do mero acaso? Estaríamos nós em um universo caótico ou havia alguma ordem?

Ele buscava padrões ou "leis" com o objetivo de deduzir alguma lógica que explicasse o funcionamento do mundo natural. Usava a palavra *logos* como significado da "razão", **o propósito por trás do que acontecia**. Quando olhava para a vida (*bios*), ele buscava o *logos*; quando estudava o tempo (*meteor*), buscava o *logos*. Esse conceito aparece hoje nos termos que usamos para o estudo de diversas áreas da ciência: biologia, meteorologia, geologia, psicologia, sociologia, etc.

Heráclito, portanto, afirmava que o *logos* é "a razão" [a origem]. Todo ramo da ciência está à procura do *logos*, o porquê das coisas serem como são. João, percebendo que **Jesus é "a razão" definitiva para que todas as coisas viessem a existir**, apropriou-se dessa ideia e chamou Jesus de logos, "a Palavra", "o Verbo". Todo o universo foi feito por meio dele e para ele. Ele era *logos* antes que houvesse alguém com quem se comunicar. Essa é a razão pela qual estamos aqui. Tudo se resume nele. Ele é "a razão".

Essa palavra também foi usada em outra fase de sua história, dessa vez em Alexandria, no Egito, do outro lado do mar Mediterrâneo. A escola alexandrina reunia os pensamentos grego e hebraico, em parte porque havia muitos judeus espalhados pela cidade. Foi nessa escola, ou universidade, que 70 estudiosos elaboraram a Septuaginta, ou LXX, a primeira tradução do Antigo Testamento para o grego. Entre os judeus, havia um professor chamado Filo. Buscando traduzir para o grego o pensamento hebraico, o professor Filo apropriou-se da palavra *logos* e afirmou que não era certo referir-se a *logos* como algo inanimado, mas como "ele". Filo estava **"personificando"** o *logos*, da mesma forma como, em Provérbios, a sabedoria é personificada em uma mulher.

A PALAVRA VIVA

João combina o pensamento de Heráclito e de Filo. Há um princípio estruturador, um "porque" na origem de todas as coisas, e esse *logos* não é apenas algo personificado: é uma pessoa e seu nome é Jesus. Ele é a Palavra, com "P" maiúsculo, a única Palavra viva.

Na primeira página de seu Evangelho, João ratifica quatro pontos absolutamente vitais a respeito do *logos*.

1. **Sua eternidade.** No princípio, o *logos já existia*. Em nossa imaginação, não conseguimos retroceder para além do início do universo. Jesus não foi criado, mas tem status igual ao de Deus como criador do mundo.

2. **Sua personalidade.** "O *logos* estava *face a face* com Deus". Essa é a tradução literal. A expressão retrata duas pessoas que se olham nos olhos e se amam mutuamente. Os cristãos são as únicas pessoas no planeta Terra que podem afirmar que Deus é amor, pois somente eles creem que Deus é três em um. Os judeus e os muçulmanos não podem afirmar que Deus é amor porque creem que ele é apenas uma pessoa, e amar é uma ação impraticável para apenas uma pessoa. Deus é mais do que um, e se ele é Pai e Filho que se amam, podemos afirmar que ele é, e sempre foi, amor.

3. **Sua divindade.** No princípio o *logos* já existia, face a face com Deus em um relacionamento pessoal, e esse *logos* "*era Deus*". O *logos* não foi criado, tampouco era menor do que Deus: era absolutamente igual a Deus. A exclamação de Tomé "Meu Senhor e Deus meu!" expressa a verdade a respeito de Jesus. Ele estava presente no princípio, quando o mundo foi criado. Hoje, os cientistas afirmam que a crosta terrestre é formada por "placas tectônicas". O

nome está relacionado à palavra grega *tecton*, cujo significado é "carpinteiro"! Jesus, o carpinteiro de Nazaré, criou nosso planeta. Ele é a fonte de luz e vida. Tudo existe para seu deleite.
4. **Sua humanidade.** Um pouco adiante, ainda no primeiro capítulo de João, lemos as maravilhosas palavras: "Aquele que é a Palavra *tornou-se carne* e viveu entre nós. Vimos a sua glória, glória como do Unigênito vindo do Pai". É possível conhecer a Deus pessoalmente. Jesus é Deus com um rosto. Deus é Jesus em todos os lugares.

Com esse surpreendente primeiro capítulo, João já começa declarando que há razões válidas para crer.
- Porque Jesus é eterno, ele pode nos conceder vida eterna.
- Por causa de sua personalidade, podemos ter com ele um relacionamento pessoal.
- Em sua divindade, somente ele pode perdoar pecados.
- Em sua humanidade, ele pode nos redimir.

3. Vida

Embora o tema do *logos* seja o ponto de partida do Evangelho de João, a "vida" é um tema importante e está presente em todo o texto, com 34 menções. Conforme afirmamos anteriormente, o Evangelho de João foi escrito para que os cristãos pudessem continuar a crer e a ter vida em Cristo. Também observamos que essa vida é *abundante* e *presente,* bem como *eterna.* João apresenta uma série de contrastes do que essa vida significará para aquele que crê.

VIDA/MORTE

Ele explica que essa vida significa que os **crentes não verão a morte**. A vida simplesmente continuará além da morte. A morte não pode tocá-la. Desse modo, ele contrasta os que certamente morrerão com aqueles que jamais morrerão. "Porque a vontade de meu Pai é que todo o que olhar para o Filho e nele crer tenha a vida eterna, e eu o ressuscitarei no último dia".

LUZ/TREVAS

João também usa o contraste entre luz e trevas. Quando Jesus fala sobre "nunca andar em trevas", ele está se referindo às **trevas morais**. Se andarmos com Jesus, disse ele, nada teremos a esconder, pois se caminhamos na luz, tudo está às claras e não há segredos. As trevas, no entanto, são a metáfora para a morte e a ausência de Deus. Disse Jesus: "Eu sou a luz do mundo. Quem me segue nunca andará em trevas, mas terá a luz da vida".

VERDADE/ENGANO

Notamos que João enfatiza os três estágios de uma fé genuína: aceitar a verdade, agir fundamentado na verdade e permanecer na verdade. Mas ele também contrasta verdade e engano, e inclui no capítulo 8 uma seção em que esse tema domina o debate entre Jesus e seus opositores. Os termos para "verdade" e "real" são os mesmos nas línguas grega e hebraica. **Se vivemos na verdade, também estamos vivendo na realidade**. Jesus disse: "Se vocês permanecerem firmes na minha palavra, verdadeiramente serão meus discípulos. E conhecerão a verdade, e a verdade os libertará".

LIBERDADE/ESCRAVIDÃO

Esse tema foi motivo de discussão entre Jesus e os fariseus, que alegavam jamais terem sido escravos, esquecendo-se obviamente do seu tempo de cativeiro no Egito! Jesus afirma que todo aquele que peca é escravo do pecado, pois todas as vezes que pecamos, fortalecemos a continuidade do hábito que eventualmente nos dominará e será nosso mestre. Jesus viera para libertá-los. Vida verdadeira, portanto, significava **liberdade da escravidão espiritual**. "Portanto, se o Filho os libertar, vocês de fato serão livres".

AMOR/IRA
João é claro em sua compreensão de dois aspectos contrastantes da ação de Deus. Estamos alicerçados no amor de Deus ou estamos sob sua ira. Não há meio-termo. A **consequência eterna** de um em contraste com o outro é apresentada de forma clara. Jesus afirma: "Quem crê no Filho tem a vida eterna; já quem rejeita o Filho não verá a vida, mas a ira de Deus permanece sobre ele".

VIDA REAL
Vida real, portanto, é um relacionamento pessoal com Jesus e seu Pai. É vida na luz e na verdade, em liberdade e em amor. Orando a seu Pai, Jesus declara: "Esta é a vida eterna: que te conheçam, o único Deus verdadeiro, e a Jesus Cristo, a quem enviaste".

4. Espírito Santo
Nenhum outro Evangelho nos fala tanto sobre o Espírito Santo como João. Assim sendo, embora Atos tenha elos sólidos com o Evangelho de Lucas, é correta a localização do Evangelho de João logo antes do livro de Atos. Por meio do Espírito Santo podemos desfrutar da vida que João descreve. O ensino sobre o Espírito Santo, portanto, tem destaque no texto de João.

- No capítulo 1, João Batista testifica que Jesus recebeu o Espírito Santo e que **batizará** outros com o Espírito Santo.
- No capítulo 3, Jesus fala sobre a necessidade **de nascer da água e do Espírito**, antes que possamos entrar no Reino.

- No capítulo 4, Jesus se refere ao Espírito como a água viva e afirma que devemos adorar a Deus **em espírito e em verdade**.

- No capítulo 7, Jesus vai à Festa dos Tabernáculos, que acontece em setembro ou outubro em Jerusalém e marca o fim da estação seca. No último dia da celebração, os judeus recriam a cerimônia em que os sacerdotes enchiam uma grande vasilha com água no tanque de Siloé, dirigiam-se ao templo e derramavam a água sobre o altar, enquanto oravam pelas primeiras chuvas do outono. Nessa ocasião, Jesus se levantou e declarou: "Se alguém tem sede, venha a mim e beba. Quem crer em mim, como diz a Escritura, do seu interior fluirão **rios de água viva**". O texto nos diz que ele se referia ao Espírito Santo, a quem mais tarde receberiam os que já cressem nele.

- Nos capítulos 14 a 16 há muitas menções ao **"Consolador"** que virá, o Espírito da verdade. O nome grego para o Espírito Santo é *parakletos* (*para* = "ao lado", *kletus* = "chamado") – aquele que está ao seu lado, ou aquele que é chamado. O Espírito Santo também é descrito como aquele que é como Jesus. Ele continuará a obra de Jesus após a sua partida, convencendo o mundo do pecado, da justiça e do juízo, capacitando os crentes e lembrando-os de tudo o que Jesus disse.

- No capítulo 20, Jesus prepara seus seguidores para o **dia de Pentecoste,** dando-lhes um sinal e uma ordem. Seu próprio sopro sobre cada um deles foi o sinal, seguido pela ordem: "Recebam o Espírito Santo". Eles nada receberam naquele momento, mas a experiência lhes serviu de preparação para o Pentecoste algumas semanas depois. Naquele dia, quando estavam assentados no templo, eles ouviram o som do vento, lembrando-os do que Jesus havia feito. Obedeceram então à sua ordem e receberam o Espírito Santo que ele havia prometido.

Paráfrase da introdução de João

As frases introdutórias de João são cruciais para o propósito de seu Evangelho. Tal é sua profundidade, no entanto, que até mesmo os crentes não conseguem alcançá-la – mais uma comprovação de que João não é o melhor Evangelho para ser distribuído a incrédulos. A paráfrase a seguir tem o intuito de tornar a passagem mais "acessível", traduzindo *logos* por "a razão", conforme definimos anteriormente.

Desde o primeiro instante da existência do universo, a razão de tudo já existia e estava presente desde a eternidade. Não somente o propósito, mas também o padrão de todas as coisas seria encontrado em uma única pessoa, alguém que podia estar face a face com Deus, pois também era absolutamente divino. Desde o início do que chamamos de "tempo", ele estava trabalhando ao lado do Criador. Por meio dessa parceria, todo o restante veio a existir. Na verdade, nada foi criado sem seu envolvimento pessoal. Até mesmo a vida originou-se nele, e sua própria vida ilumina o sentido da vida para todos os membros da raça humana. Sua luz continua brilhando por toda a escuridão da história humana, pois treva alguma é capaz de extingui-la.

No decorrer do tempo, surgiu um homem enviado pelo próprio Deus. Seu nome era João, cuja missão era anunciar o iminente aparecimento dessa luz da vida, a fim de que todos, conhecendo-a, pudessem depositar em Deus a sua fé. João não era capaz de trazer luz a ninguém, mas Deus o enviou para apontar aquele que o faria. Naquele mesmo momento, a verdadeira luz já entrava neste mundo, e seu brilho a todos revelaria. Ele veio a este mundo – o mesmo que ele próprio trouxera à existência –, mas o mundo não o reconheceu pelo que era! Veio ao lugar que lhe pertencia, mas seu próprio povo não lhe deu as boas-vindas. Alguns, porém, o aceitaram, passando a usar o seu nome em total confiança, e a esses foi concedida autoridade para que se considerassem membros da nova família de Deus – pois, de fato, agora nasceram, não em decorrência de contato físico (quer por resultado de desejos impulsivos ou de decisão deliberada), mas pela ação direta de Deus.

Assim, essa pessoa divina, a razão por trás de todo universo, transformou-se em ser humano e veio morar entre nós. Fomos espectadores de seu deslumbrante esplendor, que somente poderia irradiar-se do próprio Filho de Deus, expresso por sua generosidade e integridade.

João foi uma testemunha fidedigna e anunciou às multidões: "Este é aquele sobre quem lhes tenho falado. Eu lhes disse que meu sucessor teria precedência sobre mim, pois já existia antes mesmo de meu nascimento".

Nós também somos beneficiados em grande medida com tudo o que ele tinha, recebendo um favor imerecido após outro. Tudo o que recebemos através de Moisés foram regras rígidas que devíamos tentar guardar, mas a ajuda e a honestidade de que necessitávamos para uma vida reta veio através de Jesus, o verdadeiro Messias. Ninguém tivera a oportunidade de ver Deus como ele realmente é. Agora o próprio Filho de Deus, que está mais próximo de seu Pai do que qualquer outro, nos mostrou tudo o que precisamos saber a seu respeito.

Conclusão

O Evangelho de João é extraordinário, completamente diferente dos outros três. Reflete a percepção singular do homem mais próximo a Jesus enquanto este esteve na terra, e sua preocupação de que não apenas soubéssemos o que Jesus fez, mas que também entendêssemos quem ele era. O livro também reflete a inquietação de João de que os crentes em Jesus não se desviassem por seguir ensinamentos equivocados, quer sobre a identidade de Jesus ou sobre a veracidade de suas alegações. Seu desejo é que os crentes estejam absolutamente seguros de que os testemunhos, as palavras ditas pelo próprio Jesus e seus maravilhosos atos apontam para aquele que foi verdadeiramente Deus em carne, a Palavra viva, a glória de Deus entre os homens. Todas as provas e evidências coletadas por João produzem o mais fascinante testemunho do direito que Jesus tem de exigir nossa constante confiança e obediência.

O DÉCIMO TERCEIRO APÓSTOLO

43. Paulo e suas cartas

44. 1 e 2 Tessalonicenses

45. 1 e 2 Coríntios

46. Gálatas

47. Romanos

48. Colossenses

49. Efésios

50. Filipenses

51. Filemom

52. 1 e 2 Timóteo e Tito

43.
PAULO E SUAS CARTAS

Há mais informações históricas sobre a vida de Paulo do que sobre qualquer outro apóstolo. Um terço do Novo Testamento foi escrito por ele ou sobre ele. Isso inclui a segunda metade de Atos e as 13 cartas escritas por ele às igrejas e a indivíduos específicos. Depois de Jesus, ele foi a pessoa mais influente nos dois mil anos de história da igreja. Na realidade, poucas pessoas exerceram tamanha influência na história da Europa. Se nosso intuito é entender as cartas de Paulo, é importante que compreendamos seu passado e como ele veio a ocupar uma posição de tamanha importância.

O passado de Paulo

O nome original de Paulo era Saulo, em homenagem ao primeiro rei de Israel, Saul. Paulus era seu nome latino, adotado após sua conversão, mas vamos nos referir a ele como Paulo. Nasceu em Tarso, cidade localizada na extremidade nordeste do Mediterrâneo, na região costeira hoje conhecida como o sudeste da Turquia. A universidade de Tarso estava entre as três instituições de maior destaque no Mundo Mediterrâneo, juntamente com Atenas e Alexandria.

Paulo cresceu sob três influências marcantes. Em primeiro lugar, seus pais, judeus, o ensinaram desde a infância sobre o Deus do Antigo Testamento. Sua família pertencia à tribo de Benjamim – conhecida por ser o berço de Saul, o primeiro rei de Israel, e por quase ter sido exterminada após o terrível episódio descrito no livro de Juízes. Aparentemente, a família mudou-se para a Galileia em algum momento de sua infância e Paulo foi enviado a Jerusalém para ser discípulo de Gamaliel, um conhecido rabino liberal.

Esse doutor da lei judaica é citado em Atos 5, quando se manifesta a respeito do crescimento do movimento cristão em Jerusalém, afirmando que, se fosse de origem humana, o movimento estaria fadado ao fracasso, mas, se viesse de Deus, não seria prudente o Sinédrio opor-se a ele. Em outras palavras, Gamaliel deixou evidente a sua posição! Paulo, porém, não partilhava da atitude ponderada de seu professor e acreditava que os cristãos representavam a maior ameaça já enfrentada pelo judaísmo. Estava determinado a lutar pela fé judaica e, se possível, destruir essa nova seita.

Após seu discurso no Sinédrio (veja Atos 7), Estêvão foi apedrejado até a morte por expressar sua perspectiva considerada "blasfema". Paulo concordava com a execução de Estêvão, chegando a tomar conta das capas dos agressores. Estevão foi o primeiro homem a morrer por sua fé em Jesus.

É possível que a morte de Estevão tenha causado um profundo impacto em Paulo. Atos 7 relata que o rosto de Estevão se iluminou e ele exclamou que podia ver Jesus à direita de Deus. Naquele momento, contudo, o martírio serviu apenas para tornar Paulo ainda mais determinado a ser o primeiro missionário anticristão, dispondo-se a deixar a própria terra para perseguir cristãos em outros locais.

A segunda influência na vida de Paulo foi seu domínio da língua grega. Como morador de Tarso, ele falava grego, a *lingua franca* do Mundo Antigo, assim como acontece com o suaíli na costa leste da África. Desse modo, após sua conversão, quando foi chamado para o serviço missionário, Paulo podia pregar em qualquer lugar, sabendo que seria compreendido.

O terceiro elemento a influenciar Paulo foi a lei romana. Seu pai se tornara um cidadão romano, portanto Paulo herdara tal cidadania. Essa condição lhe proporcionava privilégios que facilitaram a obra missionária. Em certa ocasião, fez valer sua cidadania para evitar uma punição pré-julgamento e, ao ser acusado de violar as leis do templo judaico, Paulo apelou a César, um direito de todos os cidadãos romanos segundo a lei. No que diz respeito à sua morte, Paulo não foi crucificado como aconteceu com Pedro, mas decapitado – método rápido de execução, reservado aos cidadãos romanos. Sua cidadania romana não o livrou do sofrimento (longe disso!), mas foi um fator significativo em alguns dos momentos mais importantes de seu ministério.

Essa combinação singular das influências judaica, grega e romana proporcionou a Paulo a formação ideal para seu trabalho como missionário de Jesus ao mundo gentio. Fica evidente aqui a verdade de que Deus prepara pessoas para o serviço antes mesmo que elas se convertam a ele, por meio da fé em Jesus.

A conversão de Paulo

É interessante observar que a conversão de Paulo tenha ocorrido em um local próximo a uma pequena cidade chamada Quneitra, nas colinas de Golã, a apenas alguns quilômetros de Damasco. Paulo era um homem orgulhoso de suas raízes judaicas e um defensor de sua fé, mas, assim que viajou para além das fronteiras de Israel, encontrou-se com Jesus de Nazaré ressurreto, que lhe enviou aos gentios. A propósito, isso aconteceu aos pés da montanha onde Jesus havia se transfigurado diante de Pedro, Tiago e João. Dessa vez, porém, o esplendor de Jesus era muito maior, pois ele havia subido aos céus e recuperado a glória que um dia tivera.

A conversão foi dramática. Quando Paulo entendeu que Jesus era verdadeiramente o Messias, sua reação não poderia ser outra: arrepender-se e crer. Esse processo de novo nascimento levou três dias e não se completou até que um convertido local chamado Ananias orasse com ele. Ananias estava plenamente ciente da reputação de Paulo como perseguidor dos cristãos, mas foi ao seu encontro, obedecendo à ordem que recebera de Deus. Assim que Ananias orou, Paulo foi cheio do Espírito Santo e foi batizado. Em meu livro, *The Normal Christian Birth*, explico por que creio que os quatro elementos – arrependimento, fé, batismo e recebimento do Espírito – são partes essenciais do processo do novo nascimento e da entrada no Reino e podem ser identificados no relato do momento de "largada" de Paulo na corrida da fé cristã.

Após a conversão

É fascinante observar que Paulo não iniciou imediatamente seu trabalho como missionário. Começou pregando onde estava e, muito rapidamente, despertou hostilidade entre os judeus. Certa ocasião, para preservar sua vida, Paulo precisou ser baixado ao chão em um cesto por uma abertura no muro da cidade.

Pelo menos 13 anos se passariam antes que Paulo desse início à tarefa para a qual Deus o chamara no dia de sua conversão. Ele se dirigiu à Arábia e ali passou três anos a sós com Deus, repensando sua teologia à luz de seu encontro com Jesus. Paulo foi a última pessoa a ser enviada pelo Senhor ressurreto, e se tornaria o décimo terceiro e último apóstolo nesses moldes. Alguns afirmam que Paulo deveria ser visto como o décimo segundo apóstolo, no lugar de Judas Iscariotes, mas Paulo sempre reconheceu os Doze e nunca considerou a si mesmo parte do grupo. Gostava de afirmar, contudo, que era um apóstolo especial, e foi esse chamado especial que lhe deu autoridade para escrever uma porção tão grande do Novo Testamento.

Podemos apenas especular sobre as maneiras pelas quais ele alcançou uma percepção teológica tão profunda em seus três anos na Arábia. É evidente que a descoberta de que Jesus era, afinal, o Messias prometido aos judeus causaria um impacto significativo em sua compreensão do Antigo Testamento. Além disso, Jesus havia indagado a Paulo sua motivação para persegui-lo, quando, na realidade, Paulo perseguia os cristãos e não Jesus. A partir daí, ele teria percebido que qualquer atitude contra cristãos seria um ato contra o próprio Cristo. A assimilação desse conceito, sem dúvida alguma, foi fundamental para sua reflexão a respeito da igreja como o corpo de Cristo na terra.

A chegada de Paulo a Jerusalém para encontrar-se com os apóstolos produziu grande consternação no início. Afinal, ele fora responsável pelo aprisionamento dos familiares daqueles a quem visitava. Barnabé, contudo, estava pronto para assumir o risco de aproximar-se de Paulo e dar-lhe um voto de confiança a fim de que ele pudesse ser apresentado à igreja cristã em Jerusalém. Para os judeus de Jerusalém, Paulo era um traidor: ele havia sido um de seus melhores rabinos em treinamento, mas agora se unira aos odiados cristãos. Por essa razão, Paulo foi enviado de volta a Tarso, onde permaneceu por dez anos. Esse período em Tarso costuma passar despercebido pelos leitores. Pensamos na conversão de Paulo e imaginamos que ele tenha embarcado imediatamente em suas viagens missionárias. Na realidade, porém, ele passou três anos na Arábia, refletindo sobre tudo, e dez anos em sua terra natal, aguardando a confirmação do seu chamado. Somente quando Barnabé o convidou para ajudar a igreja de Antioquia e seu chamado missionário foi reconhecido, é que Paulo pôde começar seu trabalho. Esse período da vida de Paulo pode ser comparado aos 18 anos da vida de Jesus dedicados à carpintaria.

Começa a obra missionária de Paulo

A cidade de Antioquia, na Síria, tem grande destaque no Novo Testamento. É possível que Jesus tivesse esse local em mente quando falou da viagem do filho pródigo a uma "região distante". Antioquia era considerada "terra distante" para os judeus; a Paris do Mundo Antigo. Apesar de sua reputação, no entanto, foi ali que nasceu a primeira igreja cristã gentia. O termo "cristão" foi cunhado primeiramente pelo povo de Antioquia, como um apelido para os membros dessa igreja.

A confirmação do chamado de Paulo ao serviço missionário se deu durante uma reunião de oração em Antioquia (veja Atos 13). Segundo uma profecia concedida, havia chegado o tempo em que Paulo e Barnabé seriam separados do restante da igreja, a fim de que pudessem começar a obra para a qual Deus os havia chamado. Desse modo, em sua conversão, Paulo recebeu um chamado do próprio Jesus, e esse chamado foi confirmado através de uma profecia na igreja. Esse padrão merece nossa atenção. Um grande número de pessoas acredita ter um chamado do Senhor, mas não aguarda que esse chamado seja confirmado pela igreja.

Barnabé e Paulo já haviam se envolvido em uma tarefa que hoje talvez não seja considerada suficientemente digna da função dos missionários. Houve grande escassez de alimento na Judeia, por isso a igreja de Antioquia promoveu uma coleta e pediu a Paulo e Barnabé que cuidassem das doações e garantissem que elas chegassem ao seu destino. Essa, no entanto, não foi a última vez que Paulo se envolveu com a coleta de dinheiro.

O mapa da página seguinte indica que Jerusalém, a princípio, e, posteriormente, Antioquia foram bases para a atividade missionária. Antioquia era agora o epicentro, com ondas que se espalhavam e chegavam até Roma. A principal ambição de Paulo era evangelizar toda a região nordeste do Mundo Mediterrâneo, alcançando a capital do império. Por isso, eles partiram primeiramente para a ilha de Chipre e depois retornaram ao continente. Plantaram igrejas em Antioquia de Pisídia, Listra e Derbe e, em seguida, retornaram à sua base em Antioquia para prestação de contas. Os nomes das áreas mais distantes são mais conhecidos hoje, pois a maioria das cartas de Paulo foi direcionada às igrejas localizadas às margens do mar Egeu. Em sua terceira e última viagem, ele partiu de Creta, sofreu um naufrágio em Malta e, finalmente, chegou a Roma como prisioneiro.

A estratégia missionária de Paulo

A estratégia de Paulo era plantar uma comunidade do Reino em cada cidade-chave e seguir adiante assim que possível. Às vezes, ele ficava em uma cidade por um período de apenas três semanas. Em outros casos, permanecia no local por muito mais tempo. Em Corinto, por exemplo, Paulo esteve durante 18 meses. Ele era forçado a deixar alguns lugares; outras vezes, ele decidia quando partir, mas, invariavelmente, sempre deixava no local uma igreja que pudesse evangelizar toda a região.

Paulo não tentou percorrer todas as cidades e vilarejos, preferindo concentrar-se na principal cidade de cada província. Desse modo, como um verdadeiro apóstolo, ele estava sempre em movimento, explorando um território desconhecido e abrindo novos caminhos.

A tarefa, contudo, era árdua e Paulo enfrentava grandes perigos. Esteve em três naufrágios. Esteve perto de morrer em diversas ocasiões, sendo apedrejado e deixado à morte certa vez. Sentia-se constantemente cansado e faminto. Além disso, como afirma em suas cartas, seu maior fardo era a responsabilidade de cuidar das igrejas.

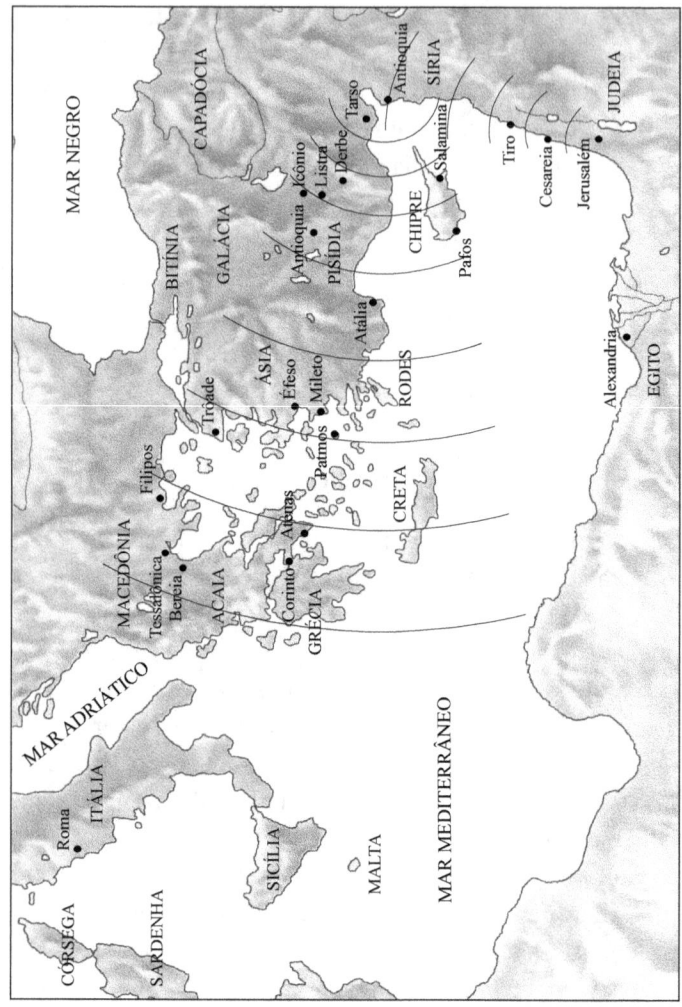

A estratégia de Paulo, portanto, era mover-se com frequência, sem se esquecer das igrejas que havia plantado e nas quais havia servido. Seu trabalho de acompanhamento assegurava que as igrejas crescessem em qualidade e quantidade. Ele podia dar seguimento ao seu trabalho de duas maneiras. Uma delas era tornar a visitar as igrejas, e a outra, orientá-las por meio de cartas.

Quando retornava a uma igreja, Paulo costumava designar presbíteros para assumir a liderança. Uma nova visita, contudo, nem sempre bastava, pois não havia tempo para tratar pessoalmente todas as questões que surgiam, e, também, principalmente, porque ele desejava evangelizar a costa norte do Mediterrâneo chegando até a Espanha.

Por essa razão, as cartas de Paulo eram uma forma de acompanhamento constante enquanto ele prosseguia com sua obra evangelística. Não eram tratados teológicos escritos em uma biblioteca por um erudito. Elas refletiam o cuidado de um apóstolo cujo desejo era que seus convertidos permanecessem fiéis.

Paulo chegou a Roma de fato, não da forma como imaginara, mas na condição de prisioneiro e sua obra missionária consistiu na pregação do Evangelho aos soldados romanos que o vigiavam. Poderia ser considerado réu de morte, e seu amigo, dr. Lucas, redigiu sua defesa para Teófilo, juiz ou advogado de Paulo, compondo o material que conhecemos como o Evangelho de Lucas e o livro de Atos. Paulo foi absolvido e liberto, e há fortes indícios de que tenha continuado sua obra missionária, possivelmente chegando até a Espanha. Tornou a visitar áreas como Creta e Neápolis e chegou a vários outros lugares que ainda não visitara. Então, traído por um ferreiro chamado Alexandre, Paulo foi preso uma segunda vez durante o reinado de Nero. Foi levado tão rapidamente que nem sequer pode pegar seus livros ou sua capa.

Que tipo de homem era Paulo?

Temos apenas uma possível descrição – não muito lisonjeira – da aparência de Paulo. Ele era baixo (Paulus significa "pequeno"), careca, tinha pernas arqueadas e nariz adunco. Suas sobrancelhas eram emendadas, tinha olhos muito próximos um do outro e suas mãos eram muito ásperas. Imagine uma igreja que cogita a ideia de ter Paulo como pastor; o que pensariam os membros diante dessa descrição?! A essa descrição, some-se o fato de que ele nunca permanece no mesmo local por muito tempo, costuma irritar as pessoas, tem passagem pela polícia, passou um período na prisão e sua pregação é muito dogmática. E mais: não é casado, trabalha meio-período fazendo tendas, divide suas congregações e fala em línguas. Mas Deus costuma escolher aquelas pessoas que julgamos as mais improváveis para o cargo!

Paulo também tinha muitas qualidades positivas tais como dedicação, entusiasmo, determinação e extraordinária concentração. Ele acreditava que seu celibato lhe permitia concentrar-se totalmente no único objetivo de seu chamado. Enfrentava o perigo com grande coragem e se opunha a adversários com a dose certa de ira. De fato, algumas de suas cartas são acaloradas! Ele era capaz de ser franco e duro e, no entanto, também podia demonstrar enorme preocupação, cuidado e compaixão.

Os principais temas de Paulo

O segredo do sucesso de Paulo, contudo, não está em suas qualidades humanas – por mais admiráveis que fossem – mas nos três temas fundamentais que permeiam suas cartas.

Em Cristo

Não há dúvida de que esse homem vivia integralmente para Cristo. Em sua carta aos Filipenses, ele disse: "Para mim o viver é Cristo". Desde o dia em que se encontrou com Cristo na estrada para Damasco, foi totalmente imerso em Jesus. No que dependesse de Paulo, portanto, morrer seria melhor. Ele disse: "Desejo partir e estar com Cristo, o que é muito melhor".

Paulo se autointitulava "o escravo de Cristo". No Mundo Antigo, um escravo era alguém desprezado, totalmente submisso, sem tempo ou dinheiro para si. Em 2Coríntios, no entanto, Paulo também chama a si mesmo de embaixador de Cristo, uma imagem mais marcante. Ele se orgulhava de ser embaixador, mas também se orgulhava de ser escravo.

A frase "em Cristo" contrasta com a forma como muitos cristãos de hoje definem seu relacionamento com Jesus. Paulo usava muito raramente a frase "Cristo em mim", usada com frequência pela maioria dos cristãos de nosso tempo. Quando dizemos "Jesus em mim", corremos o risco de limitar Jesus ao pequeno Jesus do interior de nossos corações, pois o menor se encontra no maior. Paulo costumava dizer "o Espírito Santo em mim", porém quando se referia a Cristo, afirmava "eu estou em Cristo". É em Cristo que somos abençoados com toda sorte de bênçãos; é nele que tudo nos pertence. Assim, independentemente de onde Paulo estivesse localizado no império romano, sua residência fixa era "em Cristo".

Para o Evangelho

Paulo vivia para o Evangelho. Ele fazia qualquer coisa para espalhar as boas novas. E, mesmo na prisão, descobriu que o Evangelho era fonte de regozijo. Embora estivesse acorrentado a um soldado romano, que era substituído a cada oito horas, Paulo se alegrou pelo fato de ter três ouvintes garantidos por dia! Segundo sua carta aos Filipenses, alguns desses homens se converteram por causa de sua pregação. Ao saber que havia pessoas que pregavam a Cristo por rivalidade ou ciúmes, Paulo se alegrou pelo fato de o Evangelho estar sendo anunciado, quaisquer que fossem as motivações dos pregadores. Ele afirmou que iria a qualquer lugar para contar a qualquer pessoa, indiscriminadamente, o que Deus havia feito em Cristo.

Sua pregação do Evangelho pode ser caracterizada por duas palavras. Em primeiro lugar, o Evangelho pregado por Paulo era *escatológico*. A palavra "escatologia" vem do grego *eschaton*, que significa "as últimas coisas". Paulo acreditava que o futuro havia invadido o presente. Se negligenciamos a dimensão futura do Evangelho, negligenciamos o próprio Evangelho. O Evangelho não é apenas a boa nova referente à vida momentânea; é a boa nova sobre o novo mundo que virá e sobre os novos corpos que receberemos quando nos encontrarmos com Cristo.

Em segundo lugar, era um Evangelho ético. Paulo não estava interessado em "salvar almas" cujas vidas permaneceriam inalteradas. O Evangelho tinha implicações éticas que abrangiam todos os aspectos da vida, e ele se preocupava em deixar essa marca em seus convertidos.

Pela graça

Paulo maravilhava-se constantemente do fato de Jesus ter ido ao seu encontro quando ele estava prestes a prender cristãos. Sempre se assombrava ao pensar que sua salvação era totalmente imerecida, e que se Jesus tivesse lhe dado o que ele de fato *merecia*, ele estaria no inferno. Sendo assim, a palavra "graça" – cujo significado é receber o que não se merece – resume o sentimento de Paulo. Em Romanos, ele declara: "Cristo morreu em nosso favor quando ainda éramos pecadores". Essa graça produzia em Paulo gratidão, e essa gratidão é o que motiva grande parte da obra desse homem.

As cartas de Paulo

Paulo é o mais famoso autor de cartas da história, apesar de o costume de escrever cartas ser muito raro entre os judeus da época. Vivendo em um país de dimensões restritas, os judeus do Mundo Antigo não viam necessidade de escrever cartas, pois era razoavelmente fácil visitar amigos e familiares.

Escrever e enviar cartas era um meio caro de comunicação e, portanto, usado somente quando necessário. No império romano, muitas cartas foram escritas, mas geralmente por oficiais ou pessoas ricas que tinham condições de pagar um mensageiro para levar a carta ao seu destino. Assim, sem um serviço postal público, a razão para escrever uma carta precisava ser importante, como uma crise ou um problema grave.

As cartas costumavam ser muito breves, escritas em apenas uma folha de papiro, com 20 palavras no máximo. Cartas mais longas exigiriam que várias folhas fossem atadas. As cartas de Paulo estão entre as mais longas do Mundo Antigo. Suas epístolas, em média, tinham aproximadamente 1.300 palavras, sendo que a destinada aos Romanos chega a 7.114 palavras – possivelmente a carta mais longa escrita naquele período!

As cartas de Paulo apresentavam o mesmo formato. Seu nome estava sempre no início, para que o destinatário, desenrolando apenas a primeira parte do rolo, pudesse saber quem a havia enviado. Ele acrescentava, então, o endereço de destino, a fim de que o mensageiro soubesse onde entregar a carta. Em seguida, incluía uma saudação aos destinatários. Esse era o padrão da maioria das cartas escritas naquele tempo, e Paulo o adotava com o intuito de encorajar a igreja ou o indivíduo a quem escrevia. (As sete cartas às igrejas da Ásia, no livro do Apocalipse, seguem exatamente o mesmo padrão, com Jesus ressurreto saudando cada igreja antes de exortá-la.)

A seguir, vinha o conteúdo abrangendo o tema que Paulo tinha em mente e que, normalmente, tomava a maior parte do texto. No final da carta, acrescentava um breve resumo cobrindo os pontos principais. E, na conclusão, mais algumas saudações e uma assinatura.

No Mundo Antigo, a maioria das pessoas redigia suas cartas com a ajuda de um escriba (alguém a quem se ditava o texto), e Paulo não era uma exceção à regra. Silas, companheiro de Paulo em suas últimas viagens missionárias, foi uma das pessoas que o ajudaram nessa tarefa. Paulo, portanto, não redigia as próprias cartas sentado a uma mesa. Ele, provavelmente, as ditava enquanto caminhava pela sala, ou mesmo acorrentado a um soldado romano. As cartas têm um estilo conversacional e, como acontece com os Evangelhos, eram faladas antes de serem redigidas. Paulo acrescentava sua assinatura no final. Fazia isso por cortesia e porque haviam circulado cartas com falsas alegações de serem de sua autoria. Por isso, no final de 2Tessalonicenses, Paulo toma o cuidado de confirmar ser ele mesmo o autor da carta. É possível que Paulo tenha tido dificuldades com o ato da escrita. No final de Gálatas, ele explica que as letras grandes de sua assinatura devem-se à sua fraca visão.

Três tipos de carta

Paulo escreveu três tipos de carta. No primeiro tipo estão as cartas *pessoais*, dirigidas a indivíduos. Há quatro delas, direcionadas a: Filemom, Timóteo (duas vezes) e Tito.

Temos, então, oito cartas *ocasionais*, escritas a igrejas. São chamadas de "ocasionais" porque foram motivadas por um fato ocorrido na igreja em questão, não por serem escritas "ocasionalmente" (ou seja, "de vez em quando").

Há também Efésios, a única carta *geral* escrita por Paulo de que temos registro. Ela não tem nenhuma conexão especial com qualquer indivíduo ou igreja, nem foi escrita para tratar de alguma necessidade ou crise específica associada ao destinatário. Alguns acreditam equivocadamente que Romanos também seja uma carta geral, mas o estudo atento revela que uma situação na igreja de Roma levara Paulo a escrevê-la.

Efésios é relativamente fácil de colocar em prática em nossas vidas, mas as cartas pessoais e ocasionais apresentam um desafio maior. É como escutar inadvertidamente a conversa de alguém ao telefone. Podemos tentar deduzir o assunto da conversa ouvindo as palavras de apenas um dos interlocutores. Uma pessoa, por exemplo, pode atender ao telefone e dizer o seguinte: "Alô?...Ele chegou em casa? Parabéns!...Quantos quilos?...De que cor?...Não deixe sua mulher chegar perto...Você vai ver que ele bebe bastante... Para esse tamanho até que é rápido...É novidade pra você, né?... Acho que também vou arrumar um...Tchau!".

Poucos infeririam que a conversa diz respeito à chegada de um novo trator!

Às vezes temos de agir como detetives para tentar desvendar o outro lado da "conversa". Paulo, por exemplo, escreveu duas cartas aos cristãos de Tessalônica. A primeira delas foi uma carta muito amorosa, porém, na segunda, havia muita frieza. Algo deve ter acontecido para mudar o seu tom, portanto temos de ler as duas cartas com muito cuidado para descobrir a razão.

Além do acesso limitado – conhecemos apenas um lado da correspondência – temos também o problema do abismo cultural que nos distancia do contexto de Paulo: mais de dois mil quilômetros de distância e mais de dois mil anos de tempo decorrido desde que a carta foi escrita. Precisamos encontrar o princípio implícito na prática e aplicá-lo a nossa vida hoje. Por exemplo, quando Paulo instrui as mulheres da igreja de Corinto a cobrir a cabeça, significa que as mulheres hoje devam usar chapéu nos cultos?

Graças a Deus, as igrejas do Novo Testamento não eram perfeitas! Pode ser encorajador descobrir que elas também tinham problemas. É importante observar que não fosse por esses problemas, talvez tivéssemos uma única carta de Paulo! Por exemplo, a exposição sobre o amor em 1Coríntios 13 teve origem na incoerente situação da igreja de Corinto, caracterizada como carismática e carnal. A embriaguez de algumas pessoas durante o culto na igreja de Corinto é o que motivou a definição dos princípios para a ceia do Senhor. Pelo fato de Paulo lidar com um grande número de questões problemáticas, podemos adquirir uma melhor compreensão do que realmente significa seguir Jesus.

Cartas, não preleções!

É curioso observar que nenhuma outra religião usa cartas para expressar a revelação divina. O emprego de cartas não somente era raro no Mundo Antigo, como também não se acreditava que pudesse ser um meio através do qual Deus falaria aos homens. Embora ciente de que escrevia com a autoridade de um apóstolo, Paulo não fazia ideia de que suas cartas viriam a ser lidas como parte das Escrituras Sagradas. Pouco tempo depois, no entanto, elas estavam em ampla circulação nas igrejas espalhadas por todo o império romano. Finalmente, foram reunidas e organizadas de acordo com o tamanho, assim como foi feito com os livros Proféticos no final do Antigo Testamento. As nove epístolas às igrejas precedem as quatro cartas individuais. Mesmo antes de o cânon do Novo Testamento estar completo, Pedro referiu-se às cartas de Paulo como "Escrituras". Paulo era considerado um apóstolo especial e sua obra foi rapidamente reconhecida como parte da revelação divina.

    A natureza das cartas indica que não são documentos sistemáticos sobre fé e comportamento. Elas incluem apenas o que é diretamente relevante à situação do momento. A carta aos Colossenses, por exemplo, não menciona o termo "justificação", que aparece em muitas outras cartas de Paulo.

Podemos destacar duas razões pelas quais Deus escolheu usar cartas para se comunicar. Em primeiro lugar, elas tornam a palavra de Deus *pessoal*. As cartas são endereçadas a pessoas comuns, como nós. Elas contêm os elementos pessoais e emocionais que esperamos encontrar em tal meio de comunicação. Assim, embora exista uma lacuna cultural a ser transposta, a humanidade das cartas permite que nos identifiquemos com seu teor.

Em segundo lugar, as cartas tornam a palavra de Deus *prática*. Elas estão relacionadas à vida real, às necessidades reais, ao casamento, à escravidão, aos filhos em casa, ao trabalho diário. Deus planejou que tivéssemos sua palavra de uma forma prática e pessoal, a fim de que nossa mentalidade jamais se tornasse filosófica ou esotérica. Deus escolheu nos transmitir sua palavra através de cartas, não de preleções!

Conclusão

O objetivo desse panorama é oferecer um pouco do contexto do apóstolo Paulo e de suas cartas, porém nada pode substituir a leitura pessoal. É uma boa estratégia ler cada carta de uma só vez, do começo ao fim. Quando lemos a carta de um amigo, não selecionamos trechos isolados; nosso desejo é ler e entender toda a carta. Do mesmo modo, quando lemos uma das cartas de Paulo, devemos ter a ideia do todo para que possamos entender os detalhes. Nos capítulos a seguir, você encontrará, para cada carta, esboços que foram planejados para ajudá-lo nesse processo.

44.
1 e 2 TESSALONICENSES

Introdução

As duas cartas aos Tessalonicenses foram escritas com um intervalo de poucos meses entre si e são de mais fácil compreensão do que outros textos de Paulo. Foram enviadas por Paulo, Silas e Timóteo – o trio que visitou Tessalônica – embora fique evidente que Paulo é seu autor. Apesar de terem sido direcionadas às mesmas pessoas, no mesmo local e num curto espaço de tempo, o tom, o espírito e a atmosfera das duas cartas são totalmente diferentes. Ambas tratam dos mesmos temas, com abordagens completamente distintas. A primeira carta é muito calorosa e pessoal, refletindo o cuidado de Paulo com a igreja de Tessalônica. Na segunda carta, no entanto, Paulo escreve de forma fria, severa, indiferente e distante.

Examinar o contexto específico de cada carta de Paulo, especialmente o momento em que foram escritas e onde viviam seus destinatários, nos ajuda a entendê-las.

O mapa da página seguinte mostra a localização de Tessalônica, na extremidade norte do mar Egeu. Porto essencial na época, foi mais tarde assoreado, sendo que hoje a cidade não se encontra tão próxima à beira-mar[1].

Tessalônica era uma cidade de grande destaque na região. Situava-se na via Egnácia – a principal estrada entre Roma e a Ásia –, e seu porto era a estação final das mais importantes rotas do comércio norte-sul. Mais do que qualquer outra cidade ao redor do mar Egeu, Tessalônica destacava-se na cunhagem de moedas, sendo, portanto, um respeitável

---

[1] Nota de Tradução (NdT): Alguns mapas mostram que, antes do assoreamento, áreas da cidade moderna eram cobertas pelo mar.

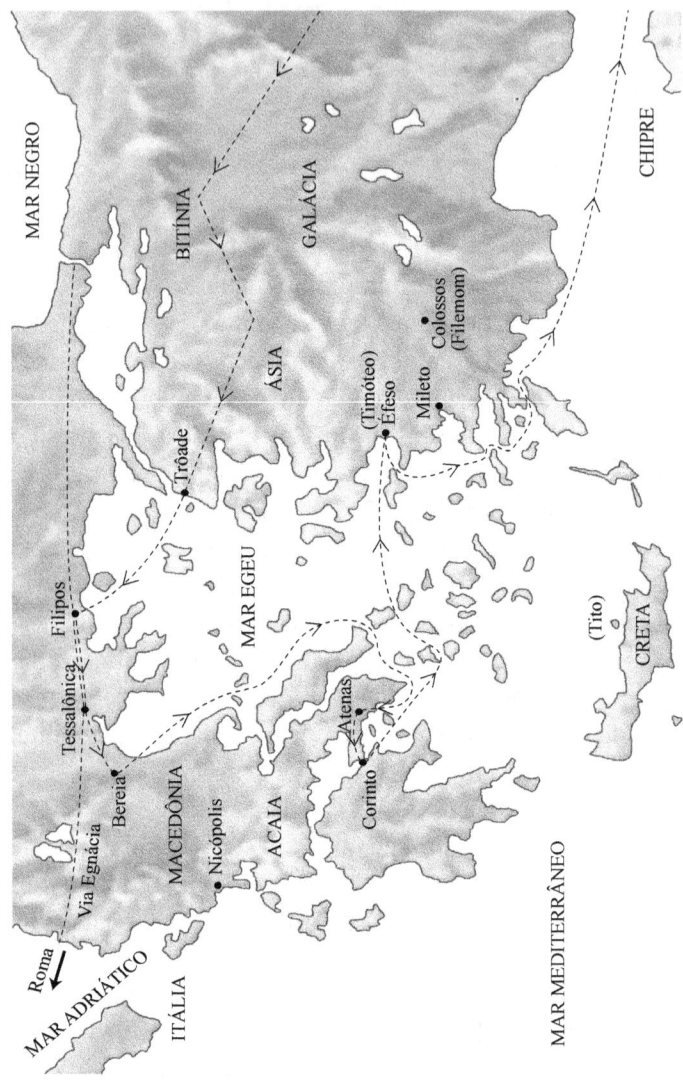

centro financeiro. Sua localização era ideal para a atividade comercial, e Paulo logo percebeu sua potencial relevância estratégica na propagação do Evangelho.

A cidade tinha população numerosa e diversificada,

incluindo comerciantes judeus. A arqueologia contribuiu de forma considerável para trazer luz a Tessalônica da época de Paulo. As escavações revelaram um fórum romano, um hipódromo esportivo, um mercado helenista e uma sinagoga samaritana. Na verdade, descobertas recentes confirmam a descrição que Lucas faz dos líderes locais como "magistrados" [ARA]. Presumia-se que ele estivesse equivocado, visto que o título não era conhecido em outras cidades. Os arqueólogos, contudo, encontraram dentro e ao redor da Tessalônica daquela época pelo menos 41 inscrições que se referiam exatamente a esse título.

Paulo em Tessalônica e Bereia

Paulo chegou a Tessalônica por volta de 49 d.C., em sua segunda viagem missionária. Seu desejo era evangelizar primeiramente cidades da Ásia e depois da Bitínia, mas todas as vezes sentia que o Espírito Santo o impedia de chegar a essas regiões. Enquanto estavam em Trôade (nas proximidades da antiga Troia), Paulo teve um sonho em que um homem o convocava a ir à Macedônia para ajudar os indivíduos que lá moravam. Assim, eles cruzaram o mar Egeu, alcançando uma cidade portuária chamada Neápolis. Paulo pregou em Filipos, mas foi expulso da cidade e, por isso, acabou chegando a Tessalônica.

Como era seu costume, Paulo pregou aos judeus, na sinagoga da cidade. Embora fosse um apóstolo aos gentios, ele tinha uma responsabilidade especial com relação aos judeus. Estava certo de que quando se convertessem, eles dariam início a uma igreja que alcançaria os gentios das regiões vizinhas.

O grupo mais frutífero da sinagoga, no entanto, não era formado por judeus, mas por aqueles chamados de "tementes a Deus". Eles não haviam se tornado judeus, tampouco haviam sido circuncidados, mas interessavam-se pelo judaísmo porque sentiam que o Deus dos judeus era o Deus verdadeiro.

Essa política de visita à sinagoga, contudo, provocou uma grave desavença em Tessalônica e alguns judeus passaram a impossibilitar qualquer avanço da obra de Paulo naquele lugar. Iravam-se, principalmente, com as alegações do apóstolo de que os "tementes a Deus" poderiam pertencer ao Senhor sem que precisassem se converter ao judaísmo. Esse grupo de judeus incitou um perigoso motim em Tessalônica e, como consequência, após aproximadamente três semanas, o destemido Paulo partiu voluntariamente para Bereia. Sendo assim, ele permaneceu em Tessalônica por um período muito curto, mas plantou uma igreja sólida, que tinha entre seus membros algumas mulheres da alta sociedade.

Paulo em Atenas e Corinto

Em Bereia, ele foi mais uma vez forçado a partir e viajou rumo a Atenas, ao sul, incumbindo Silas e Timóteo de dar prosseguimento à obra iniciada na cidade. Em Atenas, a oposição à mensagem de Paulo veio de outro lado. A filosofia grega ensinava que a morte libertava, de forma gloriosa, o espírito humano do corpo, portanto a crença de Paulo na ressurreição corporal era motivo de piada. Havia alguns poucos convertidos, mas não em número suficiente para formar uma igreja.

De Atenas, Paulo seguiu para Corinto. Fica evidente que, a essa altura, ele estava completamente desmoralizado.

Fora forçado a deixar Filipos, Tessalônica e Bereia. Em Atenas, foi alvo de zombaria e viu a conversão de alguns poucos. Quando chegou em Corinto, sentia-se deprimido. De fato, lemos em sua primeira carta à igreja de Corinto: "Foi com fraqueza, temor e com muito tremor que estive entre vocês". Era quase como se ele tivesse perdido sua ousadia, e não é difícil perceber o motivo. Pensamos em Paulo como o mais bem-sucedido missionário de todos os tempos, mas poucos poderiam suportar tal sequência de experiências difíceis.

Imagine, portanto, como Paulo deve ter se sentido quando Timóteo e Silas o alcançaram em Corinto e lhe contaram que a igreja de Tessalônica ia bem, de forma geral. As notícias levantaram-lhe o ânimo. Ele não podia deixar o trabalho em Corinto, por isso decidiu escrever uma carta aos Tessalonicenses.

Além disso, Timóteo e Silas também haviam trazido uma oferta da igreja de Filipos. Paulo havia chegado a Corinto sem qualquer recurso, o que o obrigou a retomar suas atividades de fazedor de tendas, juntamente com um casal de judeus, Priscila e Áquila. Eles também fabricavam tendas e, recentemente, haviam escapado de Roma. Paulo, portanto, enquanto ditava sua carta destinada aos crentes em Tessalônica, sentia-se duplamente encorajado.

A receptividade dos tessalonicenses (1Tessalonicenses 1)

O bom humor de Paulo é perceptível no capítulo de abertura de 1Tessalonicenses, no qual ele afirma estar encantado por saber que os crentes em Tessalônica perseveravam em sua fé. Ele usa o verbo "receber" algumas vezes. É evidente que Paulo vibra com o fato de que os tessalonicenses não apenas *ouviram* a palavra de Deus, mas também a *receberam*. A seguir, enquanto avaliamos quatro grupos formados por três palavras, vamos tentar elaborar um esboço do conteúdo de 1Tessalonicenses.

Pregação, obras e sinais

Paulo afirma que levou o Evangelho aos tessalonicenses de três formas: por meio de pregação, obras e sinais.

Aparentemente, muitos cristãos acreditam que se oferecermos as palavras do Evangelho [pregação], estaremos apresentando o Evangelho. No entanto, os que ouvem essas palavras ainda não receberam prova alguma de que elas sejam verdadeiras. Eles precisam *ver* o Evangelho bem como *ouvi-lo*. Dos termos "pregação, obras e sinais", os dois últimos dizem respeito aos olhos [ver] e o primeiro refere-se aos ouvidos [ouvir]. Se tal equilíbrio possibilitou uma comunicação eficaz na época de Paulo, certamente fará o mesmo em nossa era televisual.

Paulo não acreditava que as pessoas estivessem esperando ouvir o Evangelho; para ele, elas esperavam ver o Evangelho. As obras eram a prova humana de que as palavras eram verdadeiras, e os sinais, a prova divina de sua veracidade.

É bastante comum nos dedicarmos quase que exclusivamente ao evangelismo fundamentado nas palavras. A pregação da palavra de Deus é vital, mas deve ser acompanhada pelo estilo de vida [obras] do seu povo e pelos sinais e maravilhas vindos de Deus.

Quando Jesus enviou seus discípulos em duplas, disse-lhes (aqui uso uma paráfrase): "É realmente muito simples. Tudo o que vocês têm a fazer é chegar em uma cidade, ressuscitar mortos, curar enfermos, expulsar demônios e então dizer a todos que o Reino chegou. Em outras palavras, é *demonstrar* o Evangelho antes de *anunciá-lo*".

Fé, esperança e amor
Essa segunda tríade era usada com frequência por Paulo. Nós a conhecemos do trecho final de 1Coríntios 13, mas Paulo também a usou em 1Tessalonicenses. Concluímos que os tessalonicenses eram mais firmes na fé e no amor do que na esperança. A fé lhes mostrava o que Deus fizera no passado, e o amor era prova do que Deus estava realizando no presente. Os tessalonicenses, no entanto, não estavam

muito certos do que Deus faria por eles no futuro.

Observe que a fé, a esperança e o amor não devem ser meras posturas mentais. Todos esses elementos devem ter também uma dimensão ativa: a fé age, o amor labuta, e a esperança sustenta.

Deus, Jesus e o Espírito
Paulo afirma que a experiência dos tessalonicenses com Deus é absolutamente trinitária. Eles não se concentravam em uma das pessoas da trindade em detrimento das outras duas. Arrependeram-se diante de Deus, creram em Jesus e receberam o Espírito.

Deixar a idolatria, servir e esperar
A tríade final nos apresenta a definição de um bom cristão, segundo Paulo. Ele usa três verbos para descrever a fé dos tessalonicenses: eles *deixaram* os ídolos para *servir* ao Deus vivo e *esperar* o Filho, que virá dos céus. A vida cristã envolve o arrependimento do passado, o serviço constante no presente e a espera pelo retorno de Cristo no futuro.

A integridade de Paulo (1Tessalonicenses 2–3)

O primeiro problema a ser tratado em 1Tessalonicenses surge no capítulo 2. Paulo enfrentava oposição onde quer que fosse – oposição humana, vinda principalmente dos judeus, e oposição satânica, que estava por trás do elemento humano. Ambas eram fruto da inveja, pois tanto os judeus quanto Satanás sentiam-se enciumados dos seguidores que perdiam. O diabo é o pai da mentira e, com o intuito de desfazer a nova obra de Deus, sua estratégia é difamar o mensageiro ou destruir sua mensagem. Sua primeira atitude é atribuir motivações torpes ao homem que começou a obra e espalhar mentiras sobre ele.

Isso já havia começado a acontecer em Tessalônica. Podemos ter uma ideia da natureza da difamação observando a maneira como Paulo se defende nos capítulos 2 e 3. Nove vezes ele defende sua integridade contra acusações mentirosas. Não faz isso pensando em seu próprio bem, mas porque sabe que se sua reputação for destruída, os cristãos em Tessalônica deixarão de confiar no Evangelho que ele lhes apresentava.

Estas são as nove acusações feitas contra Paulo:

1. *Paulo é um desastrado.* Criou uma situação de confusão em Tessalônica, e foi incapaz de resolvê-la de uma forma que agradasse a todos.
2. *Paulo é um covarde.* Partiu de Tessalônica porque é um criminoso em fuga. (Na realidade, sabemos que ele partiu para que os convertidos em Tessalônica não fossem obrigados a levantar fundos para sua fiança.)
3. *Paulo é um fanático.* É tão determinado em seu propósito que parece ter um desequilíbrio mental.
4. *Paulo é lascivo com as mulheres.* Havia muitas mulheres de alta posição na comunidade, e dizia-se que Paulo lhes dedicava atenção inapropriada.
5. *Paulo é um malandro.* Foi acusado de ser um vigarista, de associar-se aos cristãos tessalonicenses com o intuito de usá-los para obter alguma vantagem.
6. *Paulo é um adulador.* Alguns alegavam que ele buscava o apreço de todos e que, na realidade, tinha pouco a dizer que merecesse atenção e nenhum interesse genuíno pela igreja de Tessalônica.
7. *Paulo é um oportunista.* Dizia-se que ele pregava apenas pelo dinheiro que receberia da igreja.
8. *Paulo é um preguiçoso.* Afirmava-se que, na realidade, ele não fazia trabalho algum e tinha uma vida fácil.
9. *Paulo é um ditador.* Diziam que ele era severo e autoritário com seus convertidos.

Nenhuma dessas acusações era verdadeira, mas, obviamente, a mentira tende a ficar gravada. Ela permanece na mente dos que ouvem, por mais convincente que seja sua contestação.

O diabo estava por trás dessas acusações, mas, na realidade, todas elas representavam verdades a respeito dele mesmo. O inimigo estava atribuindo a Paulo sua própria motivação satânica.

Paulo defendeu-se de 11 maneiras, apelando aos tessalonicenses e a Deus como duas testemunhas distintas de que nenhuma daquelas acusações era verdadeira.

1. *Paulo aponta para a eficácia de seu ministério.* Ele lhes diz: "Vocês são uma igreja sólida, cheia de fé e amor, e estão evangelizando outros. Essa é a obra de um incompetente?".
2. *Paulo enfatiza sua ousadia.* Ele fora aprisionado em Filipos, porém, logo ao chegar na cidade seguinte, Tessalônica, começou novamente a pregar. Foi uma atitude covarde? Um covarde teria fugido para outro país.
3. *Paulo declara não ter artimanhas.* Ele afirma que é sincero em suas palavras e que fala daquilo em que acredita. Não tenta enganar ninguém.
4. *Paulo recorre à sua conduta reta.* Deus o aprova, mesmo que ninguém mais o faça.
5. *Paulo recorre à sua própria humildade.* Ele prefere não depender de seus direitos ou de sua posição de autoridade.
6. *Paulo recorre à sua própria bondade.* Ele afirma ter tratado os tessalonicenses como uma mãe cuida de um bebê. Ninguém poderia se importar mais com eles.
7. *Paulo recorre ao seu desprendimento.* Ele os recorda de que dispôs de si mesmo, bem como de seu tempo e dinheiro.

8. *Paulo recorre ao seu próprio esforço.* Longe de ser preguiçoso, ele trabalhava desde o raiar do dia até o anoitecer, todos os dias.
9. *Paulo recorre à sua própria santidade.* Ele diz: "Tanto vocês como Deus são testemunhas de como nos portamos de maneira santa, justa e irrepreensível entre vocês". Na verdade, ele praticamente repete a defesa de Jesus, pois está indagando: "Qual de vocês pode me acusar de algum pecado?".
10. *Paulo recorre à sua própria determinação.* Ele afirma ser para eles não somente uma mãe, mas também um pai. Foi maternal quando eles precisaram de consolo, e paternal quando precisaram de disciplina.
11. *Finalmente, Paulo recorre à sua própria austeridade.* Ele afirma jamais ter transigido em seus padrões ou tentado iludi-los.

A situação que Paulo enfrentou na igreja de Tessalônica nos oferece uma percepção útil da forma pela qual o diabo usa a crítica e o julgamento para minar a obra cristã. Seu prazer é levar os cristãos a desconfiarem de seus líderes e tentar lhes atribuir motivações falsas.

Paulo, todavia, não se surpreende com tal oposição. Ele diz aos tessalonicenses que eles também a enfrentarão. Para um cristão, sofrer por Cristo é uma prova da eleição, uma marca de honra e um selo de fé. Os que de fato deveriam preocupar-se são aqueles que jamais sofrem pelo Evangelho, não passam por dificuldades, nunca fazem inimigos, nem precisam pagar o preço de seguir Jesus. Para Paulo, o sofrimento era algo normal. Ele estava disposto a aceitar o cárcere, os açoites ou o apedrejamento, e sempre lutaria contra qualquer um que tentasse atribuir motivações indignas ao seu ministério com o intuito de destruí-lo.

A maturidade dos tessalonicenses (1 Tessalonicenses 4–5)

Em 1 Tessalonicenses 4 e 5, Paulo tenta contribuir com o amadurecimento espiritual dos tessalonicenses. Ele se interessa por dois temas em particular: *santidade* e *esperança*.

Santidade

Esse tema é central à vida cristã, pois é vontade de Deus que todo cristão seja santo. Paulo está ciente das duas áreas nas quais os tessalonicenses enfrentam dificuldades.

MULHERES

A primeira delas: as *mulheres*.

Os gregos tinham um estilo de vida permissivo e promíscuo, nos moldes dos deuses aos quais cultuavam. Era possível trocar de esposa regularmente, e o relacionamento com amantes era comum. Um homem chamado Demóstenes fez a seguinte afirmação a respeito do estilo de vida dos gregos: "Temos prostitutas para o prazer, amantes para as necessidades diárias do nosso corpo e esposas para que gerem filhos e sejam fiéis guardiãs de nossos lares".

Segundo Sêneca, "As mulheres se casam para divorciar-se e se divorciam para casar-se". A castidade era algo praticamente desconhecido.

Com esse pano de fundo, portanto, Paulo disse aos homens da igreja de Tessalônica que eles deveriam desistir de suas prostitutas e amantes e afastar-se das atitudes promíscuas predominantes.

Deveriam honrar seus casamentos, preservando a pureza do leito matrimonial. Uma esposa não deveria ser tratada como uma prostituta ou amante.

TRABALHO

Outra área que representava uma dificuldade para os tessalonicenses era o *trabalho*.

Esse tema não costuma ser visto com bons olhos! Os sermões sobre trabalho não são comuns porque a maioria das pregações nas igrejas é feita por pessoas que não trabalham formalmente, em tempo integral. Talvez dediquem à igreja 16 horas do seu dia, mas não têm um "emprego" no sentido comum da palavra. Muitos cursos de discipulado sequer mencionam a questão do trabalho. Ensinam como podemos ser cristãos em nosso tempo livre – e como orar, ler a Bíblia, testemunhar e servir à igreja. Essa postura produz nas pessoas a clara impressão de que devem servir ao Senhor fora do período de trabalho, e pode motivar os cristãos a deixarem o emprego formal para se dedicarem ao serviço cristão.

Eles se esquecem de que um cristão já está a serviço do Senhor em tempo integral. A forma como trabalhamos deve ser parte de nossa santidade. Nosso trabalho tem como objetivo expressar nosso amor pelo Senhor e pelo próximo. Glorificar a Deus é nossa motivação. Nossa vida profissional deve ser vista como parte de nossa santidade ao Senhor.

Alguns dos tessalonicenses haviam abandonado o trabalho regular e, ociosamente, aguardavam o retorno do Senhor. Essa não era uma atitude atípica na cultura que os cercava. O povo grego como um todo vivia para o lazer. Eles acreditavam que o trabalho (especialmente o trabalho braçal) era perverso e degradante, por isso, sempre que possível, tinham escravos para realizá-lo. Mas não há distinção entre qualquer tipo de trabalho. Todo trabalho tem a mesma dignidade diante de Deus e deve ser usado para agradá-lo.

Paulo, portanto, precisa dizer a essas pessoas que trabalhem por seu sustento e tenham como ambição alcançar a própria independência. Cristãos que não têm limitações físicas não devem viver da caridade de outros, mas trabalhar para garantir seu próprio sustento assim como o de suas famílias e ajudar os que realmente necessitam. Paulo não está se referindo aos que *não tem condições* de trabalhar, mas aos que *preferem* não fazê-lo.

Esperança

Paulo também percebeu que seria necessário ensinar os tessalonicenses a terem esperança. Trata-se de um tema-chave no Novo Testamento – o retorno de Cristo é mencionado mais de 300 vezes. Paulo, portanto, considerava a necessidade de ensinar os novos cristãos a terem esperança. Embora os tessalonicenses fossem fortes na fé e no amor, eram fracos na esperança, em parte como consequência da postura do pensamento grego em relação à morte.

Ésquilo[2] afirmou: "Quando um homem morre não há ressurreição". Teócrates escreveu: "Há esperança para os que estão vivos, mas os que morrem estão sem esperança". Outro filósofo prognosticou: "No ocaso de nossa breve vida, dormiremos uma noite perpétua". Em uma lápide da Grécia antiga lê-se: "Eu não era, tornei-me, eu não sou, não me importa"[3].

Assim, os cristãos de Tessalônica acreditavam que quando morressem não presenciariam o retorno de Cristo. Não sabemos ao certo se pensavam assim porque não criam que os mortos um dia ressuscitariam, ou porque pensavam que isso só aconteceria num futuro distante. Paulo precisava tranquilizar os tessalonicenses e lhes dizer que não se enlutassem como faziam as outras pessoas, pois quando Jesus retornar, os mortos serão os primeiros a se encontrarem com ele. Eles subirão antes, seguidos pelos que estão vivos.

---

[2] NdT: Dramaturgo da Antiga Grécia, reconhecido como pai da tragédia.

[3] NdT: Texto do filósofo grego Epicuro: Non fui, fui, non sum, non curo.

Isso significa, é claro, que os cristãos retornarão à Terra após a morte. Depois de se encontrarem com Jesus no ar, voltarão com novos corpos. O céu é, por assim dizer, uma sala de espera somente – uma acomodação temporária para aqueles que morreram e aguardam o retorno de Cristo à Terra, onde permanecerão com ele eternamente.

É evidente que a igreja de Tessalônica também não havia compreendido o ensino referente à ocasião do retorno de Jesus. Paulo cita as palavras do próprio Jesus, de que ele viria como "um ladrão à noite" – deixando subentendido que seria uma completa surpresa, não haveria alerta algum. Muitos então presumiram que Jesus poderia voltar a qualquer instante. Paulo corrige essa suposição, afirmando que Jesus virá inesperadamente somente para os que não estiverem vigilantes, à sua espera. As palavras "um ladrão à noite" não são direcionadas aos cristãos, mas aos que não estão preparados. Os tessalonicenses não estão vivendo nas trevas da noite, mas na luz do dia. Se estiverem vigilantes, não serão surpreendidos. De fato, percebe-se claramente, em trechos do ensino de Paulo e em outras passagens do Novo Testamento, que a segunda vinda será precedida por sinais específicos. Paulo retoma esse tema em 2Tessalonicenses.

Exortações finais (1Tessalonicenses 5.12-28)

Os temas tornam-se muito mais compactados no final da carta, como se Paulo ainda desejasse pregar aos tessalonicenses uma dezena de sermões. O capítulo 5 está recheado de uma variedade de questões não relacionadas.

Líderes e membros

A cidade de Tessalônica adotava uma forma democrática de governo. Um resultado positivo desse sistema era o grau de emancipação desfrutado pelas mulheres de Tessalônica, raramente encontrado em outros locais da Grécia. Um dos resultados negativos do sistema democrático, contudo, era evidenciado na falta de respeito que os membros da igreja manifestavam por seus líderes. Sendo assim, Paulo orienta os tessalonicenses a respeitarem seus líderes, pois se eles não forem respeitados, não poderão liderar. A forma de governo da igreja não é democracia, mas teocracia, pois é governada pelo Espírito Santo. Esse governo manifesta-se através de líderes e seguidores cheios do Espírito. Os líderes não são ditadores, tampouco seus membros são parte de uma democracia.

Paulo elenca as três características que os membros da igreja não devem apresentar e as cinco que devem buscar: *não* sejam ociosos, desanimados ou fracos; *sejam* pacientes, perdoadores, alegres, gratos e dedicados à oração.

A trindade
Paulo conclui a carta com alguns ensinamentos a respeito de cada pessoa da trindade:

O *Espírito Santo*. A igreja é instruída a não apagar o Espírito ou desprezar as profecias, mas pôr à prova todas as coisas. Devemos reter o que é bom e evitar o que é mal.

Deus. Paulo ora para que Deus os santifique em meio à cultura que os cerca, que tanto se opõe a Deus.

Jesus. A oração de Paulo é que Jesus os mantenha inculpáveis até o dia de sua volta. A segunda vinda deve ser uma motivação para viver uma vida reta.

A persistência dos tessalonicenses (2Tessalonicenses 1)

A segunda carta de Paulo aos Tessalonicenses, escrita poucos meses após a primeira, tem um tom completamente diferente. Nessa carta, ele parece frio e distante, chocado e aborrecido. Tem-se a impressão de que ouviu comentários negativos a respeito da igreja e, portanto, acredita ser necessário escrever novamente e abordar alguns dos pontos já tratados na primeira carta.

Ele começa cumprimentando-os pela firmeza da sua fé mesmo sob dura perseguição. O ódio antes direcionado a Paulo agora voltava-se contra a igreja. Ele lhes orienta a encarar o sofrimento como parte do viver para o Evangelho.

Embora, no momento, estejam enfrentando grande injustiça, Paulo lhes assegura que, no futuro, o Deus da justiça punirá quem os aflige. Ele usa seis palavras para descrever o que Deus trará aos que perseguem os cristãos: "destruição", "separação", "juízo", "tribulação", "vingança" e "eterno".

Por isso, quando ouvimos notícias sobre cristãos sendo perseguidos, devemos tremer pelo juízo que virá aos perseguidores. Precisamos ter em mente que há apenas dois destinos para todas as pessoas: um deles é estar com Deus para todo o sempre; o outro é estar no inferno eternamente.

A estabilidade dos tessalonicenses (2Tessalonicenses 2–3)

Em 2Tessalonicenses, Paulo ainda se preocupa com os dois temas centrais tratados na primeira carta – a santidade e a esperança –, porém dessa vez ele os aborda na ordem inversa.

Esperança

Apesar do ensino cuidadoso de Paulo sobre a volta de Jesus, ainda há confusão a respeito do tema. A esperança dos irmãos oscilava entre dois extremos: antes era insuficiente, agora é exagerada. Alguns deles criam que a volta do Senhor já tinha acontecido ou era iminente, portanto não havia sentido em realizar qualquer atividade que não fosse esperar por ele. Por essa razão, alguns deles abandonaram seu trabalho.

Aparentemente, esse pensamento equivocado foi

estimulado por uma carta fraudulenta que receberam. Supostamente escrita por Paulo, a carta sugeria que a segunda vinda estava prestes a acontecer. Em 1Tessalonicenses, vimos como o diabo atacou Paulo, o mensageiro de Deus. Agora, o diabo está investindo contra a própria mensagem do Evangelho. Ele sabe que é muito fácil despertar a insegurança dos cristãos – por ignorância ou fanatismo – quanto à segunda vinda.

Paulo responde de forma extraordinária a essa corrupção da mensagem do Evangelho. Ele lhes diz que a segunda vinda não poderia ser iminente, pois há ao menos um grande fato que precederá a volta de Jesus. Ele escreve sobre a manifestação do "homem do pecado", que se oporá à lei e se autoproclamará Deus. Em outras passagens das Escrituras, esse homem é chamado de "a besta" ou "o anticristo". Visto que esse homem ainda não se manifestou, a ideia de que a segunda vinda é iminente deve ser falsa.

A perspectiva de Paulo nos ajuda a avaliar a diferença entre a forma como o Novo Testamento e as demais filosofias retratam a história.

A filosofia grega acreditava que a história é cíclica – impérios vêm e vão – sem qualquer progressão. Uma variante comum desse pensamento nos dias de hoje é a visão de que a história é linear, alternando ciclos de ascensão e declínio. Há períodos bons seguidos de períodos maus; guerra e então paz; inflação e deflação. Outra vez, não há progressão positiva.

A visão progressiva da história era muito comum no início do século 20. Acreditava-se que a vida estava melhorando, que o futuro seria mais luminoso que o presente. No entanto, eu diria que a concepção predominante da história no século 21 é a visão oposta. Muitos sentem que as coisas estão piorando, e a palavra-chave deixa de ser "progresso" e passa a ser "sobrevivência".

Os judeus, os cristãos e os comunistas, contudo, partilham da visão *apocalíptica* da história – ou seja, as coisas ficarão muito piores até que atinjam o fundo do poço, e então, repentinamente, melhorarão e assim permanecerão. Na Bíblia, encontramos essa visão especialmente nos profetas judeus, como Daniel.

As variações judaica, cristã e comunista dessa visão da história diferem-se no que tange a quem *produzirá* a mudança. Os comunistas acreditam que será o homem, embora esse sonho esteja se desvanecendo rapidamente. Os judeus afirmam que Deus será responsável pela mudança. Os cristãos, por sua vez, creem que essa pessoa é Jesus e que isso acontecerá em sua segunda vinda. Assim, essa visão da história encontrada no Novo Testamento, vista em detalhes no livro do Apocalipse, está implícita na mensagem de Paulo em suas duas cartas aos Tessalonicenses.

Paulo afirma que embora a volta do Senhor não seja iminente, a influência do "homem do pecado" já está no mundo. O pecado já está em ação, no entanto ele é refreado. Um dia Deus afastará aquele que agora o detém, mas o próprio Jesus afirmou que será apenas por um breve período (pelo livro do Apocalipse podemos presumir que esse tempo será de três anos e meio), após o qual Jesus voltará. Nesse ínterim, os tessalonicenses deveriam aguardar pacientemente e manter-se ocupados.

Santidade
Os ensinamentos de Paulo sobre o trabalho parecem muito rigorosos, pois ele afirma: "Se alguém não quiser trabalhar, também não coma". Segundo Paulo, os cristãos não devem sustentar um irmão que se recusa a trabalhar por preguiça. Aqui, Paulo não trata da questão do desemprego – um mal social que deve ser combatido; ele não se refere aos que *não têm condições* de trabalhar, mas àqueles que *não desejam* trabalhar.

Quando vier, o Senhor espera que estejamos exercendo fielmente nossas atividades profissionais e trabalhando para ele. Todas as parábolas sobre a segunda vinda enfatizam esse ponto. Jesus contou parábolas sobre mestres que demoraram a retornar. A demora servirá para testar a dedicação dos servos de Jesus. Deus não está interessado no *tipo* de trabalho que você faz, mas, sim, *na forma* como você o realiza. Ele prefere um taxista convicto a um missionário negligente, pois interessa-se mais pelo caráter do que pela realização. Estamos acostumados com uma hierarquia de atividades mais valorizadas – uma lista encabeçada por missionários, evangelistas e pastores seguidos por médicos e enfermeiros, então professores, assim por diante. Entretanto, não há um pensamento mais equivocado do que esse. Na Bíblia, o trabalho braçal está no topo da lista! Jesus era carpinteiro, Paulo fazia tendas, e Pedro e João eram pescadores – essas atividades eram parte de sua obra para Deus.

Aqueles que têm se dedicado à profissão por muitos anos e expressam o desejo de ter servido ao Senhor não compreenderam esse aspecto do serviço cristão. Quando Jesus voltar, governará o mundo conosco e atribuirá a pessoas de sua confiança a gestão de tribunais, de bancos e de tudo mais. Paulo repreende os cristãos de Corinto por levarem uns aos outros a juízo, explicando que, um dia, eles estarão julgando as nações. A forma de viver e trabalhar dos cristãos deve ser encarada como um preparo para o trabalho que executarão quando Jesus voltar.

Oração
A oração é um tema que sobressai nas duas cartas de Paulo aos Tessalonicenses. Ele diz que está orando pelos irmãos em Tessalônica e pede que também orem por ele. Chega a afirmar que suas orações podem ser de tão grande ajuda quanto suas pregações. Por isso, apressa-se em agradecer a

Deus por eles, e pede que o Senhor os aperfeiçoe em graça e bondade, que os proteja de Satanás e os conduza em amor e perseverança.

Paulo também valoriza as orações por ele. Apesar de ser o maior entre todos os missionários e o décimo terceiro apóstolo, ele sabe que precisa da oração daqueles irmãos. Pede que orem para que a mensagem do Evangelho se propague rapidamente, pois estava convencido de que cada oportunidade é valiosa. Ele também lhes pede que orem por sua segurança, ciente de que, como mensageiro do Evangelho, está travando uma batalha no território inimigo.

Conclusão

As duas cartas de Paulo aos Tessalonicenses nos lembram de dois aspectos-chave da vida cristã:

1. *A caminhada.* Quando nos convertemos a Cristo, iniciamos com ele nossa jornada. Devemos nos certificar de continuar caminhando ao seu lado, em santidade. A salvação é um processo – somos salvos do inferno, para o céu. Buscar a santidade é parte essencial de nossas vidas.

2. *A espera.* No final de cada capítulo, nas duas cartas aos Tessalonicenses, há referências à segunda vinda. É importante que esse tema esteja presente em nossa pregação e adoração de hoje. Assim como Jesus retornará a este mundo, nós também retornaremos. Ele está à procura de um povo que governe com ele.

Para Paulo, viver à luz da segunda vinda era parte essencial do discipulado cristão, e essas duas cartas enfatizam os perigos do pensamento incorreto a respeito desse importante tema.

45.
1 e 2 CORÍNTIOS

Introdução

Muitos cristãos imaginam que a vida cristã seria menos complicada se vivêssemos em outra época. Alguns referem-se ao avivamento no País de Gales[4], de 1904; outros, retrocedendo no tempo um pouco mais, lembram-se do Pentecoste metodista[5], no século 18; até mesmo a era puritana está entre as favoritas. É possível que a mais popular de todas, contudo, seja a época da igreja do Novo Testamento. Acredita-se que, se pudéssemos viver nos padrões daquela época, tudo seria bem diferente. As pessoas se esquecem, no entanto, que a igreja do Novo Testamento também tinha problemas. Sofria pressões externas de judeus e gentios que reagiam com hostilidade à mensagem do Evangelho e lidava com os próprios conflitos internos.

Quando lemos atentamente as cartas de Paulo aos coríntios, percebemos que a situação da igreja era tão problemática que ameaçava sua existência e a continuidade do ministério. Nenhuma igreja fundada por Paulo teve mais problemas do que a de Corinto, mas devemos ser gratos a Deus por isso, pois, em consequência das dificuldades enfrentadas por aqueles irmãos, temos essas duas cartas maravilhosas. Elas incluem a incomparável descrição do amor encontrada em 1Coríntios 13 e, em 1Coríntios 15, o primeiro relato das aparições do Senhor ressurreto encontrado no Novo Testamento.

Os problemas eram graves, de fato. A igreja estava

---

[4] NdT: O avivamento de Gales começou em outubro de 1904 na pequena cidade de Loughor, País de Gales, liderado por Evan Roberts, um jovem de 26 anos.

[5] NdT: Movimento de avivamento espiritual cristão ocorrido na Inglaterra do século 18 e liderado por John Wesley e seu irmão Charles.

profundamente dividida, com grupos fechados [ou partidos] que tinham seus próprios líderes. Era possível identificar um alto nível de imoralidade – um homem, por exemplo, vivia em pecado com sua mãe (ou, possivelmente, sua madrasta) – uma prática condenável até mesmo entre os pagãos. Alguns haviam se embriagado à mesa do Senhor. Outros praticavam uma forma radical de feminismo. Além disso, eles não haviam compreendido os fundamentos da doutrina cristã. Paulo não sucumbiu à tentadora a ideia de simplesmente descartar uma igreja como essa. Ele os visitou e lhes escreveu cartas, na esperança de que enxergassem seus erros e retomassem uma conduta mais apropriada.

A cidade

Uma análise da localização da igreja nos ajuda a entender por que enfrentavam tão grandes dificuldades.

A cidade de Corinto localizava-se em um istmo que unia a parte continental da Grécia à península do Peloponeso. O istmo tornou-se um destino importante para comerciantes que desejavam evitar as rotas mais arriscadas entre a costa sul da Acaia e Creta. Os grandes navios eram descarregados e sua carga transportada sobre o istmo e reembarcada em outro navio para prosseguir viagem. Barcos menores eram arrastados de um lado para o outro do istmo para continuar a jornada.

A cidade de Corinto propriamente dita ficava a aproximadamente dois quilômetros do mar, mas tinha seu próprio porto – Lecaion. Uma muralha dupla se estendia desde a cidade até o porto. Corinto ficava próxima ao monte Acrocorinto, de 575 metros de altitude, de onde era possível ver Atenas, a mais de 60 quilômetros de distância. Atenas era a cidade universitária, onde residiam os filósofos e aconteciam os festivais de arte, e Corinto era um porto movimentado. A rivalidade entre as duas cidades era intensa.

A cidade antiga

Os arqueólogos descobriram muito a respeito de Corinto, principalmente após o terremoto de 1858, que revelou parte das ruínas. Encontraram o tribunal onde Paulo foi julgado, bem como uma sinagoga. Todas as evidências corroboram o relato de Lucas no livro de Atos. No final do século 19, uma profunda ravina conhecida como canal de Corinto foi escavada através do istmo, com largura suficiente para a passagem de um navio cruzeiro rumo ao mar. No tempo de Paulo, Nero tentou abrir um canal nessa região, mas não teve êxito. A cidade antiga foi destruída pelos romanos em 146 a.C., sendo reconstruída por Júlio César e repovoada como colônia de Roma em 44 a.C. A partir de 29 a.C., tornou-se a capital da província da Acaia, que estava sob a administração do Senado de Roma. Sua população cosmopolita era composta de judeus, que edificaram uma sinagoga, e de gregos, que influenciaram a arquitetura e a visão filosófica. Foi fundada, no entanto, sob as leis de Roma, e a religião romana era praticada de forma dominante. Como não havia aristocracia local, as distinções entre classes surgiam com base na riqueza gerada pelas atividades comerciais e portuárias. Em muito pouco tempo, a imoralidade da antiga cidade ressurgiu, com o pedantismo proveniente da riqueza e da arrogância intelectual.

A cidade que Paulo visitou

A Corinto que Paulo visitou era muito rica e extremamente pagã. Seus habitantes adoravam deuses da Grécia e de Roma, entre eles Poseidon, o deus do mar, e Afrodite, a deusa do amor. O gigantesco templo de Afrodite abrigava duas mil sacerdotisas que, na realidade, eram prostitutas, pois o culto envolvia relações sexuais com uma sacerdotisa. O termo "corintiar" tornou-se um verbo na língua grega, cujo significado era: "fazer sexo promíscuo". Esse contexto, portanto, explica em parte por que era necessário que Paulo mantivesse o foco nos relacionamentos homem-mulher em suas cartas aos coríntios.

A igreja

O contexto social

Entre os habitantes da cidade predominavam os homens libertos – ex-escravos que haviam comprado a própria liberdade ou, de alguma forma, recebido a liberdade. Isso explica o comentário de Paulo em sua primeira carta sobre o fato de não haver muitos de origem nobre entre os membros da igreja. Eram pessoas comuns, mas, ao mesmo tempo, razoavelmente prósperas, pois haviam subido alguns degraus na escala social. Esse contexto talvez explique a tendência de escolher determinado líder a outro – as pessoas que enriquecem à custa de muito esforço estão acostumadas a ter o direito de escolher e, no que se refere à política na igreja, gostam de exercer esse controle.

O contexto moral

Em 1Coríntios 6.9-10, Paulo elenca os tipos de pecado que faziam parte do antigo estilo de vida dos cristãos de Corinto. Eles haviam sido "imorais, idólatras, adúlteros, homossexuais passivos ou ativos, ladrões, avarentos, alcoólatras, caluniadores, trapaceiros". Fica claro que tal comportamento era típico dos moradores de Corinto. E, entre os membros da igreja, algumas dessas práticas ainda representavam um problema.

O contexto espiritual

A idolatria fazia parte da cultura dos coríntios. Ao mesmo tempo, contudo, a igreja demonstrava sinais da obra do Espírito Santo. Seus membros haviam sido batizados no

Espírito e a manifestação dos dons do Espírito era constante na adoração.

Influências culturais

Os dois maiores desafios enfrentados por qualquer igreja são: manter a igreja no mundo (evangelismo) e manter o mundo fora da igreja (santidade). Grande parte dos problemas pastorais pode se encaixar em uma dessas categorias, e não era diferente na igreja de Corinto. Alguns problemas contextuais específicos afetavam os crentes daquela cidade.

A moralidade pagã
Como uma típica cidade portuária, Corinto concentrava práticas sexuais imorais. Praticamente tudo era aceitável em Corinto, e vê-se claramente que a igreja não estava imune à influência do porto nessa área.

A lei romana
Embora estivesse localizada na Grécia, a cidade teve considerável influência romana. Em especial, estava familiarizada com a lei e a ordem romanas. Essa condição por si só não era desfavorável – o próprio Paulo usufruiu de seus privilégios de cidadão romano durante seu ministério. A igreja, contudo, havia ultrapassado alguns limites. Os irmãos preferiam levar uns aos outros a juízo em vez de resolver as questões de forma amigável, e Paulo sentiu que era necessário abordar o tema.

A filosofia grega
A filosofia grega era o pano de fundo do pensamento dos coríntios, e isso explica a origem de muitos de seus problemas. Na realidade, o fato de a civilização ocidental

estar fundamentada no pensamento grego também elucida muito a respeito da vida e da prática da igreja hoje, portanto seria útil analisá-la com mais atenção.

A palavra "democracia", por exemplo, é de origem grega. A ideia de democracia teve origem na política grega. Embora não seja encontrada na Bíblia, muitos cristãos presumem que ela deveria governar a vida da igreja. O esporte, outro exemplo, era importante para os gregos, porém nada se lê na Bíblia sobre o tema, exceto por algumas ilustrações nas cartas de Paulo. O esporte, contudo, é a religião de muitos homens e costuma dominar as vidas de boa parte dos cristãos.

Corpo e alma

O pior aspecto do pensamento grego, contudo, é a separação entre o físico e o espiritual. Para os gregos, corpo e alma eram dois elementos distintos – ideia predominante também no pensamento cristão. Os judeus pensavam na "alma" como um corpo que respira. O sinal de socorro SOS (*Save Our Souls* – salve nossas almas), na realidade, tem origem no pensamento hebraico – e seu verdadeiro significado é "salve nossos corpos", embora a palavra *soul* [alma] seja usada.

Os gregos acreditavam que o corpo não era parte integrante da alma. Pensavam que, na ocasião da morte, quando o corpo se desintegrasse, a alma seria liberta. Falavam de uma alma imortal em um corpo mortal, crendo que somente o que afeta a alma tem real importância.

Quanto a esse aspecto, o pensamento hebraico opõe-se ao grego. Na perspectiva hebraica, temos uma alma mortal e precisamos de um corpo imortal. O corpo é muito importante. Por isso, o pensamento cristão deve se alinhar ao pensamento hebraico, conforme apresentado no Antigo Testamento, a crença grega da imortalidade da alma deve ser rejeitada e, acompanhando os judeus, devemos crer na ressurreição do corpo.

Essa diferença de crenças explica por que os coríntios tinham dificuldade de compreender o que seria um comportamento aceitável para um cristão. Os gregos tinham três abordagens diferentes em relação ao próprio corpo: satisfaziam seus desejos, pois o que o corpo faz não afeta a alma; ignoravam seus desejos e tentavam viver uma vida contemplativa, livre dos desejos físicos; ou idolatravam-no, erigindo esculturas do corpo perfeito. Essa é exatamente a razão pela qual os atletas competiam nus.

Paulo, portanto, precisava lembrar os coríntios de que o corpo é o templo do Espírito Santo. O que fazemos com o corpo afeta, *sim*, a alma. Ele lhes diz que embriagar-se diante da mesa do Senhor afeta a vida espiritual e, se procurarem unir-se a uma prostituta, eles estarão, com efeito, unindo Cristo àquela prostituta, pois o corpo deles é parte de Cristo.

Essa atitude incorreta em relação ao corpo também causa problemas hoje, pois há um grande número de evangélicos cuja conduta é regida pelo pensamento grego. Muitos não aceitam o uso do corpo na adoração, crendo que o louvor deve se basear numa atitude interior. Usar o corpo – erguendo as mãos, por exemplo – é visto como inapropriado, mesmo que tal prática seja recomendada na Bíblia. A única parte do corpo que esperam que usemos é a boca, embora lemos em Romanos que devemos apresentar nossos corpos (por inteiro) como sacrifício vivo.

A correspondência

Paulo escreveu quatro cartas à igreja de Corinto, porém temos o registro de apenas duas delas. Na realidade, 1Coríntios é sua segunda carta à igreja, e 2Coríntios, a de número quatro. É provável que as outras tenham se perdido, embora alguns comentaristas acreditem que elas tenham sido incluídas em 2Coríntios. Uma das cartas foi escrita apressadamente, e é possível que Paulo tenha se arrependido de tê-la escrito, a outra era uma carta enfática que ele mesmo admite ter sido muito severa.

Um breve resumo da movimentação de Paulo segundo as informações encontradas em Atos e nas cartas à igreja de Corinto nos ajudará a compreender como as cartas vieram a ser escritas.

Após ter enfrentado oposição em Tessalônica, Bereia e Atenas, Paulo chegou sozinho a Corinto em sua primeira visita. Retomou seu ofício de fazedor de tendas, trabalhando durante certo tempo com um casal de judeus: Priscila e Áquila. Estes, por sua vez, haviam sido expulsos de Roma com muitos outros judeus durante o reinado de Cláudio, imperador romano. Paulo pregava na sinagoga e seu ministério mais tarde recebeu a ajuda de Timóteo e Silas, cuja doação em dinheiro trazida de Filipos permitiu que Paulo dedicasse mais tempo à pregação. Ele acabou sendo expulso da sinagoga, mas transferiu suas atividades à casa de Tito Justo, que ficava ao lado da sinagoga. Em sonho, Deus lhe assegurou que muitas pessoas na cidade viriam a crer, por isso ele se sentiu encorajado a continuar seu trabalho. Entre outros, Crispo, o chefe da sinagoga, juntamente com sua família, se converteu. Quando Paulo partiu de Corinto, 18 meses depois, uma igreja havia sido estabelecida na cidade.

Paulo foi de Corinto a Éfeso, e então a Jerusalém, e depois voltou à sua base – a igreja de Antioquia. Ao retornar a Éfeso, afligiu-se ao ser informado sobre a imoralidade sexual entre membros da mesma família que acontecia na igreja de Corinto.

Por isso ele enviou sua primeira carta – uma carta escrita às pressas, exigindo que corrigissem a situação. Chegou da casa de Cloe, então, um relatório oral, possivelmente de Estéfanas, Fortunato e Acaico, que visitaram Paulo em Éfeso. Eles reportaram que a reação dos coríntios à primeira carta não havia sido positiva. Alguns sugerem que essa carta seja, na realidade, o trecho de 2Coríntios 6–7, visto que esses capítulos parecem ter o tipo de abordagem que Paulo usaria. E, embora não mencionasse as questões que perturbavam Paulo, a carta trazida pela família de Cloe incluía uma série de perguntas sobre dons espirituais, casamento e divórcio. Assim, quando lemos 1Coríntios, precisamos determinar se o trecho é uma resposta ao relatório oral da família de Cloe ou às perguntas que constavam da carta entregue a Paulo.

Paulo envia a carta aos Coríntios por meio de Timóteo, pois pretendia partir para a Macedônia depois de passar algum tempo com os irmãos de Éfeso, onde seu ministério era frutífero. Ele seguiria, então, para o sul, permanecendo em Corinto durante o inverno. Mudou seus planos quando recebeu um relatório de Timóteo informando-lhe que, apesar da carta, a situação dos coríntios nunca estivera pior. Por isso Paulo dirigiu-se imediatamente a Corinto.

A segunda visita de Paulo a Corinto foi um desastre, e logo ele foi obrigado a partir. Mais tarde, ele descreve a experiência como um confronto angustiante. Os líderes da igreja, eleitos por si mesmos e autodenominados "apóstolos", não desejavam a presença de Paulo em Corinto e o insultaram.

Paulo, então, enviou uma terceira carta, escrita entre muitas lágrimas, instando a igreja a enfrentar o líder perturbador. Acredita-se que a carta tenha se perdido, embora seu conteúdo talvez seja o de 2Coríntios 10–13, pois o tom desse trecho da carta certamente coincide com as circunstâncias.

Visto que Tito estava coletando auxílio financeiro das igrejas estabelecidas na Macedônia e na Acaia, levou consigo a carta. Tinha competência para identificar os problemas e, aparentemente, capacidade de cobrar, da parte dos crentes, a firmeza esperada por Paulo na resolução do conflito.

Enquanto isso, Paulo enfrentava um período difícil em Éfeso – possivelmente o tumulto mencionado em Atos 19. Viajou a Trôade, na expectativa de receber de Tito boas notícias a respeito de Corinto, mas ficou consternado ao descobrir que Tito não estava lá. Encontrou-o mais tarde na Macedônia e muito se alegrou ao saber que a crise chegara ao fim. Ficou tão satisfeito que enviou uma quarta carta através de Tito (2Coríntios). A terceira e última visita de Paulo à igreja de Corinto foi agradável.

O contraste entre o conteúdo das duas cartas é bastante evidente, como podemos ver abaixo:

1CORÍNTIOS	2CORÍNTIOS
Questões práticas	Insinuações pessoais
O que Paulo pensava haver de errado na igreja de Corinto	*O que a igreja de Corinto pensava haver de errado com Paulo*
Membros da igreja	Ministros da igreja

1Coríntios – O "recheio"

A carta de 1Coríntios é como um sanduíche com muito "recheio". As duas fatias de "pão" são os problemas que os coríntios enfrentavam referentes às convicções a respeito da cruz e da ressurreição. O "recheio" representa os problemas de comportamento.

Vamos começar analisando o "recheio". Paulo trata, primeiramente, do relatório oral que recebera sobre os problemas encontrados em Corinto e, em segundo lugar, das indagações que constavam da carta trazida pela família de Cloe. Esse longo trecho de 1Coríntios, portanto, é uma combinação dos dois. Leia a seguir os problemas que afetavam a igreja de Corinto:

1. *Divisão.* Formaram-se partidos que tinham sua própria liderança. Alguns eram seguidores de Paulo, outros de Pedro e outros de Apolo – semelhante ao que ocorre hoje, quando cristãos dedicam sua lealdade a líderes eclesiásticos do passado ou do presente.

2. *Imoralidade.* Havia incesto e prostituição na igreja sem que qualquer disciplina fosse aplicada.

3. *Litígio.* Os membros da igreja levavam uns aos outros a juízo em vez de resolverem entre si as questões.

4. *Idolatria.* Alguns dos cristãos de Corinto mesclavam a adoração a Deus com práticas pagãs.

5. *Homens e mulheres.* Convicções "feministas" haviam levado alguns a buscarem a abolição das distinções entre os gêneros.

6. *Alimentos oferecidos a ídolos.* Questionava-se se seria apropriado comprar carne que havia sido oferecida a ídolos.

7. *A ceia do Senhor.* Naqueles dias, a ceia do Senhor era celebrada como uma refeição completa, sendo o pão e o vinho oferecidos como parte dela. Na igreja de Corinto, contudo, havia abuso durante

a ceia do Senhor: alguns comiam em excesso e outros se embriagavam. As festas de fraternidade, cujo intuito era lembrar o sacrifício de Jesus, tornaram-se praticamente uma farsa.

8. *Dons espirituais.* O exercício dos dons espirituais havia tornado caóticas as reuniões da igreja. Paulo lhes disse que se incrédulos entrassem em uma de suas reuniões e ouvissem todos falando em línguas simultaneamente, concluiriam que os membros da igreja estavam loucos.

Na reflexão sobre os problemas da igreja de Corinto, devemos diferenciar as questões que aparecem na carta enviada a Paulo daquelas que lhe foram relatadas por outras pessoas. Em alguns casos, as palavras de Paulo tornam evidente essa distinção: "Quanto aos assuntos sobre os quais vocês escreveram...". Em outros casos, no entanto, não fica claro se Paulo está citando as palavras dos coríntios ou falando por si mesmo. Em 1Coríntios 7.1, por exemplo, Paulo está, de fato, afirmando que é bom que o homem não se case? Ou está se referindo ao entendimento que os membros da igreja tinham sobre o tema? Em 1Coríntios 14.34, ele afirma que as mulheres devem permanecer em silêncio, mas seria essa sua própria visão ou a opinião da igreja de Corinto? Por essa razão, é vital estudar o contexto e não apenas o texto.

Algumas questões estão claras. Eles indagaram sobre a carne oferecida a ídolos porque a maior parte da carne que compravam já havia sido usada em cerimônias religiosas pagãs. Os animais eram abatidos em um altar religioso e a carne oferecida a ídolos era colocada à venda no mercado, criando para os cristãos um problema de consciência. Paulo agradecia a Deus por serem os coríntios uma igreja tão carismática, mas lhes dizia que eles também eram carnais.

Todos tinham dons espirituais, mas faltava-lhes o caráter necessário para lidar com esses dons da forma adequada.

A aplicação de 1 e 2 Coríntios à vida de hoje traz muitas dificuldades. Alguns cristãos tentam aplicar suas palavras de forma literal e legalista, assim como fazem com outros trechos da Bíblia. É surpreendente encontrar muitos cristãos que acreditam que a cerimônia de lava-pés deve ser realizada na igreja apenas porque Jesus lavou os pés dos discípulos em certa ocasião. Esse é um caso típico de aplicação legalista da Bíblia. Jesus lavou os pés dos discípulos simplesmente porque estavam sujos – nada mais! Caminhar de sandálias em estradas empoeiradas deixava os pés cálidos, pegajosos, fedidos e imundos.

Chapéus na igreja?

Vamos então abordar uma questão que surge em 1Coríntios 11.2-15. As mulheres devem usar chapéus na igreja? Muitos cristãos insistem que sim, com base nesses versículos.

A passagem, no entanto, não menciona chapéus – a palavra sequer aparece. O termo para "cobrir a cabeça" usado por Paulo é "véu", e ele ocorre apenas uma vez em todo o capítulo, num contexto que explica que as mulheres receberam cabelo longo em lugar do véu. Sendo assim, não há uma única frase que afirme que as mulheres devam usar véu, muito menos chapéu!

O trecho, na realidade, fala sobre a diferença de comprimento do cabelo do homem e da mulher. Em termos simples, o princípio é que uma pessoa na igreja seja capaz de identificar se no assento à sua frente está sentado um homem ou uma mulher. E num âmbito mais profundo, que homens e mulheres são diferentes, pois a verdadeira mensagem não diz respeito a chapéus ou cabelos, mas à cabeça [liderança]. Quando olhamos para um homem, sua cabeça deve se destacar, mas quando olhamos para uma mulher, seus cabelos devem se destacar. Desse modo, ao identificarmos a diferença entre homens e mulheres, devemos nos lembrar que Deus é o cabeça de Cristo, Cristo é o cabeça de todo homem, e o homem é o cabeça da mulher. A passagem, portanto, defende que as mulheres tenham cabelos mais longos para que sua cabeça não fique em evidência.

O princípio implícito é que, em Cristo, ainda somos homem e mulher – não assumimos um gênero neutro. Continuamos sendo homem ou mulher, conforme o que Deus nos criou para ser, por isso, quando adoramos a Deus, não o fazemos como pessoas, mas como homens e mulheres, aceitando de boa vontade o padrão que ele criou. O travestismo, portanto, é condenado na Bíblia, pois homens que desejam ser como mulheres e mulheres que desejam ser como homens demonstram rebeldia em relação ao padrão que Deus criou. Quando adoramos a Deus como Criador, dele nos aproximamos como suas criaturas e, por isso, precisamos deixar que essa distinção seja percebida com clareza.

A cultura ocidental, de forma geral, está afirmando exatamente o contrário. Ela defende a eliminação das muitas diferenças entre homens e mulheres, visão que aos poucos se instala dentro da igreja. Homens e mulheres, contudo, *são* diferentes. Somos partes complementares, com igual valor, dignidade e status aos olhos de Deus, mas com papéis, responsabilidades e funções distintas diante dele.

Há duas formas equivocadas de aplicar o ensino de 1Coríntios 11:2-15:

1. *Aplicar o ensinamento ao corpo, mas não ao espírito.* Nesse caso, a mulher que usa chapéu "também veste as calças". Já vi mulheres que usam fielmente seus chapéus na igreja em aparente obediência à sua própria interpretação dessa

passagem, no entanto, exercem domínio sobre seus maridos, provando dessa forma que realmente não entenderam a ideia correta! Elas aplicaram o ensinamento ao corpo, porém não ao espírito.

2. *Aplicar o ensinamento ao espírito, mas não ao corpo.* Alguns afirmam que se, em espírito, a mulher reconhece o homem como o cabeça, pouco importa se sua aparência exterior reflete o mesmo. No entanto, se o corpo é parte de quem nós somos, e é usado em nossa adoração a Deus, essa postura também invalida o ponto central da passagem. É apropriado que mulheres se identifiquem como mulheres pela forma como penteiam os cabelos e pelas roupas que vestem.

A importância do amor (1Coríntios 13)

Além do problema das distinções entre os gêneros, os coríntios também não haviam compreendido o que a Bíblia ensina sobre o amor. A palavra "amor" em nossa língua não nos favorece muito nesse caso, pois abrange diversos conceitos, dificultando a compreensão do amor também nos dias de hoje.

O conhecido capítulo que fala do amor, na realidade, faz parte de um trecho maior cujo enfoque está nos dons espirituais (capítulos 12–14). O capítulo 12 discorre sobre os dons espirituais propriamente ditos; o capítulo 13 trata dos dons espirituais sem a prática do amor; e o capítulo 14 fala do caminho verdadeiro e excelente – os dons espirituais *com* a prática do amor. O capítulo 13, portanto, não é um poema de amor para ser usado em casamentos, por mais adequado à ocasião que possa parecer!

No Novo Testamento, três palavras gregas são traduzidas para o português como "amor":

Eros	*Philia*	*Ágape*
desejo lascivo	*gostar*	*amar*
atração	*afeição*	*atenção*
corpo	*alma*	*espírito*
sentimental	*intelectual*	*vontade*
reativo	*recíproco*	*desobrigado*
condicional	*interdependente*	*independente*

Eros era a palavra usada para designar a atração sexual. Geralmente associada a *eros*, porém menos comum, vem a palavra *epithumia*, que caracterizava o pior tipo de lascívia. *Eros* não tem, necessariamente, uma conotação negativa, porém o mesmo não ocorre com *epithumia*, cujo significado é a atração promíscua entre os sexos ou o relacionamento entre pessoas do mesmo sexo. *Eros* é essencialmente um elemento da carne, um amor sentimental, um amor condicional. Está condicionado à exigência de o objeto de seu afeto continuar a despertar o desejo lascivo. Tão logo esse desejo passa, o relacionamento se abala.

A palavra *filadélfia* vem de *philo*, "amar", e *adelfia*, "irmão". Significa gostar de alguém. É uma palavra que expressa afeto, não atração. Indica, sobretudo, mentes que pensam da mesma forma. Amigos costumam ter gostos e perspectivas semelhantes, têm compreensão e empatia uns com os outros e, assim, desenvolve-se um vínculo de afeto. É algo basicamente intelectual, que se contrapõe a uma ligação sentimental, além de ser interdependente.

Era muito raro entre os gregos o uso da palavra ágape para descrever o amor, talvez porque raramente o vissem demonstrado na prática. Trata-se de um amor que é voltado à necessidade das pessoas. Não é um amor que é atraído por elas, tampouco é um tipo de afeição mútua, interdependente. É, portanto, acima de tudo, um ato voluntário. Uma pessoa demonstra amor ágape quando percebe que alguém precisa desse amor. Por ser um ato voluntário, é o único amor cuja prática pode ser ordenada. É impossível ordenar a alguém que se apaixone ou sinta afeição por outro, mas é possível instruí-lo a amar com o amor ágape.

O amor ágape é o amor de Deus. Ele não nos ama porque somos encantadores e adoráveis. A Bíblia afirma que ele nos ama porque se dispôs a nos amar. No Antigo Testamento, descobrimos que o amor de Deus pelos judeus não se baseou no fato de serem uma grande nação, mas porque ele é amor e escolheu importar-se com um bando de escravos a quem ninguém mais dava valor. Esse tipo de amor é sacrificial – um amor disposto a pagar qualquer preço para importar-se com alguém. É esse amor que Deus tem por nós: embora fôssemos todos pecadores, Deus nos amou.

A razão pela qual tantas igrejas se dividem por questões carismáticas é a ausência do amor ágape. Esse tipo de amor pode unir pessoas que tenham visões distintas a respeito de um tema. Elas podem escolher amar umas às outras a despeito de seus pontos de vista divergentes.

O "pão" do "sanduíche"

No início e no final de 1Coríntios, Paulo trata de duas questões fundamentais à fé.

A crucificação
A palavra da cruz é uma ofensa para os gregos, em parte porque eles rejeitam a noção de que o corpo tenha qualquer valor. A ideia de que um corpo sobre uma cruz possa trazer salvação espiritual, portanto, é motivo de escárnio. E principalmente por não perceberem a importância da

cruz, eles se subdividem em grupos ou partidos que se dedicam a outros temas [ou filosofias] menos importantes. Paulo precisa lembrá-los de que nenhum de seus líderes foi crucificado por eles – somente Jesus. Por que então eles preferem seguir a liderança de homens?

A ressurreição

No final de 1Coríntios, Paulo aborda as dúvidas dos coríntios a respeito da ressurreição. Como gregos, era de se esperar que eles acreditassem na imortalidade da alma e não vissem qualquer valor na ressurreição do corpo. Paulo precisa corrigir essa forma de pensamento e ajudá-los a entender o que acontecerá com nossos corpos no futuro. Assim como Jesus, após a ressurreição, recebeu um novo corpo que podia comer peixe e preparar o café da manhã, também os cristãos terão uma existência corpórea no futuro. As palavras de Paulo em 1Coríntios 15, possivelmente escritas em 56 d.C., são o primeiro registro escrito dos testemunhos da ressurreição corpórea de Jesus.

2 Coríntios – Uma carta pessoal

Essa é a carta menos metódica de Paulo, embora seja a mais pessoal. É quase que inteiramente autobiográfica, pois Paulo praticamente fala apenas de si mesmo e de seu ministério. Se 1Coríntios é dirigida aos membros da igreja, 2Coríntios destina-se a líderes e ministros. Se a primeira carta é o que Paulo pensava a respeito dos coríntios, a segunda trata do que eles pensavam sobre Paulo – e o relacionamento não caminhava bem naquele momento.

Podemos dividir em duas fases a conduta dos irmãos de Corinto.

A primeira fase está relacionada aos líderes que eram homens justos – tanto Apolo quanto Pedro eram bem conceituados. As pessoas, contudo, começaram a comparar um líder a outro e, assim, as divisões ganharam força, como já observamos no estudo da primeira carta.

Na segunda fase, havia líderes maus. Chegaram a Corinto líderes que alegavam ser apóstolos especiais. Criticavam seus predecessores, exaltavam a si mesmos e menosprezavam Paulo. Devemos ser cautelosos com líderes que agem dessa forma. Grande parte do que afirmavam a respeito de Paulo era mentira.

Em 2 Coríntios, Paulo responde aos que criticavam sua mensagem e seu ministério. Muitas eram as críticas – uma tentativa meticulosa de assassinar o caráter do apóstolo.

- Acusavam Paulo de ser inconstante e sempre alterar seus planos.
- Afirmavam que ele agia de forma covarde, preferindo escrever-lhes a visitá-los.
- Criticavam-no por não apresentar cartas de recomendação. Os falsos apóstolos traziam títulos que poderiam emoldurar e pendurar na parede da sacristia. É por isso que Paulo afirma em 2Coríntios que ele não precisa de tal carta, pois os próprios coríntios são sua carta de recomendação. A grande prova do ministério de um homem não são suas qualificações acadêmicas ou seu preparo, mas o tipo de pessoa que ele produz.
- Acusavam Paulo de ser reservado e não muito sincero.
- Afirmavam que ele era distante, indiferente, insensível e desinteressado.
- Consideravam-no um orador não muito sofisticado.
- Criticavam Paulo por não cobrar honorários. Na Grécia, os filósofos itinerantes ofereciam entretenimento e, quanto mais alto o valor cobrado, maior a reputação do orador.

Já chega de críticas. Como Paulo se defendeu?

A defesa de Paulo – (2Coríntios 1–9)

A primeira parte da carta é a resposta sincera de Paulo às acusações. Ele não cobrava honorários porque queria que os coríntios recebessem o Evangelho gratuitamente. Ele afirma que a obra de cada homem será provada; portanto, aqueles que o seguem devem ser cuidadosos na forma como edificam. Paulo refuta a acusação de ser tímido, lembrando-os de sua segunda visita à igreja, quando sua atitude estava longe de demonstrar timidez.

Sua autodefesa simplesmente flui. Algumas de suas afirmações mais significativas estão na segunda carta:
"De todos os lados somos pressionados, mas não desanimados; ficamos perplexos, mas não desesperados; somos perseguidos, mas não abandonados; abatidos, mas não destruídos. Não damos motivo de escândalo a ninguém, em circunstância alguma, para que o nosso ministério não caia em descrédito. Pelo contrário, como servos de Deus, recomendamo-nos de todas as formas: em muita perseverança; em sofrimentos, privações e tristezas; em açoites, prisões e tumultos; em trabalhos árduos, noites sem dormir e jejuns; em pureza, conhecimento, paciência e bondade; no Espírito Santo e no amor sincero; na palavra da verdade e no poder de Deus; com as armas da justiça, quer de ataque, quer de defesa; por honra e por desonra; por difamação e por boa fama; tidos por enganadores, sendo verdadeiros; como desconhecidos, apesar de bem conhecidos; como morrendo, mas eis que vivemos; espancados, mas não mortos; entristecidos, mas sempre alegres; pobres, mas enriquecendo a muitos; nada tendo, mas possuindo tudo."

2 Coríntios 4.8-9; 6.3-10

O ataque de Paulo (2Coríntios 10–13)

Os capítulos 10–13 diferem muito do trecho inicial da carta. Em vez de defender a si mesmo, ele agora ataca. Paulo recorre à ironia e ao sarcasmo quando aborda a questão dos falsos apóstolos que chegaram e assumiram o controle.

Essa passagem deve ser lida em voz alta para que sua paixão seja verdadeiramente apreciada. Vamos ver um trecho particularmente contundente:

"Espero que vocês suportem um pouco da minha insensatez. Sim, por favor, sejam pacientes comigo. O zelo que tenho por vocês é um zelo que vem de Deus. Eu os prometi a um único marido, Cristo, querendo apresentá-los a ele como uma virgem pura. O que receio, e quero evitar, é que assim como a serpente enganou Eva com astúcia, a mente de vocês seja corrompida e se desvie da sua sincera e pura devoção a Cristo. Pois, se alguém lhes vem pregando um Jesus que não é aquele que pregamos, ou se vocês acolhem um espírito diferente do que acolheram ou um Evangelho diferente do que aceitaram, vocês o suportam facilmente. Todavia, não me julgo nem um pouco inferior a esses 'superapóstolos'. Eu posso não ser um orador eloquente; contudo tenho conhecimento. De fato, já manifestamos isso a vocês em todo tipo de situação.

Será que cometi algum pecado ao humilhar-me a fim de elevá-los, pregando-lhes gratuitamente o Evangelho de Deus? Despojei outras igrejas, recebendo delas sustento, a fim de servi-los. Quando estive entre vocês e passei por alguma necessidade, não fui um peso para ninguém; pois os irmãos, quando vieram da Macedônia, supriram aquilo de que eu necessitava. Fiz tudo para não ser pesado a vocês, e continuarei a agir assim. Tão certo como a verdade de Cristo está em mim, ninguém na região da Acaia poderá privar-me deste orgulho. Por quê? Por que não os amo?

Deus sabe que os amo! E continuarei fazendo o que faço, a fim de não dar oportunidade àqueles que desejam encontrar ocasião de serem considerados iguais a nós nas coisas de que se orgulham.

Pois tais homens são falsos apóstolos, obreiros enganosos, fingindo-se apóstolos de Cristo. Isto não é de admirar, pois o próprio Satanás se disfarça de anjo de luz. Portanto, não é surpresa que os seus servos finjam que são servos da justiça. O fim deles será o que as suas ações merecem.

Faço questão de repetir: ninguém me considere insensato. Mas se vocês assim me consideram, recebam-me como receberiam um insensato, a fim de que eu me orgulhe um pouco. Ao ostentar este orgulho, não estou falando segundo o Senhor, mas como insensato. Visto que muitos estão se vangloriando de modo bem humano, eu também me orgulharei. Vocês, por serem tão sábios, suportam de boa vontade os insensatos! De fato, vocês suportam até quem os escraviza ou os explora, ou quem se exalta ou lhes fere a face. Para minha vergonha, admito que fomos fracos demais para isso!

Naquilo em que todos os outros se atrevem a gloriar-se – falo como insensato – eu também me atrevo. São eles hebreus? Eu também. São israelitas? Eu também. São descendentes de Abraão? Eu também. São eles servos de Cristo? – estou fora de mim para falar desta forma – eu ainda mais: trabalhei muito mais, fui encarcerado mais vezes, fui açoitado mais severamente e exposto à morte repetidas vezes. Cinco vezes recebi dos judeus trinta e nove açoites. Três vezes fui golpeado com varas, uma vez apedrejado, três vezes sofri naufrágio, passei uma noite e um dia exposto à fúria do mar. Estive continuamente viajando de uma parte a outra, enfrentei perigos nos rios, perigos de assaltantes, perigos dos meus compatriotas, perigos dos gentios; perigos na cidade, perigos no deserto, perigos no mar, e perigos dos falsos irmãos. Trabalhei arduamente; muitas vezes fiquei sem dormir, passei fome e sede, e muitas vezes fiquei em jejum; suportei frio e nudez. Além disso, enfrento diariamente uma pressão interior, a saber, a minha preocupação com todas as igrejas. Quem está fraco, que eu não me sinta fraco? Quem não se escandaliza, que eu não me queime por dentro?

Se devo me orgulhar, que seja nas coisas que mostram a minha fraqueza. O Deus e Pai do Senhor Jesus, que é bendito para sempre, sabe que não estou mentindo."

2 Coríntios 11.1-31

Paulo acredita que tal defesa é necessária, não por preocupar-se com a própria reputação, mas por zelar pela reputação do Evangelho. Ele tem ciúmes dos coríntios; não quer que se afastem da verdade. Teme que se acreditarem nos falsos mestres, há uma grande probabilidade de serem enganados e desviados da verdade que está em Jesus.

Hoje não há apóstolos como Paulo, por isso talvez pensemos que essas passagens têm pouca relevância para nós. Podemos estabelecer, no entanto, vários paralelos, pois servos de Deus ainda são atacados como Paulo foi, quer sejam pastores, evangelistas ou profetas. Eles precisam observar a importância de permanecerem firmes no Evangelho e, como fez Paulo, devem sempre certificar-se de ter a motivação correta.

Socorro aos necessitados (2 Coríntios 8–9)

Finalmente, é importante observar que os capítulos centrais de 2Coríntios tratam de uma questão diferente. Paulo compadecia-se dos famintos e tinha a expectativa de que os membros da igreja reavaliassem seus problemas considerando a grande necessidade de outras pessoas. Por isso, nos capítulos 8–9 ele traz ensinamentos preciosos sobre o ato cristão de doar, compelindo os coríntios a conhecerem a bênção de Deus à medida que doam generosamente. É um texto magistral que revela o coração pastoral do apóstolo e a força de suas convicções quanto ao uso correto do dinheiro.

Conclusão
Sendo assim, embora seu relacionamento com a igreja de Corinto tenha sido bastante desafiador, essas duas cartas são ricas em ensinamentos para a igreja contemporânea. De forma prática, elas nos mostram como viver em um ambiente hostil e como uma igreja deve disciplinar seus membros e controlar suas atividades. Também nos oferecem uma visão excepcional da forma como o apóstolo Paulo lidava com a oposição e servem como um excelente modelo a ser seguido pelos servos de Deus, não importa onde sirvam e quais sejam seus opositores.

46.
GÁLATAS

Introdução

A carta de Paulo aos gálatas costuma dividir os leitores em dois grupos: os que muito apreciam a carta e os que não a apreciam de forma alguma.

Alguns cristãos notáveis do passado encaravam a epístola aos Gálatas de forma bastante positiva. Para Lutero, Gálatas era o melhor livro da Bíblia. Ele dizia: "Esta é minha epístola. Sou casado com ela". John Bunyan, autor de *O Peregrino*, declarou: "Entre todos os livros que li, à exceção da Bíblia Sagrada, considero o comentário de Lutero sobre Gálatas o mais apropriado para tratar uma consciência ferida". É evidente que Gálatas causou profundo impacto em Bunyan. A carta tem exercido grande influência sobre a história cristã e desperta o interesse de muitos cristãos.

Alguns, no entanto, sentem profunda antipatia por Gálatas. A carta foi chamada de "epístola da crucificação" e de "selva espinhosa". Outros afirmam que cada frase cai como um raio. Eis aqui cinco razões pelas quais muitas pessoas tanto a desprezam.

"É sentimental demais"

É uma carta carregada de sentimentos. Foi escrita em linguagem inflamada, talvez sobre papiros incandescentes! Está repleta de emoções, e isso deixa os leitores pouco à vontade. Muitas pessoas, especialmente na Inglaterra, tentam separar a emoção da religião, porém quando leem Gálatas, se deparam com um homem ardendo em ira, e sentem-se incomodadas com isso.

"É pessoal demais"

Algumas pessoas afirmam que Gálatas é excessivamente pessoal. Paulo certamente registrou mais detalhes a respeito de si mesmo nessa carta do que em qualquer outra. A certa altura, ele fala de suas limitações físicas, tentando persuadir seus leitores com base na própria fraqueza. Ele menciona uma discussão com o apóstolo Pedro em público, quando precisou se levantar diante de toda a congregação e corrigi-lo – um lembrete de que, mesmo na igreja primitiva, os apóstolos tinham suas diferenças. Às vezes, nossa ansiedade não nos permite divergir e, com resignação, concordamos, pois estamos determinados a evitar o confronto a qualquer custo. Quando a verdade está em jogo, até mesmo Pedro e Paulo se enfrentariam para defendê-la.

"É intelectual demais"

Em Gálatas, Paulo usa todo o seu conhecimento e preparo rabínico para defender seu ponto de vista, e seu argumento é muito sólido e intelectual. Li muitas traduções de Gálatas e nenhuma delas conseguiu, de fato, expressar a linha de argumentação de Paulo, por isso eu mesmo a traduzi (a tradução encontra-se no final deste capítulo). O argumento é bastante sutil e há pontos delicados que exigem muita reflexão. Isso não deve ser um empecilho para a leitura da carta. Devemos amar o Senhor com todo nosso entendimento. Depois de pregar, estou acostumado a ouvir comentários com o tom de leve repreensão, do tipo: "Você nos forçou a colocar a cabeça pra funcionar". O que querem dizer é: "Não viemos à igreja para pensar". Bem, não vou me desculpar por exercitar as mentes. Paulo faz o mesmo. Precisamos estudar Gálatas com muita atenção e reler a carta muitas vezes para entender o que o autor está dizendo.

"É espiritual demais"

Gálatas remove a camada espiritual e atinge em cheio o orgulho de um indivíduo. Se você ainda alimenta alguma forma de orgulho ou soberba, não leia Gálatas, pois não lhe restará um pingo de orgulho ao final da leitura. Gálatas trata da raiz do problema, traspassando sua mente e seu coração, diretamente à essência. É a palavra de Deus – espada afiada de dois gumes, que penetra profundamente.

"É polêmica demais"

Acima de tudo, as pessoas consideram a carta aos Gálatas excessivamente controversa. Um clichê moderno afirma que religião não se discute. Não queremos confrontar ninguém; pelo contrário, queremos ficar de bem com os outros. Gálatas não é esse tipo de carta. O debate de Paulo é com outros cristãos, não com incrédulos, e sua mensagem nessa carta, por sua vez, tem provocado muitas discussões.

Discussões podem ter um aspecto positivo. Se Lutero não estivesse disposto a entrar numa discussão, a Reforma não teria ocorrido. A discussão em questão, portanto, nos trouxe grandes benefícios. A razão pela qual a discussão não é tão popular nos dias de hoje é nosso temor de que as diferenças resultem em divisão. As duas virtudes mais valorizadas atualmente são tolerância e tato, embora, na Bíblia, nenhuma delas seja retratada como virtude. Jesus não era tolerante, tampouco tinha tato.

Essa relutância em enfrentar nossas diferenças é algo bom ou ruim? Creio que depende se as questões são básicas ou secundárias. O problema é que temos a tendência de ficar tão inflamados a respeito de temas secundários que não discutimos as questões básicas. Importa, de fato, se usamos vinho alcoólico ou não alcoólico na ceia do Senhor? Contudo, as pessoas se perturbam por isso.

Veja a questão do sábado, por exemplo. Não creio que

os cristãos devam dedicar muito tempo discutindo essa questão. Paulo afirma que cada um precisa estar plenamente convicto em seu próprio coração. Se alguém deseja guardar o domingo, é um privilégio seu. Se outro prefere observar todos os dias como dia do Senhor, também é seu privilégio. Como cristãos, não temos o direito de impor o domingo a outros, muito menos aos incrédulos.

Quando lemos Gálatas, no entanto, estamos lidando com algumas das maiores questões que existem. Há temas fundamentais sem os quais o Evangelho cristão é deturpado, por isso receio que o enfrentamento seja inevitável. Grande parte das batalhas que os cristãos precisam travar estão dentro da igreja, e não fora dela. Isso é lastimável. Quem aprecia uma família que está em constante conflito? Sempre que o diabo investe contra a igreja de fora para dentro, ela cresce e se fortalece. Os ataques malignos causam muito mais dano à igreja quando surgem de dentro para fora, e uma das maneiras mais rápidas de alcançar esse objetivo é desvirtuando ou corrompendo o Evangelho. Se ele for bem-sucedido nessa tentativa, terá atingido o cerne da igreja.

Em Gálatas, encontramos dois líderes, Pedro e Paulo, envolvidos em um confronto público a respeito de uma questão fundamental. Acredito que Deus tenha conferido aos homens cristãos a responsabilidade de lutar pela doutrina da igreja e protegê-la, e é trágico que não tenhamos mais homens com tal convicção e dispostos a lutar para proteger o Evangelho. Há muitas mulheres que desejam e tentam fazê-lo, mas creio que não há muitos homens com a ousadia para confrontar o erro quando o ouvem ou veem.

Pedro e Paulo realmente defenderam suas posições. Pedro estava do lado errado e Paulo, do lado certo, e a Bíblia registra esse fato da forma mais honesta possível. Certamente Deus permitiu que soubéssemos a respeito desse confronto.

A leitura das cartas do Novo Testamento

É importante ler uma carta do Novo Testamento do início ao fim, especialmente se ela tratar de um tema específico, como é o caso, por exemplo, de Filemom e Hebreus. Somente a leitura contínua nos permite perceber o que o autor está dizendo. Devemos ter em mente que ouvimos apenas um lado da conversa. É como se estivéssemos em uma sala de espera, o telefone tocasse e alguém o atendesse. Ouviríamos apenas seu lado da conversa. Nessa situação, nos precipitamos em tirar conclusões, geralmente erradas, sobre o que o interlocutor do outro lado da linha estaria falando. Quando lemos uma epístola, precisamos, de alguma forma, reconstruir a situação que motivou o autor a escrever a carta e ler nas entrelinhas. Devemos fazer a seguinte pergunta: "O que motivou Paulo a escrever essa carta?". Quando descobrimos a resposta, a leitura da carta fará mais sentido.

Esse é o método que vamos usar em nossa análise de Gálatas. Faremos perguntas básicas como:

Por que a carta foi escrita?
Ela traz respostas a quais perguntas?
Ela apresenta soluções a quais problemas?

Há apenas um tema posto em discussão, como acontece na carta a Filemom, ou há mais de um tema envolvido, como vemos em 1Coríntios? Essas perguntas precisam ser respondidas para que não haja dúvidas sobre o objetivo da carta.

Paulo, o judeu determinado

Não há dúvidas de que Paulo seja o autor de Gálatas. Essa pode ter sido a primeira carta que ele escreveu a uma igreja.

Sob qualquer perspectiva, Paulo foi um dos maiores homens que o mundo conheceu. Nasceu em Tarso, hoje sudeste da Turquia. Em Tarso ficava a terceira mais importante universidade do mundo romano – as outras duas eram Atenas e Alexandria. Além de ser judeu, Paulo também era cidadão romano e falava grego – currículo ideal para a tarefa que Deus lhe havia reservado. Deus nos prepara para o ministério antes mesmo do nosso nascimento, mas ele também nos qualifica através de nossas experiências muito antes de nosso encontro com ele. Deus coloca em nós elementos que poderá usar mais tarde.

Como todo bom menino judeu da época, Paulo aprendeu um ofício. Ensinaram-lhe a fazer tendas. Na sociedade grega, o trabalho braçal era considerado inferior ao trabalho intelectual e burocrático – visão que, infelizmente, nós herdamos. Na Bíblia, porém, atividades como pesca e confecção de tendas eram respeitadas. Em uma de suas cartas à igreja de Tessalônica, Paulo diz que todos os crentes deveriam trabalhar com as mãos, pois ele mesmo lhes deu o exemplo. A Bíblia, portanto, associa a dignidade ao trabalho feito com as mãos. Afinal, o próprio Jesus trabalhara como carpinteiro.

Paulo, portanto, confeccionou tendas, provavelmente para o exército romano, e estudou na universidade de Jerusalém sob a tutela do mestre Gamaliel. Tornou-se um judeu fanático, ultraortodoxo – um "hebreu de hebreus" e "pela lei, um fariseu", segundo suas próprias palavras. Sua postura era: se você se dispor a obedecer à lei, deverá observá-la por completo. Observar os Dez Mandamentos apenas não era suficiente. Ele de fato admite ter dificuldades com o décimo mandamento: "Não cobiçarás" (curiosamente, o único mandamento relacionado à motivação interior; os outros tratam do comportamento exterior). Paulo, porém, acreditava ter alcançado êxito em guardar toda a lei. Ele era irrepreensível. Poucos judeus poderiam afirmar o mesmo.

    Paulo havia desenvolvido uma boa dose de farisaísmo [hipocrisia] e atacava todos que se opusessem ao judaísmo, especialmente os cristãos, pois esses alegavam que Jesus era Deus. Para Paulo, essa era a maior de todas as blasfêmias. Determinado a destruir a nova fé, Paulo assistiu Estevão ser apedrejado até a morte. Daquele momento em diante, porém, sua consciência começou a pesar. Antes de morrer, Estevão exclamou: "Vejo o céu aberto e o Filho do homem de pé, à direita de Deus. Senhor Jesus, recebe o meu espírito". Paulo passou, então, a atacar a nova fé com ferocidade ainda maior, pois agora também enfrentava a própria consciência. Perdeu, enfim, a luta quando, na estrada para Damasco, teve um encontro com Jesus.

Paulo, o missionário fervoroso

O autor de Gálatas tornara-se um dos mais entusiásticos seguidores de Jesus, destemido propagador da fé que outrora havia tentado destruir. Conhecia profundamente tanto o judaísmo quanto o cristianismo, pois trocara um pelo outro. Em suas viagens missionárias, Paulo plantou igrejas por todo o mundo conhecido de então, sempre desbravando novos territórios. Chamava esse trabalho de "colonização por Cristo".

Os leitores

Dois pontos geográficos eram conhecidos pelo nome de Galácia, e há muita especulação entre os estudiosos sobre qual desses pontos seria a Galácia referenciada nas cartas de Paulo. No local que hoje conhecemos como Turquia, havia ao norte um grupo de cidades chamado Galácia do Norte e outro grupo de cidades ao sul cujo nome era Galácia do

Sul. Os ingleses têm um interesse particular pela Galácia do Norte, pois foi originalmente colonizada por povos da Gália (França), que estavam relacionados aos povos celtas das ilhas britânicas. Eu creio, contudo, que a carta de Paulo foi, na verdade, escrita aos cristãos da Galácia do Sul, e não do Norte. A Galácia do Sul compreendia as cidades de Listra, Derbe, Antioquia e Icônio, que já haviam recebido a visita de Paulo. Assim, é compreensível que ele escrevesse uma carta como essa, uma vez que ele próprio havia plantado as igrejas e as confiado aos novos presbíteros e ao cabeça da igreja no céu.

Outro Evangelho

Infelizmente, o que ocorreu naquela igreja repete-se hoje em muitas novas comunidades: o impacto da chegada de outros indivíduos para assumir o controle do trabalho. Devemos estar alertas quanto à investida de indivíduos que se aproximam na expectativa de assumir a liderança, pois costumam ser homens perigosos que constroem seus impérios apropriando-se de comunidades plantadas por outros. Tais líderes costumam conduzir as novas igrejas pelo caminho errado, situação que Paulo enfrentou com os gálatas. Esses indivíduos, no caso, eram judaizantes, que professavam a fé em Jesus e seguiam Paulo por todos os lugares. Eles se tornaram o maior desafio enfrentado pelo apóstolo. Diziam aos gentios: "Não deem ouvidos a Paulo – ele lhes contou apenas metade da história. Na verdade, ele os conduziu à fé, porém não de forma completa, pois, além de Cristo, vocês precisam da lei de Moisés".

Esse enfoque na lei ainda está presente nos dias de hoje. Fico surpreso com o número de igrejas que expõem os Dez Mandamentos em suas paredes. Na primeira igreja que pastoreei na Inglaterra, em 1954, os Dez Mandamentos eram exibidos na parede logo atrás do púlpito em letras góticas de cor marrom escuro! Decidi que a primeira coisa que faria seria pintar a parede. Peguei uma lata de tinta e encobri o texto, o que gerou um grande protesto. Alguém se queixou de não ter nada para ler durante o sermão! A congregação precisava de algo que ocupasse aquele espaço, então coloquei ali uma cruz.

A todos os lugares aonde Paulo ia levando o pleno Evangelho de Cristo, esses judaizantes o seguiam dizendo: "É evidente que ele não contou tudo, mas estamos aqui para lhes apresentar a história completa". É exatamente assim que falam alguns líderes hoje quando tentam apropriar-se das comunidades de outras pessoas. Alegam que o ensino do pastor é bom, porém eles têm mais sabedoria.

Más notícias

Paulo recebeu más notícias a respeito de suas igrejas recém-plantadas – aquelas às quais ele se dedicara para trazer à existência. Seu trabalho estava sendo desfeito em decorrência de duas práticas.

Acréscimos à mensagem de Paulo

Como acontece em muitas seitas modernas, em Gálatas, os novos líderes estavam complementando o Evangelho – criando algo que podemos chamar de "acréscimo ao Evangelho". As seitas e heresias, em geral, costumam apresentar acréscimos ao Evangelho, incluindo um livro complementar à Bíblia, como, por exemplo, *Ciência e Saúde com a Chave das Escrituras*, de Mary Baker Eddy[6], ou o *Livro de Mórmon*, de Joseph Smith[7]. Fique atento a qualquer pessoa que insista na necessidade de outro livro

---

[6] NdT: Fundadora da Ciência Cristã.
[7] NdT: Fundador do mormonismo ou da igreja de Jesus Cristo dos Santos dos Últimos Dias.

além da Bíblia, pois esse é novamente o argumento para o "acréscimo ao Evangelho". É como se um peso extra estivesse sendo acrescentado à canoa, sendo que ela tem capacidade para uma quantidade limitada de carga. Uma vez ultrapassado esse limite, a canoa pode virar. Ou, usando outra analogia, a podridão começa no púlpito – com o ressecamento da raiz. É fundamental estar vigilante contra ensinamentos baseados no engano.

Um ataque ao mensageiro
Esses falsos mestres não somente acrescentavam pontos ao Evangelho de Paulo como também atacavam o mensageiro. Alegavam que Paulo não pregava todo o Evangelho, que sua versão do Evangelho era inferior, que ele não era um verdadeiro apóstolo, nem mesmo fora aprovado pela igreja. Seu objetivo era enfraquecer a autoridade de Paulo e estabelecer a sua própria autoridade.

Qual era a questão?

Em uma primeira leitura, pode-se pensar que a carta fala de circuncisão, pois esse parece ser o enfoque do autor. Surge a pergunta: Paulo estava fazendo tempestade em copo d'água? Por que tanta preocupação com algo tão insignificante? Se é desejo dessas pessoas passar pela circuncisão, isso certamente seria aceitável. Havia justificativa para tanto alarde a respeito do costume judeu da circuncisão?

A circuncisão é um procedimento simples: é a remoção do prepúcio. No judaísmo, não existe a circuncisão de mulheres, apesar de ser uma prática em algumas tribos da África. Ainda é uma prática difundida entre os judeus, especialmente por razões de higiene relacionadas ao clima. Para os judeus, contudo, a circuncisão tinha uma conotação religiosa. Era a marca de um judeu, e os homens eram circuncidados por serem os herdeiros e porque as promessas se perpetuam por gerações através da linhagem masculina. A circuncisão era um sinal da legitimidade de um judeu como herdeiro da bênção prometida a Abraão. Deus disse a Abraão que o judeu que não fosse circuncidado deveria ser expulso de seu povo, pois teria rompido o pacto. Parte da aliança constituída com Abraão determinava que todo descendente do sexo masculino carregasse essa marca.

Na tradição judaica, portanto, a circuncisão era de importância crucial. Certos elementos têm muito significado para os judeus: a Páscoa, a dieta *kasher*, o *shabat* e a circuncisão. Embora haja outras tradições que podem ou não ser observadas – por judeus liberais ou não praticantes – esses quatro elementos ainda se aplicam.

É importante compreendermos o argumento de Paulo no que se refere à promessa de Deus a Abraão. Em Gálatas 3, ele afirma que a promessa feita a Abraão destinava-se a um único descendente homem de Abraão. A palavra que Deus usa para "semente" está no singular, portanto, quando ele diz "a Abraão e sua semente" não está se referindo a todos os descendentes homens, mas a um único descendente. Paulo explicou que com a manifestação dessa única semente – Jesus – a circuncisão tornara-se obsoleta, pois a promessa havia se cumprido. Aquele a quem foi feita a promessa havia recebido a herança, portanto não faria sentido continuar com a prática da circuncisão. Desse modo, a circuncisão era um sinal de herança e Jesus tinha esse sinal. Ele havia sido circuncidado e se tornado o herdeiro da promessa.

É óbvio que Paulo, sendo judeu, havia sido circuncidado e, à luz de seu argumento, é estranho que exigisse que Timóteo, por ser natural da Galácia, também fosse circuncidado. Essa atitude talvez pareça contraditória, mas é compreensível, pois Timóteo o acompanharia na obra missionária, e Paulo costumava se dirigir à sinagoga de uma cidade a fim de pregar aos judeus. Sem que fosse circuncidado, Timóteo jamais conseguiria entrar em uma sinagoga na companhia de Paulo. Portanto, a circuncisão foi uma adaptação, tendo o evangelismo como objetivo. C. T. Studd e outros missionários na China, da mesma forma, para identificar-se com o povo de forma mais efetiva, deixaram o cabelo crescer e usaram longas tranças. Mas Paulo, que pela mesma razão havia circuncidado Timóteo, agora dizia aos gálatas: "Que ousadia cogitarem essa ideia!". A circuncisão era, claramente, muito importante, porém por trás dela havia algo mais.

A linguagem bastante contundente de Paulo em Gálatas me faz lembrar, mais uma vez, que a Bíblia não é um livro para crianças. (Trágico é que a maioria das pessoas deixe de ler a Bíblia quando chega à vida adulta.) Paulo declara: "Quanto aos que cortariam seus prepúcios, só gostaria que decidissem ir até o fim e castrassem a si mesmos". Assim seriam incapazes de se reproduzir. Linguagem contundente, de fato!

Por que Paulo se opõe tão fortemente à circuncisão?

A resposta é: por trás da circuncisão está o judaísmo. O judaísmo pode facilmente tornar-se uma religião de obras. É a religião do "salve-se a si mesmo" pela obediência aos Dez Mandamentos. Trata-se de uma tarefa impossível, porém muitos tentam cumpri-la. Esse é o risco de ter os Dez Mandamentos escritos na parede na igreja: transmite a mensagem de que todos devem viver segundo essas leis para que façam as pazes com Deus. Um visitante, por exemplo, se depara, logo de cara, com uma lista de "Não farás", que sugere nossa oposição a tudo, que somos negativos e que, à medida que você se aproxima de Deus, a vida perde a graça.

Judaísmo

O cristianismo está enraizado no judaísmo, que, por sua vez, está enraizado no Antigo Testamento. Mas quanto do Antigo Testamento ainda tem relevância no Novo? Quantas das 613 leis e ordenanças realmente se aplicam a nós? Essa é uma das grandes indagações que surgem quando estudamos o Antigo e o Novo Testamento.

Vou lhe dar um exemplo. Jamais oriento os cristãos a dizimarem, porque o dízimo pertence à lei de Moisés e não é mencionado no Novo Testamento no que se refere aos gentios convertidos. Os judeus entregavam o dízimo, mas nunca se exigiu que um gentio convertido o fizesse. No entanto, a ênfase do Novo Testamento está em *ofertar*.

Ouvi, certa vez, um jovem que pregava sobre o dízimo. Certamente, ele havia pesquisado a palavra "dízimo" na Internet e estava munido de todas as referências bíblicas sobre o tema. Afirmou que havia bênçãos associadas ao dízimo e apresentou cada uma delas. Em Malaquias, Deus afirma: "Ponham-me à prova e vejam se não vou abrir as comportas dos céus e derramar sobre vocês tantas bênçãos que nem terão onde guardá-las". Em seguida, ele afirmou que também havia maldições associadas ao dízimo. Passou, então, a discorrer sobre a maldição encontrada no Antigo Testamento, segundo a qual nossos netos e bisnetos sofrerão se não entregarmos o dízimo. Observei a expressão no rosto dos irmãos e irmãs na igreja e pude perceber o temor que sentiam por serem possíveis causadores do sofrimento de seus netos e bisnetos. Não é de se espantar que a oferta no domingo seguinte tenha sido bastante generosa! No entanto, fiquei horrorizado. No Novo Testamento, o ato de ofertar baseia-se em um princípio totalmente diferente. O Senhor ama quem dá com alegria, e isso não significa ofertar estampando um sorriso largo na cara. Você deve ser movido pelo desejo de ofertar, não porque foi obrigado a fazê-lo a fim de evitar o sofrimento de seus netos. Esse tipo de conceito pertence à antiga aliança.

Outro exemplo é a lei do sábado. Antes de aplicar aos cristãos as leis da antiga aliança, precisamos refletir sobre o que estamos fazendo, pois se observamos algumas leis, estaremos obrigados a observar todas elas, lembrando que, se a obediência acompanha a bênção, a maldição acompanhará a desobediência. Estamos preparados para isso? Eu não estou. Por essa razão, Paulo está afirmando: "Se você for circuncidado, é como se estivesse dando o passo maior que a perna, fazendo algo que está muito além de suas condições. Se você observar a circuncisão pelo motivo apresentado por esses mestres, há outras 613 leis que deverão ser observadas".

Isso explica a ansiedade de Paulo. O problema não é a circuncisão propriamente dita, mas a maneira como ela abria a porta para o judaísmo. Ele já tentara o judaísmo e, ao avaliar os mandamentos que havia observado (não apenas aqueles que deseja guardar), sentia-se grato a Deus por ter sido liberto de todos eles. Da mesma forma, se instruirmos as pessoas a guardarem a lei de Moisés, estaremos as enviando ao inferno, porque elas simplesmente serão incapazes de fazê-lo.

É importante que todos sejam colocados sob a graça, e não sob a lei. A lei de Cristo é superior a todas as outras, inclusive à lei de Moisés. A lei de Moisés está obsoleta; foi extinta. No entanto, um dos maiores problemas na igreja hoje é que associamos a lei de Moisés à lei de Cristo. Por que você acha que as igrejas têm vestimentas especiais, altares, incenso e sacerdotes? Não precisamos de nenhum desses elementos – eles pertencem à lei de Moisés, mas retornaram sorrateiramente.

Em todo o livro de Atos, percebemos um afrouxamento

nos laços entre o judaísmo e o cristianismo. Estevão, o primeiro mártir da igreja, foi apedrejado exatamente por causa dessa questão. Filipe os alargou um pouco mais quando batizou o eunuco etíope, e, mais tarde, Pedro foi enviado por Deus à casa do gentio Cornélio, em Cesareia. Logo, os crentes judeus de Jerusalém começaram a desconfiar dessa nova fé que era anunciada aos gentios. Não lhes parecia suficientemente judaica, por isso Paulo finalmente dirigiu-se a Jerusalém para confrontar a motivação interior da igreja, que enviara esses antimissionários com um Evangelho complementar, no qual não bastava crer, era necessário passar pela circuncisão. A circuncisão em si não era o problema. O problema real era a compreensão de que os gentios precisavam se tornar judeus para seguir a Cristo.

Salvação

A questão, de fato, era a salvação propriamente dita: como ela é alcançada? Várias são as respostas oferecidas a essa pergunta, e presume-se que todas tenham uma base cristã.

Somente pelas obras

A salvação pelas obras está na essência de grande parte das religiões encontradas no mundo. Se você orar, jejuar, for caridoso, e assim por diante, fará as pazes com Deus. É a salvação de si mesmo por meio dos próprios esforços. As pessoas se sentem atraídas pela religião do "faça-você-mesmo", pois reforça o orgulho de ter alcançado a salvação por seus próprios méritos. É puro farisaísmo, algo que Deus odeia. Ele prefere lidar com as diversas situações pecaminosas escancaradas do que com a hipocrisia velada. Jesus não conseguia se relacionar com hipócritas. Era amigo de pecadores, mas com hipócritas, como os fariseus, ele simplesmente não conseguia conviver.

Obras e fé

A necessidade das obras está muito presente na consciência das pessoas. Fui capelão da Força Aérea Real Britânica e cuidei da saúde espiritual de todos os soldados que não pertenciam à igreja Anglicana ou à Católica – os classificados de "outras denominações". Quando chegava um novo grupo de homens, o capelão anglicano levava consigo 70% deles; em seguida o capelão católico romano selecionava aqueles com sotaque irlandês; e, sob meu cuidado, ficavam os batistas, metodistas, salvacionistas, budistas, hindus, muçulmanos, agnósticos e ateus. Eu achava fascinante ser capelão de ateus.

Quando estavam todos reunidos, eu pedia que se identificassem os metodistas, os batistas, e assim por diante, e cada grupo respectivo respondia erguendo uma das mãos. No mesmo tom de voz, eu pedia para os cristãos se manifestarem. Silêncio mortal! Às vezes, um jovem, sorrindo, erguia a mão, mas costumava olhar em volta para ver se mais alguém também havia se manifestado.

— Ora! – eu dizia – vocês se identificaram como metodistas e batistas, etc., mas, quantos de vocês são cristãos?

— O que o senhor quer dizer com "cristão", pastor? – retrucavam.

— O que acham que quero dizer? – eu perguntava.

— Alguém que obedece aos Dez Mandamentos – era uma resposta comum.

— Tudo bem, eu aceito a ideia de que um cristão seja aquele que guarda os Dez Mandamentos. Então quantos cristãos estão reunidos aqui?

A incerteza costumava ser evidente, até que alguém dizia:

— Mas pastor, não é possível obedecer a todos os mandamentos!

— E a quantos mandamentos você precisa obedecer para ser considerado um cristão? – era minha próxima pergunta.
— Pelo menos seis.
— Certo! – dizia eu – aceito a ideia de que um cristão seja alguém que guarde, pelo menos, seis dos Dez Mandamentos. Com base nisso, quantos cristãos temos aqui?

Esse era o ponto de partida para uma intensa discussão sobre o que é ser cristão. Veja bem, associar obras à fé implica guardar tantos mandamentos quantos conseguirmos, e depois pedir a Deus que nos perdoe pelos mandamentos aos quais somos incapazes de obedecer. É assim que grande parte das pessoas entende o cristianismo. Podemos chamá-lo de "cristianismo da boa vontade".

Fé e obras
Alguns pensam que a vida cristã começa com a fé e prossegue para as obras. Depois de crer em Jesus, você precisa observar a lei. É o que afirmavam os judaizantes do tempo de Paulo.

Fé somente
Paulo estava dizendo aos gálatas: "Tendo começado pelo Espírito, continuarão agora pela carne? A lei pertence à carne – é seu próprio esforço e não o Espírito operando em vocês". Paulo defendia a salvação pela fé somente, a fé desde o primeiro até o último, como costumava dizer – do princípio ao fim. Ele afirmou: "Não me envergonho do Evangelho, porque é o poder de Deus para a salvação de todo aquele que crê" – fé para salvar do primeiro ao último.

Em outras palavras, devemos ser categóricos e continuar crendo. Esse é o ponto central. Você não começa crendo e depois se esforça para merecer a salvação. Há uma grande diferença entre dizer às pessoas que elas precisam continuar crendo e dizer-lhes que, a partir de agora, precisam guardar a lei. A luta de Paulo é pela liberdade cristã. Introduzir a lei em algum estágio do processo é colocar todos sob uma maldição, pois o mínimo exigido por Jesus é que a lei seja 100% cumprida. Ou você estará em obediência total à lei (observância de todos os mandamentos e ordenanças) ou em total desobediência (se deixar de observar um único mandamento).

O mesmo princípio pode ser identificado nas leis dos homens. Se eu avançasse o sinal vermelho, fosse abordado por um policial e lhe dissesse: "Mas, seu guarda, eu parei em todos os outros faróis vermelhos que encontrei pelo caminho". Ao que ele diria: "Pouco importa se parou em todos os faróis vermelhos – você acabou de infringir a lei!". Deus está nos dizendo a mesma coisa. A lei não é apenas uma corrente com pérolas individuais – é um colar, uma peça completa e unificada. Se um ponto do colar se romper, todas as pérolas caem no chão. Você desobedeceu à lei, portanto não faz diferença se foi apenas um mandamento ou se foram todos eles.

Imagine uma situação em que três homens estão isolados em cima de uma rocha, cercados por água de todos os lados e impedidos de se mover. A maré começa a subir. Um canal de três metros os separa da praia. Se o primeiro homem conseguir pular um terço dessa distância, ele se afogará. Se o segundo homem for um saltador mais competente e conseguir saltar dois terços da distância, ele ainda se afogará. O terceiro homem, por apenas alguns centímetros, não alcança a outra margem, mas também não tem chance.

A palavra de Deus diz: "Maldito aquele que não confirmar as palavras desta lei, não as cumprindo". Essa é a maldição sob a qual você estará se tentar obedecer aos mandamentos para chegar ao céu por seus próprios esforços. O Evangelho indica um caminho completamente diferente no qual a justiça é alcançada.

Surge a pergunta óbvia: "Por que Deus outorgou os Dez Mandamentos? Afinal, por que ele nos deu a lei de Moisés? A resposta está em Gálatas.

Em primeiro lugar, Deus outorgou a lei para *restringir o pecado*. Ela ajuda a tornar a vida em sociedade praticável. Pelo menos as pessoas observarão alguns mandamentos e se esforçarão para obedecer a outros.

Em segundo lugar, Deus outorgou a lei para *revelar o pecado*. Ao observar o caminho reto proposto pela lei, percebemos nossa própria imperfeição. Em outras palavras, somente a lei nos leva a perceber que somos pecadores. Não nos damos conta de que temos agido de forma errada até estudarmos a lei de Deus. A lei foi introduzida para nos preparar para Cristo, mostrando-nos que somos incapazes de obedecer. É por isso que, por meio da pregação dos Dez Mandamentos, os homens são convencidos do pecado, pois entendem que jamais poderiam cumpri-los, especialmente da forma como Jesus os reinterpretou.

Um tema essencial

A liberdade é um tema importante em Gálatas. Apesar de o anseio por liberdade ser universal, surge a questão: liberdade de quê? A mensagem bíblica é que Cristo veio para nos libertar, transformar escravos em filhos e herdeiros. Por isso, assim como os judeus foram libertos da escravidão do Egito, por meio de Cristo, somos livres da escravidão do pecado. Perder a liberdade, contudo, é muito fácil. Disse Edmund Burke: "A vigilância eterna é o preço da liberdade". O problema não é apenas alcançar a liberdade, mas *mantê-la*. A liberdade pode ser perdida.

A figura da página 245 retrata toda a mensagem de Gálatas. É muito simples, mas requer explicação. Observe os três conceitos fundamentais de Gálatas: legalismo, liberdade e libertinagem. O legalismo é, claramente, um inimigo da liberdade, porém nem sempre se percebe que a libertinagem também é. O texto de Gálatas 1–2 fala de nossa liberdade em Cristo sob o favor do Pai e na alegria de seu amor. Estamos na liberdade do Espírito e o fundamento é a fé no Filho. Pai, Filho e Espírito, portanto, nos concedem a liberdade de alcançar o topo da montanha.

A figura mostra que há duas formas de perder essa liberdade. Uma delas é submetendo-nos novamente à lei, aqui retratada como as grades de uma cela, na qual estamos presos – por mais que tentemos, não conseguimos escapar. Colocando-se sob a lei, você se encontra outra vez sob a ira de Deus, pois é incapaz de obedecer à lei. Há, contudo, outra forma de perder sua liberdade: escorregando no lodaçal da carne. É escravidão também, mas aos seus próprios desejos, e o coloca, mais uma vez, sob a ira de Deus. Perde-se a liberdade.

A trilha Striding Edge, no topo do monte Helvellyn, na região dos Lagos, Inglaterra, é a ilustração perfeita, pois se trata de um caminho muito estreito ao longo de uma cordilheira. De cada um dos lados, há um profundo espaço côncavo, denominado "circo glacial". Durante a última era do gelo, esses espaços foram escavados por duas imensas esferas de gelo que se revolviam, produzindo assim esse pico pontiagudo. O monte Cervino, na Suíça, é o resultado de três esferas de gelo rotativas, que produziram um pico de três pontas.

Andar na liberdade do Espírito é como percorrer uma trilha estreita: é muito fácil escorregar de um lado ou de outro. Eu diria que a maior ameaça à liberdade cristã é o legalismo. Essa ideia talvez o surpreenda. A libertinagem é bastante óbvia, mas quando as igrejas começam a criar regras e ordenanças adicionais, são facilmente levadas ao legalismo e isso mata a liberdade. Os membros de uma comunidade legalista podem ser facilmente

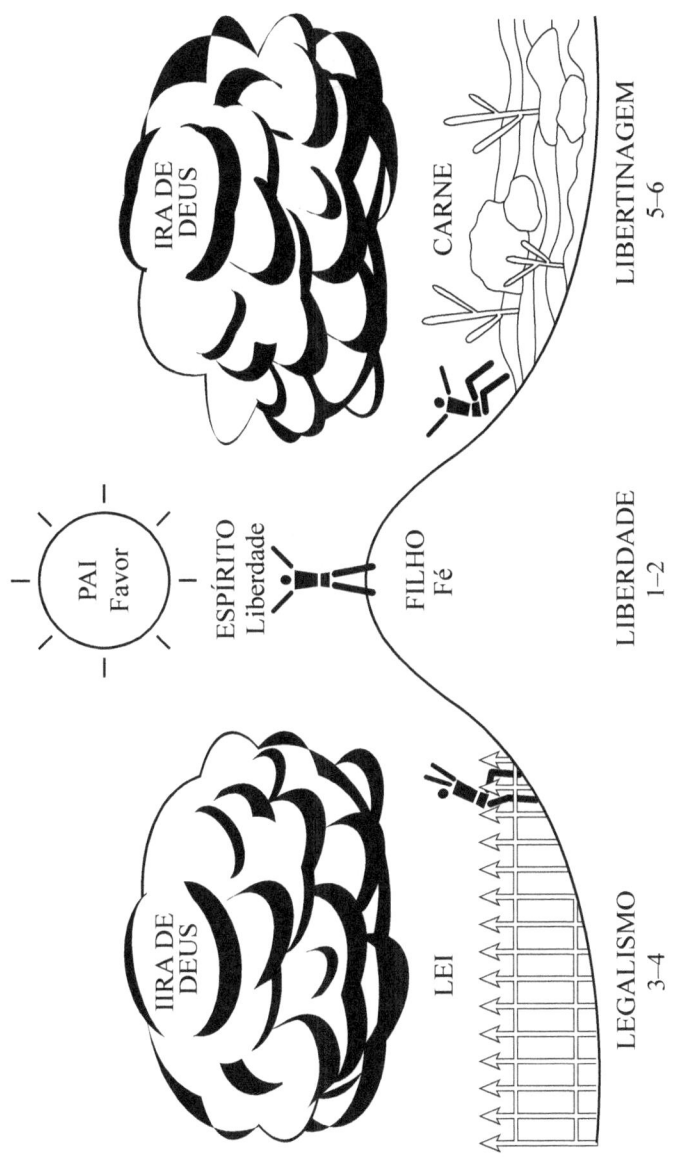

identificados – apresentam uma expressão fixa no rosto e lábios cerrados. O esforço para tentar obedecer à lei torna as pessoas inflexíveis e difíceis. O legalismo limita a fé cristã, que é baseada em relacionamentos, a uma questão de cumprimento de regras. As pessoas acreditam que estão seguindo a Cristo porque obedecem às regras – não fumam, não jogam, não bebem, não fazem isso, não fazem aquilo – porém seu relacionamento com Deus é inexistente.

Liberdade do Espírito não é fazer o que você *deseja*, tampouco é fazer o que os outros lhe *dizem para fazer*, mas é *deixar que o Espírito o oriente*. Como Paulo afirma em Gálatas, não se trata de liberdade para pecar, mas de liberdade para *não* pecar. Essa é a verdadeira liberdade. Nenhum incrédulo experimenta esse tipo de liberdade – é a liberdade que Deus deseja para nós. No entanto, é muito fácil apresentar a lei na tentativa de impedir que as pessoas pequem – esse é o *modus operandi* de algumas igrejas. Elas tentam impedir que seus membros façam isso ou aquilo, sem perceber que o legalismo, tanto quanto a libertinagem, é inimigo da liberdade.

Toda a argumentação de Gálatas revolve em torno desse tema. Os capítulos 1 e 2 falam dessa liberdade, os capítulos 3 e 4 tratam do legalismo que pode arruiná-la, e os capítulos 5 e 6, do perigo oposto – a libertinagem. Paulo, na realidade, está argumentando em duas frentes, na tentativa de combater o problema. Preservar a liberdade e evitar tanto o legalismo quanto a libertinagem é uma dinâmica bastante delicada.

Vamos avaliar mais minuciosamente o legalismo, a libertinagem e a liberdade.

Legalismo

A circuncisão é o elemento desencadeador do legalismo na igreja da Galácia. Ela não faz parte do Evangelho e, se eles a praticassem, teriam de observar também todo o restante da lei.

Alguns afirmam: "Mas as pessoas não se excederão se lhes dissermos que não estão sob a lei? Não se tornarão desregradas? Sem regras impostas, não serão permissivas e complacentes consigo mesmas?".

Quando eu era pastor metodista, o manual intitulado *The Constitutional Practice and Discipline of the Methodist Church* [Prática e Disciplina Constitucional da igreja Metodista] tinha pouco mais de 1 centímetro de espessura. Hoje, o mesmo manual é publicado com quase 8 centímetros! Vários encartes são acrescentados a cada ano. Se regras e ordenanças produzissem reavivamento, os metodistas seriam os precursores! O avivamento não vem dessa forma. É muito fácil tentar normatizar e determinar regras para isso e para aquilo acreditando que, de alguma forma, nossa organização humana produzirá alguma vida. Não é assim que funciona. Somente a liberdade traz vida, e Deus nos libertou para que vivêssemos em liberdade. Devemos ser vigilantes como os falcões e vigiar qualquer forma de legalismo. Quando nele incorremos, invariavelmente nos tornamos inflexíveis e hipócritas, pois, se descumprirmos a lei, nos esforçaremos para não revelar isso a outras pessoas.

Libertinagem

As "obras da carne", como Paulo descreve, representam um sério risco. Cuidado. Elas também representam outra forma de escravidão. São como um pântano no qual é fácil cair, porém muito difícil sair. Paulo listou as obras da carne em Gálatas. Algumas são óbvias, como a promiscuidade e o ocultismo. Há, contudo, outras mais sutis, como discórdia, dissensões, ciúmes, inveja e preconceito.

"E o que acontece", pergunta Paulo, "quando alguém desliza em qualquer dessas práticas?". São muitas as cascas de banana na estrada da vida cristã. A instrução de

Paulo é: caso alguém caia em pecado, deve ser socorrido rapidamente e restaurado à comunhão para que seja curado. Sobre aqueles, contudo, que chafurdam no pecado de forma deliberada e intencional, Paulo declara solenemente que não herdarão o Reino. Aos que declaram que "Não tem problema – pois tenho entrada garantida no céu", Paulo responde "Não é bem assim – você não herdará o Reino". Esse sim é um alerta importante.

Se você escorregar para o legalismo ou para a libertinagem, precisará ser rapidamente resgatado. No entanto, se escolher de forma deliberada e intencional viver na cela ou no pântano, então não herdará o Reino.

Liberdade

Liberdade é a desobrigação de pecar. Não é maravilhoso? Em Cristo, você agora é livre para não pecar. Não precisa dizer sim ao pecado. Nas palavras de Paulo em sua carta a Tito: "Recebemos a graça de renunciar a prática do pecado" [adaptado]. Não é lindo? Vamos entender o que ocorre observando mais uma vez a figura em questão. Imagine que, no topo da montanha, há um caminho que se estende diante do indivíduo. Precisamos caminhar no Espírito, ao longo dessa estreita trilha – evitando as ciladas do legalismo e da libertinagem. Enquanto você anda no Espírito, algo belo acontece. Um fruto amadurece em sua vida – o fruto do Espírito. Há somente um fruto do Espírito com nove sabores distintos, ao passo que são muitas obras da carne.

Monstera deliciosa [8] é uma fruta exótica nativa do México. Na primeira mordida, você sente o sabor da laranja, e na mordida seguinte, ela tem gosto de limão!

---

[8] NdT: Conhecida como costela-de-adão.

A fruta reúne em si muitos sabores distintos. No cristão encontramos todos os sabores do fruto do Espírito. Também é possível identificar alguns desses sabores em incrédulos, não é? Alguns têm alegria, outros têm paz, mas a união de todos os nove sabores só pode ser vista na pessoa de Cristo e naqueles que são cheios do Espírito e andam sob sua direção. Os nove sabores conectam você com Deus, com o próximo e consigo mesmo. Três desses sabores – amor, alegria e paz – o conduzem à perfeita harmonia com Deus. Os três sabores seguintes – paciência, amabilidade e bondade – proporcionam harmonia com outras pessoas. E fidelidade, mansidão e domínio próprio possibilitam um bom relacionamento consigo mesmo. Que fruto maravilhoso!

Evidentemente, o fruto do Espírito é limitado sem os dons do Espírito, assim como os dons são insuficientes sem o fruto. Quando visito um enfermo em um hospital, posso lhe demonstrar o fruto do Espírito em sua totalidade: amor expresso no gesto de ir visitá-lo, alegria ao animá-lo, paz quando o tranquilizo, paciência em ouvir todos os detalhes de sua cirurgia, amabilidade ao lhe oferecer uma porção de frutas, bondade quando me ofereço para cuidar de seus filhos, fidelidade ao visitá-lo todos os dias, mansidão quando me retiro a pedido da enfermeira e domínio próprio ao não comer sua salada de frutas! Demonstrei todo o fruto do Espírito naquela visita, mas não ministrei cura ao enfermo, pois a cura se manifesta por meio do dom do Espírito. Precisamos de ambos: dons e fruto. Jamais devemos desassociá-los.

Segundo Paulo, à medida que você anda no Espírito, o fruto vai amadurecendo. Nesse trecho, ele usa o verbo "andar" de duas formas, empregando dois termos diferentes no grego. É possível que a tradução da sua Bíblia use o verbo "andar" nas duas passagens. No final do capítulo 5 e no capítulo 6 ele fala sobre "andar no Espírito". No capítulo 5 do texto em grego, "andar" refere-se ao caminhar peripatético – o "perambular". Significa sair para caminhar sozinho. No capítulo 6, contudo, a palavra "andar" na realidade significa "marchar no Espírito, a par e passo com outros". Há, portanto, duas maneiras de andar no Espírito: individualmente e lado a lado com outros irmãos e irmãs em Cristo, e as duas formas são necessárias. A verdadeira liberdade é seguir a trilha no mesmo ritmo de seus irmãos e irmãs, andando juntos no Espírito.

Essa é, portanto, a mensagem da carta de Paulo aos Gálatas. É uma das cartas mais relevantes, embora não esteja entre as mais amenas, e partilho da opinião daqueles que afirmam ser a Carta Magna da liberdade cristã. Creio, sinceramente, que esse é um excelente título. Muitos defendem outros tipos de liberdade, bons ou ruins, mas a liberdade que defendemos é a liberdade de não pecar, a liberdade de ficar fora dessa cela chamada legalismo e longe do pântano da libertinagem; mas experimentando a liberdade de permanecer no topo, desfrutando da bênção do favor de Deus.

O legalismo ainda está em operação

O legalismo está em todo lugar. As pessoas tentam chegar ao céu pelas próprias obras. Mesmo tendo começado pela fé, retornam às obras, e isso é trágico.

O falecido Dr. W. E. Sangster visitou uma mulher em estado terminal, em um hospital. Perguntou-lhe:

— Você está pronta para encontrar-se com Deus? O que lhe dirá quando estiver diante dele?

Erguendo as mãos enrugadas, a mulher afirmou:

— Sou viúva. Criei cinco filhos, portanto não tive tempo de ir à igreja, ler a Bíblia ou dedicar-me à religião. No entanto, fiz o meu melhor por eles, e quando encontrar-me com Deus apenas lhe mostrarei essas mãos. Ele olhará para elas e entenderá.

O que você teria dito a uma mulher nessa situação? Bem, o Dr. Sangster apenas disse:

— Você está muito atrasada, querida, muito atrasada.

— O que isso quer dizer?, perguntou a mulher.

Sangster lhe respondeu:

— Alguém chegou antes de você. Nesse momento, ele está estendendo suas mãos diante de Deus, e Deus não tem olhos para mais ninguém.

— O que você está querendo dizer?, indagou a mulher mais uma vez.

— Não deposite sua confiança em suas próprias mãos – deposite-a nas mãos de Cristo.

O legalismo ainda está em operação e é bastante disseminado. É comum a ideia de que ser cristão é ser generoso com a vovó e com seu gatinho de estimação. "Sou tão bom quanto qualquer pessoa que frequenta a igreja", acreditam alguns. Essa postura evidencia a mentalidade de pessoas que caíram na armadilha do legalismo. Precisamos anunciar que, para entrar no céu, o mínimo é atingir 100%. Se essas pessoas chegarem lá na condição em que se encontram hoje, vão estragar a festa!

O legalismo também está em operação nas igrejas. Elas têm a forte tendência de impor condições para membresia. Há quatro degraus que dão acesso à porta da frente de uma igreja e indicam as condições de entrada: arrepender-se, crer, ser batizado e receber o Espírito Santo. Não deveria haver degraus adicionais. A escalada é bem maior quando se está do lado de dentro. Como vemos em 1 e 2 Pedro, há muitos degraus que precisam ser escalados, mas para entrar no Reino, somente quatro. As igrejas, contudo, infelizmente postulam o seguinte: "Você precisa ser aprovado/reconhecido por um bispo", "Precisa ser capaz disso ou daquilo", "Você precisa da confirmação de", "Tem de aceitar a liderança", e assim por diante. Esses passos não devem ser impostos aos de fora, mas aos que já fazem parte da igreja.

A libertinagem ainda está em operação

Ainda existem crentes que pensam que o adultério cometido por um incrédulo o levará ao inferno, mas o adultério de um cristão é aceitável. Há crentes que acreditam que estão isentos de certos tipos de pecado; eles consideram que podem perder parte da bênção ou da recompensa, mas não perderão sua passagem para o céu. Gálatas lida com a questão de maneira muito firme e declara que não herdarão o Reino de Deus as pessoas que, deliberadamente, voltarem a pecar.

A liberdade ainda está em operação

Precisamos permanecer e caminhar ao lado de outros cristãos ao longo do caminho estreito, com a brisa do Espírito soprando em nosso rosto e a bênção da graça de Deus sobre nós. Se tão somente andarmos no Espírito, seremos livres para não pecar e livres para ousar.

Gálatas é uma das cartas mais poderosas que você pode ler. Antes de qualquer coisa, leia a carta e preste atenção em sua mensagem. Esta é a minha paráfrase:

De: Paulo, o embaixador do Senhor (não da parte de qualquer grupo de oficiais nem mesmo por orientação divina recebida de um agente humano, mas enviado, pessoalmente, pelo próprio Jesus, o Messias, e por Deus, seu Pai, que o trouxe de volta à vida após ter sido sepultado). Todos os irmãos cristãos que estão comigo leram e aprovaram minha carta.

Para: o povo de Deus que se reúne na província da Galácia.

Espero que vocês desfrutem da generosidade imerecida e da plena harmonia de Deus nosso Pai e de seu Filho Jesus, nosso Senhor e Messias. Nossas más ações custaram-lhe a vida, mas ele a entregou de boa vontade para nos resgatar da imoralidade de nosso contexto contemporâneo. O plano de escape foi decidido por nosso Deus e Pai, a quem jamais devemos deixar de reconhecer a honra. Portanto, que assim seja.

Fiquei devastado ao saber que todos vocês já estão abandonando esse Deus que os escolheu para que recebessem a maravilhosa oferta do dom de Cristo, e que se inclinam para um Evangelho diferente, que nem mesmo chega a ser "boas novas". Vocês estão sendo confundidos por certas pessoas cujo objetivo é deturpar o Evangelho. Mas ouçam: se eu mesmo, ou algum ser sobrenatural enviado de outro mundo, lhes apresentar uma mensagem contraditória à mensagem que eu lhes entreguei, sejamos todos condenados! Já lhes disse, mas preciso repetir: qualquer um que pregue um Evangelho diferente daquele que vocês aceitaram, que seja lançado no inferno!

Essas palavras parecem vindas de alguém que está tentando obter aprovação de homens ou de Deus? Estou sendo acusado de tentar ser popular entre vocês? Se meu desejo ainda fosse agradar pessoas, a última função que ocuparia seria a de obreiro de Cristo.

Queridos irmãos, devo esclarecer a todos vocês que as boas novas que anuncio não são lendas inventadas por homens. Não ouvi a mensagem por meio de um relato de outras pessoas, ninguém a transmitiu para mim. Recebi-a diretamente de Jesus, o Messias, conforme provam os acontecimentos da minha vida.

Vocês devem ter ouvido sobre minha carreira anterior, na religião judaica. Em meu fanatismo extremo, eu perseguia a igreja de Deus, os cristãos, para destruí-los. Como ardente defensor do judaísmo, eu me destacava entre muitos judeus da minha própria idade porque tinha extremo zelo pelas tradições de meus antepassados.

Deus, porém, interveio nessa situação. Ele já havia me escolhido, antes mesmo que eu saísse do ventre da minha mãe e, em sua generosidade, me designado para revelar a outros – especialmente aos que eu costumava chamar de estrangeiros – a verdade a respeito de seu Filho. Naquele momento, decidi não buscar o conselho de outros. Por essa razão, não fui a Jerusalém para consultar os que já haviam sido enviados pelo Senhor. Em vez disso, parti sozinho para o deserto árabe a fim de refletir, e de lá retornei diretamente a Damasco.

Somente após três anos vim a conhecer Pedro, em Jerusalém. Ali fiquei por duas semanas apenas, mas não vi nenhum dos outros apóstolos, com exceção de Tiago, irmão de nosso líder divino (Deus é testemunha de que esse relato não é invenção minha). Depois disso, viajei a vários locais na Síria e na Cilícia, portanto os cristãos que se reuniam na Judeia ainda não me conheciam pessoalmente. Tudo o que sabiam de mim eram rumores: seu pior inimigo anunciava agora as mesmas convicções que tanto havia se esforçado para destruir – e agradeceram a Deus pela transformação.

Outros 14 anos se passaram antes que eu visitasse Jerusalém novamente, dessa vez na companhia de Tito e Barnabé. Foi Deus quem me compeliu a ter uma conversa em particular com os supostos líderes dos crentes judeus. Minha intenção era que eles confirmassem o Evangelho que eu vinha pregando a outras nações, para que todo o meu esforço não tivesse sido em vão. Levei Tito como um tipo de teste, pois ele era cristão de origem grega. Não insistiram, contudo, nem uma única vez, que Tito fosse submetido à circuncisão. Na realidade, a questão jamais teria surgido não fosse por alguns intrusos que sequer tinham direito de estar presentes na reunião. Haviam se infiltrado com o intuito de espionar a liberdade que desfrutamos em nosso relacionamento com Cristo; estavam à procura de alguma forma de nos fazer retroceder à submissão ao seu sistema. Nem mesmo por um instante, contudo, cedemos às suas exigências, caso contrário, as boas novas já não fariam sentido. No que se refere aos líderes evidentes (a posição que ocupavam não faz diferença, pois Deus não dá importância ao status; refiro-me sim aos que eram obviamente respeitados pelos demais), eles nada acrescentaram ao ensinamento que eu apresentara. Pelo contrário, podiam perceber que eu estava qualificado para levar a boa nova aos incircuncisos assim como Pedro fazia aos da circuncisão. Pois o mesmo Deus, que agia de forma tão eficaz por meio da pregação de Pedro aos judeus, fazia o mesmo entre os gentios através do meu trabalho. Tiago, João e Cefas (Pedro ainda usava seu nome hebraico) pareciam ser as três colunas, e quando perceberam o quanto Deus abençoava meu trabalho, estenderam a mão a mim e a Barnabé como símbolo de total parceria, entendendo que eles prosseguiriam com os judeus e nós, com os não judeus. O único apelo que fizeram foi que não nos esquecêssemos de enviar auxílio financeiro aos crentes judeus necessitados, algo que eu estava mais que disposto a realizar.

    No entanto, uma grave crise surgiu quando Pedro veio a Antioquia, em retribuição a nossa visita. Tive de me opor a ele abertamente, pois era evidente que ele estava equivocado. Quando chegou, Pedro não via problemas em comer na companhia dos gentios convertidos. Quando chegaram alguns colegas de Tiago, Pedro começou a temer o que eles pudessem pensar, por isso passou a fazer suas refeições separadamente. Os demais crentes judeus fingiam concordar com ele e até mesmo meu amigo Barnabé deixou-se levar por essa hipocrisia. Quando percebi que tal comportamento não estava de acordo com a realidade do Evangelho, confrontei Pedro diante de todos: "Você é judeu, mas abandonou seus escrúpulos e adotou o estilo de vida dos estrangeiros gentios. Por que, de repente, tenta forçá-los a aceitar os costumes judaicos?".

Nascemos entre o povo escolhido de Deus e não entre os estrangeiros dissolutos de outras nações. Sabemos perfeitamente bem, no entanto, que um homem não pode ser considerado inocente aos olhos de Deus pela tentativa de obedecer aos mandamentos, mas somente pela confiança em Jesus Cristo, aquele que remove nossos pecados. Sendo assim, até mesmo nós, judeus, tivemos de nos acertar com Deus confiando na obra de Jesus, o Messias, e não em nossos próprios esforços para viver conforme o padrão estabelecido por Deus. Nossos escritos sagrados admitem francamente: "À tua vista [de Deus] não se achará justo nenhum vivente" (Salmo 143.2). Suponha, no entanto, que nosso esforço para nos acertar com Deus através de Cristo nos faça abandonar a lei judaica. Por acaso isso faria de Cristo um anarquista, alguém que, de forma deliberada, encoraja a iniquidade? Jamais!

O que, de fato, me tornaria infrator da lei seria tentar erguer novamente todo o sistema legal que demoli. Descobri há muito tempo que tentar obedecer à lei de Deus era como entrar num beco sem saída. O fracasso matou meu ego – mas proporcionou a ruptura necessária para que eu pudesse viver conforme Deus planejou. Pois quando percebi que Jesus morreu na cruz por mim, a pessoa que eu era também morreu. Sei que ainda estou vivo, mas, na realidade, não sou eu quem vive; é Cristo vivendo sua vida em mim. A vida que estou vivendo neste corpo mortal, portanto, flui da confiança constante no Filho de Deus, que me amou a ponto de sacrificar sua vida por mim. Independentemente do que os outros façam, não serei eu a anular a generosidade de Deus. Pois se eu conseguisse chegar ao céu obedecendo aos mandamentos, então a morte de Cristo teria sido completamente inútil.

Estúpidos gálatas! Quem os enfeitiçou, para que deixassem de agir conforme a verdade? Seus olhos estavam fixos em Jesus Cristo graças a nossa vívida descrição de sua morte e crucificação. Respondam a uma simples pergunta: foi por terem feito o que a lei exige que vocês experimentaram o dom do Espírito de Deus ou porque creram no que ouviram?

Isso mesmo! Então vocês enlouqueceram? Tendo começado pelo poder sobrenatural do Espírito de Deus, agora pensam ser capazes de completar a corrida por meio da energia natural de seu próprio esforço?

Nada aprenderam com tudo o que sofreram? Certamente não jogarão tudo fora, agora. Digam-me: foi por tentarem obedecer às leis de Deus que ele lhes concedeu uma porção liberal de seu Espírito a fim de que verdadeiros milagres acontecessem entre vocês, ou foi por acatarem suas palavras com total confiança?

Sua experiência é idêntica à de Abraão, pois ele "creu no Senhor, e isso lhe foi creditado como justiça" (Gênesis 15.6). Percebam, portanto, que os verdadeiros descendentes de Abraão são aqueles que demonstram essa mesma confiança em Deus. E a Bíblia, antecipando o tempo em que Deus aceitaria outras raças com base no mesmo princípio da fé, inclui a proclamação dessa boa nova ao próprio Abraão: "Através de você todos os povos do mundo desfrutarão da bênção de Deus com esse homem Abraão, homem de fé".

Aqueles, contudo, que colocam sua confiança na obediência aos mandamentos, na verdade, estão sob a maldição de Deus. Pois a lei de Moisés afirma com clareza: "Maldito quem não puser em prática as palavras desta lei" (Deuteronômio 27.26). É inegavelmente óbvio que ninguém teria a possibilidade de alcançar tal padrão diante de Deus. Até mesmo o Antigo Testamento, portanto, indica outra maneira de acertar-se com

Deus: "O justo viverá pela fé" (Habacuque 2.4). A lei nunca menciona a questão do crer, pois sua ênfase está toda em agir – "Obedeçam aos meus decretos e ordenanças, pois o homem que os praticar viverá por eles" (Levítico 18.5).

Cristo nos redimiu dessa maldição compulsória da lei e o preço que pagou foi tornar-se amaldiçoado em nosso lugar. De forma praticamente literal, ele pagou a punição máxima da lei: "Qualquer que for pendurado num madeiro está debaixo da maldição de Deus" (Deuteronômio 21.23). Ao anular dessa forma a maldição, Jesus, nosso Messias, estendeu também aos não judeus a bênção de Abraão. Sendo assim, porque tão somente cremos, agora podemos receber o prometido poder do Espírito.

Irmãos, nada disso é fora do comum – posso ilustrar o que aconteceu usando atividades rotineiras. Assim que o testamento de um homem é ratificado, não pode ser anulado, nenhuma cláusula pode ser acrescentada. Deus fez seu testamento em favor de Abraão "e seu descendente". No texto original, a frase está no singular, indicando apenas um descendente sobrevivente, e não muitos; na realidade, trata-se de uma referência a Cristo. O que quero enfatizar, contudo, é o seguinte: um acordo já ratificado por Deus não pode ser cancelado por um código legal introduzido 430 anos depois, caso contrário, invalidaria a promessa. Os dois são incompatíveis. Se a bênção pode ser herdada através da obediência aos mandamentos, então ela já não contempla as condições originais. Deus, no entanto, concedeu generosamente a primeira promessa a Abraão, e sempre a manterá.

Qual era então o propósito da lei? Era um recurso temporário para lidar com a transgressão humana! Até que o "descendente" de Abraão viesse herdar a bênção prometida, a transgressão teria de ser exposta como de fato é e mantida sob certo controle.

Ao contrário da promessa, a lei não foi outorgada diretamente aos homens. Deus a comunicou por meio de mensageiros celestiais, e um intermediário terreno a entregou. Geralmente, usa-se um mediador para negociar entre duas partes; e, de certa forma, a lei era um contrato mútuo, cujas condições deveriam ser aceitas pelo povo. No entanto, cremos que Deus é soberano. Ele não é alguém com quem possamos negociar, mas pode agir inteiramente de acordo com sua própria vontade e condições, como fez ao conceder a promessa diretamente.

Essas diferenças significam que Deus apresentou dois sistemas religiosos concorrentes, a lei como uma alternativa à promessa? De modo algum! Se a outorga da lei pudesse fazer com que as pessoas vivessem uma vida reta, então a lei seria a resposta. As leis da Bíblia, contudo, simplesmente eliminam essa possibilidade, provando que todos erram e deixando, como única saída, a confiança na promessa de Deus por meio da fé em Jesus, o Messias.

Antes que surgisse a oportunidade de viver pela fé, tínhamos de ficar sob custódia, mantidos sob a severa guarda da lei, aguardando o dia em que nos fosse mostrado como deveríamos crer. Em outras palavras, éramos como crianças e a lei, um tutor rigoroso, que nos mantinha sob uma firme disciplina, até que Cristo assumisse o controle e nos justificasse por meio de nossa confiança nele. A fé em Jesus Cristo nos concedeu plena condição e liberdade como filhos maduros de Deus.

Todos vocês que foram iniciados na vida cristã pela imersão na água estão agora revestidos em Cristo. Sendo assim, não são mais indivíduos isoladamente – judeu ou grego, escravo ou livre, homem ou mulher. Todos formam uma só pessoa em Jesus. Como parte de Cristo, vocês a ele pertencem, e tornam-se esse único descendente de Abraão habilitado a reivindicar a bênção prometida à sua descendência.

Encare dessa forma: uma criança pode herdar os negócios do pai, mas, enquanto for menor de idade, estará na mesma condição de seus funcionários, embora seja proprietária. Será supervisionada por tutores e terá seus bens administrados por curadores até a data estabelecida por seu pai. Da mesma forma, quando éramos crianças espirituais, nosso comportamento era governado pelas superstições insensatas do mundo.

Deus, no entanto, havia determinado um tempo para nosso amadurecimento e, quando estávamos prontos, enviou seu Filho ao nosso mundo. Jesus entrou no mundo assim como nós: pelo corpo de uma mulher. Sendo ela judia, seu filho nasceu sujeito à lei. Isso lhe permitiu comprar a liberdade daqueles que viviam sob a tirania da lei e nos conceder a condição plena de filhos maduros.

Pelo fato de também sermos reconhecidos como filhos de Deus, ele enviou o Espírito de seu Filho ao mais íntimo do nosso ser, para que, instintivamente, clamássemos "Aba, Pai!" (exatamente como Jesus se dirigia ao seu Pai celestial). Isso prova que cada um de nós deixou a condição de servo para ser filho de Deus; e, como seus filhos, somos também herdeiros, sendo que ele próprio se certificará de recebermos a herança.

Houve um tempo em que vocês não tinham um relacionamento pessoal com Deus. Sua religião, no entanto, os obrigava a fazer muitas coisas por "deuses" que nem mesmo eram reais! Mas agora que conhecem a Deus como ele é (ou melhor, agora que ele se dá a conhecer), como podem retornar a essas frágeis e ineficazes superstições? Querem estar novamente sob o jugo delas? Vocês já observam um calendário dos dias, meses, estações e anos chamados "santos". Começo a recear que todos os meus esforços para ajudá-los tenham sido em vão.

Meus irmãos, suplico que se juntem a mim. Afinal,

meu desejo foi me identificar com vocês. Vocês nunca me fizeram mal. Sabem que foi por causa de uma enfermidade que cheguei até vocês, pela primeira vez, para lhes contar as boas novas. Embora minha enfermidade lhes tenha sido uma verdadeira provação, vocês jamais zombaram de mim ou demonstraram repulsa. Pelo contrário, receberam-me como um mensageiro celestial ou mesmo como o próprio Messias. Demonstraram estar contentes e honrados com a minha presença. Para onde foram todos esses sentimentos? Lembro-me vividamente de seu desejo de que, se possível, terem os olhos transplantados em mim. Agora parecem suspeitar de mim como se suspeita de um inimigo. Tudo isso porque fui honesto com vocês?

Sei que esses líderes fazem de tudo para agradar vocês; mas suas motivações não são boas. Querem atraí-los para si mesmos, para que vocês os agradem.

Não me entendam mal – não há nada errado com a atenção especial, contanto que sejam corretas as intenções. Vocês são alvo de todo o meu zelo, mesmo quando não estou por perto. Meus filhos, sinto-me como uma mãe que sofre as dores do parto até que Cristo seja formado em vocês. Meu desejo é apenas poder estar ao seu lado neste momento para que pudessem ouvir a alteração no tom da minha voz. Estou realmente confuso quanto ao que fazer a seu respeito.

Respondam-me: vocês parecem ter um forte desejo de serem governados pela lei de Moisés, mas já prestaram atenção em tudo o que ela diz? Observem o registro desse incidente:

Abraão teve dois filhos com duas mulheres – uma jovem escrava e uma mulher livre. O filho da jovem escrava foi o resultado natural de um ato físico; mas o filho da mulher livre nasceu como o resultado sobrenatural de uma promessa divina. Esse contraste tem como objetivo retratar as realidades espirituais, pois os dois filhos representam dois tipos contrastantes de relacionamento com Deus.

Um deles origina-se no monte Sinai e seus filhos nascem na escravidão. Sua mãe simbólica é a jovem escrava Hagar, que tinha conexões com a Arábia, onde se encontra o monte Sinai. Ela corresponde à atual capital judaica de Jerusalém, cujos líderes e habitantes vivem sob opressão. Há, contudo, outra "Jerusalém", de origem celestial, representada pela mulher livre, a mãe de todos os que creem. Sobre ela a Bíblia afirma: "Cante, ó estéril, você que nunca teve um filho; irrompa em canto, grite de alegria, você que nunca esteve em trabalho de parto; porque mais são os filhos da mulher abandonada do que os daquela que tem marido" (Isaías 54.1).

Somos como Isaque, meus irmãos, pois fomos trazidos à existência por uma promessa divina. Assim como, no tempo de Isaque, o filho nascido pelo curso normal da natureza perseguiu o filho nascido pelo poder do Espírito de Deus, hoje também é assim. Vejam, porém, o que a Bíblia diz a esse respeito: "Livre-se daquela escrava e do seu filho, porque ele jamais será herdeiro com o filho da mulher livre" (Gênesis 21.10). Irmãos, que fique claro, portanto, em suas mentes: não somos filhos de uma escrava, mas de uma mulher livre.

Quando Cristo nos libertou, conhecemos a verdadeira liberdade! Por isso, agarrem-se a ela e não se prendam novamente às cadeias da escravidão. Ouçam! Eu, Paulo, judeu, afirmo em alto e bom tom: se forem circuncidados, o próprio Cristo não mais terá valor para vocês. Vou repetir. Garanto solenemente que qualquer um que venha a se submeter à cerimônia de iniciação da circuncisão estará colocando-se sob a obrigação de obedecer a cada um dos estatutos da lei judaica. A circuncisão não cortará somente parte do seu corpo; ela o arrancará de Cristo! Qualquer um de vocês que tentar acertar-se com Deus através da obediência aos mandamentos descobrirá que caiu da imerecida graça de Deus.

Nós, os que cremos, firmamos nossas esperanças em um fundamento muito diferente. Com a ajuda do Espírito de Deus, esperamos ansiosamente por estar naquela posição e condição que resulta da confiança em Jesus, o Messias. Visto que somos parte dele, não faz qualquer diferença se somos circuncidados ou não. A única coisa que importa é o tipo de fé que opera pelo amor.

Vocês saíram na frente em sua corrida na vida cristã. Quem serviu de obstáculo e os impediu de colocar em prática a verdade? Esse tipo de persuasão convincente nunca vem de Deus, que sempre os convida a persistir. Como dizem: "Um pouco de fermento leveda toda a massa". No entanto, de certo modo, o Senhor me concede a confiança de que vocês não mudarão seu pensamento. Quanto à pessoa que os está perturbando, um dia enfrentará seu castigo, seja qual for sua posição hoje.

Quanto a mim, irmãos, se eu estivesse pregando sobre a necessidade da circuncisão, como afirmam alguns a meu respeito, como explicar a violenta oposição que encontro nas mãos de outros judeus? Se eu estivesse defendendo suas leis, eles não ficariam tão ofendidos quando falo sobre a cruz. Gostaria apenas que os que insistem para que vocês cortem seus prepúcios fossem até o fim e castrassem a si mesmos!

Meus irmãos, Deus planejou que vocês fossem livres. Por outro lado, não façam dessa liberdade um pretexto para voltar a satisfazer sua natureza carnal. Usem-na para demonstrar seu amor por outras pessoas, colocando-se à sua disposição, pois toda a lei pode ser resumida em um único princípio, a saber: "Ame cada um o seu próximo como a si mesmo" (Levítico 19.18). Mas se vocês mordem e ferem uns aos outros, devem cuidar para não se destruírem por completo!

A abordagem que estou defendendo é deixar o Espírito de Deus guiá-los a cada passo. Assim vocês não tentarão simplesmente satisfazer os desejos do velho homem, pois esses são contrários ao que o Espírito de Deus deseja – e vice-versa. Eles são incompatíveis, razão pela qual vocês nem sempre fazem o que de fato desejam fazer. Se o Espírito é quem orienta sua vida, não há na lei nada que precisem temer.

Quando o velho homem age, os resultados são bastante óbvios. Ele produz a promiscuidade, os pensamentos impuros e a libertinagem. Está por trás do ocultismo e das drogas. Mostra-se no ódio, na discórdia, no ciúme, no egoísmo, na rivalidade, no preconceito e na inveja. Leva à compulsão, à orgia e a coisas do tipo. Como já alertei: aqueles que persistem nesse tipo de atitude não herdarão o vindouro Reino de Deus.

Quando o Espírito de Deus está em ação, um fruto mostra-se no caráter da pessoa. Cada gomo desse fruto inclui cuidado amoroso, profunda alegria e serenidade inabalável; paciência infinita, bondade prática e generosidade liberal; confiabilidade constante, humildade amável e firme autocontrole. Jamais houve uma lei que proibisse tais virtudes! Elas têm espaço para se desenvolver, pois aqueles que pertencem a Cristo crucificaram seu velho homem, juntamente com todas as suas paixões e seus desejos.

Se é o Espírito de Deus quem conduz as nossas vidas, que ele também nos mantenha caminhando lado a lado, uns com os outros. Perdemos o passo quando nosso orgulho vazio busca o reconhecimento de estar à frente dos outros, quando invejamos o progresso de outros e os consideramos rivais na jornada.

Irmãos, se alguém tropeçar e for surpreendido agindo de forma indevida, aqueles entre vocês que são espiritualmente maduros devem colocá-lo novamente em pé. Tratem-no, contudo, de forma humilde e gentil, sempre atentos a si próprios, pois a tentação repentina pode, da mesma forma, atingi-los facilmente.

Quando a pressão for excessiva, ajudem a levar as cargas uns dos outros; trata-se simplesmente de cumprir as instruções dadas por Cristo. Aquele que acredita ser demasiadamente importante para submeter-se a isso não tem valor algum e somente engana a si mesmo.

Cada um examine a própria contribuição e avalie se está fazendo o suficiente. Poderá, então, orgulhar-se de seu próprio trabalho, sem detestáveis comparações com os outros. Pois cada um deve carregar seu próprio fardo de responsabilidade.

Aquele que está sendo instruído na Palavra de Deus deve repartir os bens materiais com seu mestre.

Não se iludam – ninguém pode zombar de Deus e sair ileso. É uma lei universal que o homem colha exatamente o que semeou. Se ele semear seu antigo eu, colherá um caráter apodrecido. Se cultivar o Espírito de Deus, esse Espírito produzirá vida de qualidade duradoura.

Sendo assim, nunca nos cansemos de fazer o bem. Um dia haverá uma grande colheita, se não desanimarmos. Assim, sempre que houver oportunidade, ofereçamos a todos o máximo de ajuda possível, especialmente a nossos irmãos na fé. Vejam com que letras grandes escrevo de próprio punho!

Os que insistem para que vocês sejam circuncidados são aqueles que se preocupam com a aparência exterior e gostam de se exibir. Seu verdadeiro objetivo é evitar a impopularidade e perseguição associadas à cruz do Messias. Embora observem a circuncisão, não parecem incomodar-se com o restante da lei judaica. Querem apenas que vocês sejam circuncidados para que possam gabar-se do número de convertidos ao seu ritual.

Quanto a mim, que eu nunca me glorie em algo ou alguém – exceto na cruz de Jesus, o Messias, nosso Senhor. Por meio dessa execução, estou morto para a sociedade e a sociedade está morta para mim. Nosso posicionamento em Cristo não é facilitado pela circuncisão, tampouco é prejudicado pela incircuncisão. O que realmente importa é que o interior seja transformado dando lugar ao novo homem. Todos os que vivem segundo esses simples princípios – quer sejam judeus ou gentios – experimentarão a harmonia e a serenidade de Deus e receberão sua ajuda imerecida.

A partir de agora, que ninguém interfira no meu trabalho outra vez. Tenho no corpo as marcas do sofrimento; levo cicatrizes obtidas a serviço de Jesus.

Que o amor generoso de Jesus, nosso divino Mestre e Salvador ungido, encha o mais profundo do seu ser, meus irmãos. Amém.

47.
ROMANOS

Introdução

A melhor forma de estudar a Bíblia é concentrando-se em um livro por vez. A Bíblia é uma biblioteca de livros, sendo que cada um deles deve ser visto como uma unidade distinta, com época, autor e gênero literário próprios, e direcionada a um público específico. Com isso em mente, devemos nos lembrar que Romanos é uma carta e nos atentar às questões que revelam seu sentido e propósito.

Embora a correspondência por cartas na época do império romano fosse uma prática complexa e custosa, aproximadamente 14 mil cartas desse período foram encontradas por arqueólogos. Uma carta continha, em média, entre 20 e 200 palavras, e o que determinava seu tamanho era o fato de serem levadas e entregues pela mesma pessoa, portanto seu peso importava. Cartas mais extensas eram raras. A carta mais longa do orador romano Cícero continha 2.500 palavras, e a de Sêneca, com 4 mil palavras, foi um recorde. As epístolas de Paulo tinham, em média, 1.300 palavras, porém sua carta aos Romanos, com mais de 7 mil, é a mais extensa que escreveu. Certamente, é a carta mais longa do Mundo Antigo.

Uma carta atípica

A carta também é atípica por uma série de outras razões. As saudações iniciais e finais são excepcionalmente longas. Na verdade, o último capítulo é uma extensa lista de pessoas que mandam lembranças. É bastante inusitado dedicar um trecho tão longo de uma carta às saudações de um amigo a outro. Além disso, Romanos assemelha-se mais a uma preleção do que a uma carta. Não se trata de um bate-papo em que o autor conta sua vida aos leitores. Parece mais um discurso, com diálogos ocasionais, como se ele respondesse a uma pessoa impertinente.

Romanos também se distingue de outras cartas de Paulo pelo fato de ser destinada a uma igreja com a qual ele não tivera nenhum contato. Paulo fazia questão de cuidar fielmente de suas próprias igrejas e de não interferir no trabalho de outros, portanto parece estranho que escrevesse essa longa carta a uma igreja que ele mesmo não havia plantado, sequer visitado. O tom de sua carta deixa evidente que, embora não tivesse qualquer relacionamento pessoal com aqueles irmãos, ele deseja conhecê-los e ser conhecido por eles.

Romanos é mais intelectual do que as outras cartas de sua autoria, sem nenhuma menção específica a alguma crise ou controvérsia que exija algum tipo de correção (embora, como veremos adiante, alguns problemas precisavam ser tratados). Na maioria das cartas de Paulo, notamos um clima de conflito no ar, o que não se percebe em Romanos.

Levando em conta o estilo singular de Romanos, os comentaristas bíblicos têm tentado explicar o propósito desta carta de diversas formas. Podemos agrupar as explicações [ou teorias] sob três categorias básicas.

Alguns afirmam que a motivação de Paulo para escrever Romanos encontra-se nele mesmo. Outros dizem que a razão está tanto no autor quanto nos leitores e no relacionamento entre eles. Outros ainda defendem que a justificativa para a carta encontra-se apenas nos leitores.

O autor

A primeira explicação apresenta-se da seguinte forma: o ano aproximado é 55 d.C., e Paulo já está pregando há 20 anos. Sua estratégia é dirigir-se a todos os grandes centros populacionais e plantar uma colônia do Reino que se sustente, governe e multiplique de forma autônoma. Esse objetivo foi alcançado em muitas cidades importantes no Mediterrâneo Oriental.

Seu último trabalho nessa região foi uma grande coleta entre as igrejas para socorrer os pobres de Jerusalém. A igreja de Jerusalém enfrentava um período de fome e extrema pobreza, por isso Paulo ensinou as igrejas que havia fundado a repartir o que possuíam e a levantar recursos para os irmãos carentes. Antes de levar a ajuda financeira à igreja de Jerusalém, Paulo passa três meses na Grécia, aguardando boas condições para navegação. Com tempo disponível durante o inverno, ele redige essa longa carta como um registro permanente do Evangelho que pregava. Há duas versões para essa teoria:

Uma declaração
Alguns afirmam que a carta aos Romanos é uma declaração do Evangelho que ele havia pregado – seu testamento e último desejo. Paulo não sabia por quanto tempo mais teria condições de viajar e pregar, pois fora alertado sobre a perseguição e a prisão que sofreria. Romanos, portanto, é uma carta circular, que resume seus ensinamentos. Os que acreditam nessa teoria destacam como prova as palavras de Paulo: "Não me envergonho do Evangelho".

Um argumento
Outros fazem alguns ajustes nessa teoria para defender que Paulo está registrando as contestações ao Evangelho com as quais se deparou, assim como fez Josh McDowel[9] ao publicar livros que explicam como responder às objeções apresentadas por aqueles que são confrontados com a

---
[9] NdT: Um dos apologistas cristãos da atualidade.

mensagem do Evangelho nos dias de hoje. Paulo estava acostumado a debater e discutir o Evangelho, e havia feito isso com habilidade, principalmente no auditório de Éfeso. Ele conhecia, portanto, as principais perguntas e objeções, e seu desejo foi produzir um manual sobre as contestações ao Evangelho.

Problemas

Há problemas significativos, contudo, nessas duas abordagens.

Em primeiro lugar, se Romanos é a síntese do Evangelho que Paulo pregava, por que enviá-la apenas a uma igreja? Por que não fazê-la circular entre as outras comunidades? Jerusalém ou uma das igrejas plantadas por Paulo não seriam destinatários mais apropriados?

Além disso, Romanos não inclui todos os elementos do Evangelho de Paulo. Não há, por exemplo, uma única menção ao Reino, apesar de sabermos que Paulo pregava sobre o Reino de Deus. E outras omissões são evidentes: há muito pouco sobre a ressurreição de Jesus ou sua ascensão; praticamente nada a respeito da igreja; não há qualquer menção à ceia do Senhor; e nenhuma explicação clara sobre o céu ou o inferno. Pouco se fala de arrependimento e não se encontra nada sobre o conceito do novo nascimento. Também é evidente a ausência de referências a Deus como Pai.

Essas lacunas, portanto, nos mostram que não se trata de um resumo da pregação de Paulo, pois Romanos não contém todo o Evangelho conforme lemos em suas outras cartas ou como é pregado em Atos. Os que fundamentarem sua pregação do Evangelho na carta de Paulo aos Romanos estarão deficientes em diversas áreas. Alguns temas, por outro lado, parecem ganhar destaque maior do que seria necessário. Por que tanto espaço é dedicado ao tema da justificação e aos atos de Abraão?

O DÉCIMO TERCEIRO APÓSTOLO

A terceira razão pela qual não podemos crer que Paulo estivesse escrevendo uma declaração definitiva do Evangelho são os capítulos 9–11 que, simplesmente, não se encaixam. Nesses capítulos, Paulo abre seu coração quando fala sobre o povo judeu, afirmando que, se preciso fosse, iria para o inferno a fim levá-los ao céu. Se Romanos é a síntese do Evangelho, é estranho que esse tema tenha sido incluído. Estudiosos afirmam que os capítulos 9–11 são um parêntese, não fazem parte do argumento geral. Estudei Romanos em Cambridge com um excelente professor de Bíblia a quem sou muito grato: John A. T. Robinson, bispo de Woolwich (apesar de ter se distanciado, por um tempo, de sua posição evangélica). Apesar de seu brilhante entendimento do livro, Robinson ensinava apenas sobre Romanos 1–8, alegando que o conteúdo dos capítulos 9–11 não estava diretamente relacionado ao propósito da carta.

No entanto, uma teoria que não leva em conta os capítulos 9–11 não pode estar correta, pelo simples fato de que Paulo não dividia suas cartas em capítulos como fazemos. Seus pensamentos fluem do capítulo 8 ao capítulo 9, e do capítulo 11 ao capítulo 12 sem qualquer interrupção. Esses capítulos não são um parêntese. No final do capítulo 8, por exemplo, ele afirma que nada pode nos separar do amor de Deus em Cristo Jesus e passa a relacionar todas as coisas que não podem afastar de Deus aqueles que creem. O pensamento então avança no capítulo 9, onde ele responde a uma possível rejeição a essa visão: se isso procede, o que dizer sobre os judeus? Deus os rejeitou? Outra linha consistente de pensamento vai do final do capítulo 11 ao início do capítulo 12. O capítulo 11 termina com uma gloriosa descrição de louvor à misericórdia de Deus, seguida imediatamente por: "Rogo-lhes pelas misericórdias de Deus...", no capítulo 12.

O autor e os leitores

A segunda teoria examina o relacionamento entre Paulo e os romanos e busca uma razão para que o apóstolo enviasse a carta.

A capital do império
Essa teoria sustenta que Roma, como capital do império, seria um local onde Paulo naturalmente desejava ministrar. Seria também um ponto estratégico para o Evangelho, uma vez que, naqueles dias, todos os caminhos, de fato, levavam a Roma.

Há certa verdade nessa afirmação. Em vez de pedir a alguém que elaborasse um tipo de prefácio à sua carta, ele mesmo se apresenta, o que demonstra que Paulo não é o tipo de pregador que deseja causar polêmica, mas que anuncia o Evangelho que eles já haviam ouvido.

Entrada para o Ocidente
A teoria seguinte é uma adaptação da anterior, porém muito mais interessante. Ela defende que Paulo via Roma como a porta de entrada para a Espanha, no Ocidente. Tendo evangelizado a metade oriental do Mediterrâneo, seu desejo agora é seguir para o Ocidente, por isso ele precisa de uma nova base, mais próxima de seu futuro campo missionário. Jerusalém foi a primeira base, e Antioquia, a segunda, mas Antioquia estava muito distante da Espanha, portanto Roma poderia ser sua terceira base para a atividade missionária.

É possível que haja elementos verdadeiros nessas teorias, mas elas não representam toda a verdade.

1. Ambas presumem que Paulo está tentando obter algum tipo de vantagem sobre os leitores. O tom da carta, contudo, mostra exatamente o oposto. Paulo afirma que deseja lhes dar, não obter algo deles. Ele de fato diz que deseja ministrar a eles.

2. Além disso, nenhuma das teorias explica os capítulos 9–11. Por que Paulo faria tantas menções a Israel, se seu intuito é apenas obter deles o sustento para sua obra missionária no Ocidente? Na realidade, esses capítulos intrigantes, que representam um entrave para muitas das teorias, são os mais importantes da carta.

3. Essas teorias também não conseguem explicar os capítulos 12–16, que se concentram em áreas específicas da vida de fé dos romanos. Por que Paulo não fala de forma geral sobre ética e postura cristã? Por que destaca apenas alguns poucos problemas práticos?

Os leitores

Passamos agora às teorias que avaliam a carta pela perspectiva de Roma. Vamos analisar por que a igreja de Roma precisava dessa carta.

Relações externas – A cidade

POLÍTICA
Paulo não deixa de reforçar a importância das autoridades, as quais, em suas palavras, foram estabelecidas por Deus. No capítulo 13, a igreja é instruída a sujeitar-se às autoridades governamentais e a pagar os impostos. De fato, as autoridades colocavam a espada a serviço do próprio Deus. Sendo assim, se a igreja sofresse perseguição, deveria certificar-se de que não fosse em consequência de algum delito cometido.

SOCIAL
Roma era uma grande metrópole, e o comportamento de seus moradores transparece na carta. A leitura do primeiro capítulo nos remete a um jornal dominical romano. A

prática homossexual era predominante na cidade. Quatorze entre os quinze primeiros imperadores romanos eram conhecidos por seu comportamento homossexual. Se esse era o padrão dos imperadores, podemos imaginar o que acontecia na corte. Paulo menciona várias práticas pecaminosas típicas da cidade na época: agravamento do comportamento antissocial; desobediência dos filhos aos pais; desprezo pela lei e pela ordem; violência e crime desenfreados. Esse retrato marcante da antiga capital do império apresenta muitos paralelos com o nosso tempo. A cidade enfrentava um grande problema com a arrecadação de impostos, pois a sonegação e os negócios ilícitos eram frequentes. A preocupação de Paulo, portanto, era que a igreja não se corrompesse pela sociedade à sua volta. O bote salva-vidas funciona melhor quando está no mar, e não quando o mar está no bote!

Relações internas – A igreja
Alguns alegam que, antes de Paulo chegar a Roma, teria registrado sua pregação, porque ele não sabia se um dia chegaria lá. O Espírito Santo havia revelado que ele poderia ser preso e julgado a qualquer momento. Ele não sabia se conseguiria realizar seu desejo de pregar em Roma, por isso estava determinado a pregar antes mesmo de chegar lá, assegurando-lhes através de uma carta que o Evangelho é a resposta a essa situação. É possível identificar, portanto, a coesão estabelecida na carta de ministração aos cristãos que precisam viver numa cidade assolada por crimes, depravação e violência.

Não há muitos detalhes sobre a igreja de Roma. Sabemos que Pedro e Paulo visitaram a cidade, mas essas visitas ocorreram após a fundação da igreja. Sabemos que, no dia do Pentecoste, havia em Jerusalém pessoas vindas de Roma e, seguramente, algumas delas se converteram naquele dia. É provável que tenham levado o Evangelho quando retornaram a Roma, pois a cidade tinha uma colônia de 40 mil judeus, na época.

A primeira igreja romana, portanto, era judia, e teve seu início em um gueto com os crentes judeus que foram cheios do Espírito Santo. A comunidade cresceu, certamente em decorrência das atividades evangelísticas entre os mercadores e comerciantes judeus que transitavam pela cidade.

O imperador romano Claudio era antissemita e havia expulsado da cidade todos os 40 mil judeus. Atos 18 nos conta que o casal Áquila e Priscila conheceu Paulo logo após terem sido expulsos da cidade. A igreja cristã em Roma, portanto, se tornara exclusivamente gentia, a essa altura.

Após a morte de Claudio, em 54 d.C., os judeus retornaram à cidade, a convite de Nero, o imperador sucessor, que percebeu neles o talento para os negócios. Quando os judeus retornaram à igreja, obviamente, encontraram os gentios na liderança. Eles não foram bem recebidos, por isso havia certa tensão.

Esse cenário ajuda a desvendar o contexto da carta aos Romanos. À medida que a lemos, percebemos que praticamente toda ela trata essa situação. Como judeu chamado para pregar aos gentios, Paulo estava especialmente preparado para reconciliá-los.

Capítulos 1–8

Pecado

Ele inicia a carta avaliando a prática do pecado na cidade de Roma e lembrando os dois grupos [judeus e gentios] de que todos são pecadores. Os judeus não são melhores do que os gentios. Os gentios não são melhores do que os judeus. Uma vez que a morte de Cristo beneficia tanto judeus quanto gentios, Paulo afirma que devemos buscar a vida no Espírito.

Justificação
Paulo descreve a forma pela qual os pecadores, cheios de culpa, podem ser declarados santos inculpáveis diante de Deus. Ele então pondera como judeus e gentios podem se acertar com Deus e explica que ambos são "justificados" da mesma forma, por meio da fé. Não se trata de discutir quem é o mais importante, uma vez que tanto judeus como gentios foram salvos pelo mesmo sangue.

Libertinagem e legalismo
Nos capítulos 6–7, Paulo lida com dois problemas específicos que judeus e gentios enfrentavam a respeito do Evangelho. Os gentios eram propícios à libertinagem e os judeus, ao legalismo. A libertinagem ocorre quando os cristãos acreditam equivocadamente que sua liberdade em Cristo lhes permite ignorar as leis divinas, ao passo que o legalismo leva os cristãos a acreditar que a obediência à lei lhes torna merecedores diante de Deus. No capítulo 6, portanto, Paulo trata da libertinagem e os relembra que, ao serem batizados, eles reconheceram que o pecado não mais exerceria domínio sobre eles. No capítulo 7, Paulo trata do legalismo e relaciona as dificuldades enfrentadas por ele próprio para observar a lei, especialmente o mandamento referente à cobiça.

No capítulo 8, então, Paulo escreve sobre a liberdade do Espírito e explica como ela une tanto judeus quanto gentios.

Capítulos 9–11

A discussão encontrada nos capítulos 9–11 a respeito da posição dos judeus no corpo é parte fundamental da carta como um todo. Os gentios estavam tentados a acreditar que representavam o novo Israel, em substituição ao povo judeu, que agora estava fora dos propósitos de

Deus. Os capítulos 9–11, portanto, tratam da tensão entre judeus e gentios.

Muitas igrejas na Inglaterra defendem o que se conhece como a "teologia da substituição". O nome Israel, na verdade, jamais foi atribuído à igreja do Novo Testamento e Paulo precisa lembrar seus leitores de que Deus não descartaria os judeus simplesmente porque eles o rejeitaram. Ele diz que os gentios não devem se orgulhar pelo fato de os judeus terem sido cortados e eles, enxertados, pois também serão cortados se não permanecerem na bondade de Deus. Ele também explica que, um dia, todo Israel será salvo. De fato, nos últimos dois mil anos, sempre houve um remanescente de judeus que reconhecem que Jesus é o Messias.

O abismo entre judeus e gentios formou-se, em parte, porque havia uma grande barreira [muro] que separava o pátio dos gentios dos outros pátios no templo em Jerusalém. Os avisos nesse muro diziam "Proibida a entrada de gentios", sendo que Paulo chegou a ser preso, sob a falsa acusação de ter levado um gentio para dentro dessa área proibida. Embora tanto judeus como gentios agora cressem em Jesus, havia certo grau de tensão.

Paulo, portanto, procura lidar com os problemas dizendo aos leitores, sejam eles judeus ou gentios, que todos pecaram e pela fé são justificados. Na verdade, fazendo uso de um termo anteriormente reservado para referir-se ao povo judeu, ele descreve os gentios como filhos de Abraão por meio da fé.

Capítulos 12–16

A questão da animosidade entre judeus e gentios continua nos capítulos 12–16. Embora Paulo trate de questões mais práticas de conduta, ele se concentra naquelas que causavam tensão entre judeus e gentios convertidos.

A alimentação era o problema mais evidente, porque os gentios não se importavam de comer alimentos que tivessem sido ofertados a ídolos ou que não fossem *kasher* [preparados segundo as leis alimentares do judaísmo]. Em seguida, ele trata da questão do dia de descanso semanal, pois os gentios convertidos não guardavam o sábado. Paulo consegue explicar que a decisão de reconhecer o domingo como dia especial fica a critério de cada um.

O domingo, obviamente, não é um *shabat*. Adoramos a Deus no domingo, pois entendemos que é o oitavo dia da criação, e não porque substitui o *shabat* dos judeus. Marca o dia em que Deus voltou a trabalhar – o primeiro dia da segunda semana da criação. Se estivéssemos celebrando o descanso de Deus, deveríamos adorar no sábado, mas comemoramos o fato de Deus ter retornado ao trabalho, como aconteceu no domingo de Páscoa, quando ele começou a recriar todo o universo. No entanto, embora nos seis dias da criação ele tenha primeiro criado o céu e a terra, e por último, os seres humanos, agora, ele começa criando um novo homem, deixando para o final o novo céu e a nova terra.

Para Deus, domingo é o dia em que fica mais ocupado. Mais pessoas tornam-se nova criatura em Cristo no domingo do que em qualquer outro dia da semana. O Espírito foi derramado no domingo, portanto é um dia de celebração para os cristãos. Na igreja primitiva, porém, o domingo nunca fora um dia de descanso – tanto judeus como gentios trabalhavam nesse dia. Durante 300 anos, os cultos dominicais eram conduzidos logo cedo, no raiar do dia, ou bem tarde da noite, e não às 11 horas ou às 18h30, como acontece hoje. Os judeus descansavam somente no sábado. Os gentios convertidos descansavam todo décimo dia do mês, e os escravos não tinham dia de descanso. Considerando que os escravos representavam a maioria dos primeiros cristãos, durante 300 anos eles não puderam guardar o domingo.

Em uma igreja constituída por judeus e gentios convertidos, contudo, era grande a tensão no que se refere aos dias especiais. Os judeus guardavam o *shabat* como seu dia especial e os gentios não tinham esse costume. Paulo explica que se trata, exclusivamente, de uma questão de escolha com base nas convicções pessoais.

Hoje, quando enfrentamos questões semelhantes, precisamos ter o mesmo tipo de flexibilidade. O Senhor pode nos direcionar a fazer algo específico, o que não quer dizer que tenhamos de exigir que todos façam o mesmo.

O esboço apresentado nas páginas 284–285 demonstra que Romanos não é um tratado doutrinário em sua essência. Nessa carta, Paulo usa a doutrina com propósitos práticos.

Agora que consideramos o motivo da carta, vamos avaliar alguns de seus temas principais. Não é meu objetivo oferecer um comentário aprofundado sobre a carta, mas posso lhes dar alguns parâmetros para a leitura.

Palavras-chave em Romanos

Uma análise das palavras-chave nos revela quais são os principais temas.

Deus

Há mais menções à palavra "Deus" do que a qualquer outra: são 153 ocorrências. Paulo enfatiza que os convertidos em Roma fazem parte do povo de Deus (quer sejam judeus ou gentios). Deus é quem está no centro da igreja de Roma. Os títulos "Cristo" e "Senhor" aparecem 65 e 43 vezes, respectivamente.

Lei

A palavra "lei" ocorre 72 vezes em Romanos. Já observamos que Paulo precisava lidar com as tendências legalistas dos judeus.

Pecado

"Pecado" é outra palavra usada com frequência, com 48 ocorrências. Paulo aborda o problema do pecado presente tanto entre os incrédulos que viviam em Roma como entre os convertidos. Ele diz que não importa onde o pecado esteja concentrado – em convertidos ou em incrédulos – Deus a ele se opõe. Os cristãos são justificados pela fé, mas serão julgados pelas obras, porque as obras são o fruto da fé. A questão do pecado tem importância, sim, para o cristão.

Fé

A palavra "fé" é mencionada 40 vezes. É a fé que une judeus e gentios. Antes estavam unidos pelo pecado, agora eles estão unidos pela fé, porque por meio dela ambos são filhos de Abraão.

Justiça

A justiça, particularmente a justiça de Deus, é o conceito-chave que Paulo associa à fé. Graças à carta aos Romanos, Martinho Lutero, o principal responsável pela Reforma, entendeu a importância da justificação pela fé. A frase que antes o atemorizava – "a justiça de Deus" – ganhou um novo sentido quando ele descobriu tratar-se de algo que Deus queria nos conceder por meio da fé. Jamais devemos nos esquecer de que a cruz foi uma dupla substituição. Jesus não somente tomou sobre si nossos pecados, como também nos transferiu sua justiça. Não se trata meramente de uma transação através da qual escaparemos do inferno.

Essa justiça de Deus pode ser algo difícil de compreender. A maioria de nós, quando ouve a palavra "arrependimento", pensa imediatamente em arrepender-se de todas as más ações, mas não necessariamente das boas ações, o que é bem mais difícil. Paulo revela que, no que diz respeito à sua própria justiça, considerava-a como lixo. O profeta

Isaías também foi franco. Segundo ele, a justiça de Israel era como trapos de imundícia – panos sujos de menstruação – algo que, certamente, não se deseja mostrar em público. Paulo está afirmando que *nossa* própria justiça pode ser a maior barreira para nosso relacionamento com Deus. Quando pregamos sobre esse tema, são as pessoas "boas" que mais se aborrecem. Aqueles que têm consciência de sua maldade serão os primeiros a atender ao apelo.

É raro ouvir um pregador convidar os ouvintes a se arrependerem de suas boas ações. No entanto, mais do que qualquer outra coisa, são as boas ações que podem manter as pessoas longe do céu. Também é raro ouvir alguém clamar por misericórdia em uma reunião de oração, e isso é trágico, pois Deus é cheio de misericórdia e está pronto para concedê-la aos que pedirem.

O conceito de justiça apresentado por Paulo vai muito além da preocupação de que seus ouvintes estejam seguros diante da morte. O sentido da palavra "salvação" está mais relacionado ao conceito de "resgate" e "reciclagem" do que ao de "segurança". É grande o número de pessoas que desejam sentir-se seguras, como se tivessem em mãos uma passagem que garantisse sua entrada no céu. Já o processo de reciclagem é mais demorado. No Novo Testamento, a palavra "salvo" ocorre em três tempos verbais distintos. Fomos salvos, estamos sendo salvos, e seremos salvos. Paulo usa termos teológicos para descrever o processo que corresponde a três momentos diferentes – justificação, santificação e glorificação. Vamos avaliar o significado de cada um desses termos.

Justificação
Na Nova Guiné, há uma Bíblia escrita em inglês *pidgin*.[10]

---

[10] NdT: Língua criada, geralmente de forma espontânea, fruto da necessidade de falantes de línguas distintas estabelecerem situações comunicativas.

Em lugar de "justificação", ela traz a excelente tradução "Deus diz que está tudo certo comigo". Justificação significa ser visto por Deus com bons olhos. Uma linda bênção, porém, é apenas o início da salvação. Na justificação, Deus nos liberta da punição do pecado, que é resultado do rompimento de nosso relacionamento com ele. Deus declara que somos justos. A maioria das religiões defende que, antes de nos acertarmos com Deus, primeiro devemos endireitar a nós mesmos. No cristianismo, no entanto, Deus primeiro afirma que está tudo certo conosco.

Muitas pessoas, porém, pensam que isso é suficiente. Creem ter alcançado seu destino quando foram justificadas, mas, na realidade apenas zarparam da plataforma certa.

Santificação

Trata-se da segunda parte do processo de salvação. Uma vez que fomos libertos da punição do pecado, desfrutamos de um relacionamento, outrora rompido, agora restaurado, e somos então libertos do poder do pecado. As cadeias do pecado foram rompidas e a santificação se dá por meio da fé, assim como acontece com a justificação. Somos justificados pela fé e somos santificados pela fé. Não temos de produzi-la por nós mesmos, mas seguir confiando a cada momento, dia após dia.

Glorificação

"Glorificação" refere-se ao final de todo o processo, quando seremos completamente libertos da presença do pecado – tempo em que viveremos em um mundo onde poderemos desfrutar de tudo, um mundo no qual não haverá tentação. Nesse momento, poderemos finalmente afirmar com grande confiança: "Uma vez salvo, salvo para sempre".

Imputada e transferida

Essas considerações estão associadas à distinção que os teólogos fazem entre justiça imputada e justiça transferida. Somos justificados com base na fé em Cristo, a fim de que sua justiça cubra nossa injustiça. A figura usada é a de nos "revestirmos" de Cristo – como uma roupa nova – quando nele somos batizados. Revestimo-nos dele para que Deus, olhando para nós, veja somente a imagem de Cristo. Estamos escondidos em Cristo. E sua justiça nos é imputada [creditada]. Deus deseja transferir sua justiça a nós, e não apenas creditá-la. Esse processo é o da santificação.

Portanto, no momento em que cremos, somos justificados, mas Deus deseja que também nos tornemos justos (i.e. santificação). Esse processo será definitivamente concluído quando ressurgirmos em glória e o contemplarmos como ele é (i.e. glorificação).

É curioso observar que, embora o enfoque de Paulo no início da carta esteja em sua mensagem, ele não fala sobre ela no final da carta, mas sim sobre seu método de evangelismo. Paulo diz: "Vocês ouviram minha mensagem, testemunharam a forma como vivi e presenciaram sinais e maravilhas, tudo isso por meio do Espírito Santo, sendo assim, eu lhes comuniquei plenamente o Evangelho". Para nós, a lição é clara: além de anunciar o Evangelho, devemos demonstrá-lo.

Esboço da carta

Quando se trata de analisar a carta propriamente dita, meu principal conselho é que você a leia uma vez e não deixe de lê-la outras vezes. Há várias formas de dividi-la. A mais simples delas é segmentá-la ordenadamente em "fé", "esperança" e "amor". Os capítulos 1–4 tratam da fé. No capítulo 5, Paulo começa a falar de esperança. A fé olha para o passado e para o que Deus realizou por meio de Cristo. A esperança mantém os olhos no futuro, naquilo que Deus fará não apenas com os gentios, mas também com Israel.

Então, os capítulos 12–16 introduzem a terceira palavra: amor. Paulo preocupa-se com o tempo presente e com a maneira como os convertidos colocam sua fé em prática – na igreja e na sociedade.

Tendo em mente esse esboço geral, podemos analisar a carta em maior profundidade:

Prólogo – A mensagem de Paulo – uma única salvação para judeus e gentios

1. Justiça de Deus
    (a) Juízo para o pecador que está sob a ira
    (b) Justificação para o santo pela fé

2. Reconciliação por intermédio de Cristo
    (a) A morte é o salário do pecado
        – Ele morreu pelos pecadores
    (b) O domínio sobre o poder do pecado
        – Morremos para o pecado

3. Renovação no Espírito Santo
    (a) Escravidão da lei na carne
        – Derrota e desespero
    (b) Liberdade de vida no Espírito
        – Conquista e confiança

Pertencemos ao mesmo Deus

1. No passado, Israel foi escolhido
2. No presente, Israel é teimoso
3. No futuro, Israel será salvo

Vivemos no mesmo mundo
1. Nossa atitude pessoal – no serviço e no sofrimento
2. Nosso comportamento em público – na sociedade e na comunidade
3. Nossa fraternidade prática – na aflição e na alegria

Epílogo
O método de Paulo – pregação, obras e sinais

Saudações individuais

Israel
Embora minha intenção não seja oferecer um estudo do tipo comentário sobre a carta aos Romanos, a perplexidade dos leitores diante dos capítulos 9–11 requer que nos aprofundemos nos ensinamentos de Paulo sobre Israel.

A escolha de Israel no passado (Romanos 9)
Paulo expressa sua profunda tristeza por seu povo. Chega a afirmar que estaria disposto a ir para o inferno se isso os levasse ao céu. Explica que, mesmo tendo tudo a seu favor, eles haviam rejeitado aquele a quem Deus enviara. Mas isso não significa que Deus havia feito uma escolha errada. Ele não esperava que todos os judeus cressem em Jesus, pois nem todos haviam sido escolhidos. Paulo usa exemplos da história de Israel para explicar seu ponto de vista.
   1. *Ismael e Isaque.* Deus escolheu Isaque e não Ismael, o mais velho. Abraão havia tentado controlar seu próprio futuro, antecipando-se por meio de uma união com Hagar, o que não invalidou a escolha divina de relacionar-se com o filho da promessa.
   2. *Jacó e Esaú.* Outra vez, o mais jovem, apesar de sua trapaça, herdou a bênção no lugar do mais velho.

3. *Moisés e o faraó.* Paulo explica a ação da mão divina no endurecimento do coração do faraó – deixando implícito que Deus assim decidira fazer em resposta à relutância do próprio faraó em obedecer-lhe.
4. *Gentios e judeus.* Assim como Deus havia escolhido um indivíduo e rejeitado outro, conforme os exemplos do Antigo Testamento, agora ele também escolhia os gentios e, durante certo tempo, "rejeitava" os judeus. Ele não está "decepcionado" com a presente situação – ela é fruto de sua decisão.

O ensinamento de Paulo sobre a predestinação está implícito em seu argumento e pode ser resumido da seguinte forma:
1. Deus não tem qualquer obrigação de ser misericordioso com ninguém.
2. A escolha de Deus é baseada em um propósito: mostrar sua ira e seu juízo.
3. Os que são escolhidos para receber sua justiça a merecem (e.g. Faraó teve várias oportunidades de mudar de ideia). Os escolhidos para receber sua misericórdia não a merecem.

A presente teimosia de Israel (Romanos 10)
Sob a perspectiva humana, Paulo ensina que temos a responsabilidade de manter um relacionamento reto com Deus. No entanto, temos duas escolhas:
1. Obras (a lei) – Confiança pelo cumprimento da lei. Por esse método, buscamos produzir nossa própria justiça. Obviamente, estamos fadados ao fracasso – mas essa, de forma geral, era a postura da nação judaica.
2. Pregação (do Evangelho) – Confiança no Senhor. Por esse método, a justiça de Deus nos é concedida. Reconhecemos nossa incapacidade de guardar a lei, e olhamos para aquele que obedeceu à lei em sua totalidade.

A futura salvação de Israel (Romanos 11)

Em resposta à consideração de que Deus tenha rejeitado seu povo, Paulo destaca que Deus sempre reservou um remanescente. É verdade que o coração de alguns judeus foi endurecido, mas isso não significa que não haja recuperação para o povo como um todo. Os gentios, portanto, não deveriam gabar-se de terem sido incluídos na aliança do povo de Deus, pois assim como os judeus haviam sido "cortados" da oliveira, eles também poderiam ser; e da mesma forma como os gentios foram enxertados, os judeus também poderiam voltar a ser parte da oliveira. E um dia, assim será. Esse é um "mistério", que na Bíblia significa "um segredo que agora pode ser revelado".

Conclusão

Embora muitos imaginem que Romanos seja uma obra teológica sem muita conexão com a atividade missionária de Paulo, nossa análise demonstra que a carta é profundamente prática. Ao abordar as desagradáveis questões que afetavam a unidade da igreja, Paulo nos ajuda a discernir a forma como a igreja deve desenvolver-se a partir de suas raízes judaicas, trazendo à luz, uma geração após a outra, as questões essenciais de fé para o povo de Deus. Como tal, é considerada a obra mais excelente de Paulo, pelo pensamento lógico e claro que encontramos no texto. Muitos cristãos guardam na memória trechos da carta aos Romanos, tal o apreço que têm por ela. Esse é, portanto, um livro essencial à vida de qualquer cristão. Aconselho fortemente que o leiam e releiam até compreenderem sua mensagem.

48. COLOSSENSES

Introdução

Quando o apóstolo Paulo se via impossibilitado de visitar as igrejas, costumava enviar-lhes uma carta. Em muitas ocasiões, ele foi informado a respeito de uma situação, mas não pôde abandonar seu trabalho para dedicar sua atenção ao problema. Próximo ao final de seu ministério, as cartas tornaram-se seu único meio de comunicação, em virtude do longo tempo que passou aprisionado: dois anos em Cesareia, à espera do julgamento, e mais dois anos em Roma. Em Roma, ficou em prisão domiciliar, algemado a um soldado romano, mas podia receber visitas, e foi graças à visita de um homem chamado Epafras que a carta aos Colossenses veio a ser escrita.

Paulo escreveu três tipos de cartas: pessoais [direcionadas a indivíduos], conhecidas na Bíblia pelos nomes dos destinatários; cartas ocasionais, para tratar de uma situação específica em determinada igreja; e cartas gerais, destinadas à circulação geral e que não tratavam de problemas específicos. Quando escreveu Colossenses – uma carta ocasional – Paulo também escreveu uma carta individual a Filemom e uma carta geral conhecida como Efésios, com o propósito de ser lida em várias igrejas, apesar de ter sido direcionada a uma igreja. Elas foram enviadas ao mesmo tempo, à mesma região e por um mesmo mensageiro, Tíquico.

Como vimos, as cartas de Paulo seguem o padrão que era comum no Mundo Grego Antigo. A ordem era: nome do remetente, endereço do destinatário, saudações iniciais, um elogio, o conteúdo essencial da carta, um resumo, a saudação final e uma assinatura. No entanto, apesar da inclusão de um resumo final, a "ocasião" que motivou a carta nem sempre fica clara de imediato. É como ouvir apenas um lado de uma conversa ao telefone. Precisamos ler nas entrelinhas para entender por que a carta foi escrita.

Colossos

O contexto geográfico da carta nos oferece a primeira pista. Colossos localizava-se na parte ocidental da Turquia, em um vale próximo às cidades de Hierápolis e Laodiceia. Na época de Paulo, Colossos havia perdido sua importância em comparação às duas cidades vizinhas, mas o vale onde estava situada era muito valorizado. Na região montanhosa, havia fontes termais formadas por depósitos de minérios. Essa estância é conhecida como Pamukkale, ou castelo de algodão. Os turistas banham-se nas águas quentes e salgadas e se deitam ao sol diante de suas encostas brancas, embora a cidade propriamente dita não exista mais.

Colossos ficava na margem sul do rio Lico, um afluente do rio Meandro, cujo caminho sinuoso dá nome à característica geográfica de um curso de água com curvas acentuadas. Localizava-se em uma importante rota de comércio entre Éfeso e o rio Eufrates e, por essa razão, tinha uma população mista. Viajantes de toda a Europa fizeram daquele lugar o seu lar. Aos frígios, naturais de Colossos, somaram-se os gregos que ali se estabeleceram na época de Alexandre, o Grande. Os judeus vieram para explorar as oportunidades comerciais e, é claro, a influência dos romanos havia se fortalecido à medida que seu império se expandia. No século 7º d.C., os sarracenos transformaram Colossos em uma cidade sarracena, mas independentemente de quem a governasse, a cidade preservou sua vocação cosmopolita.

Em virtude da população mista, a cidade tinha muitas religiões. Hoje, nós a chamaríamos de uma cidade pluralista, sem uma fé dominante. Como veremos a seguir, essa cultura religiosa ajuda a explicar a abordagem de Paulo. Podemos identificar seis vertentes principais de fé religiosa.

Animismo e superstição
Os frígios, naturais de Colossos, acreditavam no poder dos chamados espíritos primitivos (elementares), seres que exerciam seus poderes sobre o mundo natural e através dele. Sendo assim, um espírito poderia controlar um rio ou uma árvore, ou residir em uma montanha – e as encostas brancas de Pamukkale contribuíam para reforçar essa crença. O resultado era uma cultura baseada em superstição e medo, pois os adoradores se dedicavam a acalmar os espíritos para garantir uma vida tranquila. Uma crença muito semelhante à dos indígenas nos dias de hoje. Alguns segmentos do movimento ambientalista apresentam semelhanças com essa postura.

Astrologia
Também prevalecia a crença de que as estrelas e os planetas tinham poder para influenciar a vida do ser humano. É provável que essa visão tenha sido disseminada pelos viajantes do Oriente, que perceberam o interesse dos moradores locais e aproveitaram para introduzir uma nova vertente religiosa. Mais uma vez, encontramos paralelos nos tempos modernos. Na Inglaterra, seis em cada dez homens e sete entre dez mulheres leem o horóscopo diariamente. Alguns chegam a tomar decisões profissionais baseando-se na sugestão dos astros.

Deuses gregos e romanos
Todos os deuses e deusas da Grécia e de Roma estavam representados em Colossos, bem como as práticas pagãs a eles associadas. Alguns acreditavam que os deuses exigiam uma rígida abstinência de desejos carnais e físicos,

como alimento e sexo; outros pensavam que os deuses aprovavam o comportamento sexual pervertido, que se tornara característico da vida romana.

Religiões misteriosas
Eram religiões orientais geralmente descritas como gnósticas – uma derivação da palavra grega *gnosis*, que significa "conhecer", cujo antônimo é "agnóstico". Um agnóstico é aquele que desconhece, porém um gnóstico é alguém que acredita ser "conhecedor", geralmente por compreender segredos especiais através da experiência espiritual. Havia em Colossos certos ritos de iniciação, bem como pessoas que acreditavam ser possível progredir para a perfeição espiritual por meio de ritos especiais. O gnosticismo se constituiu uma ameaça para a igreja dos primeiros séculos e, embora tenha recebido nomes diferentes, ainda permanece na igreja cristã contemporânea.

Judaísmo
O estilo de judaísmo praticado em Colossos diferenciava-se em muitos aspectos daquele praticado na Terra Santa. Era mais filosófico, menos moral e mais místico do que o judaísmo de Israel, em parte, em decorrência da influência gnóstica. Era repleto de especulação e, como tal, muito atraente e interessante para o povo. Valorizava a posição dos anjos como agentes tanto da criação como da outorga da lei. Acreditava-se que os anjos controlavam a comunicação entre Deus e o povo. Havia também, no entanto, um tipo de reverência mais tradicional dedicada ao calendário judaico e às leis referentes à alimentação.

Cristianismo
A fé cristã não havia chegado a Colossos por meio do apóstolo Paulo. Não há indícios de que ele sequer tenha

visitado a cidade. Epafras, o homem que visitara Paulo na prisão, havia plantado a igreja. Atos nos conta que Paulo passou dois anos em Éfeso pregando e debatendo diariamente no auditório de Tirano. Lucas recorda que a palavra de Deus se tornara conhecida por toda a Ásia. Epafras converteu-se através da pregação de Paulo e levou o Evangelho à sua cidade natal, Colossos. Paulo, portanto, escrevia à igreja tendo como base o relatório que havia recebido de Epafras, uma das razões pelas quais há tantas saudações. Ele menciona Aristarco, Marcos, Demas, Lucas e o próprio Epafras, descrevendo-o como um trabalhador incansável, que orava incessantemente por eles. Essa falta de conhecimento pessoal, contudo, significa que Paulo não tinha autoridade sobre eles e, por isso, seu tom é relativamente sereno e gentil em todo o texto.

Falsos ensinamentos

Há um debate interminável entre acadêmicos e estudantes da Bíblia a respeito do que acontecia em Colossos. Percebe-se claramente que o falso ensino estava afetando a igreja, mas os estudiosos não conseguem entrar em acordo quanto ao problema específico, pois, na análise dos contra-argumentos de Paulo, não se percebe menção a qualquer religião ou seita.

É evidente que ele não estava enfrentando o rígido ensino judaico que encontrara em outras igrejas. Também está claro que não estava enfrentando a astrologia ou religiões misteriosas. Seus argumentos, no entanto, parecem responder a uma mescla de religiões e filosofias, portanto a única conclusão que condiz com as evidências é acreditar que Paulo estava se posicionando contra todas as ideologias da cultura na qual Colossos estava inserida. Há muitas semelhanças com o que hoje conhecemos como Nova Era, pois se tratava de uma mistura de ideias e filosofias, sem um código de doutrina específico. Assim como a Nova Era, era mais um estado de espírito do que uma crença específica. A fusão do cristianismo com outras religiões ou ideias é conhecida como sincretismo, e Paulo sabia que o sincretismo poderia destruir a fé da igreja, pois quando a fé cristã se funde em outras crenças, a mensagem de Cristo perde sua proeminência.

Paulo, portanto, escreveu contra filosofias vazias e enganosas que supostamente ofereciam liberdade e plenitude, se propunham a vencer os poderes malignos e enalteciam o jejum. Ele afirma que a igreja fora iludida a acreditar que Cristo não era suficiente. A esse respeito, a carta tem uma mensagem muito importante para a igreja do século 21, pois nos lembra dos perigos das práticas religiosas que se instalam na igreja, quer tenham raízes pagãs ou sejam aparentemente bíblicas. Para muitas pessoas, o cristianismo é uma religião – eu chamo de "igrejismo" – pois nada mais é que um ritual, com pouca atenção dedicada ao Jesus da Bíblia. Por outro lado, as práticas associadas às religiões pagãs também estão se infiltrando na igreja. Alguns cristãos, por exemplo, defendem a prática da reflexologia e da ioga.

Os efeitos do sincretismo

Considerando que a resposta de Paulo ao sincretismo seja um elemento importante da carta, devemos avaliar as duas principais consequências na igreja de Colossos.

A imanência de Deus

Os convertidos haviam perdido o senso da imanência de Deus. Os cristãos creem que Deus é tanto transcendente (soberano) como imanente (pessoal), o que significa que ele está, ao mesmo tempo, muito acima de nós e ao nosso lado. Essa verdade é um paradoxo. Se você se ignorar um dos aspectos de sua natureza, perderá a fé cristã em Deus. Deus é, simultaneamente, maior que o universo e tão próximo como o ar que respiramos. Os colossenses, portanto, viam Deus como um ser distante, praticamente fora do alcance. Por essa razão, preenchiam essa lacuna com crenças em anjos e espíritos, pensando ser necessário usar um canal intermediário de comunicação com Deus. Eles haviam, portanto, exacerbado sua crença na transcendência de Deus e, como resultado, corriam o risco de não perceber sua graciosa presença.

A preeminência de Cristo
Em parte, a crença na necessidade de intermediários surgiu quando, comparado à visão elevada que tinham de Deus, Jesus lhes pareceu ser demasiadamente inferior. Assim, embora Paulo elogiasse a igreja por seus sinais de fé, ele não se comoveu com o que Epafras lhe contara a respeito da doutrina da igreja. Os colossenses haviam perdido a fé na preeminência de Cristo, que agora era colocado lado a lado com outros seres. Não mais percebiam a posição de Cristo como Senhor da criação e cabeça da igreja – assim como fazem hoje as Testemunhas de Jeová, que veem Jesus como criatura, não como o próprio Deus.

Comportamento regrado

Paulo menciona duas práticas essencialmente não cristãs que haviam se tornado parte de suas vidas.

Observância de um calendário
Os colossenses haviam começado a observar as festas anuais, mensais e semanais, embora não se encontre no Novo Testamento indícios de observância de um calendário por parte

dos cristãos – na realidade, o calendário que a igreja segue é, em grande parte, um calendário pagão incorporado ao cristianismo.

Essa observância de datas oferece um excelente exemplo de sincretismo que nos faz questionar a celebração do Natal. Apesar de a maioria dos cristãos aceitar a celebração do Natal, não há um único versículo no Novo Testamento que nos instrua a fazer algo especial nessa data. Na realidade, os festejos natalinos originam-se na festa pagã do solstício de inverno – uma comemoração do "renascimento" do sol, em 25 de dezembro. Esse ritual tornou-se "cristão" em 597, quando Agostinho foi enviado pelo papa Gregório para evangelizar a Inglaterra e descobriu que o povo local não aceitava mudanças em suas celebrações. Essas festas incluíam bolos, cânticos e orgias do festival *yule* [época natalina]. Cada vilarejo elegia um "senhor da desordem" [um tipo de rei momo] que, durante os "12 dias do Natal", podia ter uma jovem de sua escolha. O conselho do Papa, portanto, foi "cristianizar" o festival. Como consequência, a pessoa de Cristo foi reduzida à imagem de um bebê na manjedoura e, como tal, frequentemente preterida.

Também não há instruções específicas para a celebração da Páscoa. Cristo ressurge "todos os dias" e sua vida deve ser sempre desfrutada e celebrada. Nem mesmo a observância do domingo é ordenada no Novo Testamento. Somos livres para guardar o domingo, de acordo com nossas próprias convicções, e temos liberdade para considerar todos os dias como o dia do Senhor, se assim preferirmos. Não estamos debaixo de uma lei que nos obriga observar o domingo, o Natal ou a Páscoa e, no entanto, muitos cristãos parecem agir como se estivéssemos.

Abstinência
A prática grega da abstinência de prazeres físicos dentro do casamento era popular em Colossos. Alguns chegavam a proibir o casamento, afirmando que o celibato era

preferível. A abstinência de alimentos também era popular, sendo que havia uma lista do que não deveria ser tocado ou provado. Paulo precisou lhes dizer que Deus deu todas as coisas para nosso deleite. Um cristão é livre tanto para jejuar como para se fartar, segundo seu próprio desejo e sua própria consciência.

O ensinamento de Paulo deixa claro em Colossenses, e em outras cartas como Gálatas e Romanos, que ser cristão não é fazer jejum de doces na quaresma, mas abrir mão de atitudes e práticas que desagradam a Deus, como o orgulho, a luxúria e a inveja. É viver continuamente em Cristo, todos os dias de nossa vida. Nesse sentido, portanto, cada dia é especial.

Esse tema da abstinência dos prazeres físicos pode ser observado de forma especial na vida de Martinho Lutero. Em seus dias como monge, ele procurava salvar a si mesmo através da observância do que, segundo sua compreensão, eram práticas apropriadas. Orava diariamente aos três santos e açoitava o próprio corpo até cair em sua cela, inconsciente. Saía em peregrinação e subia de joelhos os degraus sagrados em Roma. Ainda assim, não encontrava paz. Seu professor lhe perguntou: "Se você eliminar os santos, as relíquias, as peregrinações e as preces e todas essas práticas devocionais, o que colocará no lugar?". Martinho Lutero respondeu: "Cristo. O homem precisa somente de Jesus Cristo". Foi assim que teve início a Reforma Protestante. Ela removeu as práticas desnecessárias da religião e devolveu Cristo ao lugar que lhe era devido.

A plenitude divina no eterno Cristo

Paulo enfrenta os falsos mestres conforme as regras por eles determinadas. O intuito desses mestres era mostrar que a "plenitude" poderia ser encontrada através de suas práticas, por isso Paulo usa a mesma palavra quando descreve Cristo. Ele declara que "em Cristo habita corporalmente toda a plenitude da divindade". Charles Wesley registrou esses sentimentos em um hino: "Cristo, eternamente honrado, do seu trono se ausentou! E entre os homens, encarnado, Deus conosco se mostrou". Paulo está explicando que, quando temos Jesus, temos tudo de Deus.

Jesus Cristo é:

Criador do Universo
Segundo Paulo, os princípios elementares deste mundo estão sob o controle de Jesus. Esse feito foi alcançado na cruz, quando Jesus cancelou nossa dívida e subjugou aqueles que eram contra nós. A cruz, portanto, muito mais que um exemplo de entrega sacrificial, é um caminho para a vitória real e definitiva.

Triunfante sobre os poderes
Ele despojou os poderes, pois todos os principados e as potestades do universo são inferiores a Jesus. Na verdade, os tesouros da sabedoria e do conhecimento encontram-se nele. Ele é tudo em todos.

Cabeça da igreja
Além de despojar poderes e autoridades, Jesus é o cabeça da igreja. A igreja tem somente uma cabeça, não muitas. Não é uma cabeça humana, mas divina. O cabeça da igreja é Jesus e sua liderança não é delegada a nenhum outro. Se a igreja local não estiver apropriadamente conectada à cabeça, torna-se espástica, pois os canais de comunicação entre a cabeça, no céu, e o corpo, na terra, se rompem.

Toda atenção humana no Cristo exaltado

Em vista da exaltação de Cristo, todo destaque deve ser devidamente dado a ele. Paulo descreve como os convertidos são identificados com Cristo e passam por uma renovação interior. Práticas exteriores que ignoram essa obra interior são inúteis.

Pureza nas paixões

A vida de quem se converte a Cristo, portanto, deve ser desenvolvida em muitas áreas práticas. Paulo ensina que devemos nos "despir" da paixão natural pelo mal e voluntariamente nos "revestir" de Cristo. A concupiscência, a ganância, a ira e a malícia não devem fazer parte da vida de um cristão. Paulo fala em fazer morrer tal natureza.

Caridade na igreja

Para o cristão, o olhar firme em Cristo também significa uma mudança nos relacionamentos. Devemos ser como Deus na forma de agir uns com os outros – em humildade, compaixão, bondade, perdão e amor. O cristão deve viver como alguém cuja mente está voltada para as coisas do alto, e o caráter de Deus oferece o modelo perfeito.

Harmonia no lar

Paulo se preocupa em demonstrar que a vida cristã se estende ao lar, por isso ele descreve os principais relacionamentos domésticos: entre maridos e mulheres, entre pais e filhos, entre senhores e escravos (pois esses também faziam parte da casa). É preciso que haja mutualidade de relacionamento, com cada parte desempenhando seu papel no contexto do relacionamento. Ele usa a palavra "submissão" para descrever a maneira como as pessoas deveriam reagir – submissão das esposas aos maridos, dos filhos aos pais e dos escravos aos senhores. Simultaneamente, no entanto, sobre os maridos, pais e senhores recai a responsabilidade de amar de forma sacrificial os que a eles se submetem.

Conclusão

Podemos tirar duas conclusões da epístola aos Colossenses.

Negativa

A primeira é que Paulo afirma ser possível que uma pessoa que tenha começado a trilhar o caminho para a salvação jamais alcance seu destino. Essa conclusão não é exclusiva dessa carta ou de Paulo, pois pode ser encontrada em outras passagens do Novo Testamento, especialmente em Mateus e Hebreus. Paulo afirma que não devemos nos afastar da esperança do Evangelho, pois só chegarão ao céu aqueles "que continuarem alicerçados e firmes na fé". Ele os adverte dizendo que não escaparão da ira de Deus, no dia final, aqueles que dão lugar às paixões terrenas. Percebemos certa urgência em seu ensino, pois ele se preocupa com a possibilidade de a igreja se desviar do seu chamado, que pode ser sufocado pela multidão de conceitos que afligiam os convertidos. A certa altura, ele usa as palavras "ser feito presa" ao descrever o que pode acontecer, pois é como se eles estivessem abrindo mão de sua liberdade em Cristo. Se retomarem as práticas religiosas, perderão tudo.

Positiva

O lado positivo da carta é a mensagem de que, depois de crermos em Cristo, devemos continuar a confiar nele. A carta está repleta de exortações para permanecermos nele. Assim como Jesus prometeu que seríamos frutíferos se, tão somente, permanecêssemos nele, Paulo também admoesta os colossenses a manterem os olhos fitos em Cristo se realmente desejam agradar a Deus. No capítulo 2, portanto, ele frisa que, tendo recebido a Cristo, eles deveriam então continuar a viver nele.

Não basta apenas dar um único passo de fé em Cristo. Devemos nos firmar, nos edificar e nos estabelecer nele. Precisamos permanecer firmados em Cristo durante toda a caminhada. O ensino de Paulo é semelhante ao do próprio Jesus, quando afirmou: "Eu sou a videira verdadeira. Permaneçam em mim. Todo ramo que não estiver em mim será cortado e queimado" (João 15). Desse modo, mesmo sem conhecer os membros da igreja, a preocupação de Paulo era que eles perdessem o que originalmente haviam encontrado em Cristo.

49.
Efésios

Introdução

É praticamente certo que a carta de Paulo aos Efésios tenha sido escrita simultaneamente à carta aos Colossenses. Vários elementos indicam essa possibilidade.

Em primeiro lugar, a semelhança dos temas encontrados em Efésios e Colossenses é tão grande, a ponto de alguns sugerirem que Efésios tenha servido de modelo para a carta aos Colossenses. Colossenses foi escrita como uma defesa contra o sincretismo e oferece uma clara exposição da fé e conduta cristã. Efésios também trata desse tema. As semelhanças incluem: a igreja retratada como o corpo de Cristo; o vocabulário para descrever os relacionamentos domésticos; e a menção à questão da escravidão. (O tema "escravidão" também é tratado em sua carta a Filemom, provavelmente escrita nessa mesma época.)

Em segundo lugar, Paulo manifestou o desejo de que a carta aos Colossenses fosse lida não apenas em Colossos, mas também em Laodiceia e Hierápolis – duas outras igrejas da região do vale do rio Lico – sugerindo que essas comunidades passavam pelos mesmos problemas tratados na carta. Se considerarmos que Éfeso ficava a aproximadamente 200 quilômetros de distância dessas cidades, não é um contrassenso imaginar que problemas semelhantes estivessem afetando aquelas igrejas também, especialmente se considerarmos que Efésios seja uma carta do tipo geral, pois não foi destinada especificamente à igreja de Éfeso. A expressão "de Éfeso" não aparece em alguns dos primeiros manuscritos.

Além disso, a ausência de saudações pessoais pode ser um indicador de que a carta não se destinava exclusivamente à igreja de Éfeso, pois seria de esperar que, tendo passado dois anos na cidade, Paulo mencionasse algumas pessoas, como o faz nas demais cartas.

Contudo, tendo observado a semelhança com Colossenses, também devemos estar cientes de que Efésios distingue-se de outras epístolas de Paulo por não se propor a responder questões específicas levantadas pelos leitores. Em uma carta geral como esta, Paulo não fala de falsos ensinamentos como o faz em outras cartas, nem mesmo trata de quaisquer problemas ou responde a perguntas específicas.

A cidade

Éfeso localizava-se na intersecção de vias importantes que ligavam cidades de leste a oeste e de norte a sul. Éfeso era a porta de entrada para o interior da Ásia, abrigando viajantes do Egito, da Pérsia, da Grécia e de Roma. Na época de Paulo, era uma das principais cidades portuárias. Com o tempo, o porto foi assoreado e, atualmente, as ruínas de Éfeso ficam a poucos quilômetros da cidade de Ayasohuk [também conhecida como Selçuk]. Como uma das 12 cidades da Liga Jônica, Éfeso era um centro comercial e financeiro, tinha um teatro com capacidade para 24 mil pessoas e um imenso templo pagão com medidas aproximadas de 140 metros de comprimento por 70 de largura. O templo era dedicado a um meteorito negro que caíra em Éfeso. Tratava-se de um grande bloco de material escuro e brilhante, recoberto por saliências que lembravam o formato de seios. Foi considerado um sinal da deusa Diana (Ártemis em grego) e, por essa razão, a cidade tornou-se o berço do culto aos seios femininos. Esse meteorito em forma de múltiplos seios foi colocado no altar, e miniaturas em prata passaram a ser reproduzidas. Os turistas adquiriam as pequenas esculturas em prata e as levavam para casa como objeto de decoração.

A igreja

Há mais informações sobre a igreja de Éfeso do que sobre qualquer outra igreja do Novo Testamento. Os primeiros detalhes a seu respeito aparecem em Atos 18–20, por ocasião da visita de Paulo. Houve uma extensa troca de correspondências envolvendo essa igreja: além desta carta, sabemos que 1 e 2 Timóteo foram endereçadas a Éfeso – onde estava Timóteo – e incluíam detalhes sobre essa igreja. Em Apocalipse, uma das cartas é endereçada à igreja de Éfeso, e as três epístolas de João, além de seu Evangelho, foram redigidas em Éfeso, onde o apóstolo João estabelecera-se com Maria, mãe de Jesus.

Em registros extrabíblicos, também encontramos indícios de que a igreja de Éfeso estava bem estabelecida. Éfeso foi uma cidade importante na história do início da igreja, servindo de sede para o Concílio de Éfeso, em 431 d.C. Hoje, um visitante pode ver as ruínas da igreja de São João, bem como seu túmulo. É praticamente certo que esse seja o local onde morreu o apóstolo, já em idade avançada.

Paulo esteve na cidade por dois períodos que totalizaram dois anos, durante os quais a igreja cresceu. Tão popular era a fé e tão imediata a resposta à mensagem de Jesus, que o comércio das bugigangas de Diana foi afetado. Foram tantas as pessoas que trocaram a adoração à Diana pela adoração ao Deus verdadeiro que Paulo enfrentou problemas com os ourives. O comércio de estátuas de meteorito prateado praticamente se extinguiu.

A estrutura da carta

Aparentemente, Paulo entendeu que o melhor a fazer para evitar que as heresias da Ásia arruinassem a igreja era enviar uma carta que sintetizasse a fé e o comportamento cristãos. Essa carta é o que mais se aproxima de um resumo do Evangelho de Paulo, visto que Romanos não é a declaração de seu Evangelho que muitos acreditam ser. Efésios é mais sistemática do que qualquer outra carta e muitos a consideram a mais excelente das cartas de Paulo, chamando-a de "Rainha das epístolas".

A estrutura da carta é muito clara. Basicamente, a primeira metade trata de nosso relacionamento com Deus em Cristo, e a segunda, de nosso relacionamento com os outros, no Senhor. Quando Paulo escreve a respeito de nosso relacionamento com Deus, ele usa a palavra "Cristo", porém quando escreve sobre nossos relacionamentos uns com os outros, ele usa "Senhor". É Cristo quem possibilita o relacionamento com Deus, e ele é o Senhor que governa nossos relacionamentos uns com os outros.

Na primeira metade da carta, portanto, Paulo expõe como a salvação alcança os que creem, e na segunda metade, ele demonstra como os crentes devem agir, agora que se converteram. É importante observar que não somos salvos *pelas* boas obras, mas *para* as boas obras.

Primeira parte	Segunda parte
Seu propósito e poder	Nossa caminhada e batalha
Relacionamento com Deus (em Cristo)	Relacionamento com outros (no Senhor)
Doutrina	Dever
Somos salvos por...	Somos salvos para...
Adoração	Aplicação
Perdão	Santidade
Justificação	Santificação
Nossa libertação	Nossa resposta
Soberania divina	Responsabilidade humana
Dentro da igreja	Fora da igreja

O mundo acredita que para ser salvo é preciso ser bom. O Evangelho, por sua vez, afirma que estamos sendo salvos a fim de que sejamos bons, e as duas ideias são completamente diferentes!

As duas palavras-chave da primeira metade são *propósito* e *poder*. Vemos o que Deus pretende fazer e observamos o poder que ele tem para alcançar esse propósito. As palavras-chave da segunda metade são nossa *caminhada* e nossa *batalha*. Devemos andar na luz, andar em amor, andar como filhos da luz e enfrentar a batalha espiritual.

O enfoque da primeira metade, portanto, está no que ocorre dentro da igreja e, o da segunda metade, no que acontece do lado de fora. A primeira metade trata das dimensões verticais do Evangelho, e a segunda, da dimensão horizontal do Evangelho.

Esses dois aspectos não devem ser desassociados. Se agirmos como se tivéssemos uma passagem garantida para o céu e negligenciarmos esses aspectos da vida cristã, então não compreendemos o Evangelho.

A estrutura da epístola nos revela algo importante sobre a doutrina da salvação, e a ordem em que aparece é fundamental. Há pessoas que acreditam que ao cristão basta "ser bom". No entanto, também é uma distorção afirmar que o cristianismo é apenas uma questão de "ser salvo". Devemos satisfazer as duas condições, na ordem correta. A maioria das religiões determina que a santificação deve ocorrer antes da justificação – uma exigência de que as pessoas sejam boas (independentemente da forma como a definam) para que Deus as aceite. O cristianismo se distingue de todas elas, pois afirma que primeiro Deus nos aceita e recebe exatamente como somos, para depois mudar nossa forma de viver, de acordo com sua vontade. A justificação deve preceder a santificação, pois a vida cristã só tem início depois de restaurado nosso relacionamento com Deus. O comportamento cristão é edificado sobre a fé cristã. O dever cristão flui da doutrina cristã.

Uma análise dos capítulos 1–3 demonstra que Paulo explica a doutrina da salvação no contexto de um culto de adoração. A "ordem" é louvor, oração, pregação, oração, louvor, e o tema do culto é o poder e o propósito de Deus.

Louvor – propósito: fazer convergir em Cristo todas as coisas
Oração – conhecer o propósito e o poder
Pregação – poder e propósito
Cristo – ressuscitou para reinar
Gentios – ressuscitaram em Cristo para a reunificação
Paulo – ressuscitou em Cristo para revelar
Oração – para conhecer o poder e o propósito
Louvor – poder para fazer infinitamente mais

O apóstolo Paulo enfatiza de forma clara a unidade judaico-gentílica. Ele faz questão de destacar que Deus destruiu a barreira de separação que havia entre judeus e gentios, exemplificada de forma poderosa pelo muro que impedia a entrada dos gentios à área sagrada do templo. O legado dessa expressiva divisão afligia a igreja primitiva, e Paulo estava particularmente ciente das implicações. Ele redige a carta na prisão, pois fora falsamente acusado de ter levado um gentio chamado Trófimo (de Éfeso, como era de se esperar) à área do templo exclusivamente destinada aos judeus.

A ênfase de Paulo à igreja como o "novo edifício" em substituição ao templo, contudo, não deve nos levar a presumir que Deus tenha rejeitado o antigo Israel. A chamada "teologia da substituição", segundo a qual a igreja substituiu Israel, é uma interpretação equivocada, pois, conforme a explicação de Paulo em Romanos 9–11, Israel ainda é o povo de Deus e tem um propósito a cumprir.

Andar no Espírito

Os capítulos 4–6 referem-se à nossa resposta ao que Deus fez. A Revised Standard Version (RSV)[11] usa em todos esses capítulos a palavra "andar", verbo que expressa muito bem a forma como devemos responder. Podemos saltar e correr no Espírito, porém Deus deseja andemos no Espírito. Andar não é tão espetacular quanto saltar e correr, mas exige um passo de cada vez na direção certa.

Paulo relaciona oito marcas que devem definir o nosso andar.

Humildade

Devemos andar em humildade, que é o segredo para a unidade. Não podemos ter unidade cristã se não formos humildes, porque onde há orgulho, a unidade é violada. Desse modo, não devemos nos incomodar demais com o que as pessoas dizem a nosso respeito – afinal, precisamos ter em mente que seria muito pior se soubessem a verdade!

Um de meus poemas preferidos destaca muito bem essa ideia:

> *Certa vez, do mais íntimo do coração, bradei um clamor*
> *"Senhor, minha mente é errante e, dos pecadores, eu sou o maior!"*
> *Ao que replicou meu anjo da guarda, sem passar omisso*
> *"Muita presunção sua, meu querido, você não é nada disso!"*

Falsa modéstia não é humildade. A verdadeira humildade emana de um coração que é grato e depende da graça de Deus para viver.

---

[11] NdT: A Revised Standard Version (RSV), como o próprio nome diz, foi uma revisão da American Standard Version, feita por um grupo de igrejas protestantes, entre 1930 e 1950.

Unidade

Em seguida, somos encorajados a andar em unidade. Paulo nos lembra que há *um* só corpo, *um* só Espírito, *uma* só fé e *um* só batismo. Há somente *um* Deus e Pai de todos nós. Sendo assim, devemos andar em unidade, porque apesar das nossas muitas desavenças, concordamos que fomos todos salvos pelo sangue de Jesus. Manter a unidade do Espírito significa estar atuante – não devemos presumir que somente porque frequentamos a mesma igreja, tudo, necessariamente, esteja bem. Precisamos nos esforçar para alcançar esse objetivo.

Maturidade

Paulo encoraja a igreja a andar em maturidade. Ele afirma que por meio da unidade chegamos à maturidade, atingindo a medida da plenitude de Jesus Cristo, e explica que apóstolos, profetas, pastores, evangelistas e mestres foram dados à igreja para nos edificar, a fim de que possamos amadurecer e crescer. A comunhão cristã começa com a unidade do Espírito e termina com a unidade *da* fé. A unidade do Espírito é preservada até que a unidade *da* fé seja alcançada. Muitos evangélicos instituíram como base da unidade um extenso acordo doutrinário e, portanto, criticam aqueles que se associam, por exemplo, a católicos carismáticos. A base da unidade, contudo, é um único Espírito. Temos comunhão com todo aquele que tenha sido batizado no mesmo Espírito. Talvez não tenhamos alcançado a plena unidade *da* fé, mas isso virá com a maturidade. O alvo é ter a mesma fé, que se origina na unidade do Espírito. Assim, sempre que encontramos uma pessoa em quem o Espírito Santo habita, sabemos que ela é parte do mesmo e único corpo de Cristo. É possível que ainda nos falte esse entendimento!

Integridade

No capítulo 5, a integridade entra em cena. Somos exortados a eliminar qualquer inconsistência entre nossa conduta e nosso discurso, que deve ser condizente com nossa condição de filhos de Deus. As instruções são bem práticas – não devemos compactuar com piadas imorais, por exemplo.

Caridade

Devemos ser caridosos uns com os outros. Devemos perdoar uns aos outros como Deus nos perdoou. Os cristãos devem ser tolerantes uns com os outros, mas intolerantes em relação ao erro e ao pecado. Um equilíbrio difícil de alcançar, porém, uma importante distinção a ser feita.

Pureza

Devemos buscar ser cheios do Espírito Santo. O verbo sugere uma ação contínua de se encher. As intenções do nosso coração devem ser puras se desejamos agradar ao Deus que nos chamou.

Mansidão

Muitos dos termos usados por Paulo têm uma conotação negativa na linguagem moderna. Contudo, a mansidão ou submissão mútua em Cristo é um belo sinal de maturidade.

Ele menciona três contextos:
>Esposas devem submeter-se a seus maridos.
>Filhos devem submeter-se a seus pais.
>Escravos devem submeter-se a seus senhores ou empregadores.

Em cada contexto, o primeiro elemento "se sujeita" ao segundo, em sinal de reverência a Cristo. Essa submissão reflete o aspecto humano de sua submissão a Cristo.

Responsabilidade

Aqueles a quem é devida a submissão têm a responsabilidade de exercer seu papel com dignidade. Um desafio e tanto. Os maridos devem amar suas esposas como Jesus ama a igreja – esse é o padrão. Mais de uma vez ouvi de minha esposa que quando me submeto a Cristo ela se alegra em submeter-se a mim. Desse modo, maridos, pais e empregadores são responsáveis por aqueles que depositam as vidas em suas mãos. De maneira alguma, o ensinamento sobre a submissão justifica o comportamento arrogante ou dominador.

Batalha espiritual

A passagem que fala da batalha espiritual é uma das mais populares da carta. Devemos vestir toda a armadura de Deus, pois nossa luta não é contra seres humanos. É muito mais fácil enfrentar seres humanos – alguns cristãos parecem preferir fazê-lo. Paulo, no entanto, explica que não lutamos contra carne e sangue, mas contra principados e potestades nos lugares celestiais. Na verdade, estamos batalhando precisamente onde, em Cristo, fomos colocados. O capítulo 1 relata que estamos assentados com ele nos lugares celestiais.

É evidente que a única coisa que jamais devemos fazer é retroceder, pois, quando Paulo descreve a armadura, não faz menção à proteção para as costas. É possível que, em certos momentos, seja impossível avançar, porém devemos resistir, jamais dar um passo para trás. É praticamente certo que a referência ao escudo da fé, que apaga as setas inflamadas do maligno, esteja relacionada ao escudo do soldado romano, que era coberto por madeira muito macia. As setas inflamadas que atingiam a madeira se apagavam. Todos os dardos inflamados lançados pelos ímpios podem ser absorvidos por nossa fé.

Predestinação

Um estudo de Efésios sem menção à predestinação não estaria completo. Esse tema destaca-se principalmente no primeiro capítulo. A questão da predestinação costuma ser compreendida de forma equivocada. Alguns acreditam que o homem é um robô ou fantoche, sem condições de resistir à ação da vontade de Deus.

Esse entendimento tem origem, em parte, na interpretação de uma passagem em Jeremias 18, na qual as pessoas são comparadas ao barro nas mãos do oleiro. Muitos argumentam que Deus é o oleiro, moldando o barro como lhe apraz. O barro não tem escolha. O texto de Jeremias 18, no entanto, pode estar afirmando exatamente o contrário. Na parábola, o oleiro tinha a firme intenção de transformar o barro em um belo vaso, mas o barro não estava suficientemente maleável em suas mãos, então ele o amassou novamente, devolveu-o à roda e moldou um vaso rústico e imperfeito. Deus, na realidade, está ensinando Jeremias que devemos escolher cooperar com o oleiro e permitir que ele nos transforme em algo belo. Na época de Jeremias, a aplicação era que Deus desejava fazer de Israel um lindo vaso repleto de sua misericórdia, mas, em vez disso, foi obrigado a fazer um vaso sem beleza, cheio de sua justiça [e punição].

Essa parábola nos ajuda a combater a ideia de que o homem não pode resistir à ação de Deus. Ela ensina que se respondermos à ação de Deus, viveremos o destino que ele planejou para nós desde a fundação do mundo. Contudo, o homem pode resistir ao destino ao qual Deus o predestinou.

Usando uma ilustração pessoal, meu pai sabia do meu desejo de ser agricultor. Eu sempre passava as férias na fazenda e, aos 16 anos, quando finalizei os estudos, fui trabalhar como ordenhador de vacas (levantava às 4 da manhã, todos os dias, para ordenhar 90 vacas). O trabalho no campo me dava muito prazer. Eu não sabia que meu pai havia planejado me colocar como administrador de um rancho na Escócia assim que eu completasse 21 anos. O local era propriedade da família e ele tinha meios de conseguir essa oportunidade. No entanto, quando ele me disse que o cargo estava à minha espera, tive de lhe dizer que Deus estava me conduzindo em outra direção. Se eu tivesse aceitado a oferta, poderia afirmar que meu pai me havia predestinado ao trabalho no campo, que os planos haviam sido determinados antes mesmo que eu tivesse ciência deles.

"Predestinar", portanto, significa literalmente decidir um destino antecipadamente. Todavia, a ideia de que Deus simplesmente nos trata como fantoches fazendo-nos agir conforme o que ele predestinou não corresponde à verdade, da mesma forma como meu pai não me forçou a cumprir o que havia planejado para mim. Deus nos predestina para a glória. Podemos resistir e rejeitar esse caminho predestinado ou podemos aceitá-lo. Se o aceitarmos, poderemos declarar para toda a eternidade que esses são os planos que Deus fez para nós antes mesmo da fundação do mundo.

As duas perspectivas da predestinação

Segundo a visão mais comum, predestinação significa que Deus escolhe alguns indivíduos para salvação e outros para condenação. Sob essa perspectiva, antes mesmo de nascermos, nosso destino final já foi decidido por Deus. Essa visão também afirma que a graça divina é irresistível, pois quando Deus decide que seremos salvos, nada pode impedir que isso aconteça. Sendo assim, somente Deus pode escolher enviar pessoas para o céu [e outras para o inferno], pois sem a obra da sua graça em nossas vidas, jamais responderemos em arrependimento e fé. A escolha garante um lugar no céu. Essa visão de predestinação costuma estar associada ao teólogo francês João Calvino. No entanto, embora Calvino de fato tenha ensinado sobre a graça eletiva de Deus, ele afirma em sua obra *As Institutas* que os convertidos podem perder a salvação.

Essa visão da predestinação, contudo, foi questionada. Primeiramente, quando estudamos as referências bíblicas da predestinação, descobrimos que os convertidos não são escolhidos para a salvação, mas para o serviço. Em segundo lugar, a ênfase não está na escolha dos indivíduos, mas na escolha de um povo, de uma nação eleita e separada para Deus. Terceiro, a Bíblia não afirma que a graça de Deus é irresistível. É possível, sim, resisti-la. Em Atos, lemos que Estêvão critica o Sinédrio por sempre resistir ao Espírito Santo. A graça está condicionada à demonstração de fé. Somente se continuarmos a crer, permaneceremos na fé.

Além disso, nosso destino não depende da escolha de Deus, mas de nossa própria decisão de responder à sua graça ou de resistir a ela. É evidente que só nascemos de novo depois que nos arrependemos e cremos, não antes disso. É por causa de nossa fé e arrependimento que Deus pode nos dar vida nova em Cristo.

Finalmente, é necessário ser diligente na perseverança e não agir como se já tivéssemos alcançado o alvo. A Bíblia fala em perseverar, estar ligado à videira, vencer o mundo, permanecer em Cristo, continuar a crer. Todas essas palavras refletem a necessidade de uma fé continuamente em ação. Precisamos destacar que não se trata de salvação pelas obras, mas de salvação por meio da fé contínua. O argumento contra a visão calvinista da predestinação é chamado de arminianismo e tem como base as ideias do teólogo holandês Jacob Arminius.

Sendo assim, eu creio na predestinação. Creio que Deus

me predestinou para ser o que sou. Creio que, antes mesmo que eu existisse, ele planejou minha presença no céu. Ele me amou antes que eu o amasse e foi ele quem me escolheu e não o contrário. Isto posto, creio que, porque não resisti à sua graça, mas a recebi, e porque continuo crendo, terminarei minha jornada na cidade celestial.

A tabela a seguir ilustra as várias abordagens à predestinação:

Calvino	Arminius
para a salvação	para o serviço
individual	coletivo
pessoas	um povo
irresistível	condicional
graça	fé
destino determinado pela escolha de Deus	destino depende de nossa escolha
perdido – portanto, não escolhido	perdido – portanto, escolha errada
nascido de novo antes do arrependimento e fé	nascido de novo após o arrependimento e fé
negligência na perseverança	diligência na perseverança

Uma vez salvo, salvo para sempre?

Nossa análise da predestinação desmistifica o clichê: "Uma vez salvo, salvo para sempre". O maior problema aqui é a ambiguidade da palavra "salvo". O que significa "uma vez salvo"? Estou sendo salvo, e há muitos aspectos dos quais preciso ser salvo. A salvação é um processo, não um milagre instantâneo, portanto, assim como outros, espero a segunda vinda de Cristo, quando ele trará salvação aos que por ele aguardam. Serei então plenamente salvo, pois tudo o que há em mim será salvo e redimido, inclusive o meu corpo.

Creio com a mesma firmeza que a discussão a respeito da predestinação não deve afetar a comunhão cristã. Independentemente de nosso ponto de vista, podemos nos unir ao redor de Cristo.

Conclusão
É provável que a carta aos Efésios seja, entre todas as epístolas de Paulo, a mais clara apresentação da doutrina, do dever, da fé e da postura, da teologia e da ética cristã. Não é de surpreender que Efésios seja a carta favorita de muitos convertidos de muitas denominações. Além da grande ênfase dada à verdade e à integridade, a unidade é um fator que influencia a popularidade da carta, principalmente nesta era ecumênica em que vivemos.

50.
FILIPENSES

Introdução

A carta aos Filipenses foi escrita na primeira vez em que Paulo esteve preso em Roma, detido em prisão domiciliar. Filipos foi a primeira cidade do continente europeu a receber a visita de Paulo e o local da primeira igreja plantada por ele. Como veremos adiante, tanto a cidade quanto a igreja ocupavam um lugar especial no coração do apóstolo.

Nos dias de Paulo, Filipos era uma cidade grande e próspera graças à sua localização em uma importante rota comercial que unia a Europa e a Ásia: a via Egnácia. A cidade situava-se em uma encosta montanhosa que se estendia do mar Negro ao Adriático. A região era enriquecida pelas minas de ouro e prata. Por volta de 1990, um arqueólogo encontrou em Filipos uma tumba repleta de tesouros – considerada a segunda maior descoberta do século 20, ofuscada apenas pela tumba de Tutancâmon, no Egito. Era o túmulo de Filipe, rei da Macedônia (região norte da Grécia), que dá nome à cidade. Seu filho mais conhecido foi Alexandre, o Grande, que morreu aos 31 anos de idade tendo construído um vasto império.

A região foi palco de algumas das principais batalhas do Mundo Antigo. Em 168 a.C., os romanos chegaram na região e dominaram o povo. Em 42 a.C., foi em Filipos que Marco Antônio derrotou Brutus e Cassius. Em 31 a.C., Marco Antônio e Cleópatra foram vencidos e mortos nessa cidade. Por ter sido tão importante campo de batalha, Filipos ganhou status de colônia romana. O imperador Augusto deu-lhe um nome pomposo: "Colônia Júlia Augusta Filipense", mas o povo abreviou-o para "Filipos". Era uma minimetrópole e seus habitantes usufruíam dos mesmos direitos de uma cidade em território romano; por essa razão, muitos romanos foram encorajados a se estabelecer ali.

Uma colônia do céu

A localização de Filipos permitiu que exercesse uma função estratégica como base para o avanço do Evangelho. A cidade era uma porta de entrada para a Europa. O relato da expansão da igreja feito por Lucas em Atos revela que o plano de Deus era que Filipos fosse uma "colônia do céu". No capítulo 16 de Atos, lemos que Paulo foi impedido pelo Espírito Santo de ir a Bitínia, na Ásia. Ao lado de seus companheiros, Paulo viajou rumo a oeste, sem saber ao certo qual seria seu destino final, até que teve a visão de um homem em trajes típicos da Macedônia, rogando que ele viesse ao seu país. Paulo e seus companheiros, portanto, velejaram até o porto de Neápolis e depois seguiram para Filipos. Sua pregação em Atos é o primeiro registro claro da chegada do Evangelho ao continente europeu. Embora não seja uma hipótese comprovada, é possível que o Evangelho tenha sido trazido por europeus que visitaram Jerusalém e converteram-se quando o Espírito foi derramado no Pentecoste.

A igreja filipense

A igreja teve início com um pequeno grupo de pessoas, por volta de 52 d.C. A estratégia de Paulo para evangelizar uma região era começar visitando a sinagoga da cidade. Em Filipos, contudo, ele não encontrou uma, pois era necessário pelo menos dez homens judeus para estabelecer uma sinagoga. Em lugar da sinagoga, portanto, Paulo reuniu-se com um grupo de oração formado por mulheres judias. Entre elas estava aquela que muito contribuiria com o trabalho da igreja de Filipos: Lídia era uma empresária que viera da Ásia e sustentava-se com a venda de tecido e artesanato de coloração púrpura [roxa]. Atos nos conta que ela tinha escravos e que toda sua casa foi batizada. Os defensores do batismo infantil desapontam-se quando descobrem que a palavra "casa" não significa "família", mas abrange escravos e parentes levando em conta diversos graus de parentesco. Sendo assim, não há indícios de que crianças tenham sido batizadas na ocasião.

Entretanto, nem todos estavam felizes com a vinda de Paulo, e sua pregação logo encontrou oposição. Essa oposição se manifestou por meio de uma jovem que seguia Paulo e seus companheiros por todos os lugares, exclamando para a multidão de espectadores: "Ouçam esses homens! Eles são servos do Deus Altíssimo! Estão dizendo a verdade!" (Atos 16). O que parecia propaganda positiva, contudo, produzia exatamente o efeito oposto, pois a jovem era vidente, escrava de um grupo de comerciantes que usavam seus poderes para ganhar dinheiro. Paulo, então, expulsou o demônio da jovem, e ela deixou de perturbar suas reuniões. Os donos da jovem, no entanto, ficaram horrorizados e incitaram as autoridades a punirem Paulo. Pouco tempo depois, Paulo foi preso sob a acusação de defender leis que se opunham às leis de Roma – algo incomum, visto que eram os judeus que costumavam acusá-lo.

Atos relata como Paulo e seus companheiros transformaram a cela onde foram colocados em um local de culto de adoração. Naquele ambiente, à meia-noite, acorrentados em total escuridão, eles louvavam a Deus! Como se respondesse ao louvor, Deus enviou um terremoto que abalou as paredes da cela, escancarando as portas da prisão. O carcereiro, ciente de que a punição para a fuga de prisioneiros era a crucificação, lhes perguntou: "O que devo fazer para ser salvo?". A resposta de Paulo foi imediata: "Creia no Senhor Jesus!". Podemos presumir que Paulo pregou durante horas ao carcereiro e às pessoas de sua casa, pois, ao amanhecer, todos estavam prontos para ser batizados. Foi assim, portanto, com Lídia, o carcereiro e os de sua casa e, possivelmente, com outras mulheres judias do grupo de oração que teve início a igreja de Filipos.

Paulo, porém, ainda estava preso e conhecia seus direitos como cidadão romano na cidade de Filipos, colônia de Roma. Queixou-se aos oficiais do governo de ter sido tratado injustamente. Esses, cientes de que poderiam ser presos se tratassem Paulo de forma injusta, imploraram que ele deixasse a cidade. Paulo lhes respondeu: "Bem, se vocês, pessoalmente, vierem me libertar e me conduzir para fora da cidade, eu vou!". Foi o que fizeram os líderes de Filipos. Paulo ficou em Filipos por um breve período – dias ou semanas, no máximo, mas deixou o legado de ter implantado a primeira "colônia do céu" na Europa.

A carta foi escrita muitos anos depois. Paulo prosseguiu com sua obra missionária por muitos anos até ser preso em Jerusalém. O motivo era injusto – ele foi falsamente acusado de levar um gentio a uma ala proibida do templo. Paulo apelou a Cesar, foi mais tarde acorrentado e enviado a Roma e, por dois anos, aguardou o julgamento. Foi durante esse período que o dr. Lucas redigiu seu Evangelho e o livro de Atos, os dois volumes que seriam usados na defesa de Paulo em seu julgamento e que levariam à sua absolvição.

O que levou Paulo a escrever a carta

O desejo de Paulo de escrever a carta deriva de duas manifestações de apreço da igreja de Filipos.

Sustento financeiro

A primeira delas foi uma contribuição em dinheiro. A igreja estava tão grata a Paulo por ter sido conduzida ao Evangelho que decidiu sustentá-lo financeiramente, embora jamais houvesse um pedido de sua parte. Foi a única igreja que desejou demonstrar dessa forma seu interesse pela continuidade do ministério de Paulo.

Auxílio prático
A segunda manifestação foi ainda mais oportuna. Certo homem trouxe não apenas dinheiro, mas também suas habilidades para o trabalho doméstico, colocadas a serviço de Paulo enquanto ele cumpria prisão domiciliar. Os membros da igreja provavelmente indagaram de si mesmos "Como podemos ajudá-lo?" e decidiram que uma ajuda prática seria a melhor forma de contribuir. O nome do homem enviado era Epafrodito. Ele é chamado de "apóstolo", que significa literalmente "enviado" (do verbo grego *apostolos*, cujo significado é "eu envio"). Um "apóstolo" é alguém enviado de um lugar a outro a fim de realizar algo.

Cinco tipos de "apóstolo"

Há muita confusão a respeito do termo "apóstolo". Na realidade, encontramos cinco tipos de "apóstolo" no Novo Testamento.

Jesus é chamado de apóstolo, pois Deus o enviou do céu à terra para nos salvar, portanto ele é o Apóstolo Maior.

Os "Doze" fazem parte do segundo tipo de apóstolo, os que testemunharam a ressurreição de Jesus e por ele foram enviados ao mundo. O que os qualificava para a tarefa era o fato de terem conhecido Jesus antes e após sua ressurreição.

Paulo é um apóstolo especial. Não era um dos Doze, pois não conhecera Jesus antes de sua morte. Todavia, ele foi chamado na estrada para Damasco pelo Jesus Cristo ressurreto e assunto aos céus, portanto classifica-se como um terceiro tipo de apóstolo.

A quarta categoria também é ocupada por Paulo no desempenho de sua outra função: um missionário pioneiro enviado para plantar igrejas em território não alcançado. Em latim, de fato, a palavra "enviado" é *mitto*, da qual se originam os termos "missionário" e "míssil". Um missionário é um "míssil balístico intercontinental", carregado com a dinamite do Evangelho! Ainda existem nos dias de hoje esses apóstolos plantadores de igrejas.

Epafrodito encaixa-se na quinta categoria de apóstolo – alguém que é enviado de um lugar a outro com alguma tarefa a cumprir. É um grupo muito amplo e não tem, necessariamente, o status elevado que talvez esperemos.

Epafrodito adoece

Embora Paulo tenha apreciado a visita de Epafrodito, a carta nos revela que sua presença também trouxe tristeza, pois, pouco tempo depois, ele adoeceu. Curiosamente, as orações de Paulo não lhe trouxeram a cura. Isso não deve nos surpreender. As curas no Novo Testamento estão geralmente associadas ao evangelismo e não ao bem-estar de cristãos. Vários companheiros de Paulo apresentaram problemas físicos que não foram curados. Timóteo foi instruído a tomar um pouco de vinho para o estômago, e Trófimo ainda estava "doente" quando o apóstolo partiu de Mileto. O foco do ministério de cura descrito no Novo Testamento não era preservar a saúde dos cristãos, mas evidenciar de forma prática o Evangelho que estava sendo pregado.

Chega em Filipos, contudo, a notícia de que Epafrodito, o homem que haviam enviado, estava gravemente enfermo, à beira da morte. Por isso, Paulo decidiu que o melhor a fazer seria enviá-lo de volta a Filipos com uma carta aos Filipenses, agradecendo-lhes o dinheiro enviado.

A carta

Essa carta de Paulo distingue-se muito de outras cartas de sua autoria. Ela não tem como ponto central problemas ou crises, mas sim seu relacionamento com os filipenses, e nos permite ver como o apóstolo se sentia a respeito de uma das igrejas que havia plantado. Em lugar do pregador ou do missionário, podemos conhecer Paulo como pessoa e como amigo, e ter uma amostra do relacionamento profundo que ele estabelecera com seus convertidos.

Um detalhe intrigante dessa carta é que Paulo parece não saber como concluí-la. Ele repete algumas vezes as palavras "e finalmente". Não devemos nos surpreender com isso – sob muitos aspectos, trata-se de uma carta comum. O autor parece lembrar-se de algo a ser dito, assim como escrevemos a um amigo: "Ah, preciso dizer que... Ah, mais uma coisa...". A carta aos Filipenses, portanto, tem um tom espontâneo, que reflete o processo mental de quem está ditando a carta.

Koinonia

Antes de avaliarmos a forma como Paulo organiza seu principal ensinamento, vamos examinar dois temas-chave desenvolvidos por ele.

Uma palavra que tem grande destaque na carta é *koinonia*, traduzida por "comunhão" na maioria das Bíblias. Seu significado, no entanto, é muito mais profundo do que o sentido a ela atribuído. Falamos em "ter um momento de comunhão ao final do culto durante o cafezinho" – como se uma xícara de café produzisse comunhão! Talvez ela promova um pouco de amizade, mas comunhão é muito mais do que isso.

Koinonia, na realidade, era uma palavra que podia ser usada para referir-se aos sócios em um negócio. É provável, no entanto, que a extensão de seu sentido seja percebida com mais clareza na forma como a palavra era usada na época do Novo Testamento. No Mundo Antigo, dizia-se que os gêmeos siameses tinham *koinonia* de sangue, pois se um deles morresse, o outro morreria também. Nossa comunhão uns com os outros deve ter essa mesma característica – o que acontece a um acontecerá ao outro – isso é *koinonia*.

A igreja de Filipos estava livre dos principais problemas encontrados por Paulo nas igrejas às quais escrevia, porém havia algumas questões preocupantes. A *koinonia* na igreja filipense vinha sendo abalada por duas mulheres chamadas Evódia e Síntique – cujos nomes mais apropriados deveriam ser "Insuportável" e "Ressentida", se levarmos em conta a forma como agiam! Elas já haviam trabalhado com Paulo, mas suas discórdias estavam causando problemas. O comportamento das duas mulheres era um indício da questão da divisão que Paulo aborda em outro trecho da carta. Não era o mesmo tipo de divisão encontrada na igreja de Corinto, na qual os membros estavam seguindo outros líderes ou ministros. Era a divisão em que as pessoas tornam-se orgulhosas – mais voltadas para si mesmas do que aos outros. Foi necessário que Paulo lhes dissesse: "Quando cada um de vocês cuidar mais dos interesses dos outros do que dos seus próprios, haverá união".

Alegria

Outra palavra que caracteriza essa carta é *alegria*. Apesar da situação difícil em que Paulo se encontra ao redigi-la, a carta está repleta de regozijo. Paulo vislumbra um futuro solitário e um julgamento que pode levá-lo à morte e, enquanto definha na prisão, seus opositores continuam pregando. No entanto, suas palavras preferidas são "alegria", "regozijo" e "ações de graças". Bengel afirmou: "O ponto central da carta é 'Eu me alegro, vocês devem se alegrar'". Von Hugel descreveu a carta como "luz em meio à tempestade e ao estresse da vida".

Paulo enumera as fontes de alegria: oração, pregação da mensagem de Cristo, fé, sofrimento, notícias de pessoas queridas, hospitalidade, dar e receber. No fundo, contudo, duas eram as razões de sua alegria.

Sua motivação

Essa perspectiva positiva, apesar das circunstâncias, era possível porque seu objetivo de vida era tornar conhecido o Evangelho. Ele descobriu que o Evangelho era fonte de regozijo, pois toda a guarda do palácio ouvira a mensagem, aparentemente porque Paulo tinha uma plateia cativa. Além disso, embora alguns pregassem motivados por rivalidade ou por ciúmes, Paulo, mesmo estando preso, se alegrava pelo fato de Cristo estar sendo anunciado.

Essa capacidade de desfrutar da alegria em Deus pode ser ilustrada em um episódio ocorrido durante a Segunda Guerra Mundial. Paul Schneider, pastor de uma igreja em Berlim, foi preso por Hitler por causa de sua pregação contra o fascismo. Como resultado, nunca mais voltou a ver sua esposa e filho, na época, de dois anos de idade. Apesar dos espancamentos e da tortura, as cartas que escrevia à sua esposa enquanto estivera no campo de concentração em Dachau eram cheias de alegria. Repetidas vezes ele escreveu "estou muito feliz" e "sou muito grato ao Senhor". Ele foi eventualmente executado, mas vivia por Cristo e, portanto, nada tinha a perder.

Quando vivemos por Cristo, morrer é lucro! Paulo está ansioso para ir, porém disposto a ficar. Ele diz aos filipenses: "Vocês estão preocupados comigo. Na realidade, é o contrário – eu me preocupo com vocês. Não me preocupo comigo mesmo de forma alguma!". E continua: "Estou pronto para ser liberto e retomar meu ministério, mas ansioso para partir".

Quando David Watson[12] descobriu que tinha um câncer agressivo, eu lhe escrevi uma carta que ele menciona em seu livro *Fear no Evil*. Na carta, eu lhe dizia que há uma diferença entre alguém estar "disposto a partir e estar com o Senhor, porém ansioso para ficar" e "ansioso para estar com o Senhor, porém disposto a ficar". As palavras tocaram seu coração e ele passou a orar continuamente até que estivesse "ansioso para ir, mas disposto a ficar". Essa é a posição ideal para o cristão, e seu melhor exemplo é Paulo, que podia afirmar que estava "disposto a permanecer por mais algum tempo se assim fosse necessário, porém muito ansioso para partir".

Esse enfoque no Evangelho é ainda mais evidente quando observamos a frequência com que Paulo escreve a respeito de Jesus. Nessa breve carta, ele fala sobre Jesus em 38 ocasiões. Temos a tendência de falar sobre a presença de Cristo em nós – porém, em Filipenses, Paulo escreve sobre estar em Cristo. Cristo é maior do que nós, e Paulo encontra-se "nele".

Seu sustento

Os filipenses foram os únicos a contribuir financeiramente com Paulo. Não há registros de que tenha recebido sustento financeiro nem mesmo de Antioquia, a igreja que o enviou como missionário. Antes de concluir a carta, Paulo agradece aos filipenses pelo dinheiro, mas o faz de uma forma curiosa. Na realidade, ele diz: "Eu não precisava do dinheiro, mas vocês precisavam ofertar, portanto muito me alegro com o presente – não pelo meu próprio bem, mas pelo bem de vocês, pois isso os enriquece". Em vez de animar-se por ter recebido, ele os parabeniza pelo ato de ofertar.

Quando ministro aulas de homilética, costumo usar o versículo "Posso todas as coisas em Cristo que me fortalece" para testar os participantes quanto à aplicação de citações fora

---

[12] NdT: David Watson é considerado o grande evangelista anglicano do século 20.

de contexto. Pergunto: "Qual é o significado desse texto?". Recebo todo tipo de resposta, mas ninguém menciona dinheiro. Em seu contexto, contudo, a afirmação refere-se a dinheiro. Paulo está dizendo: "Posso sobreviver com qualquer renda, com muito ou com pouco dinheiro. Se eu receber muito dinheiro, tudo posso em Cristo que me fortalece".

Quando o tema é dinheiro, a Bíblia nos mostra dois extremos: um deles é a "cobiça", o outro é "contentamento". Em certa passagem, Paulo afirma: "A piedade com contentamento é grande fonte de lucro" e "Aprendi a contentar-me com o que tenho" [RA]. Isso é notável se levarmos em conta o testemunho do apóstolo em Romanos 7, quando ele diz que o único mandamento que não era capaz de guardar era o décimo: "Não cobiçarás". A fraqueza dos fariseus era o prazer em ganhar dinheiro, e Paulo era um típico fariseu. Eles eram, ao mesmo tempo, ricos e religiosos. Jesus lhes disse: "Não é possível ser as duas coisas, vocês não podem viver para ganhar dinheiro e viver para Deus, não podem servir a Deus e a Mamom". Os fariseus zombaram dele, dizendo: "Você diz isso porque é pobre!". Jesus, porém, sabia o que estava dizendo. É maravilhoso, portanto, que Paulo – um fariseu cheio de cobiça, que apreciava ter dinheiro e obtê-lo – tenha dito: "Aprendi a contentar-me com o que tenho".

Uma passagem controversa

Qualquer estudo que se faça dessa carta deve considerar uma de suas passagens mais conhecidas: Filipenses 2.5-11.

Embora seja linda, a passagem tem sido fonte de grande controvérsia. A principal pergunta é: Por que se encontra em Filipenses, e por que tanto se distingue do restante da carta?

A passagem apresenta antíteses [exposição de ideias opostas] de forma bastante evidente – esvaziar/exaltar ou descer/subir. Há um belo equilíbrio, em que Jesus se humilha a ponto de morrer numa cruz e então é exaltado às mais elevadas alturas. Ele se esvazia e Deus o exalta.

Natureza litúrgica
Para algumas pessoas, a passagem é um hino cantado pela igreja primitiva que ilustrava a mensagem que Paulo desejava transmitir. Não há qualquer comprovação disso – Paulo pode estar até compondo um hino. Afinal, quando seu coração era profundamente tocado, ele costumava recorrer à poesia. Na Bíblia, a prosa é usada para comunicar os pensamentos de Deus, mas a poesia é o meio usado para expressar seus sentimentos.

Natureza teológica
Embora seja possível que Paulo estivesse citando ou até compondo um hino, a maior controvérsia a respeito dessa passagem surge quando as pessoas a encaram como um texto teológico – como se o tema em discussão fosse a natureza da pessoa de Cristo.

Alguns a usam para sustentar a chamada teoria kenótica: o autoesvaziamento de Cristo. A palavra "kenótica" vem do termo grego *kenosis*, que significa "esvaziado". Debatem até que ponto Cristo esvaziou-se de Deus ao assumir a forma humana. Do que exatamente ele se esvaziou?

Tem origem nesse pensamento uma hipótese teológica muito perigosa – a de que Jesus não era 100% Deus quando esteve na terra, mas que se esvaziou de parte de sua divindade a fim de se tornar homem.

É certo e evidente que Jesus renunciou à sua glória. No Natal, cantamos:

Em mansidão, sua glória ele deixa
Nasce para que ninguém mais pereça[13]

---
[13] NdT: Tradução livre do verso de "Hark! The Herald Angels Sing".

Jesus também renunciou à sua onipresença – não mais lhe seria possível estar em todos os lugares, mas apenas em um lugar de cada vez. Era uma limitação, certamente.

Também fica evidente que Jesus não tinha conhecimento de tudo – ele mesmo confessou que desconhecia certas coisas. Jesus não tinha conhecimento da data de seu retorno – somente o Pai a conhecia. Em alguns momentos, Jesus demonstrou surpresa, o que indica que ele desconhecia o que estava prestes a acontecer. Jesus também renunciou à sua onipotência, pois somente foi capaz de realizar milagres após a descida do Espírito Santo sobre ele. Jesus não operava milagres como Filho de Deus, mas como Filho do homem batizado no Espírito Santo.

Não há dúvida, portanto, de que Jesus de fato esvaziou-se de muitos de seus privilégios e poderes. O mais importante, contudo, é que, sob nenhum aspecto, ele deixou de ser Deus; continuou 100% divino e 100% humano – plenamente humano e divino.

Sendo assim, é essencial que entendamos que as qualidades das quais ele abriu mão não faziam parte da sua natureza, mas de seus privilégios. "Nele habita corporalmente toda a plenitude da divindade", embora ele tenha deixado de lado seus privilégios. O fato de eu renunciar à casa onde moro, ao carro que dirijo e a outros privilégios não significa que eu deixe de ser quem sou. Posso ter escolhido abandonar meus privilégios, mas ainda sou 100% David Pawson. Da mesma forma, portanto, embora ele tenha se esvaziado de sua condição de igualdade com Deus, ele não se esvaziou de Deus.

Natureza ética

A natureza dessa passagem, na realidade, não é litúrgica nem teológica, mas ética, quando se leva em conta o contexto da carta. Ela fala das atitudes de Cristo e de suas escolhas. Pode-se conhecer o caráter de um homem pelas escolhas que faz, e essa passagem destaca as extraordinárias escolhas feitas por Jesus.

As escolhas de Jesus

Tornou-se homem

Sua primeira escolha foi assumir a forma de homem. Uma ilustração que costumo usar com crianças pode ajudar nesse ponto. Eu digo: "Veja aqueles peixes exóticos no aquário. Se você percebesse que eles estão se ferindo e matando uns aos outros e soubesse que, para salvá-los, precisaria se transformar em peixe e viver com eles dentro do aquário, você iria? Mesmo sabendo que eles provavelmente o matariam?".

A essa altura, as crianças não sabem muito bem o que responder. Eu continuo: "Não se preocupe, a gente tira o seu corpo do aquário e lhe dá um beijinho da vida e você volta a viver. Só tem mais um problema. Você não poderá voltar a ser o que era antes – você terá de ser peixe para o resto da vida!".

Deus, o Filho, era igual a Deus, o Pai, em toda a glória celestial. Ele escolheu ser homem, sabendo que morreria quando viesse à terra. Ele também estava ciente de que mesmo depois que Deus o ressuscitasse dentre os mortos, teria de permanecer homem por toda a eternidade. Portanto, ele ainda é "um de nós" e sempre será. Uma das pessoas da trindade será sempre um ser humano como nós.

Seu status social

A segunda escolha está relacionada ao seu nascimento. Se você pudesse escolher qualquer padrão de vida, qual escolheria? Imagine-se decidindo quem seriam seus pais, a casa onde viveria e seu nível social – quais seriam suas escolhas? Jesus escolheu uma família da classe mais baixa da sociedade, escolheu ser filho de um casal pobre. Ele escolheu, acima de tudo, a condição de servo.

Sua morte prematura
Sua escolha mais importante, no entanto, foi morrer aos 33 anos, de uma forma horrível, humilhante e penosa – pelo método de execução mais cruel já concebido por seres humanos: a crucificação. Paulo escreve que nossa atitude deve ser como a de Cristo. Essa "atitude" não diz respeito ao intelecto, mas ao nosso caráter. Paulo afirma que essas escolhas moldavam-se perfeitamente a Jesus, a quem seriam concedidos poder e autoridade, pois Deus busca pessoas em quem possa confiar. Em Filipenses 2.9 lemos: "Por isso Deus o exaltou à mais alta posição e lhe deu o nome que está acima de todo nome". Deus pôde confiar a Jesus o controle do universo porque sabia que ele não agiria por interesse próprio.

É importante que fique claro o que Paulo quer dizer com "Seja a atitude de vocês a mesma de Cristo Jesus". Ele não está dizendo "Imitem a Cristo", mas "Essa deve ser a atitude de vocês, pois estão em Cristo". Desse modo, suas palavras não expressam "Essa era a mente de Cristo, portanto sejam como Cristo", mas sim "Vocês já têm a mente de Cristo se estiverem nele. Sendo assim, permitam que a atitude de Cristo se expresse em seus relacionamentos uns com os outros". É algo muito mais profundo do que "Imitem a atitude de Cristo".

Como sempre, o contexto da passagem nos revela seu sentido. Paulo roga a seus leitores que não busquem os próprios interesses, mas que tenham a mesma atitude demonstrada por Jesus. Convém que escolham humilhar-se em vez de engrandecer-se. Somente então Deus pode lhes confiar a autoridade.

A passagem, portanto, não fala de teologia, liturgia

ou hinos, mas de ética e unidade. Paulo diz: "Se temos a mente de Cristo, teremos unidade e comunhão". Ele explica que a unidade é essencial para que sejamos capazes de demonstrar o Evangelho aos que estão fora da igreja. E continua: "Anseio ouvir que vocês permanecem firmes num só espírito, lutando unânimes pela fé evangélica". A divisão é o maior obstáculo para a influência de uma igreja na sociedade; em contrapartida, a unidade da igreja é a mais poderosa demonstração da presença do único Deus e do único Cristo.

O exercício da fé

O principal ensinamento da carta encontra-se logo após esse poema sobre Jesus. Paulo conta aos filipenses como eles podem exercitar sua fé.

Redenção – Uma experiência a ser colocada em prática
Deus age em seu interior.
Você reflete em seu exterior.

Paulo explica que da mesma forma como haviam experimentado a redenção em Cristo, eles deveriam ser exemplos daquilo que creem. A salvação jamais é uma experiência passiva – a verdade deve ser expressa de forma real em tudo o que fizermos.

Justiça – Um propósito a ser alcançado
Não a nossa,
mas a dele.

Colocamos em prática a salvação buscando a justiça. Há, no entanto, dois tipos de justiça – a nossa própria e a de Cristo. Embora no passado Paulo fosse um judeu fiel, rigoroso seguidor da lei, ele sabia que suas boas obras não o salvariam. A maioria das pessoas encontra dificuldade em entender que devemos nos arrepender também de nossas boas obras, assim como nos arrependemos de nossas obras más. Quando se trata desse tema, é muito mais fácil converter pecadores convictos do que pessoas religiosas e respeitáveis, que acreditam que não são más a ponto de necessitarem de "salvação".

Paulo confessa: "Quando penso em minha justiça, sinto-me como uma criança que acaba de esvaziar o intestino e, com o penico na mão, anuncia: 'Olha o que eu fiz, Deus'". A ilustração pode parecer grosseira, mas a palavra em grego é a mesma usada para referir-se às fezes humanas. Paulo, portanto, está dizendo: "Quero a justiça de Cristo, não a minha".

Ressurreição – Um evento a ser desejado
Trazido dentre os mortos.
Com um novo corpo.

Paulo continua: "Prossigo partilhando do sofrimento e da ressurreição de Cristo para que eu possa alcançar a ressurreição dentre os mortos". O texto em grego, na realidade, diz: "...para que eu possa alcançar *a ressurreição, e a ressurreição* dentre os mortos". Parece não fazer sentido, mas o livro do Apocalipse explica que haverá duas ressurreições no final dos tempos, com um longo intervalo entre elas: a primeira é a ressurreição dos justos e a segunda é a ressurreição de todos os outros para o julgamento.

A primeira é a ressurreição dentre os mortos, a segunda é a ressurreição do restante dos mortos. Paulo afirma: "Quero estar na primeira ressurreição. Meu objetivo é estar entre aqueles que ressuscitarão dos mortos quando Jesus voltar".

Responsabilidade – Um esforço a ser feito
Esquecer o passado.
Esforçar-se para o futuro.

A vida cristã exige esforço – uma novidade para algumas pessoas. A vida cristã não está limitada a entoar cânticos no ponto de ônibus até que o expresso celestial chegue para buscá-lo, mas é empenhar todo esforço rumo à santidade. Paulo diz à igreja que se esqueçam do que ficou para trás e prossigam rumo ao alvo para o qual fomos chamados.

Paulo continua afirmando que ainda não chegou ao seu destino e segue adiante para alcançar tudo o que Deus planejou para sua vida.

Réplica – Um exemplo a ser seguido
Mau – Pensamento centrado nas coisas do mundo.
Bom – Pensamento centrado nas coisas do alto.

Tenho prateleiras cheias de livros sobre santidade, porém aprendi mais sobre "ser santo" observando e convivendo com pessoas que caminham com o Senhor do que com a leitura propriamente dita desses livros. Há pessoas que revelam o caráter de Cristo simplesmente por estarem ao nosso lado. Elas inspiram o desejo de nos aperfeiçoar. Paulo preocupava-se que os filipenses seguissem o exemplo correto. Ele disse que, na igreja, encontramos dois tipos de pessoa: aqueles "cujo Deus é o próprio umbigo", que cavam a própria sepultura com a faca e o garfo [vivem pra comer], e os que pensam nas coisas do alto. Certifique-se de seguir o modelo correto.

Esse é, portanto, o motivo pelo qual Paulo ainda está trabalhando. Ele não afirma que seu destino é estar no céu, mas que deseja estar naquela primeira ressurreição.

A paz de Cristo

No final da carta, Paulo apresenta à igreja uma promessa a respeito da ansiedade. Ele diz que a paz de Cristo guardará os corações e as mentes (4.7). Para experimentá-la, contudo, há uma condição, a saber, que eles controlem seus pensamentos e pensem somente no que é justo e bom, e puro e verdadeiro. A promessa e a condição, portanto, devem caminhar juntas.

Conclusão

Vimos que o ponto central da carta não é o que o Senhor faz na vida do crente, mas a forma como o crente deve responder à ação de Deus. Muitas das promessas encontradas na carta são condicionais, e é evidente que devemos cumprir nosso papel.

O relacionamento afetuoso e a ausência de conflitos fazem da carta aos Filipenses uma das mais agradáveis de ler e, com exceção de algumas poucas passagens, uma das mais fáceis de entender. Entre todas as cartas escritas por Paulo, é a que mais claramente nos ajuda a identificar o nível de parceria gerado pelo ministério do apóstolo – parceria cujo objetivo era não somente produzir um testemunho convincente para o mundo, mas também sustentar o próprio Paulo em seus momentos de necessidade. Ao mesmo tempo, vê-se de forma clara um apóstolo absolutamente satisfeito, a despeito das circunstâncias. Ele está contente com tudo, exceto consigo mesmo! Sabe que em Deus encontra força e, por isso, convida seus leitores a fazerem o mesmo. Seu anseio é que eles se regozijem juntos.

51.
FILEMOM

Introdução

As cartas de Paulo foram organizadas segundo o mesmo critério usado com os livros proféticos do Antigo Testamento: do texto mais longo para o mais curto. Elas estão divididas em dois blocos – cartas a igrejas e cartas a indivíduos – e nesses dois blocos, a primeira delas é a mais longa longa e a mais curta, a última. Não seguem, portanto, a ordem cronológica. Filemom ocupa a última posição simplesmente por ser uma carta breve. É a única que trata exclusivamente de um indivíduo: um escravo fugitivo. Entre todas as correspondências do Novo Testamento, é a carta que mais evidencia o caráter pessoal.

Para avaliarmos a carta, precisamos responder a duas perguntas: "Por que ela foi escrita?" e "Por que Deus incluiu na Bíblia uma carta de cunho pessoal a respeito de um indivíduo?". A resposta à primeira pergunta é razoavelmente óbvia, pois a história por trás da carta é bastante simples. Trata-se de um drama pessoal a respeito de Onésimo, um escravo definido como intratável, preguiçoso, insubordinado e rancoroso. Ele havia fugido para Roma na esperança de que a grande metrópole lhe servisse de esconderijo. O texto não deixa claro como Onésimo veio a conhecer Paulo, especialmente porque o apóstolo ficava acorrentado a um soldado romano enquanto cumpria prisão domiciliar.

Naqueles dias, a crucificação era a punição para um escravo fugitivo, mas se o seu dono fosse particularmente generoso, apenas marcaria a testa do escravo com as letras "FF", que significavam *fugitilis* (fugitivo). O escravo carregaria para sempre aquela marca, mas poderia, pelo menos, preservar sua vida.

Paulo orienta Onésimo a retornar ao seu senhor, Filemom, um cristão que ele havia conhecido em Colossos. E redige a carta para facilitar o encontro. Tendo em vista o rigor da pena por deserção, o tom e o conteúdo da carta tinham grande importância. Paulo, porém, sabia que também era importante que Onésimo não fugisse de seu passado. Uma parte significativa do arrependimento envolve a correção do passado.

Paulo avisa Onésimo: "Você entende que devo enviá-lo de volta". Deus, no entanto, deve ter agido nessa situação, pois o senhor de Onésimo era um cristão em Colossos, conhecido pelo apóstolo Paulo. Paulo, então, declara: "Eu o enviarei de volta ao seu senhor com uma carta e explicarei tudo".

Podemos imaginar o tom de Paulo quando observamos o uso intencional de um trocadilho com o nome de Onésimo. O nome do escravo significa "útil", e supõe-se que tenha sido dado por seu senhor. Paulo, no entanto, escreveu a Filemom: "Ele antes lhe era inútil, mas agora é útil tanto para você quanto para mim". Onésimo estava sendo enviado como um irmão em Cristo. Paulo se compromete até a reembolsar qualquer quantia que o escravo fugitivo tivesse roubado.

É fácil nos esquecermos de que, no tempo do império romano, era raro o envio de cartas, principalmente as que cobriam longas distâncias como o trecho de Roma à região oeste da Turquia. É grande a probabilidade, portanto, de que o mesmo mensageiro – Tíquico – fosse enviado por Paulo com as cartas a Filemom, aos Colossenses e aos Efésios.

A história pode ser analisada por vários ângulos.

O ângulo pessoal
São três os personagens principais:
Paulo. Embora estivesse na prisão, ele ainda dispõe de tempo para indivíduos como Onésimo. Seu tom deixa

evidente a estima que sente por esse escravo, embora ele exagere um pouquinho no apelo. Suas palavras: "Eu, Paulo, já velho, e agora também prisioneiro" – são um pouco dramáticas, mas demonstram o nível de pessoalidade da carta.

Filemom. A igreja se reunia em sua casa, da qual também faziam parte sua esposa e filho. Paulo explicou que não seria fácil para nenhum dos três: seria difícil para Paulo permitir a partida de Onésimo, pois havia aprendido a valorizá-lo; difícil para Onésimo retornar ao local de onde havia fugido; e difícil para Filemom aceitá-lo e perdoá-lo. "Mesmo assim", diz Paulo, "Façamos o que é difícil!".

Onésimo. O servo útil, que logo será restaurado à casa de seu senhor e retomará seu trabalho.

A carta revela que Paulo conhecia outras pessoas da igreja que se reunia na casa de Filemom – Áfia e Arquipo também são destinatários, juntamente com Filemom. Epafras, Marcos, Aristarco, Demas e Lucas enviam saudações a essa igreja.

Para a pergunta "A carta atinge seu objetivo?", a resposta quase certamente será "Sim". Do contrário, não teríamos acesso à carta – é praticamente certo que Filemom a teria rasgado e ela não teria sido incluída no cânon do Novo Testamento.

O ângulo social

Também podemos estudar a carta a partir de uma perspectiva social, considerando a questão da escravidão. Algumas pessoas se chocam com o fato de Paulo não tentar abolir a escravidão. Argumentam que embora o tema esteja presente em suas cartas, ele jamais sugere que a prática deva ser extinta. Como pode um cristão aceitar que pessoas sejam tratadas como propriedade, uma vez que o ensino bíblico destaca o valor que Deus dá às nossas vidas?

Essa visão, contudo, é equivocada. Na realidade, Paulo

condena o tráfico de escravos (assim como o assassinato, o adultério e a mentira em 1Timóteo 1.10). Sua resistência em buscar a abolição da escravidão pode ser explicada pelo fato de que os escravos constituíam dois terços da população do império romano – defender sua libertação seria como defender o caos na sociedade. Paulo preferia ser conhecido como um pregador do Evangelho, não como um defensor de causas sociais.

Em vez disso, ele se dedicou a abolir a escravidão interior, transformando os relacionamentos e as atitudes envolvidas. Paulo insiste que Filemom não veja Onésimo como propriedade, mas como um irmão. Ele se refere a Onésimo como "meu filho" e "irmão muito amado". Em suas cartas aos Colossenses e aos Efésios, Paulo também sugere que senhores e escravos tenham novas atitudes uns para com os outros. Ele sabia que, com o tempo, tal perspectiva abalaria os fundamentos da própria escravidão.

O ângulo espiritual
Há na carta, contudo, um aspecto espiritual que precisamos observar. Creio que esteja presente na Bíblia por fazer um paralelo perfeito com nossa salvação. Somos o escravo que fugiu da presença de Deus. Não tínhamos utilidade para Deus, mas Jesus veio e pagou nossa dívida e nos apresentou novamente a ele como servos úteis. Temos aqui, portanto, uma imagem da justificação – Onésimo deve ser recebido como filho – e uma imagem da santificação – agora ele é útil ao seu senhor.

O ângulo ético
Paulo estava simplesmente fazendo por Onésimo o que Jesus havia feito por ele. Dizendo ao escravo: "Jesus pagou sua dívida e o resgatou, reciclou e enviou de volta para servir o Pai. Agora vá e faça o mesmo a outras pessoas". Em outras

palavras, nossos relacionamentos estão condicionados pelo que Cristo fez por nós. Devemos reciclar as pessoas e enviá-las de volta ao Pai. Devemos estar dispostos a pagar o preço por elas, como Cristo pagou por nós.

Conclusão

Nossa atitude para com os outros, portanto, deve basear-se na forma como Deus nos trata.

Devemos aceitar assim como somos aceitos, perdoar assim como somos perdoados, expressar misericórdia assim como recebemos misericórdia, amar como somos amados. Se não agimos dessa forma, demonstramos que não compreendemos verdadeiramente a graça de Deus (confira a parábola do servo impiedoso).

Nessa carta, Paulo mostra que sua salvação pessoal em Cristo revela-se em seu modo de viver. Tudo o que Cristo havia feito por ele, ele agora fazia pelos outros. É um belo exemplo da "prática da salvação".

52.
1 e 2 TIMÓTEO E TITO

Introdução

As cartas de Paulo a Timóteo e a Tito costumam ser analisadas em conjunto por duas razões. Em primeiro lugar, elas se distinguem de outras cartas paulinas; em segundo, têm muitos pontos semelhantes entre si. Por essa razão, os comentaristas costumam estudá-las juntas. Como veremos adiante, essa abordagem faz todo sentido, embora as hipóteses sustentadas pelos estudiosos nem sempre sejam precisas.

Diferentes de outras cartas

Essas três cartas se destacam porque as epístolas de Paulo, à exceção de Filemom, são dirigidas a igrejas e, embora também contenham comentários teológicos, são, acima de tudo, práticas. Na maioria de suas epístolas, Paulo dedica a primeira metade às questões doutrinárias, tratando os temas práticos na segunda parte. Nessas três cartas, porém, os conselhos práticos estão presentes em todo o texto. Paulo faz breves comentários sobre uma variedade de temas, evitando uma abordagem mais detalhada, encontrada em suas outras cartas.

Semelhantes entre si

Há muito tempo, os estudiosos reconheceram que essas três cartas formam um grupo distinto. O mesmo autor as escreve na mesma época e pelas mesmas razões, embora os destinatários sejam diferentes.

Autoria

As características das epístolas, no entanto, suscitaram dúvidas a respeito da autoria de Paulo. As razões estão listadas abaixo.

Estilo – Diferenças internas
Seu conteúdo, estilo e vocabulário as distinguem de outros textos de Paulo. Uma pesquisa por palavras sugere pouca equivalência entre o vocabulário usado por ele nessas cartas e o encontrado em suas obras anteriores.

Conteúdo – Diferenças externas
Outros estudiosos sugerem que, em comparação a outras obras de Paulo, essas epístolas descrevem um tipo diferente de cristianismo. Enquanto o Paulo das outras cartas escreve sobre fé, aqui, o autor acrescenta o artigo definido – *a* fé. Ele parece descrever um ministério mais estruturado do que anteriormente. Suas batalhas contra a heresia gnóstica parecem mais acirradas, e, no exercício de sua fé, ele parece favorecer ideais pagãos e não cristãos – como, por exemplo, a "moderação em todas as coisas".

Itinerário
Outros ainda sugerem que Paulo não pode ser o autor das cartas, pois elas não se encaixam no itinerário de seus últimos anos de vida, conforme descrito em Atos.

As diferenças esclarecidas
Na realidade, as diferenças entre essas cartas e algumas das obras de Paulo podem ser facilmente explicadas.

Primeiramente, elas foram escritas muito mais tarde. O estilo de qualquer escritor muda com o passar do tempo, e essa certamente pode ser a justificativa para as diferenças observadas. Não precisamos presumir que haja um autor diferente.

Segundo, não é somente Paulo que está mais velho, as igrejas também estão. Muitas são formadas pela "segunda geração" de cristãos, e as estruturas da igreja podem, de fato, ter sofrido alterações. Os escritos de Paulo são um mero reflexo disso.

Em terceiro lugar, não surpreende que os detalhes a respeito da jornada de Paulo não se ajustem ao relato de Lucas em Atos, pois Atos não inclui os últimos anos da vida do apóstolo. O livro termina com sua prisão em Roma; porém, muitos fatos aconteceram depois de sua libertação, conforme o registro das epístolas. Paulo foi absolvido, liberto e pôde dar continuidade ao seu ministério; visitou Creta e possivelmente a Espanha antes de ser novamente preso, em decorrência da traição de Alexandre, o ferreiro. A segunda carta a Timóteo é escrita durante o segundo período de aprisionamento de Paulo.

Estou bastante convencido, portanto, de que Paulo seja o autor das três cartas. Elas foram redigidas em seus últimos meses de vida. Ele escreveu para Timóteo e Tito, seus jovens amigos e companheiros, com o objetivo de evitar a extinção das igrejas às quais haviam sido enviados.

Epístolas pastorais?

Essas cartas são comumente conhecidas como "epístolas pastorais" – termo cunhado em 1703, por D. N. Berdot. Apesar da popularidade do título, contudo, trata-se de uma descrição equivocada. Em primeiro lugar, essas cartas não são mais "pastorais" do que qualquer outra carta escrita por Paulo. Por tratarem de problemas pastorais, todas as suas epístolas podem receber esse título, inclusive Romanos, erroneamente considerada a síntese da visão teológica de Paulo.

Segundo, essas cartas não são endereçadas a pastores. Timóteo e Tito não eram "pastores" e as cartas não foram destinadas a uma liderança estabelecida e permanente como conhecemos hoje. Devemos cuidar para não enxergar no Novo Testamento o que só veio a ocorrer tempos depois.

O risco de chamar essas cartas de "pastorais" é que elas podem ser vistas como um manual para pastores, um tutorial sobre "como organizar a igreja local". É verdade que elas incluem instruções, mas essas instruções concentram-se na necessidade de estabelecer presbíteros e diáconos – não necessariamente pastores – e na expectativa de que vários homens sejam designados presbíteros. Como veremos, as cartas não servem de norma para o estabelecimento da liderança de um único homem apenas.

Além disso, como manual para pastores, essas cartas são pouco adequadas, pois não se encontra nelas qualquer palavra sobre áreas consideradas essenciais. Não há menção à forma como devem ser escolhidos os presbíteros, quantos deles seriam necessários, quais seriam seus deveres e qual a duração de seu mandato. As cartas citam pregação, porém omitem a liderança do culto, exceto por breves referências à oração. Embora possamos depreender alguns detalhes, fica claro que oferecer conselho a pastores não é o propósito das cartas. Devemos presumir que Timóteo e Tito já sabiam tudo o que precisavam saber sobre tais questões.

Epístolas evangelísticas?

Rotular as cartas de "pastorais" sugere que elas tratam apenas de questões internas, porém a preocupação de Paulo não se restringe à igreja local. Segundo o pensamento do apóstolo, a liderança é importante pois afeta os membros da igreja, e os membros são importantes porque a qualidade dos crentes determina a efetividade de seu testemunho para o mundo exterior. Na realidade, o objetivo principal da carta é corrigir a igreja para que o mundo seja evangelizado. Por essa razão, alguns defendem que "epístolas evangelísticas" seja uma descrição mais condizente. Afinal, esse enfoque no evangelismo está presente em todas as cartas. Paulo escreve sobre a importância das boas obras como "ornamento" do

Evangelho, tornando-o atrativo aos incrédulos. A reputação dos crentes diante dos incrédulos é essencial e serve de medida para a adequação de um homem ao presbitério. Timóteo é especificamente instruído a fazer "a obra de um evangelista".

Ao mesmo tempo, Paulo insiste que seus companheiros corrijam o comportamento que faz com que o Evangelho seja repudiado entre os incrédulos. Os falsos mestres estavam destruindo o caráter da igreja e criando barreiras para o Evangelho. Os relacionamentos entre os membros não serviam de ornamento para o Evangelho – pelo contrário, enfraqueciam a mensagem de fé da igreja diante dos incrédulos. Paulo acreditava ser fundamental tratar a igreja a fim de que o Evangelho progredisse nas redondezas. A Timóteo, ele diz que Deus "deseja que todos os homens sejam salvos", portanto é necessário certificar-se de que o testemunho do povo de Deus seja condizente com essa verdade.

Epístolas apostólicas

Chamar as cartas de "evangelísticas" não seria rigorosamente preciso, tampouco. O título "epístolas apostólicas" é o que melhor lhes serve, pois Timóteo e Tito eram, de fato, o que podemos chamar de "ministros apostólicos". Quando lemos nas entrelinhas, descobrimos que eles não desempenhavam os papéis de pastores ou evangelistas nas igrejas às quais eram enviados. Paulo os enviou em seu nome, como ministros apostólicos.

Para atender a um grupo de crentes estabelecidos em certa região, Paulo e sua equipe ofereciam assistência e supervisão, que podiam ser feitas de quatro maneiras diferentes. Paulo retornava à igreja para ver como ela estava caminhando; ou escrevia cartas; ou enviava um membro de sua equipe para que ali permanecesse durante certo tempo; ou deixava ali um de seus companheiros que pudesse ajudar a igreja a se estabelecer. Era assim que o "ministro apostólico" exercia seu papel.

O título "apóstolo" exige alguma explicação por ser muitas vezes incompreendido. Seu significado literal é "enviado" e o termo é usado em referência a diversos grupos do Novo Testamento.

"Apóstolo" é um dos vários títulos encontrados no Novo Testamento em referência aos indivíduos envolvidos no ministério cristão. Usa-se também a palavra grega *episcopos*, da qual se origina a palavra "episcopal". O *episcopos* é o administrador de uma igreja. A palavra "presbítero" também é usada e deriva do grego *presbuteros*, de onde obtemos a palavra "presbiteriano". Na realidade, *presbuteros* e *episcopos* eram termos similares – e significavam, simplesmente, cristãos de mais idade e maturidade que administravam a obra. O primeiro descreve o caráter do líder, o outro, sua função.

Finalmente, temos a palavra *diaconos*, que significa "servo", alguém que cuida dos aspectos práticos de uma igreja.

No Novo Testamento, portanto, o apóstolo plantava a igreja, certificava-se de que estava firmemente alicerçada e a entregava aos supervisores/presbíteros e diáconos.

O ponto mais importante é que a liderança desses ministérios era sempre plural. Não se encontra no Novo Testamento o ministério formado por um homem apenas. Havia um grupo de apóstolos, um grupo de presbíteros e um grupo de diáconos. Naqueles dias, eram muitos bispos para uma igreja. O cenário atual – muitas igrejas para um bispo – é uma completa inversão da situação encontrada no Novo Testamento.

No Novo Testamento, apenas um homem exerceu, simultaneamente, as funções de apóstolo, administrador e diácono – e seu nome era Judas Iscariotes! Quando lemos Atos 1 atentamente, percebemos que Pedro afirma: "Teremos de substituir Judas – precisamos encontrar outro apóstolo/administrador/diácono para substituí-lo". Portanto, não creio que a junção desses três ministérios constitua um bom precedente!

São ministérios que costumam ser separados e distintos. Um apóstolo deve plantar uma igreja, acompanhá-la até que tenha seus próprios presbíteros e diáconos e, então, tendo concluído sua obra ali, deve partir. Na carta de Paulo a Tito, por exemplo, lemos que Paulo deixou Tito em Creta, incumbindo-o da tarefa de designar presbíteros em cada cidade e, em seguida, encontrar-se com Paulo em Roma. Infelizmente, desde o século 1º d.C., as funções de apóstolos e presbíteros/bispos se confundiram e, como consequência, observamos um bispo no controle de muitas igrejas ou um indivíduo que se autodenomina apóstolo numa igreja. Novamente, uma situação muito diferente daquela encontrada no Novo Testamento.

A equipe apostólica

Essa dinâmica era observada no contexto da equipe apostólica na qual atuavam Timóteo e Tito. Paulo havia plantado igrejas e sua função era tratar os problemas que surgiriam posteriormente. Timóteo foi enviado a Éfeso e Tito foi deixado em Creta, em missões específicas de curto prazo, ambos com a autoridade de ministros apostólicos (ou "solucionadores de problemas"). Nos dois casos, Paulo insistia que eles cumprissem sua tarefa no menor espaço de tempo possível e retornassem a Roma.

Não era a primeira vez que eram incumbidos dessa tarefa. Os dois ministros haviam sido enviados a Corinto em momentos diferentes, alcançando resultados distintos.

Timóteo enfrentara dificuldades, porém Tito havia alcançado êxito. Os diferentes resultados de sua obra podem ser atribuídos, em parte, às suas formas peculiares de lidar com o conflito. Timóteo era um homem tímido, que precisava de muito encorajamento. Tito, em contrapartida, usava uma abordagem mais enérgica. Para Tito, portanto, bastavam instruções sobre o que fazer, enquanto Timóteo carecia de palavras encorajadoras para despertar o dom que tinha dentro de si. Paulo precisou lembrá-lo que Deus lhe havia concedido um espírito de poder, amor e equilíbrio.

Uma análise da forma como Paulo se comunica nas duas cartas sugere que ele nutria uma afeição especial por Timóteo. Ele o chama de "meu amado filho". Pode-se presumir que o relacionamento de Paulo com Timóteo tenha representado, para o apóstolo, o que mais se aproxima da ideia de família. Era um relacionamento especial, e é provável que Paulo visse nele seu representante, apesar das diferenças quanto ao temperamento e origem.

Não está exatamente clara a dimensão da autoridade dos dois homens na condução de seu trabalho. Timóteo é orientado a "instruir" a igreja, porém deve fazê-lo segundo a doutrina apostólica ensinada por Paulo, não com base em suas próprias ideias.

Fica evidente que a autoridade não era hierárquica, tampouco sucessória. A tarefa dos ministros apostólicos era concluída quando eles transferiam a liderança da igreja aos presbíteros e diáconos que, sob a direção de Cristo, poderiam dar prosseguimento à liderança. Eles não "geravam" outros apóstolos.

Nessas três cartas, Paulo espera que seus dois amigos certifiquem-se de que as duas igrejas disponham de equilíbrio e sensatez tanto da parte da liderança como da parte dos membros. Como sempre, Paulo não almejava crescer em quantidade, mas em qualidade. Ele buscava líderes e membros qualificados, pois sabia que o resultado disso levaria a um grande número de convertidos.

É curioso observar que Paulo não faz questionamentos. Não há qualquer menção ao tamanho da igreja ou de sua liderança, mas um interesse na qualidade de seus líderes e membros. Paulo deixou Tito em Creta para desenvolver a qualidade dos membros da igreja, porém em Éfeso, era a qualidade da liderança que não estava adequada. A carta a Tito nos revela que tipo de membro um apóstolo deve deixar na igreja quando partir, e as cartas a Timóteo avaliam o tipo de liderança necessária.

Podemos analisar as cartas de três formas: pela perspectiva do autor, pela perspectiva dos leitores/ destinatários – Tito e Timóteo – e, finalmente, por meio da observação das situações em Creta e Éfeso que exigiam a orientação desses ministros apostólicos.

Acho surpreendente que alguém questione a autoria de Paulo, uma vez que podemos reconstruir toda a vida do apóstolo com base nessas cartas. Há mais informações pessoais a respeito de Paulo nessas cartas do que em qualquer outra, por isso fica difícil imaginar que não tenham sido escritas por ele.

O padrão da vida de Paulo

Mudanças passadas

Paulo escreve sobre as mudanças em sua vida, refletindo sobre o tempo em que, como homem blasfemo e violento, perseguia a igreja de Deus, posicionando-se contra Cristo. Ele se considera o pior dos pecadores e sente-se cheio de gratidão a Deus, que o alcançou e o designou apóstolo para os gentios. Quando Deus nos perdoa, ele se esquece do que fizemos. Nós, porém, jamais nos esqueceremos, e as reflexões de Paulo são prova disso.

Circunstâncias presentes

Paulo fala aos seus jovens companheiros das dificuldades que enfrentava, bem como de sua história recente. Nessas cartas, lemos sobre sua visita a Éfeso, Creta, Nicópolis, Corinto, Mileto, Trôade e Espanha, pela primeira vez. Em 2Timóteo, ele reflete sobre sua situação na prisão em Roma – Paulo já não dispõe das horas livres que costumava ter quando estava em prisão domiciliar. Agora está restrito a uma cela, após ter sido traído por Alexandre, o ferreiro, sendo obrigado a fazer as malas com tanta urgência, que deixara para trás sua capa e seus livros. Ele pede a Timóteo que venha rapidamente, trazendo esses itens antes da chegada do inverno. O apóstolo está ciente de que provavelmente permanecerá preso por algum tempo e de que Nero era imprevisível, portanto não podia esperar que ele agisse de forma justa e imparcial.

Perspectivas futuras

É nesse cenário comovente, portanto, que Paulo escreve a Timóteo, seu jovem amigo. A carta pode ser considerada "seu testamento e último desejo". Paulo tem mais de 60 anos e sabe que sua vida está chegando ao fim. Na primeira vez em que Paulo esteve preso, Lucas escreveu o livro de Atos em sua defesa, com o intuito de provar às autoridades romanas que o apóstolo não merecia ser condenado à morte. Na ocasião de seu segundo encarceramento, contudo, Paulo estava ciente de que tal defesa não seria de nenhuma ajuda e temia o pior. A carta reflete sua tristeza pela deserção de Demas e pela covardia de outros, que lhe negaram apoio. Chegava a hora de passar o bastão ao jovem Timóteo, que poderia dar continuidade à obra. Paulo escreve sobre o trabalho realizado, a corrida concluída, a batalha vencida.

O propósito da vida de Paulo

Além do exemplo de Paulo, também podemos ver seu propósito de vida. Em suas cartas, fica evidente que o apóstolo vivia para o Evangelho (também descrito como "a fé" e "a verdade") e insistia que seus jovens companheiros adotassem a mesma postura. Essa era a força motriz de tudo o que fazia. A carta dava voz ao seu desejo de apresentar a ação de Deus e a resposta do homem, a fim de que seus jovens companheiros na obra e, em última instância, as igrejas nas quais eles atuavam recebessem o ensino considerado "são". Paulo usava a palavra grega correspondente a "são" ou "saudável" para caracterizar a doutrina, pois a via como o perfeito antídoto contra as palavras venenosas lançadas à congregação por homens ímpios e falsos mestres.

Objetivo (divino)

DEUS
Em certos trechos de cada uma das cartas, Paulo concentra-se nos atos divinos. Ele escreve sobre a personalidade de Deus, seu amor e sua graça e o chama de "o Salvador". Deus é mais costumeiramente conhecido como Juiz, e Jesus, como "o Salvador", porém chamar Deus de Salvador é apropriado quando compreendemos que ele, o Pai, tomou a iniciativa de enviar seu Filho e de lhe confiar todo o juízo do Dia Final.

Nessas cartas encontramos outros títulos que descrevem a majestade do caráter de Deus. Ele é o Rei dos séculos (ou eterno), imortal, invisível, aquele a quem ninguém jamais viu ou pode ver, que habita na luz inacessível. Somente nele habita toda a sabedoria, ele é o Deus vivo, o Rei dos reis e o Senhor dos senhores.

JESUS
Jesus é retratado como Juiz e Salvador. Sua obra na cruz é descrita de várias maneiras. Lemos que "Cristo Jesus veio ao mundo para salvar os pecadores", que "tornou inoperante a morte e trouxe à luz a vida e a imortalidade" e que sua morte trouxe expiação para todos. Além disso, encontramos em 1Timóteo um breve resumo de sua vida: "Deus foi manifestado em corpo, justificado no Espírito, visto pelos anjos, pregado entre as nações, crido no mundo, recebido na glória" (1Timóteo 3.16).

O ESPÍRITO SANTO
Paulo também menciona dois aspectos da obra do Espírito Santo. Primeiro ele escreve sobre a experiência do Espírito, lembrando Timóteo do momento em que Paulo e outros impuseram-lhe as mãos para que ele recebesse o dom do Espírito. Timóteo deve lembrar-se que o Espírito Santo é um Espírito de amor, poder e equilíbrio.

Em segundo lugar, ele escreve sobre o exercício dos dons espirituais, insistindo que Timóteo use o que lhe foi dado na ocasião da imposição de mãos. Não sabemos que dom, ou dons, ele recebeu naquele momento, ou se as duas referências à "imposição de mãos" em 1 e 2 Timóteo referem-se à sua conversão ou ordenação. De qualquer forma, ele é encorajado a usar o que recebeu.

Subjetivo (humano)
Passamos agora a avaliar qual deve ser a resposta do homem à iniciativa divina.

Em todos os textos – e essas cartas não são exceção – Paulo deixa claro que há três dimensões da salvação para o crente. A salvação não é instantânea ou automática, sendo que três tempos verbais na língua grega são usados para descrever esse processo.

PASSADO (JUSTIFICAÇÃO) – VIVENCIAL

Paulo ensina que, quanto ao passado, fomos salvos, pois quando cremos pela primeira vez em Cristo é como se olhássemos para trás, para o ponto de partida. As preposições usadas são importantes. A salvação veio pela graça, não pelas boas obras ou pela "prática da lei". Os crentes foram salvos das más obras e não do inferno, como afirmam alguns. Finalmente, a salvação veio por meio do Espírito Santo.

Em Tito, Paulo escreve sobre o "lavar regenerador", em referência ao batismo pela água e ao batismo do Espírito Santo. Ambos são necessários para uma entrada adequada no Reino.

PRESENTE (SANTIFICAÇÃO) – ÉTICA

O tempo presente que descreve a salvação é a maior preocupação de Paulo, embora não seja o foco principal. Paulo é explícito quando afirma que a doutrina deve ser colocada em prática. Ele não tem tempo para o debate acadêmico, a ginástica intelectual e os argumentos especulativos que não transformam vidas.

O Evangelho conduz às boas obras. Conduz a uma atitude de apartar-se do mal e receber a graça para rejeitar o pecado. Somos, sem dúvida, separados para o bem. Como vasos destinados a fins nobres, somos purificados do uso impuro.

As boas obras conduzem ao Evangelho. As cartas nos lembram que a conduta reta dos cristãos pode inspirar outros a buscarem a Deus.

FUTURO (GLORIFICAÇÃO) – ESCATOLÓGICA

Esses dois tempos verbais, no entanto, não definem totalmente a salvação, pois nenhum de nós está totalmente salvo. Estamos tão somente a caminho de obter a salvação, trilhando uma estrada cujo nome é "o Caminho". Na verdade, preocupo-me quando ouço alguém dizer que "sete pessoas foram salvas no culto de domingo". Minha resposta padrão é: "Você quer dizer que sete pessoas *começaram* a ser salvas no culto de domingo". Elas ainda não estão completamente salvas.

Para Paulo, a salvação futura era o principal foco entre os três. A vida eterna é algo que herdaremos, mas, enquanto isso não acontece, devemos seguir perseverantes em nossa fé. Paulo escreve sobre os que se desviaram da fé. Ele adverte Timóteo a estar atento à própria vida e à doutrina, pois assim salvará tanto a si mesmo quanto aos que o ouvirem.

Nessas cartas, Paulo inclui "palavras fiéis e dignas de toda a aceitação", e uma delas, em 2Timóteo 2.11-12, serve para ilustrar esse ponto. Vamos analisar cada uma de suas frases.

Positiva:
"Se morremos com ele, com ele também viveremos" (referindo-se à conversão/ao batismo e não ao martírio).
"Se perseveramos, com ele também reinaremos".

Negativa:
"Se o negamos (rejeitamos), ele também nos negará".

A última frase, contudo, muda o padrão: "Se somos infiéis, ele permanece fiel, pois não pode negar-se a si mesmo". Alguns afirmam que isso significa que um convertido jamais pode perder a salvação. Mas tudo o que Deus está prometendo é que permanecerá fiel a si mesmo. Paulo contrasta a estabilidade de Deus com nossa instabilidade. É verdadeira a afirmação de que nenhum crente pode se perder, mas aquele que não coloca em prática sua fé, de fato deixa de ser crente, pois literalmente torna-se "in-fiel".

Nessas cartas, Paulo escreve sobre os que se "desviaram" da fé, deixando implícito que embora tenham começado a crer, já não creem mais.

Parte do entendimento de Paulo a respeito da salvação futura é que ganharemos uma coroa. Devemos continuar a perseverar a fim de que possamos receber tudo o que Deus tem reservado para nós.

Afirma-se que João Calvino, o influente teólogo francês, tenha ensinado que quando alguém crê em Cristo, sua salvação futura está garantida. O que ele realmente escreveu, no entanto, foi:

Todavia, nossa redenção seria imperfeita se ele não nos conduzisse constantemente rumo ao objetivo final de nossa salvação. Portanto, no momento em que nos afastamos dele, mesmo que brevemente, nossa salvação, que se fundamenta firmemente nele, se desvanece. Como resultado, todos aqueles que não depositam sua confiança nele voluntariamente privam-se de toda a graça.

Hoje, raramente uso a palavra "salvação". No lugar dela uso "reciclagem". Quando indagado sobre a minha profissão, digo que estou no ramo da reciclagem. A expressão no rosto dos que me perguntam revela que se trata de uma ocupação vista com bons olhos. Somente quando lhes digo que não reciclo papel e metal, mas que as pessoas são minha matéria-prima, é que parecem alarmados. Creio, no entanto, que essa imagem é completamente bíblica. Afinal, são as pessoas que precisam ser recicladas. Elas precisam ser restauradas ao propósito original para o qual foram criadas. Na verdade, a palavra *Geena* [inferno] no Novo Testamento era usada para indicar o depósito de lixo de Jerusalém.

Um versículo importante para que compreendamos a salvação é Tito 3.5, pois nos lembra que Deus nos salvou por meio do batismo na água e do batismo no Espírito.

As palavras assemelham-se muito àquelas encontradas em João 3.5, que afirma que nascemos de novo da água e do Espírito. De fato, como mostro em meu livro *The Normal Christian Birth*, Paulo via o batismo na água e o batismo no Espírito como essenciais à salvação. Somente quando pensamos que a salvação é como uma passagem que garante nossa entrada no céu é que incorremos na ideia equivocada de que esses dois batismos não são essenciais à salvação. Quando entendemos a salvação como um processo de reciclagem, esses dois elementos tornam-se vitais. Paulo afirma que Deus nos salvou e purificou pelo lavar regenerador e renovador do Espírito Santo, derramado generosamente sobre nós pelo Senhor. A reciclagem, portanto, tem início em nosso batismo e continua quando somos lavados no Espírito Santo.

Timóteo e Tito

O contraste entre Timóteo e Tito é marcante. Tito era um gentio incircunciso, de origem pagã. Timóteo era natural de Listra, uma das primeiras cidades da Galácia evangelizadas por Paulo. A comunidade em Listra recomendou Timóteo a Paulo como um bom substituto, e assim começa o relacionamento entre eles.

A mãe e a avó de Timóteo eram judias e lhe ensinaram as Escrituras quando criança. Não era circuncidado, pois seu pai não era judeu, porém Paulo, mais tarde, o circuncidou, não porque a circuncisão pudesse fazer qualquer diferença para Timóteo, mas porque facilitaria sua entrada nas sinagogas. Paulo cuidava que seus companheiros não provocassem afrontas desnecessárias.

O Novo Testamento faz referência a três missões especiais designadas a Timóteo, antes de sua visita a Éfeso. Ele foi enviado a Tessalônica, a Corinto e a Filipos como ministro apostólico de Paulo. Também colaborou com Paulo na redação de, pelo menos, seis cartas: as duas destinadas aos Tessalonicenses, as duas aos Coríntios, a carta aos Filipenses e a enviada a Filemom. Timóteo, contudo, tinha a saúde debilitada. Sofria com problemas digestivos, por isso Paulo o aconselha a tomar vinho para o estômago. Na verdade, Paulo sentia necessidade de admoestar Timóteo a ser como um soldado ou um atleta no exercício da autodisciplina exigida para o desempenho do ministério cristão. Não sabemos se Timóteo conseguiu chegar a Roma antes da execução de Paulo, mas, em sua segunda carta a Timóteo, percebemos sua ansiedade em revê-lo.

Diferentemente das cartas direcionadas a Timóteo, a carta de Paulo a Tito contém poucas referências pessoais. Fica evidente que Tito é um excelente obreiro que alcançou excelentes resultados em Corinto, e, aparentemente, Paulo deposita nele total confiança. É relativamente pouco o que podemos inferir a respeito de Tito na carta. Paulo não envia a Tito o mesmo tipo de exortações dirigidas a Timóteo.

A maioria das cartas de Paulo, logo na introdução, faz alusão a uma crise ou dificuldade que precisa ser tratada, e Tito não é exceção. Embora houvesse igrejas em todas as cidades de Creta, não havia *presbíteros* para liderá-las, por isso era urgente que alguém designasse líderes locais que pudessem ajudá-las a crescer. A tarefa de Tito era cuidar para que esses líderes fossem designados.

As cartas a Timóteo foram escritas porque a igreja de Éfeso tinha os *líderes errados*. Timóteo, portanto, foi incumbido da tarefa de livrar-se dos líderes errados, substituindo-os pelos líderes certos. Na realidade, o trabalho em Éfeso parece ajustar-se melhor a Tito do que a Timóteo!

Paulo preocupava-se com a qualidade dos membros da igreja de Creta. Seus comentários dão a impressão de que o passado pagão ainda influenciava aquelas pessoas e, consequentemente, a vida da igreja. Os cretenses eram notórios por seu comportamento indevido, que chegou a influenciar as igrejas da ilha. Em Éfeso, por outro lado, é a liderança que demandava atenção. Nos dois locais havia falsos ensinamentos. Em Creta, essa questão era secundária se comparada com o problema da conduta da igreja, enquanto em Éfeso, era uma questão preocupante, pois os falsos ensinamentos surgiam dentro da igreja e eram transmitidos por líderes impiedosos. Desse modo, era absolutamente vital à saúde da igreja fazer algo a respeito.

Podemos dividir em três pontos o trabalho que Paulo delega a Timóteo e a Tito.

Concluir a transição

A primeira tarefa que lhes coube era concluir a transição: de igrejas que dependiam de apóstolos para igrejas conduzidas por líderes locais. Elas precisavam tornar-se independentes no sentido estrito da palavra, a fim de reduzir a dependência de obreiros fundadores.

Líderes qualificados

PRESBÍTEROS
Paulo destaca a seus dois companheiros o tipo de presbítero que deveriam escolher para liderar a igreja. Ele enfatiza o caráter do presbítero, com foco especial em sua atitude como cabeça de sua família, principalmente porque era comum que ele fosse o líder da casa onde a igreja se reunia. Paulo fala de remuneração, argumentando que quem prega e ensina é digno de "dupla honra".

É curioso observar que Paulo afirma ser necessário que o presbítero goze de boa reputação fora da igreja. No processo de escolha de presbíteros, seria muito útil se a igreja buscasse recomendações com os que não pertencem à igreja. Um comentário positivo pode ser um bom sinal.

Paulo ensina que os presbíteros devem ser homens. Quando alguém me pergunta se uma mulher pode ser presbítera, respondo que isso é possível contanto que ela tenha apenas uma esposa! Afinal, essa é uma das exigências da função. Outras passagens me dão a convicção de que o presbitério é responsabilidade do homem, assim como a disciplina no lar é, inquestionavelmente, responsabilidade do pai.

Os líderes costumam afirmar que seus problemas estariam resolvidos se os membros da igreja simplesmente seguissem seus exemplos. Desconfio que o verdadeiro problema esteja no fato de a maioria dos membros fazer exatamente isso! É inevitável que as pessoas, subconscientemente, sigam seus líderes. Talvez não sigam o que pregam, mas certamente, imitam o seu comportamento. Uma das mais temíveis e assustadoras responsabilidades de liderar uma igreja é ver as próprias qualidades e fraquezas refletidas na comunidade. Esse é, obviamente, um risco específico do ministério de um único homem, quando seu caráter passa a ser o caráter da igreja. Com a pluralidade de presbíteros, a tendência é que haja um equilíbrio muito maior entre as qualidades e fraquezas dos líderes individuais. Até certo ponto, é por esse motivo que a qualificação dos líderes eclesiásticos (presbíteros e diáconos) baseia-se em caráter e não em dons. Não é tanto o que um líder pode fazer que o torna um líder, mas o que ele é em casa e em público. A única habilidade exigida dos presbíteros é que sejam capazes de instruir, uns aos outros e a congregação.

DIÁCONOS

As qualidades exigidas de um diácono são muito semelhantes às dos presbíteros, embora o texto sugira que mulheres também podem exercer essa função. Paulo escreve sobre as mulheres, mas há certa dúvida se ele se refere a esposas de diáconos ou a diaconisas. Qualquer pessoa que sirva a igreja de forma prática – independentemente de sua qualificação – deve exibir um caráter reto. O elemento fundamental na obra do Senhor dentro da igreja não são as habilidades, mas os relacionamentos.

Está claro que não há hierarquia. A indicação ao diaconato não é o primeiro degrau na escalada para a função de presbítero, embora algumas vezes seja vista dessa forma. Os diáconos cuidavam das necessidades materiais da igreja, enquanto os presbíteros concentravam-se nas necessidades espirituais.

Membros qualificados

As cartas também destacam a necessidade de os membros da igreja serem aprovados em uma variedade de questões práticas. Paulo escreve sobre a importância da modéstia dentro da igreja e do comportamento respeitoso na sociedade, demonstrado pelas recomendações à oração pelos governantes e por aqueles que exercem autoridade. Ele também se preocupa em prestar a devida assistência aos irmãos de famílias carentes.

Ele fala da importância do auxílio das mulheres mais velhas às mais novas, do respeito devido aos idosos e do amparo às viúvas.

A carta a Tito concentra-se principalmente na qualidade dos membros. Paulo escreve que o caráter piedoso deve estar presente na igreja, no lar e no local de trabalho. A carta, na realidade, é um maravilhoso currículo para o treinamento dos membros de uma igreja, mostrando como eles podem adornar o Evangelho. A constante preocupação de Paulo é que a igreja pareça justa ao mundo. É interessante observar que o rol de virtudes usado por Paulo nessa carta não seja de origem cristã, mas grega. Os gregos tinham uma lista das características que consideravam positivas nas pessoas e Paulo faz uso dessa lista pagã e desafia os cristãos a viverem segundo ela.

Não há aqui sugestão de que a igreja deva imitar os padrões mundanos de moralidade, mas sim que deve, no mínimo, ser o que o mundo considera bom. Está implícito, é claro, que os incrédulos têm discernimento. Eles mantêm os cristãos em um nível aceitável!

O papel das mulheres
Talvez o ensino mais controverso encontrado nessas epístolas se refira às mulheres. Paulo, aparentemente, impõe limitações rígidas ao ministério de mulheres.[14] As teólogas feministas não apreciam essas cartas. São várias suas alegações:

Pseudoepígrafa. Alguns afirmam que as cartas não são de autoria de Paulo, mas sim falsificações redigidas no segundo século. Por isso não deveriam fazer parte do cânon.

Rabínica. Outros defendem que se as cartas forem de Paulo, o ensinamento sobre mulheres seria uma forma de regresso à sua experiência rabínica antes da conversão. Por causa de sua idade avançada, ele está retornando aos preconceitos de sua infância judaica.

Cultural. Eles argumentam que esse ensino é puramente cultural. Se Jesus estivesse vivo hoje, teria escolhido para apóstolos seis homens e seis mulheres. A frase favorita que sintetiza esse posicionamento é que Paulo era culturalmente condicionado. A decisão de Jesus de escolher 12 homens como apóstolos, portanto, foi baseada na prudência, pois seria ofensivo ter mulheres ocupando essa posição. Esse argumento é insuficiente, pois Jesus jamais agiu exclusivamente com o intuito de ser "diplomático"! Um dos elogios feitos a Jesus pelos fariseus foi justamente: "Não te deixas influenciar por ninguém". Se considerasse

---

[14] Para uma discussão completa sobre o tema e outras questões relacionadas, leia Leadership is Male, do mesmo autor.

certo incluir mulheres no grupo dos Doze, ele o teria feito.

Herege. Outros alegam que o ministério de ensino foi barrado às mulheres porque muitos dos rituais pagãos eram conduzidos por mulheres. A igreja precisava distanciar-se dessas práticas, por isso barrou as mulheres da posição de mestres. Não há, contudo, qualquer evidência que sustente essa teoria.

Educacional. O argumento seguinte sugere que a falta de estudo das mulheres da época de Paulo tornava-as inaptas a atuar no ensino e na liderança. Se isso fosse verdade, contudo, Paulo não deveria ter permitido que homens sem estudo liderassem a igreja. Em Atos, o Sinédrio descreve os Doze apóstolos como homens incultos, o que de fato eram.

Paulo, entretanto, ensina claramente que as diferenças entre os gêneros masculino e feminino ainda se aplicam à igreja. Em Cristo, não somos castrados [não assumimos um gênero neutro]; Deus quer que sejamos homens e mulheres com as devidas características que nos distinguem. O ensino de Paulo se sobressai contra o declínio rumo à "qualidade de pessoa" comum nos dias de hoje, onde as diferenças são minimizadas ou completamente extintas.

Deus nos fez homens e mulheres e precisamos uns dos outros. Ele nos criou para funções e responsabilidades distintas. Quando homens se comportam como mulheres e mulheres como homens, distorcemos a beleza criativa de Deus. Aos homens, portanto, é atribuída a responsabilidade de liderar. Embora esse ensino não seja popular hoje, ele está nas Escrituras. Não podemos ignorá-lo.

Confrontar os perturbadores

A segunda grande tarefa era confrontar os perturbadores. Quando Paulo deixou os presbíteros de Éfeso pela última vez, disse-lhes que, após a sua partida, lobos vestidos de cordeiro se infiltrariam no rebanho. No tempo de Timóteo, essa profecia estava se tornando realidade, por isso Paulo o enviou para livrar-se dos lobos.

Esse falso ensino é um tema que aparece nas três epístolas. Em Tito, aparece ao fundo, e nas cartas a Timóteo, em primeiro plano. De fato, essa foi precisamente a razão pela qual Paulo escreveu a Timóteo. Quando nos demoramos em tratar um problema, ele simplesmente vai se agravando, mas se estivermos dispostos a enfrentá-lo assim que surge, podemos, com o passar do tempo, acelerar a resolução.

O erro que propagavam
É difícil saber a exata natureza desse falso ensinamento. Alguns alegam que ele era semelhante ao gnosticismo do segundo século.

Elementos gregos. Eles acreditavam que o corpo era maligno e, consequentemente, ensinavam que o sexo era pecado, e que a obediência a certas leis alimentares era necessária para sermos aceitos por Deus. Uma compreensão dualista do mundo e uma escatologia excessivamente enfatizada (i.e. que a ressurreição já havia ocorrido) faziam parte de sua crença.

Elementos judaicos. Sua crença nas leis alimentares e seu foco nas genealogias indicam um contexto judaico. As observações de Paulo sugerem que eles tinham uma interpretação própria do Antigo Testamento.

É provável que Paulo estivesse batalhando em duas frentes – enfrentava um judaísmo helenista que combinava vertentes gregas e judaicas, constituindo-se um potente ataque contra o Evangelho.

O exemplo que promoviam
Observamos anteriormente a afirmação de Paulo a Timóteo de que um bom presbítero é "digno de dupla honra". Há diversas traduções para o texto, mas o sentido é claro.

Um presbítero que trabalha na pregação e no ensino é digno de honorários dobrados. Isso implica um ministério remunerado e diz respeito aos que pregam o Evangelho a incrédulos e ensinam o Evangelho aos crentes. Em contrapartida, Timóteo não deveria oferecer qualquer pagamento aos maus presbíteros, especialmente se esses nutrissem amor pelo dinheiro.

Podemos discernir as falhas de caráter dos presbíteros observando o que Paulo condena. Ele afirma que os presbíteros eram capazes de manter uma aparência de vida piedosa, porém sem acreditar na sua força. Na aparência eram bons, mas suas motivações interiores eram egoístas. Embora aparentemente legalistas, eram libertinos, orgulhosos do que haviam alcançado e gananciosos por dinheiro, crendo que, de certo modo, seriam recompensados financeiramente por sua devoção.

O efeito que produziam

O efeito desses líderes sobre a igreja era catastrófico. Seus falsos ensinamentos alastravam-se como uma gangrena. Eles defendiam uma estranha combinação de legalismo e libertinagem. Tanto uma atitude como a outra matam a liberdade do Espírito e, associadas, são particularmente perigosas. A liderança deve fluir de um coração puro, uma consciência sã e uma fé sincera; esses maus líderes não tinham qualquer um desses três elementos. Eles não apenas propagavam erros, como também ofereciam um péssimo exemplo.

Comunicar a verdade

A terceira tarefa importante no estabelecimento das bases de uma igreja era comunicar a verdade. O aspecto mais valioso da vida de uma igreja é, definitivamente, o bom e coerente ensino da Bíblia. As igrejas que não recebem ensino bíblico constante e sistemático tornam-se extremamente vulneráveis a todo tipo de dano. A confrontação constante com a palavra de Deus – a comunicação da verdade do Evangelho – produzirá crescimento nas vidas dos que estão sendo ensinados.

A missão de Timóteo era enfrentar os perturbadores, confrontá-los com seus desvios, tratar prontamente o problema, afastá-los e substituí-los por bons presbíteros. Uma igreja pode suportar qualquer golpe externo, mas os ataques que surgem de dentro causam mais danos.

O ensino incluía instrução, exortação e admoestação verbal. O ensino era transmitido com autoridade – não era meramente conhecimento ou o compartilhamento de informações. Esse ensino também envolvia a demonstração visível e prática da verdade – Timóteo e Tito deveriam não somente expor a verdade, mas também ser exemplos dela.

A mensagem a ser declarada
Sua mensagem deveria basear-se no que Paulo chama de "a fé" e "a verdade". Três fontes poderiam ser usadas.

As Escrituras. O Antigo Testamento deveria ser lido publicamente, bem como ser pregado e ensinado.

A doutrina dos apóstolos. Em Atos 2, lemos que os novos crentes perseveravam na doutrina dos apóstolos. Paulo, assim como os outros apóstolos, reconhecia e recomendava a doutrina da segunda vinda de Cristo aos crentes das igrejas do Novo Testamento.

Afirmações confiáveis. Havia uma variedade de afirmações, quase declarações de fé, conhecidas por refletir a verdade das Escrituras. Cinco delas são mencionadas nas cartas.

Para que sejam comunicadores fiéis, Timóteo e Tito devem demonstrar integridade no manejo da verdade e estar sempre preparados para fazê-lo "a tempo e fora de tempo". Paulo descreve como "sã" a doutrina deve ser ensinada.

Em contrapartida, os desvios da doutrina dos apóstolos são uma moléstia, como a gangrena no corpo humano.

O foco desse ensino é amplo e não deve se limitar aos membros da igreja. Timóteo é instruído a fazer "a obra de um evangelista".

O modelo a ser demonstrado
O aspecto visível e prático da verdade também é encorajado nessas cartas. Paulo menciona seu próprio exemplo em muitas áreas; escreve sobre "o meu ensino, a minha conduta, o meu propósito, a minha fé, a minha paciência, o meu amor, a minha perseverança" (ou perseguição e sofrimento) e sobre estar pronto para morrer. Ele está enfatizando que nossas ações expressam muito mais do que nossas palavras. Devemos praticar o que pregamos.

Da mesma forma, ele insiste que Timóteo seja um bom exemplo para aqueles a quem espera liderar. A conduta de Timóteo diante da família cristã e dos que observam de fora deve ser irrepreensível. Embora isso pareça desanimador, o enfoque não está em "ser perfeito", mas em "progredir".

Ele é exortado a fugir do mal e a buscar a retidão. Desse modo, seu exemplo de vida pode tornar-se um atrativo para outros.

Como colocar em prática o que lemos nessas cartas?

A pureza é uma questão interior e não exterior. Qualquer sistema de pureza baseado em limites externos é, por natureza, uma interpretação legalista da fé.

As distinções de idade, gênero e classe ainda se aplicam à comunidade cristã. Algumas pessoas citam Gálatas 3.28 como base para a eliminação de qualquer distinção entre as pessoas. Entretanto, esse versículo aplica-se somente ao contexto da salvação e do nosso relacionamento vertical com Deus, no qual ele não faz diferença entre as pessoas. [Esse versículo não se aplica ao contexto do relacionamento horizontal – uns com os outros, no qual as diferenças ainda se aplicam.]

A virtude de uma igreja deve equiparar-se e transcender o que o mundo entende por virtude. Esse é um princípio muito importante, pois não é possível enganar o mundo. O mundo sabe o que são pessoas boas, e espera encontrá-las dentro da igreja. Temos a responsabilidade de viver retamente.

Caráter é mais importante do que habilidade. Liderar a igreja é ser um bom modelo e um bom administrador; trata-se de ser tanto visível quanto audível.

São os pastores, e não as ovelhas, os responsáveis pela condição do rebanho. A Bíblia culpa apenas o pastor pela condição do rebanho, jamais a ovelha. Converso com muitos pastores que estão sempre prontos a culpar o rebanho pela situação de suas igrejas, mas Deus vê os pastores como os verdadeiros responsáveis.

A sã doutrina abrange não somente a forma como agimos, mas também aquilo em que cremos. Na Bíblia, o significado de sã doutrina é "fé traduzida em atitudes".

A igreja é uma família, porém não tem um pai na terra. Ela tem um Pai no céu. Todos os que fazem parte da igreja – líderes e membros – são irmãos. Isso é muito importante. Ninguém deve ser chamado de "pai".

O caráter assistencial da igreja deve pautar-se pelo discernimento. Não devemos assumir a responsabilidade de outras pessoas. A Bíblia diz que se a família de uma viúva é capaz de lhe prestar assistência, a igreja não deve assumir essa responsabilidade. Existe um tipo de caridade enganosa que se manifesta em um excesso de obras sociais e assistencialistas. A igreja é instruída a cuidar das viúvas que não têm mais ninguém para socorrê-las. A igreja deve ser sensata na maneira como cuida dos necessitados.

O caráter de uma igreja é o reflexo do caráter de seus

líderes. Inevitavelmente, os membros seguem os líderes da igreja, quer eles gostem ou não.

Se há algo que as cartas a Timóteo e Tito nos ensinam é que as maiores batalhas que enfrentamos estão dentro da igreja. Nos dias de hoje, precisamos defender a verdade do Evangelho contra certas distorções sutis, quatro delas em especial. O Evangelho corre o risco de ser:

Politizado – O Reino de Deus é compreendido como um programa social com abrangência terrena apenas

Feminizado – Deus é representado por uma mãe afetuosa em vez de um pai disciplinador

Relativizado – Sem quaisquer distinções absolutas entre verdadeiro e falso, certo e errado

Sincretizado – Mesclado a outras crenças em nome da religião mundial

A defesa da fé constitui uma tarefa dupla: explicar a verdade e expor o erro.

DO SOFRIMENTO À GLORIA

53. Hebreus

54. Tiago

55. 1 e 2 Pedro

56. Judas

57. 1, 2 e 3 João

58. Apocalipse

59. O Milênio

53. HEBREUS

Introdução

Difícil ou muito agradável?
A opinião dos leitores da Bíblia a respeito da carta aos Hebreus diverge consideravelmente. Alguns a consideram uma das cartas mais difíceis do Novo Testamento. Isso ocorre em parte porque, na visão dos gentios, ela é muito judaica, com descrições bastante detalhadas de sacrifícios, altares e questões sacerdotais. Uma compreensão apropriada de Hebreus exige familiaridade com o texto do Antigo Testamento, em especial com o livro de Levítico, algo que a maioria dos gentios não tem. Certos argumentos de Hebreus também não sensibilizam a mente moderna. Quem se interessa por anjos e genealogias? São temas raramente incluídos nas conversas, mesmo entre cristãos.

Outro fator é a complexidade do grego utilizado na carta aos Hebreus, considerado por muitos o grego mais elaborado do Novo Testamento. O Novo Testamento, por sua vez, não foi escrito no grego clássico, mas no *koiné,* a linguagem das ruas. Hebreus, no entanto, está mais próximo da língua clássica – ou acadêmica – do que qualquer outro texto do Novo Testamento. Mesmo traduzida, a linguagem é refinada e sofisticada, o que representa um obstáculo para alguns.

Apesar disso, Hebreus tem seus admiradores. Alguns leitores afirmam que é o livro mais agradável de toda a Bíblia. Eles apreciam seu conteúdo e se deleitam nele, geralmente por uma das três razões apresentadas seguir.

O MAGNÍFICO CAPÍTULO SOBRE A FÉ
O capítulo 11 nos conduz por uma jornada ao passado, à medida que lemos o testemunho dos grandes heróis da fé.

Para os que se incomodam com a argumentação detalhada dos capítulos anteriores, essa passagem serve de alívio. Finalmente, algo com que podem se identificar.

A LUZ PROJETADA SOBRE O ANTIGO TESTAMENTO

A carta aos Hebreus expõe a relação entre o Antigo e o Novo Testamento. Explica como devemos tratar a lei de Moisés, enquanto desvenda as conexões entre nossa fé cristã e os rituais do templo, mostrando as dimensões desse novo relacionamento que o povo de Deus pode desfrutar com ele. Assim sendo, encontramos muitos modelos interpretativos que nos ajudam a compreender o Antigo Testamento como cristãos.

REVELAÇÃO DE CRISTO

Quem ama Jesus ama Hebreus, pois o livro revela o Mestre de uma forma que não é vista em nenhuma outra passagem do Novo Testamento. O autor de Hebreus tem certa preferência pela expressão "melhor do que". Jesus é descrito como "melhor do que" – em vez de "o melhor" (embora essa ideia também seja verdadeira) – quando comparado com alternativas inferiores e atraentes aos leitores originais [os hebreus]. Jesus é melhor do que os anjos, melhor do que os profetas, melhor do que todos os outros intermediários.

Classificar esse livro como difícil ou muito agradável nada mais é do que assumir uma posição extremista, tanto de uma como de outra parte, uma vez que ambas deixam de perceber o ponto central da carta. A verdadeira chave para desvendar Hebreus é tentar responder à pergunta: "Por que a carta foi escrita?". Embora seja um pouco complicado encontrar a resposta, assim que a descobrimos, toda a carta é desvendada.

Quem foi o autor?

Mas antes de discutirmos as razões pelas quais a carta foi escrita, precisamos refletir sobre quem a escreveu.

Certo estudioso chama esse exercício de "o enigma do Novo Testamento", pois Hebreus é o único livro do Novo Testamento cuja autoria é definitivamente desconhecida. Há muitas suposições. Algumas versões mais antigas da tradução da Bíblia King James a intitularam: "Epístola de Paulo aos Hebreus", o que é fruto de pura especulação. Não acredito que Paulo a tenha escrito. O texto não tem seu estilo ou linguagem. Outros sugeriram que o autor seria Barnabé, em parte porque o tema "encorajamento" é bastante enfatizado. Alguns dizem que foi Estêvão, outros apostam em Silas ou Apolo. Uma das sugestões é que Priscila seja a autora da carta, e a ausência de um nome teria como objetivo ocultar o fato de que uma mulher a tenha escrito, embora, na minha opinião, essa teoria não se sustente. Por fim, devo dizer que concordo com Orígenes de Alexandria, um dos grandes pais da igreja: só Deus sabe quem a escreveu!

Para onde a carta foi enviada?
Também não sabemos ao certo o local de destino da carta. O único endereço que temos é "aos Hebreus" – informação nada específica! Mais uma vez, são muitas as suposições. Alguns afirmam que a carta foi enviada a Alexandria, outros sugerem Antioquia, Jerusalém ou Éfeso. Não é possível afirmar categoricamente, mas, no final da carta, encontramos uma pista importante. Segundo o autor, "Os *da* Itália lhe enviam saudações". Creio, portanto, que seja uma dedução plausível afirmar que ela tenha sido enviada *para* a Itália, o que sugere que seu alvo era a igreja de Roma.

Podemos notar claramente, contudo, que a carta aos Hebreus foi escrita após a carta aos Romanos, pois o autor de Hebreus refere-se a certas práticas que ainda estavam vigentes quando Paulo escreveu Romanos [só seriam interrompidas em decorrência da destruição do templo]. Presumo, portanto, que Hebreus tenha sido dirigida aos cristãos em Roma e, tendo em vista o título, à metade da igreja que era formada por judeus. Diante dessa afirmação, contudo, surge a pergunta: "Por que seria necessário escrever uma carta dirigida à metade dos membros da igreja?".

Quando a carta foi enviada?

Fica evidente que os primeiros líderes da igreja de Roma haviam morrido, pois próximo ao final da carta o autor afirma: "Lembrem-se de seus líderes". Naqueles dias, o templo ainda não havia sido destruído e os sacrifícios continuavam sendo oferecidos, porque o autor se refere a eles no presente. Em 70 d.C., o templo foi destruído e os sacrifícios, descontinuados. A carta aos Hebreus, portanto, foi escrita depois de 55 d.C. – data da carta de Paulo aos Romanos – e antes de 70 d.C.

Nero

O motivo para que a carta fosse escrita torna-se evidente quando avaliamos os fatos ocorridos nesse período. A situação transformara-se consideravelmente desde a época da carta de Paulo aos Romanos, principalmente em decorrência da ascensão de Nero como imperador romano. Em nosso estudo de Romanos (*veja o capítulo 47*) observamos que, por volta de 50 d.C., portanto antes que Paulo redigisse sua carta, aproximadamente 40 mil judeus foram banidos de Roma por ordem do imperador Claudio. (Atos nos informa que, nessa ocasião, Áquila e Priscila fugiram para Corinto.) A igreja de Roma, portanto, tornara-se predominantemente gentia, sendo que, na ocasião do retorno dos judeus após a morte de Claudio em 54 d.C., cresciam as tensões entre os irmãos judeus e os irmãos de origem gentia, que agora lideravam a comunidade. Vimos em nosso estudo de Romanos que Paulo escreve para ajudar os judeus na reintegração com seus irmãos gentios.

O reinado de Nero, no entanto, foi um tempo de grande sofrimento para a igreja. Assim como fez Hitler, no princípio de seu governo, Nero tomou algumas medidas positivas. Na biografia de Hitler, descobrimos que ele conseguiu controlar a inflação e reduzir o desemprego, construiu grandes estradas e ordenou a produção do Volkswagen Fusca, "o carro popular" da Alemanha. Na história de Nero, da mesma forma, sabemos que, no início, ele trouxe benefícios a Roma. Ouviu o conselho de outros e foi capaz de governar com sabedoria. A certa altura, no entanto, Nero deixou de ouvir e tornou-se um ditador. Assim como Hitler quis reconstruir Berlim, o desejo de Nero era reconstruir Roma. Teve ideias grandiosas que envolviam a demolição das edificações existentes e a construção de obras suntuosas. Em suma, tornou-se um megalomaníaco, e foram os cristãos os primeiros a enfrentar o maior sofrimento, sendo muitos deles mortos por Nero.

Na carta aos Romanos não há sinais de perseguição. A igreja precisa enfrentar a imoralidade presente em Roma, porém ainda não existe perseguição direta. Na carta aos Hebreus, contudo, há um trecho que nos relata o tipo de perseguição que os cristãos já sofriam. Nenhum deles havia sido martirizado ainda, indicando que estamos em meados do reinado de Nero. Suas residências começavam a ser vandalizadas. Suas posses estavam sendo confiscadas. Alguns deles haviam sido presos – há um pedido próximo ao final da carta que diz: "Lembrem-se dos que estão na prisão". Timóteo é citado como um dos que haviam sido aprisionados e posteriormente libertos. Era cada vez mais difícil ser cristão. Ainda não lhes custava a vida, mas custava praticamente tudo o que tinham.

Judeus que creram no Messias
Se é evidente que isso acontecia a todos os crentes, fossem

eles gentios ou judeus, por que então a carta foi dirigida somente aos judeus? A resposta é muito simples e serve para explicar toda a carta. Os judeus tinham uma chance de escapar do sofrimento, chance essa que não estava disponível aos gentios. Os crentes judeus poderiam livrar-se da perseguição se, tão somente, retornassem à sinagoga. Nessa época, o cristianismo era uma religião ilegal, porém o judaísmo ainda era aceito, e as sinagogas, oficialmente "registradas". A igreja cristã era uma igreja subterrânea [clandestina], como acontecia na Rússia e na China durante o período comunista e em algumas partes do mundo muçulmano hoje.

Os crentes judeus, portanto, poderiam retornar à sinagoga e livrar suas famílias da perseguição. Poderiam até alegar que voltavam ao mesmo Deus. No entanto, o custo de tal gesto – na verdade, a única forma de serem aceitos na sinagoga judaica – seria negar publicamente sua fé em Jesus. Que grande dilema. Eles ouviram sobre Jesus e creram que ele era o Messias. Ao se unirem à igreja, contudo, seus filhos foram perseguidos na escola, suas janelas quebradas e suas propriedades confiscadas. Eles sabiam que se levassem sua família de volta à sinagoga estariam salvos. Mas teriam de declarar diante de todos: "Eu nego que Jesus é o Messias".

A carta, portanto, é escrita primeiramente aos crentes judeus tendo a perseguição como pano de fundo. As metáforas usadas pelo autor para exortar os leitores a permanecer firmes – "temos esta esperança como âncora da alma, firme e segura", "para que em tempo algum jamais nos desviemos delas", "não abram mão da confiança", por exemplo – talvez sugiram seu contato anterior com o ambiente da navegação[15].

---

[15] Nota de Tradução (NdT): Os termos náuticos e de navegação aparecem de forma mais evidente no grego.

DO SOFRIMENTO À GLÓRIA

Exortação e exposição

No final, ele pede que aceitem sua "palavra de exortação". Na realidade, Hebreus é uma longa carta de exortação. A exortação é algo muito prático. O autor não está tentando lhes ensinar a doutrina, mas sim impedir seu retorno à sinagoga. Do início ao fim, suas palavras abordam essa questão. Ele usa tudo o que tem ao seu alcance. Apela, exorta, fala com mansidão, porém com firmeza. Usa todos os argumentos possíveis, pois teme que eles percam sua salvação caso retornem ao judaísmo.

Quando identificamos esse apelo fervoroso, entendemos que a carta não é uma exposição doutrinária. Ouvi muitos pastores pregarem sobre Hebreus como se a carta fosse unicamente um estudo sobre Cristo, descartando seu elemento prático. Segundo o dicionário, a palavra "exortar" significa "admoestar", "convencer pela persuasão", "incitar à prática ou à ação". Do começo ao fim, a carta está exortando as pessoas a seguir um caminho. O apelo é tanto negativo quanto positivo: "Por favor, não voltem, mas sigam em frente".

Há uma história verídica sobre uma pessoa que morreu nas cavernas de Yorkshire. O relatório do médico legista durante o inquérito policial foi o seguinte: "Se ele simplesmente tivesse seguido em frente, estaria vivo". No entanto, ele decidiu parar e isso causou a hipotermia. Esta é a mensagem da carta aos Hebreus: "Continuem adiante!".

Não encontramos, contudo, um vocabulário de repreensão. O autor se identifica com seus leitores. Ele afirma: "Sigamos em frente", colocando-se ao lado deles. Na verdade, o autor se autodenomina "paracleto" (título concedido também ao Espírito Santo no Evangelho de João, que significa "aquele que consola ou conforta; aquele que encoraja e reanima"). Ele é como um alpinista que volta para resgatar alguém que está na outra extremidade da corda, ajudando-o na escalada até que alcance o cume.

O padrão da carta é incomum para o Novo Testamento, pois o autor alterna constantemente entre a exposição e a exortação. (A maioria dos livros do Novo Testamento apresenta primeiro a doutrina e, em seguida, a aplicação.) Aqui, o autor está constantemente arguindo e apelando, e a proporção entre argumentação e apelo muda conforme avançamos na leitura da carta.

Nos capítulos 1 e 2, temos um longo argumento e um breve apelo. À medida que lemos o livro, no entanto, os argumentos tornam-se gradualmente mais curtos e os apelos, mais longos, até o capítulo 11, que traz uma breve exposição, seguida por um longo apelo nos capítulos 12 e 13. O autor, portanto, apresenta mais argumentos e menos apelos no início e menos argumentos e mais apelos no final. Essa é uma das razões pelas quais a primeira parte é um pouco mais difícil de entender do que a segunda.

Nos trechos de apelo, são comuns os verbos no imperativo e na primeira pessoa do plural, como, por exemplo: "Livremo-nos de tudo o que nos atrapalha e do pecado que nos envolve, e corramos com perseverança a corrida que nos é proposta"; ou "deixemos os ensinos elementares a respeito de Cristo e avancemos para a maturidade". É uma excelente preparação para um apelo pessoal que comoveria muitas pessoas, menos aquelas cujo coração estivesse demasiadamente endurecido.

A maioria dos argumentos é extraída do Antigo Testamento, as únicas Escrituras que conheciam (exceto pela carta de Paulo aos Romanos). Esses argumentos, portanto, seriam prontamente aceitos pelos crentes judeus. O autor trata o Antigo Testamento de duas formas: negativa, destacando a inferioridade da vida sob a Antiga Aliança quando contrastada com a vida desfrutada pelo crente na Nova Aliança; e positiva, observando a continuidade entre os Testamentos e os muitos exemplos que podemos imitar. Como afirmou Agostinho: "No Antigo o Novo está escondido, no Novo revela-se o Antigo".

Linguagem e estrutura

Muitos consideram a linguagem e a estrutura de Hebreus de difícil compreensão. O diagrama na página seguinte poderá nos ajudar. Ele nos apresenta um esboço dos capítulos 1–2, mostrando a divisão entre céu e terra. Deus, no céu, expressou-se por meio dos anjos e dos profetas em mensagens fracionadas. A partir do Antigo Testamento, podemos reconstruir toda a vida de Jesus. É como abrir a caixa de um quebra-cabeças pela primeira vez. Os profetas deram aos homens a palavra, porém, na verdade, essa palavra lhes trouxe a morte, pois a palavra da lei trazia a morte.

Em seguida, vemos como "nestes últimos dias, ele nos falou por meio do Filho que morreu". O Filho nos falou por meio dos apóstolos. Ouvimos a palavra falada pelos profetas no Antigo Testamento e pelos apóstolos no Novo Testamento.

Jesus fez-se homem, morreu e retornou ao céu como o "autor da salvação e da nossa fé". Autor da salvação é o principal título atribuído a Jesus na carta aos Hebreus. Ele é o precursor, o pioneiro, que abriu caminho para que pudéssemos segui-lo de volta ao céu. Sabemos que ele está acima dos anjos. Até a ascensão de Jesus, homem algum estivera acima dos anjos. Exaltado a essa posição, ele derramou sobre nós o Espírito Santo prometido, possibilitando que milagres fossem realizados em seu nome. Portanto, os homens podem, como participantes de Cristo, colocar-se acima dos anjos e apresentar-se como os muitos filhos que Jesus conduzirá à glória. Os crentes estarão acima dos anjos e por eles serão servidos.

O formato dos capítulos 4–10 é ainda mais complexo. Devemos lembrar que o pensamento hebraico segue uma linha de tempo horizontal entre o passado, o presente e o futuro, enquanto o pensamento grego é mais orientado pelo espaço – uma linha vertical que divide o céu e a terra. A carta aos Hebreus mescla essas duas perspectivas, razão pela qual os esboços diferentes são, aparentemente, difíceis de compreender.

Temos, portanto, a linha vertical entre o celestial e o terreno, o mundo invisível e o mundo visível, e temos a linha do tempo horizontal entre a Antiga e a Nova Aliança. Todos esses elementos se encontram na cruz. A fé remove o que é velho e terreno e nos transporta ao celestial e novo. A fé nos desloca do passado e da experiência terrena para o futuro celestial. O quadrante inferior direito nos recorda que podemos voltar a caminhar na outra direção. Podemos deixar a Nova Aliança e retornar para a Antiga; podemos abandonar o celestial e voltar para o que é terreno.

Os antigos sacrifícios precisavam ser repetidos; o novo sacrifício é definitivo. Os antigos sacerdotes estão de um lado; do outro, está Jesus, o sumo sacerdote segundo a ordem de Melquisedeque. O tabernáculo do antigo santuário está fechado, porém o acesso ao trono no novo santuário está aberto – podemos entrar agora mesmo no Santo dos santos.

Vamos agora examinar o livro mais detalhadamente, enquanto tentamos absorver seus temas gerais.

DO SOFRIMENTO À GLÓRIA

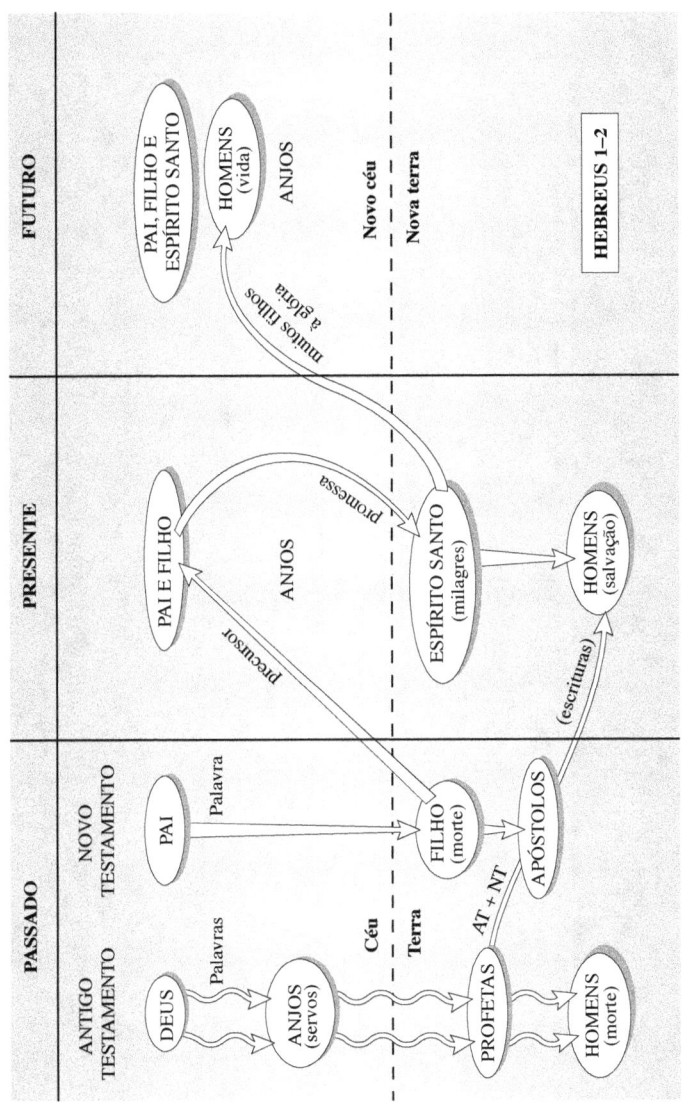

A CHAVE PARA ENTENDER A BÍBLIA

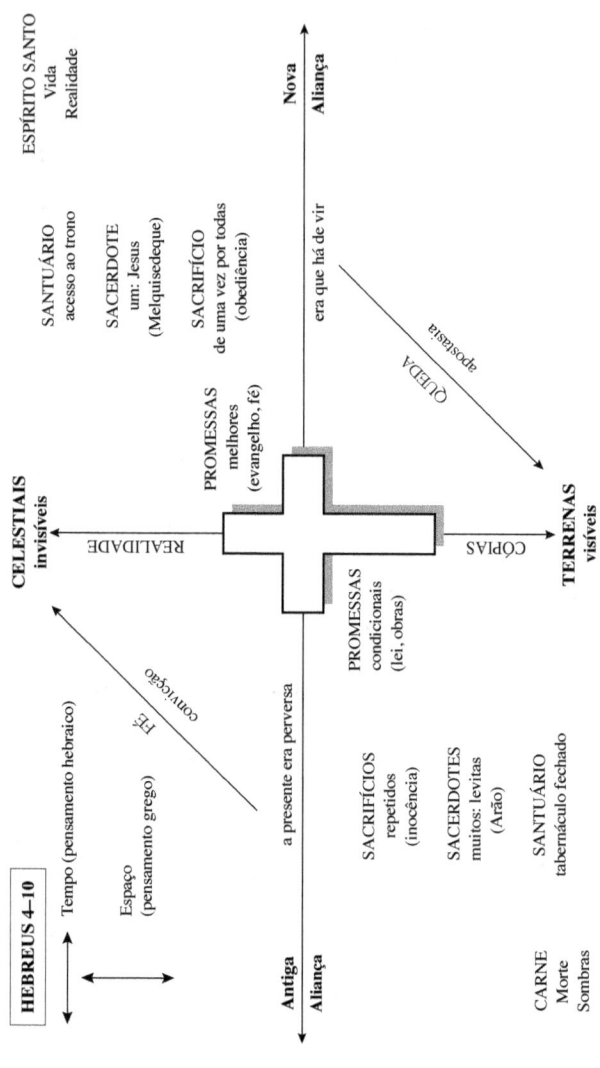

388

Contrastes negativos (capítulos 1–10)

Não retorne ao passado
Nos capítulos 1–10, o autor apresenta um nítido contraste entre o Antigo e o Novo Testamento, entre judaísmo e cristianismo. Seu argumento é bastante simples. Agora que você está viajando em um carro moderno, quer voltar a andar de carroça? Prefere voltar a aquecer a água no fogão para tomar banho de canequinha? Quem faria tais opções tendo à disposição o que é melhor e mais moderno? O autor deixa claro que voltar ao judaísmo é retroceder a uma posição muito inferior. Nos capítulos 1–6, portanto, ele afirma que ter o Filho de Deus é infinitamente *melhor* do que ter os servos de Deus.

Filho ou servos (capítulos 1–6)

1. PROFETAS (1.1–3)
Alguns estudiosos classificam o grego usado na primeira frase como o mais elaborado de todo o Novo Testamento quanto aos aspectos de construção, ritmo e beleza. Ele é comparado favoravelmente aos textos bem conhecidos de Gênesis 1.1 e de João 1.1. O versículo abrange tanto a continuidade do Antigo Testamento (Deus falou) como o contraste (por meio do Filho).

Em primeiro lugar, o autor menciona as "palavras transmitidas" pelos profetas, de Moisés a Malaquias. As palavras eram apresentadas em:

(a) *Muitos fragmentos*. Eram como peças de um quebra-cabeças. Amós contempla a justiça, Oseias, a misericórdia, e Isaías, a santidade. Cada peça continha profecias a respeito de Cristo.

(b) Muitas formas. A ilustração na tampa da caixa do "quebra-cabeças" também variava. Havia prosa, poesia, profecia, história, parábola, lei, visões e canções de amor. A comunicação era feita por homens e mulheres comuns e das mais diversas origens sociais.

Em seguida, o autor compara esses métodos anteriores às "novas palavras". Ele afirma que "nestes últimos dias" (isto é, no período final da história, desde a vinda de Cristo), Deus estabeleceu um único meio de comunicação. Essa "Palavra" foi dada a nós, os que cremos. Dessa vez, a mensagem não estava fragmentada, mas expressava-se "por meio do Filho". O autor, então, nos apresenta uma visão tridimensional de Jesus.

(a) Criação

i. *No final, ele herdará todas as coisas.* Deus fez de Jesus o herdeiro de todas as coisas. Virá o dia, portanto, em que tudo pertencerá ao Filho. O salmo 2.8 fala de nações como sua herança. Aquele sobre cujas roupas foram lançadas sortes na primeira vinda retornará e reinará sobre todos os reinos e povos.

ii. *No princípio, ele criou todas as coisas.* O Filho estava no início de tudo. Não era apenas um humilde carpinteiro, mas estava presente desde o princípio como Criador, dando origem e forma à criação.

iii. *Enquanto isso, nele subsistem todas as coisas.* No tempo em que esteve na terra, ele demonstrou seu poder "acalmando a tempestade". Depois de ser ressurreto dentre os mortos, ele tem o controle do universo e sustenta todas as coisas pela palavra do seu poder.

(b) Criador

   i. Vemos o *resplendor da glória do Pai*. A luz está para o sol como a glória de Deus está para o Filho. A glória é parte intrínseca do seu ser.
   ii. Ele é a *expressão exata de Deus*. Assim como um selo é feito a partir de uma impressão, Cristo também é a expressa imagem de Deus. Quando vemos Jesus, vemos o Pai.

(c) Criatura

   i. O Salvador crucificado. Apesar de tudo o que dissemos, esse glorioso Filho morreu em uma cruz. Ao fazê-lo, propiciou a purificação dos pecados. Dessa vez, não foi por uma palavra que dissera, mas por uma ação: tornando-se o sacrifício. Essa foi a sua obra. Nem mesmo Deus, seu Pai, poderia dividir com ele esse fardo.
   ii. O Senhor coroado. Mas ele não permaneceu morto. Foi ressuscitado e glorificado. Ele é o Senhor, elevado acima de tudo, e está no controle do universo – o Príncipe da Paz, o Profeta, Sacerdote e Rei, à direita de Deus. Essa posição exaltada de Jesus conduz naturalmente o autor à seção seguinte, onde ele compara o Filho com os seres angelicais.

ANJOS (1.4–2.8)

A Bíblia retrata os anjos como seres celestiais, espirituais e sobrenaturais, acima dos homens e abaixo de Deus. Trata-se da mais elevada ordem criada. Embora sejam reverenciados no judaísmo, o autor afirma que os anjos são apenas servos que ministram. Ele pergunta aos leitores:

"Vocês querem retornar à condição em que o único acesso ao céu seja por meio de anjos? Vocês têm o Filho – não há como estarem mais próximos do Pai".

Os judeus conferiram aos anjos o status elevado de mediadores ou mensageiros. Os cristãos, contudo, tendem a menosprezá-los. Desse modo, foi necessário que o autor comparasse Cristo aos anjos, a fim de que os leitores vissem ambos como de fato são.

(a) Presente – Ele não se assentou com os anjos (1.4-14)
Cristo ocupa uma posição superior à dos seres angelicais. O autor comprova a afirmação com uma série de indagações e citações do Antigo Testamento.

(b) Passado – Ele não falou por meio de anjos (2.1-4)
As antigas mensagens angelicais são irrevogáveis, pois foram anunciadas com autoridade divina. Essa nova comunicação é ainda mais importante.
  i. Comunicação direta. Ocorre no nível horizontal. A palavra é transmitida por meio dos apóstolos, testemunhas oculares do Cristo. Eles viram e ouviram a mensagem que proclamam.
  ii. Confirmação divina. Ao mesmo tempo, não se tratava apenas de comunicação "humana". Sinais, maravilhas e milagres confirmavam a palavra. Há, portanto, uma urgência no recebimento e na resposta à palavra. Essa palavra oferece as amarras que precisamos para não ficar à deriva.

(c) Futuro – Ele não sofreu pelos anjos (2.5-18)
  a. Deus sujeitou o mundo ao homem (2.5-9). O homem foi posto na terra para governar o universo. Em Gênesis 1.28, lemos que a ele foi concedido o domínio sobre todas as criaturas da terra, do ar e do mar. O salmo

8.4-6 reforça essa posição. No entanto, não vemos a humanidade em geral governando sobre todas as coisas – exceto por Jesus, que se fez homem e cumpre em si mesmo o desígnio de Deus para a humanidade.
b. O homem ficou sujeito à morte (2.10-18). Somos lembrados de que o homem está sujeito à morte e que seu temor diante dela é usado por Satanás para mantê-lo cativo. Jesus conhece a condição humana, pois viveu na terra como "carne e sangue" e continua como ser humano, embora, agora, num corpo glorificado. Como tal, ele pode identificar-se com homens e mulheres que enfrentam lutas semelhantes às que ele enfrentou.

APÓSTOLOS (3.1–4.13)
Um apóstolo é um "enviado" de Deus para cumprir uma tarefa, como Moisés e Josué. No entanto, Jesus era um apóstolo "melhor" do que ambos, "enviado" para um propósito maior.

(a) Moisés – Saída do Egito (3.1-18)
Para os judeus, Moisés é um de seus maiores líderes, mas Jesus é ainda maior do que Moisés. Na transfiguração, registrada nos Evangelhos, Jesus encontra-se com Moisés e Elias, mas sua superioridade é evidente.
  i. Casa fiel. Em hebraico, a palavra "casa" significa tanto "edifício" quanto "família". A descrição de Jesus é: "fiel como Filho sobre a casa de Deus", e essa casa somos nós. Somos as pedras que fazem parte da edificação. O autor, contudo, pergunta se somos tão fiéis em demonstrar nossa fé como foram Moisés e Jesus.
  ii. Corações infiéis. Infelizmente, Israel falhou em sua tarefa de ser fiel a Deus. Mais de 2 milhões de pessoas

deixaram o Egito, porém somente duas chegaram à Terra Prometida. Os líderes eram bons, os seguidores, no entanto, não eram.

O problema foi a incredulidade, que os levou à desobediência e, finalmente, à apostasia e à destruição. Eles não conseguiram "entrar no descanso". A história de Israel serve de alerta aos crentes do Novo Testamento. O povo rebelou-se em Massá (Êxodo 17.1-7) e colocou o Senhor à prova em Meribá (Números 20.1-13). Nos dois casos, a questão da escassez de água estava envolvida.

O autor exorta os leitores a não fazer o mesmo. O pecado pode endurecer seus corações. O mesmo destino que sobreveio ao povo no Antigo Testamento virá sobre os que vivem em desobediência e suscitam a ira de Deus (confira Romanos 11.22).

(b) Josué – Entrada em Canaã (4.1-13)
No "lugar de descanso" não haveria espaço para enfermidades, escravidão, invasão de inimigos ou pobreza. Haveria um dia semanal de repouso e celebração – o *shabat*. Eles também conheceriam a trégua na batalha espiritual (Deuteronômio 12.9; Josué 1.13). Mas eles não entraram nesse último descanso, portanto ainda será reivindicado.

i. A obra de Deus (4.1-10). No sétimo dia da criação, Deus não trabalhou. Esse dia é descrito de forma diferente em relação aos outros seis – sem os períodos da noite e da manhã, sugerindo que tenha um significado especial, além do fato de ser um dia de descanso. O sábado, dia em que Deus interrompeu seu trabalho, revela um Deus que sempre encontra paz e descanso em si mesmo.

ii. A palavra de Deus (4.11-13). A fé pode ser definida como a resposta correta à palavra de Deus. A palavra é viva, como o Deus que a expressa; é eficaz, pois suas bênçãos e maldições afetam pessoas; é afiada como uma espada romana de dois gumes; é penetrante, capaz de dividir juntas e medulas; é perspicaz, pode revelar a verdade sobre determinada questão.

Jesus é retratado como Moisés por desempenhar o papel de libertador do seu povo, mas também como Josué, por conduzir seu povo à Terra Prometida. Essa comparação ressalta a importância não apenas de lembrarmos que éramos escravos e fomos salvos, mas também de refletirmos sobre o propósito da salvação.

Realidade ou sombra (capítulos 7–10)
Depois de afirmar que o Filho é melhor do que os servos, o autor muda sua abordagem e, nos capítulos 7–10, inclui a extraordinária afirmação de que a realidade dos benefícios é melhor do que a sombra deles.

O livro *Papai Pernilongo*, de Jean Webster, posteriormente adaptado para o cinema, ilustra bem essa questão. É a história de uma menina que mora em um orfanato. Ela sabe que um homem rico sustenta a instituição. Certo dia, quando a menina vê a sombra dele projetada na parede, e suas pernas alongadas, distorcidas pela posição da luz, ela batiza a sombra de "Papai Pernilongo". Durante anos, a sombra está presente em seus sonhos. Certo dia, porém, ela o conhece pessoalmente e se apaixona por ele. Ele também se apaixona por ela e ambos iniciam um romance.

Este é o ponto. A partir do momento que ela se encontra com ele, a jovem cessa completamente de pensar na sombra, pois a realidade é melhor do que a sombra. Não seria estranho se ela se voltasse para a sombra na parede e tentasse beijá-la, agora que conhece o homem de carne e osso?

No Antigo Testamento, há muitas "sombras" de Jesus. Alguns as chamam de "tipificações", mas prefiro chamá-las de sombras. É como se Jesus projetasse nelas sua imagem, mas, por estar sempre distorcida, a sombra nunca oferece a imagem nítida que desejamos.

No Antigo Testamento, sentimos como se lêssemos sobre as sombras de Jesus. Aqui estão três exemplos do que estou dizendo.

1. SACERDÓCIO (MELQUISEDEQUE)

No livro de Levítico vemos muitas sombras de Jesus. Os sacrifícios registrados são sombras do sacrifício de Cristo na cruz pelo nosso pecado. Os sacrifícios animais são sombras de Jesus, que no Novo Testamento é descrito como o cordeiro pascal. O sacerdócio de Arão e sua família é uma sombra da obra sacerdotal mediadora de Cristo por nós.

Jesus também é claramente representado no livro de Gênesis por Melquisedeque – o misterioso sacerdote-rei que reinou sobre Jerusalém séculos antes de a cidade ser tomada pelos judeus e que ofereceu pão e vinho a Abraão.

2. ALIANÇA (NOVA)

No Antigo Testamento, vemos também a sombra do relacionamento pactual de Deus com seu povo por meio de Cristo. O autor pergunta por que os hebreus cogitavam retornar à Antiga Aliança agora que desfrutavam da Nova. Afinal, a Nova Aliança estava fundamentada no perdão e no que chamo de "esquecimento". Penso que o milagre mais maravilhoso é o fato de Deus não somente perdoar nosso pecado, mas também esquecê-lo.

Certo domingo, após o culto, quando todos já haviam deixado a igreja que eu pastoreava (em Guildford), vi uma senhora sentada sozinha, aos prantos. Sentei-me ao seu lado e perguntei qual era o problema. Ela me explicou que anos atrás fizera algo terrível que, se chegasse ao conhecimento de sua família e de seus amigos, eles jamais falariam com ela novamente. Durante 30 anos ela havia pedido a Deus que lhe perdoasse, mas isso nunca acontecera. Eu lhe disse que Deus já havia perdoado seu pecado na primeira vez que ela pediu perdão. Disse mais, que Deus nem se lembrava mais do seu pecado. Na verdade, havia 30 anos que Deus não fazia a mínima ideia do que ela estava falando! Ela disse que não acreditava nisso. Mostrei-lhe textos bíblicos que falavam sobre a Nova Aliança e como Deus não se lembrava mais dos pecados dela. Foram necessários 20 minutos para convencê-la de que Deus havia se esquecido de tudo. Ela se levantou e – mal pude crer no que vi – saiu dançando pela igreja! Lá estava uma senhora de aproximadamente 70 anos dançando de pura alegria! Deus havia se esquecido de seus pecados! O problema é que, como não conseguimos esquecer, temos dificuldade de perdoar a nós mesmos.

3. SACRIFÍCIO (CRUZ)

Também podemos ver uma sombra de Jesus quando Abraão subiu ao monte para oferecer Isaque como sacrifício. Muitos presumem que Isaque era apenas um garoto na ocasião, mas, na realidade, ele tinha mais de 30 anos. Quando os judeus retratam essa cena, descrevem um homem adulto, que poderia resistir a seu pai com facilidade, mas que, em vez disso, decidiu submeter-se a ele. Nossa confusão a respeito de sua idade é, em parte, uma consequência da divisão de capítulos. Não percebemos a informação no capítulo seguinte, que fala da morte de Sara e nos revela a idade de Isaque na ocasião. Isaque, portanto, tinha aproximadamente 33 anos, e o local do sacrifício – o monte Moriá – era o mesmo onde Jesus veio a morrer na cruz. Os paralelos são muito evidentes. Sabemos que um anjo impediu Abraão de sacrificar seu filho e um carneiro cuja cabeça estava presa nos espinhos foi sacrificado naquele lugar. Séculos depois, o Cordeiro de Deus recebeu uma coroa de espinhos e foi sacrificado no monte Moriá.

O autor, portanto, ressalta aos leitores as desvantagens de se retroceder ao judaísmo, com seus sacrifícios repetitivos e sua aliança obsoleta. Se retornassem ao judaísmo, estariam rejeitando o sacrifício único e definitivo de Jesus.

Continuidade positiva (capítulos 11–13)

Siga para o futuro

Passamos agora ao lado positivo – a segunda metade da carta – com o contraste entre o Antigo e o Novo Testamento. Ele enfatiza a continuidade do Antigo no Novo. Há elementos positivos do Antigo Testamento que não estão obsoletos – e ainda são válidos.

Fé em Deus

A fé é um tema que ambos têm em comum. Quando consideramos os recursos disponíveis aos heróis do Antigo Testamento, a fé que demonstraram nos deslumbra. Eles não tinham acesso à revelação que temos em Cristo. Também não experimentaram o derramar do Espírito Santo. E, no entanto, aqueles homens continuaram crendo, embora jamais tenham visto ou recebido a promessa. Estabelecemos, portanto, um relacionamento de mão dupla com o Antigo Testamento. Deixamos algumas práticas para trás, pois são sombras do que haveria de vir e agora temos a realidade delas. Outras, no entanto, precisamos imitar, particularmente no que concerne à fé. O autor inclui figuras de todos os períodos do Antigo Testamento:

- Abel, Enoque e Noé.
- Abraão, Isaque e Jacó. (Deus associou o próprio nome

a esses três nomes. Ele sempre será conhecido como o Deus de Abraão, de Isaque e de Jacó.)
- José e Moisés.
- Josué e Raabe. (Raabe é a primeira mulher da lista. Era uma prostituta gentia, mas confiou todo o seu futuro nas mãos dos representantes do povo de Deus, escondendo-os em Jericó. Sua atitude é considerada um exemplo de fé, não apenas na carta aos Hebreus, mas também na carta de Tiago. Aparece na genealogia de Jesus, pois era a tataravó de Davi.)
- Gideão, Baraque, Sansão e Jefté.
- Davi.
- Samuel e os profetas.

Devemos observar duas características a respeito dos heróis da fé:
1. Eles colocaram em prática a sua fé. Pela fé, Noé construiu uma arca; pela fé, Abraão morou em tendas o restante de sua vida; pela fé, Moisés abandonou o conforto do Egito, e assim por diante. Tiago afirma em sua epístola: "Mostre-me a sua fé por suas obras" [parafraseado]. A verdadeira fé revela-se em ações.
2. A segunda característica que se deve observar é que todos esses homens ainda viviam pela fé na ocasião de sua morte e nunca chegaram a ver ou alcançar a promessa. Para eles, a fé não era uma decisão isolada [de alguém que responde a um apelo] em uma cruzada evangelística, mas a confiança contínua que perdurava até a morte, mesmo que jamais vissem ou recebessem o que havia sido prometido.

No fim do capítulo 11 há um poderoso recado: esses grandes heróis da fé aguardam o momento em que serão aperfeiçoados conosco. Então, juntamente com eles, contemplaremos a promessa! Abraão, por exemplo, deixou uma confortável casa de dois andares, com aquecimento e água corrente, para obedecer à voz de Deus. Nas escavações realizadas em Ur dos caldeus, região onde residia Abraão, os arqueólogos descobriram que as residências eram edificações extremamente modernas e confortáveis. Abraão tinha 75 anos de idade quando Deus lhe ordenou que deixasse sua casa e fosse viver em uma tenda pelo resto da vida. Imagine se você morasse em um belo chalé à beira-mar, confortável e refrigerado, e Deus lhe informasse seu desejo de que você deixasse família e amigos e, pelo resto dos seus dias, morasse em uma barraca nas montanhas! Abraão assim o fez, pela fé. E um dia nós, juntamente com ele, desfrutaremos de tudo o que Deus preparou para seu povo.

Foco em Jesus
Nossa atenção, contudo, não deve estar voltada a Abraão, ou a qualquer outro grande herói da fé. Devemos fixar os olhos em Jesus! Nos capítulos finais, o autor apresenta três considerações sobre Jesus que devem ser destacadas.
 1. Ele é o autor e consumador da nossa fé. Esqueça os espectadores. Aquele que o aguarda na linha de chegada é o mesmo que deu o tiro de largada. Foi ele que nos colocou em movimento e é ele que estará presente quando concluirmos a corrida. A mensagem é: "Mantenha os olhos fixos em Jesus e corra!".
 2. Ele é mediador de uma Nova Aliança. Por mais valiosa que fosse a Antiga Aliança, ela era inferior àquela que Deus estabeleceu em Jesus.
 3. Ele sofreu fora das portas da cidade. A fim de que nossa salvação fosse garantida, Jesus precisou ser sacrificado, tornando-se um excluído entre seu próprio povo e sofrendo a morte como se fosse um criminoso.

"Passagens controversas"

Agora que temos uma visão geral do livro, vamos avaliar as passagens de Hebreus que são consideradas controversas – embora seja válido observar que geralmente classificamos como controversa uma passagem que se opõe às nossas próprias convicções! Sou indagado com muita frequência: "O que você acha das passagens controversas de Paulo a respeito das mulheres?". Eu não acho que exista qualquer controvérsia em textos relacionados às mulheres. As passagens são controversas para quem discorda delas!

A suposta "controvérsia" em Hebreus refere-se à sugestão de que os crentes podem desviar-se da fé em Jesus e não ser salvos no dia final. O alerta mais conhecido encontra-se no capítulo 6 de Hebreus. Mas a carta também inclui várias outras exortações severas aos que se desviam (confira 2.1-2; 3.5-6, 12-14; 6.4-8, 11-12; 10.23-30, 35-39; 12.14-17). Esses versículos revelam um tema recorrente, que aparece inicialmente no capítulo 2, nas seguintes palavras: "Como escaparemos *nós*, se negligenciarmos tão grande salvação?". Todas as vezes em que ouvi esse versículo sendo citado, o alvo eram os incrédulos, que estão negligenciando o Evangelho. O pronome "nós" do texto, contudo, refere-se aos cristãos. O autor está dizendo: basta negligenciarmos nossa salvação e estaremos em perigo. A maioria das igrejas tem membros que se desviaram.

O tema continua sendo tratado em duas outras passagens no capítulo 3, em um trecho extenso no capítulo 6 e no capítulo 10, que diz: "Se continuarmos a pecar deliberadamente depois que recebemos o conhecimento da verdade, já não resta sacrifício pelos pecados...". A seriedade dessas palavras levou alguns comentaristas a concluir que as pessoas referidas não seriam, de forma alguma, os crentes. Talvez o autor estivesse escrevendo sobre incrédulos que demonstraram interesse pelo cristianismo, mas desistiram em seguida. Afinal, "Uma vez salvo, salvo para sempre", não é? No entanto, a descrição das pessoas que estão em perigo encontrada no capítulo 6 certamente corresponde à descrição daqueles que já experimentaram um novo nascimento! O autor dirige-se aos que foram "iluminados", "provaram o dom celestial", "tornaram-se participantes do Espírito Santo", "experimentaram a bondade da palavra de Deus e os poderes da era que há de vir". Não consigo encaixar nenhum incrédulo nesse retrato. Em qualquer outra carta, não se contestaria a aplicação dessa descrição aos cristãos.

Há uma passagem em 1Pedro que usa uma linguagem praticamente idêntica para descrever cristãos: "Como crianças recém-nascidas, desejem de coração o leite espiritual puro, para que por meio dele cresçam para a salvação, agora que provaram que o Senhor é bom". O texto fala claramente a respeito dos crentes, porém usa linguagem semelhante à do capítulo 6 de Hebreus. Entendemos que toda a carta de 1Pedro é dirigida aos crentes. Até mesmo o fato de chamá-los de "crianças recém-nascidas" implica que experimentaram o novo nascimento.

Os alertas apresentados envolvem duas fases. A primeira delas é negligenciar a fé e afastar-se dela. A segunda é negá-la. Há uma diferença, portanto, entre a Fase 1 (conhecida como afastamento) e a Fase 2 (chamada de apostasia).

O afastamento é uma condição remediável, mas segundo Hebreus 6, podemos chegar a um ponto sem retorno, em que não é mais possível recuperar nossa salvação. Hebreus 6, portanto, não discute se você pode ou não pode perder sua salvação, mas se, caso a tenha perdido, é ou não é possível recuperá-la. A resposta: não é possível. Devemos alertar sobre o perigo que correm aqueles que se afastam e se desviam, pois podem alcançar um ponto onde não mais encontrarão o caminho de volta. Gostaria que essas palavras não estivessem registradas na carta aos Hebreus! Mas não posso simplesmente ignorar o capítulo 6 e outros trechos da epístola, que, do início ao fim, fazem alegações tão contundentes. Esse risco terrível se apresenta de forma ameaçadora no caminho daqueles que "largam" a esperança [a âncora], abrem mão da confiança e se desviam, ficando à deriva.

Alguns sugerem que esses alertas sejam hipotéticos – que esse terrível perigo jamais poderia se concretizar. Esse argumento, porém, não se sustenta. Creio que a ameaça de uma punição que jamais é aplicada seja pura hipocrisia. A Bíblia é a palavra da verdade, e não um livro que iluda e confunde as pessoas. O livro de Hebreus, sem o apoio de qualquer outra passagem do Novo Testamento, é suficiente para me convencer de que desviar-se de Jesus pode levar a um ponto sem retorno. O cúmulo da apostasia para esses crentes hebreus seria colocar-se diante de todos na sinagoga e negar que Jesus é o Messias. Ao fazê-lo, estariam crucificando Jesus outra vez. O autor admoesta que se o crucificarmos novamente, ele não pode nos trazer qualquer benefício. Um aviso bem claro e contundente.

É importante acrescentar que isso não significa que os crentes devam levantar-se todas as manhãs com dúvidas a respeito de sua salvação. Há uma certeza que é fruto da caminhada de um cristão com o Senhor. No Novo Testamento, essa certeza não se baseia em uma decisão feita em algum momento da vida, mas no contexto de um relacionamento contínuo com Deus. Paulo nos recorda em sua carta aos Romanos que o Espírito continua testificando com o espírito do crente que ele é filho de Deus (Romanos 8.16; 1João 4.13).

Em outras palavras, talvez você tenha uma certeza presente de que está a caminho do céu, mas não creio que exista qualquer garantia de que chegue lá. Portanto, se você continuar seguindo esse caminho e continuar crendo em Jesus, é certo que chegará. O ensino de Hebreus não produz cristãos neuróticos que questionam a própria salvação, mas sim cristãos comprometidos que não brincam com Deus, não se afastam, não negam sua fé nem se desviam.

Em todo o Novo Testamento, há vários alertas contundentes a respeito da possibilidade de o cristão se afastar ou se desviar. Em João 15, Jesus diz: "Eu sou a videira; vocês são os ramos. Se alguém permanecer em mim e eu nele, esse dá muito fruto". Ele, porém, continua: "Se alguém não permanecer em mim, será como o ramo que é jogado fora e seca. Tais ramos são apanhados, lançados ao fogo e queimados". Não posso distorcer essas palavras! É uma questão de bom senso, pois a mensagem fala por si só.

É curioso que o fracasso de mais de 2 milhões dos judeus que haviam deixado o Egito rumo a Canaã seja usado por três autores do Novo Testamento como um alerta aos cristãos de que talvez tenham começado bem sua vida cristã, mas precisam certificar-se de que concluirão a jornada. Talvez tenhamos deixado o Egito, mas precisamos chegar a Canaã. Paulo, em 1Coríntios 10, o autor de Hebreus, no capítulo 4, e Judas usam esse fato como um alerta aos cristãos. O sucesso não está em iniciar a jornada, mas em concluí-la.

Lembro-me de assistir uma entrevista com Billy Graham na TV. O entrevistador fez ao evangelista uma pergunta que nunca lhe havia sido feita: "Qual será seu primeiro pensamento quando chegar ao céu?". Billy respondeu imediatamente: "Alívio! Alívio por ter conseguido". Eis aqui um homem humilde que, sem nenhuma presunção, sabe que está no caminho certo. Hoje tenho certeza de que estou a caminho do céu – o Espírito me diz que estou trilhando a estrada certa. Não posso, porém, afirmar nada além disso. Pretendo continuar trilhando essa jornada até chegar ao final.

O livro *O Peregrino*, de John Bunyan, retrata a vida cristã como uma jornada da cidade do pecado à cidade celestial. No final, o personagem principal, "Cristão", e seu companheiro precisam enfrentar a travessia do rio Jordão – o escuro, profundo e sombrio rio da morte. Eles não gostavam nem um pouco da ideia. O companheiro de Cristão confessa não estar disposto a cruzar esse rio e desvia-se para a esquerda, numa trilha paralela, esperando encontrar outra maneira de cruzá-lo. Bunyan escreve: "Vi então em meu sonho que há um caminho que procede dos portões do céu, mas que dá no inferno". Seu companheiro estava no caminho certo, mas se desviara dele pouco antes de chegar à cidade celestial.

Esse tema também é evidente no livro de Apocalipse. Todo o livro é uma mensagem para os que estão sob terrível pressão. A promessa aos vencedores é que Deus não riscará seus nomes do Livro da Vida do Cordeiro. O que isso significa? Se você deseja preservar seu nome no Livro da Vida, então resista ao pecado, siga até o final, jamais retroceda e mantenha os olhos fixos em Jesus. Na última página da Bíblia encontramos um alerta: se você não encarar o livro do Apocalipse com seriedade e começar a remover ou acrescentar conteúdos, Deus tirará a sua parte na árvore da vida.

Perceba, portanto, que há uma exortação que percorre as gloriosas Escrituras, enfatizando que nós pertencemos a Deus. Se você tem ao seu lado o Pai, o Filho e o Espírito Santo, tem tudo a seu favor. Basta que continue a crer e terá êxito.

Conclusões

1. Podemos "perder a salvação"
O livro serve de alerta a todos nós, para que continuemos a confiar e não pensemos que uma decisão isolada [de alguém que responde a um apelo e "aceita a Jesus"]

significa necessariamente que estaremos salvos no dia final. (Confira também meu livro *Once Saved, Always Saved?.*)

2. Podemos chegar a um estado de apostasia irreversível
Essa é a mensagem de Hebreus 6. Tal ensinamento é encontrado em outras passagens, principalmente em 1João 5.16. É uma mensagem severa, porém creio que não há como interpretar essas passagens de qualquer outra forma.

3. A predestinação exige nossa contínua cooperação
Não é automático. É fato que Deus nos predestinou. Deus nos escolheu antes que o escolhêssemos, mas ele exige nossa cooperação. É como se alguém lançasse uma corda a um homem que está se afogando e, ao arremessá-la, dissesse: "Pegue a ponta da corda e segure-a com firmeza até chegar à margem". Por acaso o homem, saindo da água, afirmaria ter sido salvo porque segurou a corda firmemente? Nunca! Ele diria que alguém o salvou. A ideia de que nos salvamos porque ficamos firmes simplesmente não é verdadeira. Temos nossa parte a cumprir. É por isso que Pedro, em sua segunda carta, exorta os leitores a "consolidar seu chamado e sua eleição" (2Pedro 1.10-11). Deus nos elegeu e nos escolheu, e nos certificamos disso perseverando, buscando a maturidade, a fim de que possamos ser ricamente recebidos no céu.

Eu creio na predestinação. Deus me predestinou para ser seu filho; Deus me elegeu, me escolheu, buscou-me muito antes que eu o buscasse. No entanto, preciso confirmar esse chamado e eleição, agarrando a corda até que esteja seguro na margem.

Meu desejo, portanto, é ser ao mesmo tempo calvinista e arminiano. Essas duas escolas de pensamento tendem a se opor uma à outra, com calvinistas enfatizando a eleição de Deus, entre outras coisas, e arminianos ressaltando nossa necessidade de perseverar.

Não acho possível distorcer as palavras de Hebreus quanto a essa questão e afirmar que o livro tem muitos problemas. Ele está repleto de afirmações claras às quais precisamos dar ouvidos.

4. A santidade é tão necessária quanto o perdão

Vimos que não é suficiente apenas aceitar o perdão de Deus, é necessário prosseguir. Está implícito, portanto, que a santidade é tão necessária quanto o perdão. Não há sentido em afirmar que somos perdoados se não estivermos preparados para reconhecer o senhorio de Cristo e viver uma vida reta. O versículo de Hebreus que sintetiza esse ensino é 12.14: "Esforcem-se para viver em paz com todos e para serem santos; sem santidade ninguém verá o Senhor". Percebo que um grande número de cristãos hoje deseja o perdão, porém não a santidade; querem que Jesus lhes proporcione a felicidade nesta vida e a santidade na próxima. No Novo Testamento, contudo, a vontade de Deus é clara: santidade nesta vida, mesmo que em detrimento da felicidade. Nossa geração hedonista quer apenas prazer, e nenhum desconforto.

Lemos em Hebreus 12.5 que Deus está pronto para nos disciplinar e nos corrigir, pois seu objetivo é nos tornar mais santos. Dessa forma, ele pode inclusive usar as aflições para corrigir seus filhos. O autor de Hebreus chega a ponto de dizer que se o Senhor nunca o disciplinou, você não é filho legítimo, mas sim um bastardo. O Evangelho inclui tanto o perdão quanto a santidade como dons da graça. São oferecidos sobre o mesmo fundamento – a fé. Mas você precisa de ambos.

5. Deus é um Deus santo

Logo após a publicação de meu livro *The Road to Hell*, em que exponho o ensino bíblico sobre o inferno, fui entrevistado algumas vezes pela BBC Rádio, de Londres. Todos os entrevistadores fizeram a mesma pergunta: "Como um Deus de amor pode enviar alguém para o inferno?". Acho curioso que ninguém tenha indagado: "Como um Deus santo pode enviar alguém para o inferno?". No entanto, Deus é santo, e seu amor é santo, o que significa que ele jamais se contentará com algo inferior à santidade daqueles a quem ama. Hebreus enfatiza repetidamente essa mensagem. Observe as seguintes passagens:

- Sem derramamento de sangue não há perdão (9.22).
- Sem fé é impossível agradar a Deus (11.6).
- Terrível coisa é cair nas mãos do Deus vivo (10.31).
- Sejamos agradecidos e, assim, adoremos a Deus de modo aceitável, com reverência e temor, pois o nosso Deus é fogo consumidor (12.28-29).

Qual o valor de Hebreus para os crentes?

1. O livro contribui para nosso estudo bíblico. Permite que compreendamos a conexão entre o Antigo e o Novo Testamento. O conceito da sombra é muito útil para a compreensão do Antigo Testamento; nos ajuda a identificar as pistas de Jesus no Antigo Testamento.
2. É cristocêntrico e, portanto, nos ajuda a manter os olhos fixos em Jesus. O autor sempre coloca Jesus em evidência. É o único livro do Novo Testamento que se aprofunda no tema "o sacerdócio de Cristo": sua ocupação atual no céu é interceder por nós. Alguns chamam Hebreus de "quinto Evangelho", por sua ênfase naquilo que Cristo continua fazendo.
3. Fortalece a fé. É inspirador pensar nas muitas pessoas que nos precederam, retratadas como testemunhas que nos rodeiam (veja especialmente o fim do capítulo 11 e início do 12).

4. Serve de alerta quanto ao perigo do afastamento. Traz graves alertas a respeito dos dois estágios: o afastamento, quando deixamos de nos reunir com outros crentes e negligenciamos nossa fé; e a apostasia deliberada e intencional, que nos leva a negar totalmente nossa fé em Cristo.
5. Enfatiza a importância da comunidade cristã. Destaca que, quando nos encontramos sob pressão, a segurança está na comunhão com os irmãos. O diabo abaterá os cristãos que estiverem isolados. Portanto, quando as pressões da vida forem intensas demais, apegue-se à sua família em Cristo. O livro exorta os leitores a se lembrarem de seus líderes (13.7) e a cooperarem com eles. Também nos traz à mente a necessidade de continuar amando e visitando os que estão presos e encorajando uns aos outros para as boas obras.
6. É auxílio em tempos de perseguição. O livro também nos recorda como eram tratados os crentes nos primeiros dias de perseguição nas mãos de Nero. À vista de tais ameaças e dificuldades, é importante manter o foco em Cristo. Tais passagens são particularmente valiosas aos cristãos que hoje enfrentam perseguições.

54.
TIAGO

Introdução

O estudo das Escrituras apresenta duas dificuldades específicas. Uma delas é intelectual, quando não compreendemos o que lemos. A outra é a dificuldade moral, quando entendemos claramente sua mensagem! A dificuldade moral é mais comum do que a intelectual, e se há um livro em que essa dificuldade fica mais evidente, é a carta de Tiago. É um livro assustador porque, quando o lemos, não podemos mais alegar ignorância. Trata-se de um dos livros bíblicos de mais fácil compreensão e um dos mais difíceis de colocar em prática.

Como é prático!
A primeira impressão da maioria das pessoas é que o livro é extremamente prático. Revela um cristianismo pragmático e sem rodeios, para ser vivido no dia a dia – onde a coisa realmente fica séria. É realista, destacando mais os deveres do que a doutrina.

Tenho em minha biblioteca vários comentários sobre Tiago, todos eles com títulos que enfatizam a "ação": *Truth in Action, Faith that Works, Behavior of Belief, Belief that Behaves, Make Your Faith Work*. Todos destacam que a palavra-chave da carta de Tiago é "agir" – verbo que tem sua importância também no restante da Bíblia. Infelizmente, temos a tendência de não ler as letras miúdas, preferindo destacar termos teológicos como "justificação" e "santificação"; contudo, a palavra "agir" também é frequente na Bíblia e tem a mesma importância.

No Evangelho de Mateus, há uma breve parábola sobre o pai que ordena a seus dois filhos que trabalhem em sua vinha. Um deles se recusa a ir, mas vai mesmo assim. O outro diz que vai, mas nunca chega a ir de fato. Jesus pergunta qual dos dois *fez* a vontade do pai, e não qual deles *deu a resposta* correta. Agir era mais importante.

Podemos chegar à mesma conclusão quando lemos Tiago. Devemos responder a esse desafio de ser "praticantes da palavra", e não apenas ouvintes.

Como é ilógico!
Além de parecer simples, o livro também é aparentemente ilógico. Está repleto de conselhos práticos que não podem ser categorizados. Tentei, em vão, criar um diagrama de Tiago. Procurei até montar um esboço estruturado, mas fui incapaz de fazê-lo por causa da forma como o autor passa de um tema para outro. Ele começa a tratar de uma questão e, em seguida, passa para outra, retomando aquela questão mais adiante. São pérolas de sabedoria que não se unem em um colar. Esse aspecto, contudo, de certa forma favorece o propósito do livro, pois seu efeito é nos exortar à ação, e não à análise.

Somados, os elementos práticos e ilógicos de Tiago têm uma grande semelhança com o livro de Provérbios, no Antigo Testamento. Em Provérbios, não encontramos quase nenhuma estrutura e seu foco está nas questões rotineiras. É a literatura de sabedoria judaica. Os rabinos têm estilos distintos de pregação, mas há um estilo em que eles, simplesmente, "devaneiam em voz alta". Chama-se *charaz*. Não há um discurso preparado, mas apenas um rabino idoso na sinagoga, partilhando pérolas de sabedoria.

É óbvio que Tiago aprendeu essa técnica ainda jovem, com seus mestres rabinos e agora, tendo assimilado o *charaz*, passa a utilizá-lo para chamar a atenção de seus leitores.

Quem é Tiago?

Cinco pessoas têm o nome de Tiago no Novo Testamento. Talvez o mais conhecido deles seja Tiago, filho de Zebedeu e irmão de João, que foi o primeiro apóstolo martirizado, decapitado por Herodes em 44 d.C. Em seguida temos Tiago, filho de Alfeu, mais um dos Doze. Há também Tiago, pai de Judas (não o Iscariotes) e Tiago – o mais jovem (mencionado em Marcos 15.40). Finalmente, há Tiago, o meio-irmão de Jesus. Esse último foi o autor da epístola.

Tiago era um dos quatro meios-irmãos de Jesus que, juntamente com várias irmãs (não sabemos quantas), formavam o círculo familiar. Poucas pessoas se dão conta de que pelo menos cinco dos 12 apóstolos – possivelmente sete – eram primos de Jesus, o que explica por que tantos deles estavam presentes no casamento em Caná da Galileia (leia João 2). Os discípulos não iriam ao casamento sem ter sido convidados.

Jesus, portanto, buscou em seu círculo familiar um bom número de apóstolos. As pessoas de sua família imediata, contudo, não sabiam bem o que pensar a seu respeito. Não deve ser fácil conviver durante 30 anos com um indivíduo que, subitamente, sai por aí afirmando ser o Messias! No início de seu ministério público, Jesus parece rejeitar Maria (muitos presumem que, a essa altura, José já teria morrido). Ele não mais se dirige a ela como "mãe", mas como "mulher". Suas palavras "Mulher, que tenho eu contigo?", no casamento em Caná, são o primeiro comentário registrado de Jesus a Maria.

Além disso, havia uma clara tensão entre Jesus e o restante da família. Certa vez, seus familiares vieram à sua procura para levá-lo cativo, pois pensavam que estava fora de si (Marcos 3.21). Percebendo que uma grande multidão o cercava, enviaram a Jesus uma mensagem: "Tua mãe e teus irmãos estão lá fora e te procuram". Jesus replicou: "Quem é minha mãe, e quem são meus irmãos? Quem faz a vontade de Deus, este é meu irmão, minha irmã e minha mãe". Seus parentes pensaram que ouviam as palavras de um louco e Maria certamente magoou-se com as implicações.

Parece que [durante seu ministério público] Jesus praticamente se desvinculou de sua mãe até o momento da cruz, quando suas palavras a João, "Aí está a sua mãe", refletiram, na realidade, um pedido para que João assumisse o papel de filho de Maria, em seu lugar. Exceto pela referência à presença de Maria entre os que estavam na reunião de oração antes do dia do Pentecoste, essa é a última menção à mãe de Jesus nos Evangelhos. Seu nome jamais é repetido. Ela havia cumprido seu papel e agora saía de cena. Foi uma mulher notável. Alegro-me que Maria seja chamada "bendita", pois ela profetizou que todas as gerações assim a chamariam. Hoje não me sinto à vontade para chamá-la de virgem, pois ela teve outros filhos depois de Jesus (Marcos 6.3).

As coisas não estavam tranquilas entre Jesus e seus irmãos. Em João 7.3-5, seus irmãos o lembraram de que a Festa dos Tabernáculos se aproximava e o provocaram dizendo que ele de fato deveria se dirigir à Judeia, pois os judeus aguardavam a vinda do Messias naquela ocasião. Era o momento ideal para apresentar-se diante deles!

Apesar da desconfiança e do desdém, contudo, dois de seus irmãos – Judas e Tiago – tornaram-se autores do Novo Testamento. Conta-se que, quando Jesus morreu na cruz, seu irmão Tiago tenha ficado tão profundamente abalado e arrependido do que dissera a seu respeito e da forma como o provocara, que jurou jamais se alimentar novamente. Ele teria, de fato, jejuado até a morte, mas três dias depois Jesus apareceu a seus seguidores e a Tiago pessoalmente. A partir daquele momento, Tiago passou a autodenominar-se escravo do Senhor Jesus.

Os dois irmãos, mesmo sendo autores de dois livros do Novo Testamento, jamais tiraram proveito de seu relacionamento com Jesus. Nunca disseram: "Ouçam-nos, pois somos irmãos de Jesus". Judas, na verdade, escreve em sua carta: "Sou irmão de Tiago". A ressurreição de Jesus, portanto, convenceu seus próprios irmãos de que aquele com quem haviam convivido na casa do carpinteiro em Nazaré era ninguém menos do que o Filho de Deus. Tiago era um dos que integravam o pequeno grupo de oração e aguardavam a vinda do Espírito, no Pentecoste. Portanto, os primos de Jesus o seguiram, e sua família imediata creu nele. Isso nos revela muito a respeito da qualidade do caráter de Jesus.

Tiago é mencionado novamente em Atos 15 como bispo da comunidade em Jerusalém. Ele não era um dos Doze e, no entanto, foi reconhecido por unanimidade como líder da igreja mãe em Jerusalém.

Seu papel em Atos 15 foi particularmente vital. Ele enfrentou uma crise extremamente difícil e delicada – a maior na vida da igreja primitiva. Dizia respeito à questão da circuncisão, fator que determinaria se o cristianismo continuaria a ser uma vertente do judaísmo ou se tornaria uma fé universal. Tiago presidiu a reunião que poderia ter dividido a igreja ao meio caso não se chegasse a um consenso. No entanto, ele a salvou, recorrendo ao Espírito e às Escrituras. Pedro havia relatado a ação do Espírito sobre Cornélio e os de sua casa, e então Tiago, citando o Antigo Testamento, afirmou: "Isso está de acordo com o que dizem as Escrituras". É importante observar que em vez de dar a seu rebanho uma ordem – visto que, como cristãos, eles não estavam sob a lei – Tiago os encorajou a escolher uma resposta afetuosa a essa questão.

Se há algo que desejo ver acontecer na igreja é a união entre os que compreendem o Espírito e os que conhecem as Escrituras. Corremos o risco de divergir. Participei da renovação carismática em meu país, porém minha maior preocupação é que essa renovação esteja se distanciando dos princípios bíblicos.

Preocupo-me de igual modo com aqueles que dominam as Escrituras de capa a capa, mas desconhecem a dinâmica do Espírito Santo. Escrevi sobre esse tema em meu livro *Word and Spirit Together*.

Fundamentado nessa compreensão do que o Espírito diz e o que as Escrituras dizem, portanto, Tiago expressou uma decisão com a qual todos concordaram. O que poderia ter sido uma catástrofe transformou-se, sob a liderança de Tiago, em um belo momento de unificação.

Após a reunião, uma carta foi enviada aos crentes gentios em todos os lugares, explicando que eles não estavam sujeitos a qualquer imposição da lei de Moisés, mas deveriam ser sensíveis às exigências [escrúpulos] dos judeus crentes quando comessem em sua companhia. A carta divulgava uma posição semelhante àquela determinada por Paulo em Romanos sobre a disputa entre os cristãos quanto às questões não diretamente tratadas nas Escrituras. Paulo afirmou que aqueles que têm liberdade em questões controversas devem estar preparados para renunciar essa liberdade em nome do irmão mais fraco. É verdade que quanto mais amadurecemos na fé cristã, mais livre ficamos das exigências, porém se alguém ainda depender delas, são os crentes mais maduros que devem ceder.

As exigências e os escrúpulos podem ser muito inconvenientes. É comum nos sentirmos culpados por fazer algo que nos foi proibido quando crianças. Aprendi que era errado andar de bicicleta ou tirar fotos aos domingos. Levei alguns anos para descobrir que não havia nenhuma passagem na Bíblia que proibisse o uso de câmeras ou bicicletas! Quando eu trabalhava na fazenda, precisava pedalar oito quilômetros para chegar à igreja, e era bastante estranho sentir-me culpado por pedalar para adorar a Deus! À medida que amadurecemos em Cristo, contudo, sentimo-nos cada vez mais livres para desfrutar do que Deus livremente nos concedeu.

Outros talvez se sintam desconfortáveis com certas práticas que, por si mesmas, não são erradas, mas que serviriam de pedra de tropeço por estarem associadas ao seu passado pré-cristão. O exemplo clássico é beber vinho em uma refeição partilhada com um ex-alcoólatra. Se você sabe que alguém poderia se incomodar com isso, seria uma demonstração de amor renunciar sua liberdade pelo bem da consciência da irmã ou do irmão. Se estou na companhia de um judeu, sigo a dieta *kasher*, assim como fez o apóstolo Paulo. Precisamos ser flexíveis e sensíveis à consciência de outras pessoas e não ostentar nossa própria liberdade.

Quando Tiago enviou a carta com as deliberações do Concílio de Jerusalém aos crentes gentios, ele também escreveu outra carta aos crentes judeus, e esta vem a ser a epístola de Tiago. Ela mostra aos judeus como agir no mundo gentio. O conteúdo da carta de Tiago corresponde quase com exatidão ao conteúdo da carta do Concílio de Jerusalém, em Atos 15, enviada aos gentios com instruções de como deveriam agir no mundo judeu. A epístola de Tiago, portanto, é um reflexo dessa carta, embora seja muito mais longa.

Outros documentos históricos revelam que Tiago permaneceu em Jerusalém e recebeu o cognome de "Tiago, o Justo", um maravilhoso atributo para um bispo. Ele também teve um segundo apelido – *Oblias* – cujo significado é "baluarte", alguém que realmente merece toda a confiança.

Tiago teve um final trágico, porém glorioso. Em 62 d.C., após a morte do governador romano Festo e antes que Albino o sucedesse, houve um intervalo de aproximadamente dois meses em que não havia governador. Os líderes judeus aproveitaram a oportunidade para atacar os cristãos, pois não havia governo romano para proibi-los de condenar alguém. Nessa ocasião, eles prenderam Tiago, levaram-no ao pináculo do templo e disseram: "Se não negar a Cristo nós o lançaremos daqui!". Aquele era o mesmo local onde o diabo levara Jesus conforme relato encontrado no capítulo 4 de Mateus. Tiago, o Justo, simplesmente respondeu: "Vejo o Filho do homem vindo nas nuvens com grande poder e glória!". E eles o jogaram do alto.

A queda, no entanto, não o matou, por isso começaram a apedrejá-lo. Naquele momento, com ossos fraturados e sendo apedrejado, Tiago disse: "Pai, perdoa-lhes pois não sabem o que estão fazendo". A multidão que assistia exclamou: "Tiago, o Justo, está orando por nós!". Que fim! Alguém, porém, movido por pura misericórdia, golpeou sua cabeça com um porrete de madeira, e ele morreu. Sem dúvida, Tiago foi apenas um dos muitos que morreram por Jesus naqueles primeiros anos.

Quando seus companheiros cristãos vieram buscar seu corpo e lhe oferecer um sepultamento decente, ficaram assombrados ao ver pela primeira vez os seus joelhos, que se assemelhavam aos de um camelo. Entenderam que se tratava de um homem que passava mais tempo ajoelhado do que em pé!

Tiago era muito respeitado entre os cristãos. Eusébio, um dos pais da igreja, afirmou sobre ele:

A filosofia e a retidão que sua vida demonstrou em nível tão elevado deram ocasião à convicção universal de que ele era o "mais justo dos homens".

Daí o cognome, Tiago, o Justo. Hegésipo, um dos escritores daquele tempo, afirmou:

Tiago era nazireu. Tinha o hábito de ir ao templo sozinho

e, muitas vezes, era encontrado de joelhos, clamando a Deus pelo perdão do povo, de modo que seus joelhos se tornaram tão ásperos como os de um camelo, por ajoelhar-se constantemente em sua adoração a Deus e na intercessão pelos pecados do povo. Em virtude de sua mui grande justiça, ele foi chamado "o Justo".

Autoria
Tiago era tão conhecido que qualquer identificação adicional no início de sua carta seria desnecessária – apenas "Tiago" bastaria. Curiosamente, ele inclui algumas das frases ditas por Jesus no Sermão da Montanha (23 citações). Até onde sabemos, Tiago não estava presente na ocasião para ouvi-las, portanto deve tê-las obtido diretamente de Jesus, ou mais tarde, com os Doze, pois circulava uma coletânea dos ensinamentos de Jesus.

Entretanto, apesar das evidências históricas que associam Tiago a essa carta, há dúvidas a respeito de sua autoria, pois o estilo da carta é muito diferente do que se esperaria de um galileu. Os galileus eram menosprezados por outros judeus, em parte em razão de seu dialeto característico. Galileus eram vistos como analfabetos. Em Atos, o sumo sacerdote reflete sobre a coragem dos apóstolos: "Como esses homens sem instrução podem nos desafiar dessa forma?". No entanto, o estilo do grego no qual a carta está escrita é muito mais elaborado do que seria esperado.

Estilo
Tiago usa alguns dos melhores recursos textuais. Vamos analisá-los brevemente.
1. Usa perguntas retóricas – ou seja, perguntas que não exigem uma resposta, mas levam o ouvinte à reflexão. Veja 2.4-5, 14-16; 3.11-12; 4.4, 12
2. Faz afirmações paradoxais para atrair a atenção. Por

exemplo: "Meus irmãos, considerem motivo de grande alegria o fato de passarem por diversas provações" (1.2). "Alegria" e "provações" aparentemente não combinam na mesma frase, e isso atrai a atenção. Veja também a ironia em 2.14-19; 5.5.
3. Tem conversas imaginárias nas quais cria diálogos. Mais uma vez, esse recurso desperta o interesse dos leitores. Todos se fascinam com conversas alheias. Veja 2.18; 5.13.
4. Também usa perguntas para introduzir novos temas. Veja 2.14; 4.1.
5. Inclui muitos imperativos na carta – há 60 deles em apenas 108 versículos!
6. Personifica ideias e objetos. Faz analogia do pecado com um animal e usa imagens e figuras do dia a dia. Menciona lemes de navios, incêndios em florestas e freios em cavalos no contexto de um agricultor – todos elementos que atraem a atenção.
7. Usa exemplos de homens e mulheres conhecidos como Elias, Abraão e Raabe.
8. Expressa-se com uma forma direta de tratamento – "você" – uma excelente forma de chamar a atenção.
9. Não tem medo de usar linguagem áspera. Veja 2.20; 4.4.
10. Às vezes, faz uso de antíteses vívidas (opostos contrastantes). Veja 2.13, 26.
11. Usa citações com frequência. Veja 1.11, 17; 4.6; 5,11, 20.

Como esses recursos textuais apareceram na carta? Creio que a resposta esteja no que descobrimos em 1Pedro 2. Muitos dos autores do Novo Testamento não escreviam seus próprios textos, apenas os ditavam. Um amanuense, ou escrevente – o que hoje chamaríamos de estenógrafo ou secretário – era quem os redigia.

Silas, por exemplo, desempenhou essa função tanto

para Paulo quanto para Pedro. Portanto, é como se Tiago narrasse suas ideias e alguém as anotasse, organizasse e enviasse como uma carta circular. Essa explicação solucionaria todos os "problemas" que alguns estudiosos encontram em Tiago. Temos, portanto, a retórica grega e a sabedoria hebraica reunidas em uma única carta.

Os leitores
A carta não é endereçada a uma igreja, a um grupo de igrejas ou a um indivíduo, como a maioria das cartas do Novo Testamento. Ela foi escrita às 12 tribos dispersas entre as nações, tornando claro que seu alvo era a dispersão judaica – as igrejas plantadas entre os judeus dispersos nas proximidades do Mediterrâneo. A carta menciona o Senhor Jesus Cristo no primeiro versículo e "meus irmãos" em 12 ocasiões.

Os judeus foram dispersos duas vezes: a primeira para a Babilônia, no exílio involuntário de 586 a.C., e novamente pouco antes da vinda de Jesus, quando muitos optaram por estabelecer-se por todo o Mundo Mediterrâneo. Havia mais judeus fora do que dentro de Israel; mais de 40 mil judeus na própria Roma. Muitos retornavam para as festas judaicas, três vezes por ano; no entanto, assimilavam rapidamente a cultura à sua volta, a ponto de o nome "judeu" tornar-se um aforismo para "hipocrisia".

Cristo, portanto, se manifestou no momento ideal para a propagação do Evangelho. Os judeus haviam sido dispersos ao redor do Mediterrâneo, as estradas romanas estavam construídas e a língua grega era falada em todos os lugares – contexto absolutamente perfeito. Deus havia preparado toda a situação para que as notícias a respeito de Jesus pudessem ser divulgadas rapidamente. Em suas viagens missionárias, quando o apóstolo Paulo chegava a um novo local, dirigia-se primeiramente à sinagoga, crendo que os primeiros convertidos estariam entre as pessoas tementes a Deus que lá se reuniam.

É claro que os discípulos judeus da dispersão ao redor do Mediterrâneo enfrentavam uma situação totalmente diferente daquela vivida pelos crentes judeus em Israel. A igreja de Jerusalém era formada quase que exclusivamente de crentes judeus. Eles estavam isolados e segregados e, por isso, tornaram-se demasiadamente rígidos. O legalismo e o orgulho característicos dessa postura eram seus maiores problemas. Na dispersão, contudo, os crentes judeus enfrentavam o problema da assimilação. Muitos sentiam-se constrangidos por ser identificados como cristãos e eram muito negligentes em seu comportamento. A ganância era seu problema, pois a maioria deles deixara Israel por razões financeiras, em busca de enriquecimento. Tornavam-se cada vez mais semelhantes aos gentios.

Conteúdo

Riqueza

Na introdução mencionamos vários dos temas abordados por Tiago, sendo que os negócios ou a profissão está entre os principais. Trata-se de uma preocupação básica de qualquer judeu. Em razão da perseguição que sempre sofreram de um país a outro, os judeus precisavam de profissões ou ofícios que fossem flexíveis. Assim, muitos deles tornaram-se alfaiates, pois tendo consigo apenas agulha e linha, estariam aptos para trabalhar. Outros assumiram a ocupação de joalheiro, pela facilidade de carregar as ferramentas em uma maleta. Obviamente, eles também se tornaram agiotas. Na Europa medieval, os cristãos não podiam ser agiotas, por isso os judeus tornaram-se banqueiros, estando a família Rothschild entre os mais conhecidos.

O foco nos negócios, entretanto, tem seus próprios

inconvenientes. Jesus declarou: "Vocês não podem servir a Deus e ao Dinheiro" – não é possível dedicar-se ao mesmo tempo a Deus e à busca pelo enriquecimento. Os fariseus, por serem ricos e religiosos, riram ao ouvir essas palavras. Jesus, no entanto, lhes disse: "É impossível". Responderam os fariseus: "Ele não sabe ganhar dinheiro, por isso opõe-se aos ricos". Entretanto, Jesus nos alertou diversas vezes que dificilmente um rico entraria no Reino – e, obviamente, pelos padrões do Novo Testamento, os cristãos ocidentais, em sua maioria, são ricos. O dinheiro por si só é neutro e pode ser usado em benefício de muitos. Paulo, porém, escreve: "O amor ao dinheiro é a raiz *de todos* os males".

Fica evidente na carta de Tiago que a riqueza havia corrompido alguns de seus leitores. Eles exploravam os empregados, retendo seus salários para aumentar seu fluxo de caixa. Satisfaziam seus desejos, esbanjando dinheiro em luxos desnecessários. Adulavam os ricos que participavam de suas assembleias, reservando-lhes os melhores assentos e ordenando aos pobres que se sentassem ao fundo. Insultavam ou menosprezavam os mais pobres.

A história se repete – quando você enriquece, considera a si mesmo bem-sucedido e os outros, fracassados. A arrogância acompanha a riqueza.

Essa atitude prevalece em certas igrejas hoje, nas quais uma minoria rica da comunidade efetivamente controla o que acontece. Os líderes relutam em tomar medidas impopulares, temendo irritar os principais doadores que exercem uma autoridade nada saudável.

Na realidade, a riqueza trazia uma falsa sensação de segurança. O homem só alcança uma conduta reta quando Deus está no comando de sua vida. O dinheiro pode causar um distanciamento da conduta reta, uma vez que, quando dispomos de muito dinheiro, traçamos planos sem ao menos considerar a vontade de Deus. Tiago disse que eles deveriam acrescentar "Se o Senhor quiser" a qualquer plano que fizessem. Meu pai costumava colocar as letras "D.V." (*Deo volente* – "Se for da vontade de Deus" em latim) em suas cartas, como reconhecimento de que todos os seus planos estavam sujeitos à vontade de Deus. Tiago pregou contra a riqueza que excluía o conceito "D.V.".

O descaso com Deus e com o pobre costuma acompanhar a busca pelo enriquecimento. Tiago lista outros pecados comuns aos ricos: inveja, pois quanto mais se tem mais se quer e mais inveja-se aqueles que têm mais; ambição egoísta; orgulho; vanglória e jactância; presunção; impaciência; ira; cobiça; brigas; contendas; disputas e litígio. O litígio é um dos passatempos dos ricos. Podemos pregar sobre a carta de Tiago em qualquer grande metrópole e encontrar pessoas que se identificarão com seu conteúdo.

Certa vez pediram-me para pregar aos membros da Bolsa de Valores. Antes da minha visita, eles queriam saber o título do sermão, então eu lhes disse que seria "Daqui nada se leva, e se levar, queimará". Eles se recusaram terminantemente a publicá-lo! Decidi então mudar o título para "Investimentos além do túmulo" e eles ficaram muito interessados!

A língua

Tiago também classifica a língua como uma das principais fontes de problemas para o crente. Podemos especular que ele se lembrava de quando suas próprias palavras insensatas foram usadas para caçoar Jesus (capítulo 7 de João).

Os judeus amam as palavras, mas havia um risco inerente de falar demais. Uma fraqueza entre os expatriados em particular era a maledicência. Os que estão longe de casa tendem a fofocar no contexto da pequena comunidade que se forma ao redor deles. Tiago compreende muito bem esse conceito e tem muito a dizer a respeito da língua e das palavras.

Ele faz afirmações do tipo: "Da mesma boca procedem bênção e maldição. Meus irmãos, não pode ser assim! Acaso pode sair água doce e água amarga da mesma fonte?". Tiago atesta que a língua é a parte do corpo mais difícil de controlar. Se formos capazes de controlá-la, seremos perfeitos. A língua, portanto, é um parâmetro preciso de sua santidade. Avalie o que você diz, pois "sua boca fala do que está cheio o coração". Você está plenamente santificado se sempre disser o que deve ser dito, permanecer calado quando necessário e abrir a boca nos momentos certos. Jesus disse que seremos julgados no Dia do Juízo por "toda palavra inútil", pois são as palavras impensadas, faladas quando estamos cansados ou ocupados, que revelam nosso verdadeiro coração, e não o discurso cuidadoso, quando refletimos o que dizer.

Outras imagens são usadas para descrever a língua: ela é inflamada pelo inferno; é como o pequeno leme de um navio que controla o curso de toda a embarcação. Seus efeitos são como um incêndio na floresta provocado com um fósforo apenas. Pecados da língua como murmurar, praguejar, mentir e jurar são todos mencionados nessa breve carta.

No entanto, por mais importantes que sejam os temas da riqueza e da língua, as duas palavras que abrem a carta são "mundo" e "sabedoria".

O mundo
Tiago explica que "a amizade com o mundo é inimizade com Deus" – não é possível ser, ao mesmo tempo, estimado pelo mundo e por Deus. Jesus não foi aceito ou apreciado pelo mundo, e se assim foi com ele, o mesmo será conosco. Na realidade, o apóstolo Paulo ensinou que quanto mais semelhantes a Deus nos tornamos, menos populares seremos. Suas palavras a Timóteo, de fato, foram: "Todos

os que desejam viver piedosamente em Cristo Jesus serão perseguidos". Os incrédulos talvez o respeitem, mas tentarão extinguir sua fé.

Tiago ensina que a "religião pura diante de Deus" é esta: "cuidar dos órfãos e das viúvas em suas dificuldades e não se deixar corromper pelo mundo".

Afirma-se com frequência que os cristãos devem "estar no mundo, porém não devem ser do mundo". Isso é verdade, mas não significa que devemos ficar distantes dos incrédulos. Quando meu grande amigo Peter trabalhava numa concessionária de carros na Austrália, demitia qualquer membro de sua equipe que se tornasse cristão. (Não se preocupe – primeiro ele encontrava outro emprego para eles!). Peter agia dessa forma baseando-se no princípio de que seria difícil testemunhar no trabalho se ele estivesse cercado de cristãos!

Tiago nos ensina a diferença entre ser testado e ser tentado. Deus jamais nos tentará, mas ele nos testará. Esta é a diferença: você testa pessoas na esperança de que elas passem no teste, mas as tenta na expectativa de que fracassem. Deus nos testará e provará. Uma situação difícil, portanto, deve ser motivo de grande alegria, pois significa que ele está nos dando a oportunidade de evoluir. É o diabo quem nos tenta e deseja que falhemos. No entanto, ele somente pode nos tentar se houver em nós algo que possa usar para despertar em nós o desejo de morder a isca. Deus nos prometeu que jamais seríamos tentados além das nossas forças – o que significa, é claro, que o diabo está sob o total controle de Deus. O diabo não pode nos tocar a menos que obtenha primeiro a permissão de Deus. (Confira o principal exemplo disso nos primeiros capítulos do livro de Jó.)

Como cristão, portanto, você jamais poderá dizer "Não consegui resistir". No mundo enfrentamos testes e tentações. Testes vêm de Deus na esperança de que passemos; tentações vêm do diabo na expectativa de que fracassemos. Precisamos de sabedoria para discernir entre os dois. Quando a esposa do missionário Hudson Taylor, após terrível sofrimento, perdeu 100% da visão ao final de sua vida, uma pessoa o questionou: "Por que Deus faria algo assim a você, que o serviu tão fielmente?". "Ah", respondeu o missionário, "ele está dando os toques finais no meu caráter".

Desse modo, a vida não ficará mais fácil à medida que envelhecemos. Percebo que o senso de direção fica cada vez mais comprometido. Em nossos primeiros anos de vida cristã, Deus, em sua misericórdia, nos concede direção tão clara que não temos qualquer dúvida quanto ao que devemos fazer. Então, ele nos coloca em situações em que precisamos de fato nos esforçar para discernir a solução por nós mesmos. Ele não nos oferece tudo mastigado quando amadurecemos, mas nos confere maior responsabilidade e, em vez de nos dar diretrizes claras, confia que seremos capazes de discernir o caminho a ser seguido.

Sabedoria

Já comentamos sobre a semelhança entre Tiago e Provérbios, por isso não é surpresa descobrir que a sabedoria é outro tema-chave da carta. Tiago identifica duas categorias de sabedoria. Assim como há dois tipos de provação – testes ou tentações – também há dois tipos de sabedoria – a sabedoria do alto e a sabedoria terrena.

A sabedoria terrena é resultado da vivência humana por meio da experimentação – nós a chamamos de escola da experiência. Há, no entanto, outra forma de obter sabedoria, que não exige tanto tempo. Basta pedir por ela! Tiago afirma que qualquer pessoa que tenha falta de sabedoria não deve se acomodar. Ele explica que receberemos sabedoria se a pedirmos a Deus, sem hesitação e sem duvidar.

A sabedoria está muito mais disponível do que imaginamos. Tiago a classifica como uma sabedoria agradável, pois é pura e pacífica – ela soluciona o problema. Toda a sabedoria divina está disponível a nós a qualquer momento. Quando você estiver em dificuldade, tudo o que tem a dizer é: "Senhor, preciso de sabedoria". E ficará admirado com a resposta.

Problemas

Vamos analisar agora os supostos "problemas" encontrados na carta de Tiago.

O tom geral da carta

Tiago não parece ser uma carta muito cristã. Não há muitas descrições a respeito de Cristo ou do Evangelho. Parece haver mais ênfase na atividade humana do que na divina, nas ações do que na doutrina, na lei do que no Evangelho, nas obras do que na fé. Ela não menciona eventos cruciais como a morte, a ressurreição e a ascensão de Jesus, ou o ministério do Espírito Santo. Parece tratar apenas do modo correto de agir.

Por essa razão, alguns questionam se o livro descreve o mesmo cristianismo encontrado nos outros livros da Bíblia. Pensadores renomados descartaram a carta. O reformador protestante Martinho Lutero confessou sentir-se indignado com a carta, pois ela nada continha de evangélico e sequer mostrava Cristo. (De fato, há apenas duas menções a Cristo em toda a carta.) Lutero a chamava de "carta de palha", referindo-se às espigas de milho que não têm grãos, apenas palha – um comentário extremamente ofensivo. Ele disse: "Não creio que seja apostólica. Seria melhor que não fizesse parte do Novo Testamento". Quando traduziu a Bíblia,

Lutero inseriu a carta de Tiago em um apêndice no final, juntamente com Hebreus, Judas e Apocalipse. Faltou-lhe coragem para eliminá-la por completo, mas ele a retirou da compilação principal.

De fato, há poucos aspectos da carta que seriam refutados por um judeu ortodoxo. Ela fala da lei, da sinagoga, de irmãos e anciãos, e dirige-se a Deus como "Senhor dos exércitos". Se removêssemos as duas menções a Cristo e as palavras "nascer", "nome", "vinda" e "irmãos", um judeu ortodoxo concordaria com tudo.

O ensino específico da carta
Além desses problemas, há uma questão mais específica, que provoca grande consternação entre os leitores da Bíblia. Tiago afirma em 2.24: "Vejam que uma pessoa é justificada por obras, e não apenas pela fé". Aparentemente, essa afirmação enfraquece o ensino do Novo Testamento e, em especial, o do apóstolo Paulo, a respeito de nossa justificação com Deus. Lutero dizia que a carta enfraquecia a verdade fundamental do Evangelho da "justificação somente pela fé".

O tom geral da carta e a preocupação específica com seu ensino sobre a fé contribuíram para que a carta enfrentasse muita resistência tanto para ser incluída no Novo Testamento quanto para permanecer nele. Tiago foi uma das últimas cartas a ser incluída ao cânon bíblico (em 350 d.C.).

Como lidamos, então, com essa aparente contradição? Várias observações podem ser feitas:
1. Tiago morreu em 62 d.C. e, portanto, não poderia ter lido as cartas de Paulo sobre o tema, embora conhecesse Paulo e o tivesse persuadido a observar a lei do nazireado, a fim de mostrar que ainda era judeu (veja Atos 21.18-25). Portanto, se há uma contradição,

não pode ser algo deliberado.
2. Paulo escrevia para gentios, enquanto Tiago escrevia para crentes judeus, portanto eram diferentes os propósitos de cada autor. Paulo defendia os gentios do legalismo judeu, enquanto Tiago defendia os judeus da libertinagem gentia. Não surpreende, portanto, que haja uma diferença de ênfase.
3. Quando chegamos especificamente à passagem "controversa", descobrimos que a palavra "obras" tem diversos significados. Paulo escreve sobre obras da lei, enquanto Tiago escreve sobre as obras da fé – a saber, as ações. O que Tiago está dizendo é: "A fé sem ação é morta". Seu comentário não se refere às obras da lei. Ele usa uma ilustração para demonstrar que o amor sem *ação* não tem qualquer utilidade. Imagine alguém que diga a um irmão: "Você não tem o que vestir ou o que comer? Bem, Deus te abençoe, irmão, Deus te abençoe!". Tiago questiona: "Qual a utilidade disso? Isso é amor sem ação, amor sem as obras do amor".

Por isso, quando Tiago fala de fé, ele se refere à fé sem ação. E se a fé não o leva a agir, você não tem fé. Professar a fé não é suficiente para salvá-lo. A fé deve ser colocada em prática. Tiago afirma que até os demônios creem em Deus e tremem!

Em seguida, contudo, ele apresenta ilustrações de ações de fé, usando como exemplos Abraão, um homem piedoso, e Raabe, uma mulher impiedosa. Ambos colocaram sua fé em ação: ele seria capaz de tirar uma vida, ela se arriscou para salvar duas vidas. Abraão colocou sua fé em ação quando fez os preparativos para sacrificar seu filho, sua única esperança de descendência. Raabe, a prostituta, colocou sua fé em prática quando protegeu os espias e lhes pediu que a salvassem da invasão iminente.

Tiago está dizendo que a fé não é algo que se professa. Precisamos demonstrar que cremos em Jesus por meio de ações. Dar um passo de fé significa estar vulnerável e depender totalmente dele para nos socorrer. Tiago, portanto, está absolutamente certo ao afirmar que a fé sem ação ou obras não pode nos salvar, pois tal fé está tão morta quanto um defunto. Fé não é recitar o credo apostólico, mas ser impelido a agir, demonstrando confiança no Senhor.

Através de Paulo e Tiago, portanto, Deus nos revela duas perspectivas sobre essa questão crucial, para que tenhamos uma visão equilibrada e compreendamos toda a verdade. O legalismo reforça a salvação pelas obras; a libertinagem indica a salvação independentemente das obras; mas a liberdade (a posição cristã) define que somos salvos para as obras, para as boas obras, as obras baseadas no amor.

Até mesmo Paulo, o aparente defensor da justificação pela fé, afirma em Efésios 2: "Porque somos criação de Deus realizada em Cristo Jesus para fazermos boas obras, as quais Deus preparou de antemão para que nós as praticássemos". Desse modo, não somos salvos pelas boas obras, mas somos salvos para as boas obras, e seremos julgados por nossas obras [entenda-se ações]. Tiago, o aparente defensor das obras, afirma em 2.5 que os crentes devem ser "ricos em fé".

No legalismo, está implícita a ideia de que: "Por meio da criação de regras e restrições nos certificaremos de que você não se sinta livre para pecar". Numa postura libertinosa, subentende-se: "Somos livres para pecar". Na liberdade, está latente a ideia de que: "Somos livres para não pecar". Essas afirmações podem soar como meros clichês, porém são verdadeiras. Na vida cristã, é extremamente importante entender com clareza as diferenças entre essas três afirmações, pois esse entendimento é a essência do Evangelho, e tanto a perspectiva de Paulo quanto a perspectiva de Tiago são essenciais para que possamos entendê-lo corretamente. Na questão geral "fé versus obras", portanto, creio que a carta de Tiago precisa do restante do Novo Testamento, e o restante do Novo Testamento precisa de Tiago.

Em sua análise da carta de Tiago, Martinho Lutero simplesmente não entendeu essa questão. Lutero afirma que ela contradiz Paulo e todos os textos bíblicos, mas o reformador era tão passível de erro quanto o Papa a quem se opôs. Lutero também estava demasiadamente concentrado na doutrina da justificação pela fé para que pudesse enxergar a real importância da questão destacada por Tiago. Devemos ter fé e colocá-la em prática. A obra de Deus no interior de uma pessoa deve transparecer ao mundo, em um ambiente exterior.

Conclusão

A carta tem relevância para nós, uma vez que não somos judeus da dispersão? Ela é muito relevante para nós, porque somos cristãos da dispersão. Alguns cristãos estão tão envolvidos na vida da igreja que se assemelham mais aos judeus de Jerusalém. Seu problema é o orgulho, em parte causado por seu isolamento do mundo.

Os cristãos, em sua maioria, contudo, são como os judeus da dispersão, enfrentando a lida diária, tentados a se adaptar ao mundo e a adotar seu padrão moral. Somos cidadãos do céu, porém estrangeiros aqui na terra, somos parte do povo disperso de Deus, à espera de nossa futura habitação, nossa morada definitiva. Estamos no mundo, mas não somos do mundo.

A epístola a Diogneto, escrita no final do século 1º d.C., resume bem nossa posição. Ela responde à pergunta: "Em que os cristãos se diferem?". Ela diz:

Os cristãos não se distinguem dos demais homens nem pela terra, nem pela língua, nem pelos costumes. Habitando cidades conforme coube em sorte a cada um, e seguindo os usos e costumes das regiões, no vestuário, no regime alimentar e no resto da vida, revelam unanimemente um maravilhoso e paradoxal estilo de vida. Habitam pátrias próprias, porém como peregrinos. Participam de tudo, como cidadãos, e tudo sofrem como estrangeiros. Toda a terra estrangeira é para eles uma pátria e toda a pátria uma terra estrangeira. Moram na terra e são regidos pelo céu. Obedecem às leis estabelecidas e superam as leis com as próprias vidas. Insultados, bendizem...
[Biblioteca Virtual de Direitos Humanos – Universidade de São Paulo]

Os cristãos de hoje precisam viver dessa forma – devem certificar-se de viver como estrangeiros no mundo. Os fundamentos, os métodos e a moral predominantes no mundo ainda constituem um desafio. As pressões sobre os cristãos permanecem, essencialmente, as mesmas enfrentadas no primeiro século. Quanto a essa questão, a carta de Tiago é contemporânea e tem imenso valor a qualquer crente que busque seguir a Cristo. Seu foco está na maneira de agir tanto no mundo quanto na igreja. Tiago está mais interessado em nossas ações do que em nossas palavras. O conhecimento bíblico é vão, a menos que o coloquemos em prática.

55.
1 e 2 PEDRO

Introdução

1Pedro

Em 2 de setembro de 1666, um grande incêndio atingiu a cidade de Londres. O fogo teve início no forno de uma padaria e provocou imensos danos. Duzentas mil pessoas perderam suas casas pois a maioria das edificações era feita em madeira e não resistiu às chamas. Os danos estimados chegaram a 10 milhões de libras. Todas as 90 igrejas – inclusive a Catedral de São Paulo – foram destruídas, embora muitas delas tenham sido mais tarde reconstruídas por Christopher Wren. Obviamente, sempre que um desastre acontece, as pessoas saem à procura de um bode expiatório – um aspecto lastimável da natureza humana. Os inocentes costumam ser responsabilizados e, no caso do grande incêndio de Londres, os católicos franceses levaram a culpa.

Em 19 de julho de 64 d.C., um grande incêndio devastou durante três dias boa parte da cidade de Roma. O fogo atingiu o centro de Roma, destruindo templos e residências. Os cidadãos procuraram um bode expiatório e o imperador Nero foi quem levou a culpa. As pessoas conheciam suas ambições de demolir todas as edificações e construir novas e magníficas estruturas, por isso presumiram que ele estivesse por trás do incidente. Nero, por sua vez, transferiu a culpa aos cristãos e, assim, teve início uma dura perseguição à igreja.

Os cristãos enfrentaram um período tenebroso. Nas arenas romanas, eles foram torturados, atirados aos cães selvagens para serem destroçados (costuravam peles frescas de animais em sua pele), e devorados por leões e outros animais selvagens. Alguns deles foram crucificados.

Certa vez, quando em Roma, me posicionei de costas para o Coliseu e voltei os olhos para uma colina verdejante (a mais baixa das sete colinas de Roma), onde ficava o jardim do palácio de Nero. Pensei no dia em que ele promoveu um churrasco naquele jardim. Na ocasião, Nero ordenou que alguns cristãos fossem cobertos com betume, amarrados a postes ao redor do jardim e incendiados. Eles foram queimados vivos para servir de iluminação para sua festa.

A notícia dessa barbárie contra o povo de Deus espalhou-se entre as igrejas de todo o império romano. No entanto, à medida que a notícia se propagava, também circulava uma carta do apóstolo Pedro. Ele escreveu aos cristãos da região que hoje conhecemos como o noroeste da Turquia, por quem nutria uma afeição especial. Seu intuito era alertá-los e prepará-los para a perseguição.

O próprio Pedro viria a morrer nesse período – crucificado em Roma nas mãos de Nero. Jesus havia profetizado que ele morreria dessa forma, porém, antes de sua execução, Pedro pediu que a cruz fosse invertida, pois não se sentia digno de morrer da mesma forma como Jesus havia morrido.

Embora a Bíblia não faça menção direta a esse fato, é provável que Pedro estivesse exercendo seu ministério naquela área. Paulo havia ministrado no sul da Turquia, mas Pedro, aparentemente, teria seguido para o norte e, por isso, envia a carta para essa região.

O autor

Conhecemos muitos detalhes da vida de Pedro, e sua primeira carta está entre as preferidas dos cristãos. É uma carta afetuosa e humana, que toca o coração. No primeiro capítulo, ele diz aos leitores que, mesmo sem terem visto Jesus, eles o amavam e, por isso, exultavam com uma alegria extraordinária. Esse amor pelo Salvador está presente em toda a carta.

Seu primeiro nome era Simão ou Simeão. Era um nome comum, embora não muito lisonjeiro – seu significado em hebraico é "junco". Jesus, no entanto, quando conheceu Simão, chamou-lhe "Pedro" – que significa "rocha" – um nome menos comum, que indica a mudança de caráter que Jesus esperava. Pedro era inicialmente um homem facilmente influenciado, como o junco agitado pelo vento, porém, quando Jesus foi elevado ao céu, se tornara uma rocha firme.

Pedro era um pescador de Betsaida, na Galileia, e irmão de André. Pedro e André foram os primeiros discípulos convocados por Jesus. Pedro é o primeiro nome em qualquer lista dos Doze e atuava como porta-voz informal do grupo.

O caráter de Pedro é percebido de forma clara nos Evangelhos. Ele tem pontos fortes consideráveis: é carismático, entusiasmado, impulsivo e intenso. Os pontos fortes, contudo, são contrabalançados por suas fraquezas: ele podia ser instável, inconstante, inseguro, fraco, covarde, imprudente e incoerente. Era um homem impulsivo, com um problema crônico de fala: falava sem pensar! Entretanto, isso também significava que Pedro, em certas ocasiões, podia discursar de forma maravilhosa a respeito de Jesus. Muitos crentes podem se identificar com Pedro nesses aspectos.

É possível que o momento mais tocante da vida de Pedro tenha sido seu encontro com Jesus ressurreto, às margens do mar da Galileia, após tê-lo negado três vezes antes da crucificação. Jesus preparou o café da manhã para os discípulos, e Pedro, de repente, viu-se diante de uma fogueira. Somente duas fogueiras são mencionadas em todo o Novo Testamento – a primeira, no pátio do sumo sacerdote, quando Pedro se aquecia perto do fogo e três vezes negou conhecer Jesus. Agora, olhando novamente para o fogo, a lembrança de sua covardia certamente ainda era muito vívida.

Jesus não disse a Pedro: "Eu tinha esperanças de que você um dia fosse o pastor titular, mas receio que agora terá de ficar responsável pela distribuição dos hinários apenas". Também não lhe disse: "Você vai passar por um período de avaliação durante um ano para que você se corrija e, após esse período, vamos reavaliar seu caso e reconsiderar sua posição".

Jesus, na realidade, disse: "Pedro, eu posso lidar com você, mas preciso me certificar de uma coisa: Você me ama?".

Essa é a pergunta que todo cristão precisa responder. Você ama Jesus? Ele fez a mesma pergunta três vezes e isso, de alguma forma, colocou Pedro novamente nos trilhos. Pouco tempo depois, era Pedro quem estava pregando no dia de Pentecoste, quando três mil foram batizados. Não é de se admirar que a importância do amor por Jesus esteja tão presente nessa epístola.

Obviamente, Pedro é mencionado em outras passagens do Novo Testamento e, juntamente com João Marcos, esteve muito envolvido na compilação do Evangelho de Marcos. Como não era um dos Doze, Marcos obteve todas as informações com Pedro – razão pela qual o Evangelho de Marcos é o único que registra as fraquezas do apóstolo e não omite os detalhes de sua personalidade impulsiva. Em Marcos, Jesus é visto como "homem de ação", não muito diferente de Pedro.

Pedro é praticamente o tema principal da primeira metade do livro de Atos, mas ele desaparece assim que Paulo entra em cena, talvez porque o intuito de Lucas ao escrever o livro fosse elaborar uma contestação jurídica para o julgamento de Paulo.

Pedro recebe uma breve e pouco elogiosa menção de Paulo em Gálatas, quando este reflete sobre a acalorada discussão que tiveram por causa da recusa de Pedro de sentar-se à mesa com gentios na presença de crentes judeus. Pedro estava errado e Paulo expõe seu erro.

Sabemos que Pedro era casado porque sua sogra foi curada por Jesus. Além disso, o apóstolo Paulo menciona que a mulher de Pedro acompanhava o marido em suas viagens missionárias. Desse modo, há mais detalhes a respeito de Pedro do que de qualquer outro apóstolo, com exceção de Paulo.

A carta foi escrita enquanto Pedro estava em Roma. É evidente que tanto Pedro quanto Paulo passaram algum tempo ali (Paulo cumpriu prisão domiciliar aguardando seu julgamento e mais tarde foi executado nas mãos de Nero), porém não há comprovação de que Pedro tenha sido o primeiro bispo de Roma – trata-se de pura especulação dos que desejam acreditar na sucessão apostólica.

Os leitores

Não sabemos ao certo como começou a igreja na Ásia Menor (noroeste da Turquia). No entanto, Atos 2 registra que, no dia de Pentecoste, havia em Jerusalém pessoas das províncias da Capadócia, Bitínia e Ponto, que formavam a Ásia Menor. É possível que algumas pessoas daquela área tenham se convertido ao ouvir o primeiro sermão de Pedro, tenham sido batizadas e, mais tarde, pedido a Pedro que as visitasse.

Pedro usa uma expressão judaica para se dirigir a seus leitores, "a dispersão", embora muitos gentios também fizessem parte. Assim como os judeus foram dispersos por todo o mundo, os cristãos gentios também se dispersaram. Ao usar o termo "dispersão", Pedro deixa implícita a ideia de que eles não estavam acomodados. Ele os chama de "estrangeiros e peregrinos". A ausência de detalhes específicos indica que Pedro desejava que sua carta circulasse entre os crentes daquela região.

Ainda nos dias de hoje, podemos afirmar que um cristão não deve se acomodar. Um dos problemas que enfrentamos como cristãos é que nos tornamos estrangeiros e peregrinos neste mundo. Fico aborrecido quando pessoas me dizem que seus problemas acabaram quando conheceram Jesus. Para começo de conversa, não acredito nessas palavras, elas são enganosas. Meu testemunho é bem diferente: "Aos 17 anos, conheci Jesus e meus problemas começaram! Algum tempo depois, recebi o Espírito Santo e meus problemas ficaram muito piores!".

Quando me perguntam sobre a evidência de alguém ser cheio do Espírito, sempre digo: "Vou lhe responder com uma palavra apenas: problemas!". Esses problemas surgem como resultado de um dos efeitos imediatos de ser cheio do Espírito: ousadia para falar. Em Atos, esse sinal é ainda mais frequente do que o dom de línguas. A palavra no grego é *parresia* e significa que temos coragem para nos expressar. Entretanto, essa não é a melhor maneira de fazer amigos e influenciar pessoas!

Os cristãos são pessoas que não se acomodam e não pertencem mais ao mundo. Na realidade, fazem parte de uma nova espécie – passam de *Homo sapiens* para *Homo novus* – "homens e mulheres novos", que não estão em Adão, mas em Cristo.

Esse contraste entre um crente e as pessoas à sua volta torna-se particularmente difícil, é claro, quando um marido ou esposa se converte antes de seu cônjuge. São como duas pessoas que vivem em mundos diferentes. É por essa razão que a Bíblia ensina que um crente não deve casar-se com um descrente, pois haverá uma significativa área da vida da qual não poderão partilhar.

Os cristãos, portanto, devem estar certos de que os problemas virão. Jesus foi sincero quando informou a seus seguidores o que os aguardava. Em Atos, Paulo diz às igrejas do sul da Galácia: "É necessário que passemos por muitas tribulações para entrarmos no Reino de Deus". Desse modo, os evangelistas devem ser sinceros e assegurar aos que os ouvem de que a jornada com Jesus não será fácil – eles encontrarão muitas tribulações –, mas devem ter bom ânimo, pois Jesus venceu todas elas.

Temas principais
Quando observamos os principais temas abordados em 1Pedro, a primeira surpresa é que Pedro não fala sobre como escapar da perseguição, mas, sim, como enfrentá-la. O foco não está em evitar as dificuldades, mas em conduzir-se de forma reta em um mundo hostil. O sofrimento, portanto, é um dos temas centrais da carta e uma das palavras usadas com mais frequência.

Pedro, contudo, aborda outros dois temas. Ele não só lembra seus leitores de que a salvação é o fundamento de sua atitude frente ao sofrimento, mas também explica como lidar com esse sofrimento. A memória é parte vital da vida cristã, por isso Pedro os exorta a reavivar as verdades centrais de sua fé. A graça de Deus, portanto, é um elemento-chave no início e no final da carta.

1. SALVAÇÃO – POR MEIO DE CRISTO
Pedro afirma que há dois aspectos da nossa salvação sobre os quais devemos estar seguros – o individual e o coletivo. Ambos fazem parte da condição de salvos, embora o primeiro seja discutido com mais frequência. Somos salvos individualmente, mas estamos sendo integrados a uma família que servirá de suporte, principalmente quando a pressão aumentar. Sozinhos não seremos capazes de lidar com as dificuldades. Precisamos fazer parte de uma comunidade que nos manterá unidos.

(a) Individual – A palavra de Deus
O primeiro foco está em nosso relacionamento vertical com Deus. O lado individual manifesta-se pela palavra de

Deus, pois é por meio da palavra que nascemos de novo. Pedro lista os três elementos que acompanham o novo nascimento – a fé, a esperança e o amor. Essa tríade é bem conhecida e aparece no final de 1Coríntios 13, mas cada elemento está presente, individualmente, em toda a Bíblia. A fé nos conecta principalmente ao que Deus fez no passado. A esperança nos relaciona com o que ele fará no futuro, e o amor é o elo com o que Deus está fazendo no presente. Vamos analisar cada um desses elementos de forma mais detalhada:

i   Uma esperança viva. A esperança é tão essencial como uma âncora (Hebreus 6.10), pois ela manterá os crentes firmes quando vier a tempestade da perseguição. A esperança dos dias futuros é o mais negligenciado dos três elementos. A esperança futura, contudo, é um tema-chave do Novo Testamento e deve atuar nos dias de hoje.

A esperança era certamente crucial para os leitores de Pedro, pois, quando se tem em mente que Jesus voltará, fica mais fácil enfrentar as dificuldades. A primeira carta de Pedro é a epístola da esperança. Ele diz aos leitores que "Deus nos regenerou para uma esperança viva, por meio da ressurreição de Jesus Cristo dentre os mortos". Mesmo se morrermos, a morte não nos tocará! Temos uma viva esperança quanto ao futuro – a esperança de que teremos um novo corpo [glorificado] e um novo planeta Terra onde viveremos. A esperança não é um pensamento ilusório. É a convicção de que receberemos nossa herança.

Esta é a verdadeira diferença entre o cristão que tem esperança quanto ao futuro e aquele que não tem: um cristão que não tem esperança está disposto a partir e estar com Cristo, porém deseja ficar; um cristão com esperança verdadeira deseja partir e estar com

Cristo, porém está disposto a ficar. Paulo afirmou: "Desejo partir, mas, se é da vontade de Deus que eu fique aqui um pouco mais, estou disposto a fazê-lo". É essa atitude que devemos ter.

ii Uma fé provada. Pedro sabia que seus leitores logo estariam enfrentando uma dura prova. Ele disse que nossa fé seria provada assim como o ouro no fogo é refinado. O fogo testa o ouro e o torna mais puro. Na época em que a purificação do ouro era feita manualmente, usava-se uma grande tina. O refinador mexia o conteúdo da tina sobre o fogo até que pudesse enxergar nele o reflexo perfeito do próprio rosto – o processo acabava ali. É essa imagem que Pedro tem em mente quando se refere ao que Deus está fazendo conosco! Nossa fé é provada a fim de que nos tornemos cada vez mais parecidos com Cristo.

iii Alegria indizível do amor. A salvação introduz uma nova devoção a Deus e às pessoas. Pedro menciona a alegria nos corações dos crentes por saber que Cristo ressurgiu e está vivo – uma alegria que ele próprio experimentara naquele primeiro domingo de Páscoa.

Pedro afirma claramente que a salvação é tanto passada, tendo sido cumprida em Cristo (1.10; 4.10; 5.5), quanto futura (1.13; 3.7; 5.10). Ainda aguardamos a salvação final que Deus trará.

(b) Coletiva – O povo de Deus
Além de preocupar-se que os leitores entendam a salvação individual, Pedro deseja que eles também percebam sua dimensão coletiva. Por meio da palavra de Deus, encontramos a salvação individual para nós mesmos, mas ela também nos apresenta ao povo de Deus, um tema importante para Pedro.

Ele usa termos conhecidos dos judeus para descrever o povo de Deus:

i Casa espiritual. Pedro diz aos leitores que eles são um templo vivo; são pedras dentre as quais Cristo se destaca como a pedra angular. São a habitação de Deus na terra – seu santo templo. Quem neles tocar estará tocando o santo templo de Deus. Sempre que a frase "sois templo de Deus" aparece na Bíblia, ela está no plural e 1Pedro não é exceção. Ele exorta os leitores a não nutrirem um sentimento de inferioridade pelas tribulações que enfrentam, mas a se lembrarem de quem são e a quem pertencem.

ii Sacerdócio real. Ele também descreve os crentes como um sacerdócio real. Lembro-me de ter feito uma palestra sobre o sacerdócio universal dos crentes em um seminário em Zurique, Suíça. Ao final do evento, um homem dirigiu-se a mim e elogiou: "Foi maravilhoso!". Ele nunca havia ouvido algo semelhante. No entanto, quando lhe perguntei se ele era um sacerdote, sua resposta foi imediata – "Não, eu sou leigo!". Perguntei novamente e então ele percebeu que, segundo o Novo Testamento, a resposta deveria ser "sim"!

Pedro encoraja os leitores a terem em mente o seu sacerdócio quando enfrentarem perseguição. Eles devem ver a si mesmos como sacerdotes, capazes de buscar a Deus em favor daqueles que os perseguem. Possivelmente, eles serão os únicos sacerdotes que esses inimigos terão na vida.

iii Nação santa. Pedro também exorta os leitores a serem santos. É praticamente como se ele extraísse esse mandamento diretamente do livro de Levítico. Assim como Israel deveria ser modelo e exemplo de como é viver para Deus, esses crentes também deveriam fazer o mesmo quando enfrentassem a perseguição que lhes sobreviria. Compreender a posição elevada que ocupavam os ajudaria a reagir com retidão diante das dificuldades da vida.

Para Pedro, portanto, discutir a salvação é fundamental. Seus leitores devem estar absolutamente certos de exercer o lado individual – a fé, a esperança e o amor – e o lado coletivo, a convicção de que pertencem ao povo de Deus.

2. SOFRIMENTO

Segundo Pedro, o sofrimento é o resultado inevitável da salvação. De fato, é impressionante a quantidade de textos do Novo Testamento dirigidos aos cristãos que sofriam perseguição, ou estavam prestes a sofrê-la. Além das duas cartas de Pedro, os livros de Hebreus e Apocalipse também foram escritos considerando o contexto de perseguição. Tanto Jesus quanto Paulo preocuparam-se em alertar os crentes sobre a perseguição que enfrentariam. O cristianismo ocidental, em que a perseguição é mínima, é, na realidade, atípico. Pedro faz três afirmações a respeito do sofrimento:

(a) Certifique-se de que você não o merece

Se você for preso por ter cometido um crime, certamente não poderá afirmar que está sofrendo por Jesus. Muitas vezes, embora sejam nossas próprias atitudes e despreparo que provoquem nas pessoas uma reação hostil à mensagem do Evangelho, fingimos tratar-se de uma reação ao escândalo do Evangelho [Gálatas 5.11]. Devemos, sim, nos certificar de que o único escândalo seja o próprio Evangelho. Pedro, portanto, está dizendo a seus leitores que, se forem punidos, que não seja por merecimento.

(b) Não se vingue

Pedro afirma que, quando enfrentamos o sofrimento, não devemos buscar a vingança. O instinto natural é, obviamente, revidar. Certa vez alguém me disse que não se incomodava em oferecer a outra face, conforme o ensinamento de Jesus no Sermão do Monte, contanto que também pudesse desferir um golpe brusco de joelho! Nós achamos engraçado porque nos identificamos com ele.

Quando alguém nos causa mal, nosso desejo de vingança é instintivo. Pedro instrui os cristãos a jamais agirem dessa forma. Jesus sofreu sem revidar, mesmo quando cuspiram nele. No Antigo Testamento, quando um cordeiro era sacrificado, o animal não era torturado. Sua garganta era cortada rapidamente para garantir o mínimo de dor. No entanto, quando o Cordeiro de Deus foi morto, zombaram dele e o açoitaram, fincaram-lhe na cabeça uma coroa de espinhos, vestiram-no com um manto e cuspiram nele. Sua reação, contudo, foi pedir ao Pai que perdoasse seus inimigos porque eles não sabiam o que estavam fazendo.

Pedro afirma que, da mesma forma, jamais devemos pensar em vingança. Devemos pagar o mal com o bem. Nas palavras de Jesus, "abençoar os que nos amaldiçoam" em vez de tentar ficar quites.

(b) Não permita que isso o abale

Os perseguidores estavam tentando exaurir os crentes, e o conselho de Pedro era não permitir que o fizessem. Ele lembra os leitores que, embora fisicamente eles estivessem feridos, seus perseguidores jamais conseguiriam tocar seus espíritos. "Deixem que façam o que desejarem com seus corpos, mas mantenham intacto o espírito – assim, embora aparentemente derrotados, vocês alcançarão a vitória final".

O sofrimento é por um curto período. Afinal, o que é o tempo de uma vida comparado à eternidade? Além disso, o diabo está por trás de toda a perseguição, portanto não devemos encará-la em termos puramente humanos.

3. SUBMISSÃO

Como observamos anteriormente, Pedro exorta seus leitores a aprenderem a submeter-se ao sofrimento em vez de tentarem evitá-lo. Ele aplica esse conselho incomum a diversas áreas. Veremos adiante que não se trata de submissão incondicional, mas sim de aprender a ter um espírito submisso.

Uma das coisas que chocaram o mundo quando os judeus foram levados aos campos de extermínio foi a passividade demonstrada enquanto marchavam rumo às câmaras de gás. Era uma cena impressionante, pois eles sabiam o que lhes aconteceria. Pedro está afirmando que o cristão deve ter uma atitude semelhante.

Tal comportamento é incompatível com o instinto humano de sobrevivência, sendo totalmente oposto à forma como costumamos reagir quando somos tratados injustamente. Não costumamos ficar indiferentes diante da injustiça. "Isso não é justo!" é uma das primeiras frases que as crianças aprendem a dizer. Ouvimos o mesmo sentimento expresso em piquetes de grevistas diante de empresas durante uma paralisação.

Pedro, contudo, está afirmando que os cristãos não têm direitos. Devem preparar-se para o sofrimento aprendendo a ceder e a aceitar. Pedro foi o perfeito exemplo dessa atitude em sua própria crucificação. Ele não mostrou resistência, mas insistiu em ser crucificado de cabeça para baixo.

Ele fala de quatro áreas nas quais a submissão é particularmente apropriada:

(a) Cidadãos
Em primeiro lugar, os leitores devem aprender a submeter-

se às autoridades cívicas (tema também desenvolvido nos textos de Paulo). Devem ser cidadãos honestos, honrar o imperador e orar por seus governantes. Os cristãos devem ser vistos como pessoas que se alegram em pagar seus impostos. Não devem murmurar contra o governo, sendo conhecidos como súditos leais.

Isso não significa, é claro, que sejam obrigados a fazer tudo o que lhes for pedido. Há um limite na obediência às autoridades cívicas. Quando as autoridades ordenaram aos apóstolos que deixassem de pregar a mensagem de Jesus nas ruas, foi o próprio Pedro quem disse: "É preciso obedecer antes a Deus do que aos homens!". O limite está onde as autoridades exigem que façamos algo contra a lei de Deus. Não sendo esse o caso, os cristãos devem ser súditos leais e não devem ser presos por rebeldia ou agressão contra as autoridades.

(b) Escravos

Não causa espanto saber que os escravos cristãos de senhores descrentes também enfrentaram sofrimento. O escravo era propriedade de seu senhor. Não tinha dinheiro, tempo ou direitos próprios. Muitos senhores tratavam seus escravos de forma abominável e, quando os escravos se tornavam cristãos, os maus tratos pioravam, pois os senhores acreditavam que agora eles se sentiriam superiores e por isso precisavam ser contidos. Diante dessa provocação, contudo, Pedro exorta os escravos a se submeterem a seus senhores, aprendendo a ceder, e não reagirem de forma agressiva ou rancorosa.

(c) Esposas cristãs

Outro grupo que enfrentou grande sofrimento foi o das esposas cristãs de maridos não convertidos. Trata-se de uma situação muito difícil e angustiante. Pedro instrui as esposas a se submeterem a seus maridos, inclusive os descrentes.

Ele fala de como devem agir para trazer o marido descrente a Cristo – geralmente as esposas fazem exatamente o contrário. Quando uma esposa se converte antes do marido, ela acredita que tem duas obrigações: pregar para ele e orar por ele (de preferência juntamente com todas as outras irmãs casadas com maridos descrentes!).

O conselho de Pedro não envolve nenhuma das duas opções – na realidade, ele afirma que pregar é o pior que se pode fazer. Segundo ele, a esposa deve ganhar o marido sem expressar palavra alguma. Pedro, portanto, contestaria a atitude de uma esposa cristã que chega em casa depois do culto e diz ao marido que o sermão foi perfeito para ele! Infelizmente, é grande o número de maridos descrentes que, após a conversão de sua esposa, afirmam: "Perdi minha esposa para Jesus! Ela deixou de ser minha esposa".

É muito importante que as esposas aprendam a acompanhar seus maridos. Muitas mulheres, no entanto, passam a frequentar programas e eventos da igreja e tomam a dianteira na corrida espiritual, deixando seus maridos pra trás, no ponto de largada, sentindo-se cada vez mais distantes da liderança do lar.

A maioria das esposas cristãs mais tarde arrepende-se de ter pregado ao marido. Por outro lado, Pedro diz: "Torne mais atraente sua aparência, torne mais atrativa sua convivência". É um plano simples para esposas cristãs. No capítulo 3, Pedro explica como a esposa deve tornar-se atraente, embora seja importante destacar que ele não a ensina a ser glamorosa. A beleza interior deve vir em primeiro lugar; a exterior será consequência.

(d) Jovens

Há uma quarta área de submissão, embora Pedro a separe das outras três por não estar relacionada ao sofrimento. Ele afirma que os jovens devem sujeitar-se aos mais velhos, dando-lhes a preferência e respeitando sua liderança. Uma das punições anunciadas pelo profeta Isaías a Israel diante do fracasso do povo em seguir o caminho de Deus foi que seriam governados por mulheres e explorados por jovens – palavras que não são irrelevantes à situação da igreja hoje.

Em tudo isso, Pedro não está dizendo que eles deveriam submeter-se incondicionalmente. Para Pedro é importante que as jovens esposas e os empregados desenvolvam uma atitude que não seja agressiva, sem impor sua vontade ou reivindicar seus direitos.

Se o diabo está de fato por trás de todo sofrimento, então Deus deve ser o agente por trás de toda atitude de submissão. Uma atitude silenciosa e submissa diante do sofrimento e das pessoas ao nosso redor só procede de um espírito semelhante ao de Cristo. Agindo dessa forma, os crentes seguem o caminho de seu Mestre, que não revidou ao ser enviado à cruz, mas foi capaz de dizer: "Pai perdoa-lhes porque eles não sabem o que estão fazendo".

Uma passagem controversa
Embora o texto de 1Pedro seja, de forma geral, bastante direto, ele apresenta um problema: um trecho estranho no capítulo 3 tem, no mínimo, 314 interpretações! A passagem afirma que Jesus foi morto no corpo, mas vivificado pelo Espírito, no qual também foi e pregou aos que desobedeceram nos dias de Noé. Alguns versículos adiante, Pedro afirma: "Por isso mesmo o Evangelho foi pregado também a mortos, para que eles, mesmo julgados no corpo segundo os homens, vivam pelo Espírito segundo Deus".

Com base nessa passagem, pregadores liberais fundamentam a doutrina de possibilidade de salvação após a morte, ainda que todos os outros textos bíblicos neguem tal possibilidade. A morte sela nosso destino. Há um grande abismo após a morte. Aqui, no entanto, aparentemente, Jesus de fato pregou aos mortos.

Como devemos entender essa passagem? Creio que o problema com as muitas interpretações é que, diante da dificuldade de encaixar a passagem no ensino bíblico geral de que a morte encerra a possibilidade de salvação, as pessoas não percebem o significado simples e evidente do texto.

Sempre começo encarando o texto bíblico em seu sentido mais simples, mais básico, alterando-o somente se não for possível interpretá-lo dessa maneira. A passagem fala claramente que, entre o período de morte e ressurreição, Jesus estava ativo, consciente e comunicava-se com outros, que também estavam plenamente conscientes e interagiam com ele.

Você nunca ouviu sobre esse tema na igreja porque todos os cultos de Páscoa falam da sexta e do domingo, sem jamais discutir o que Jesus estava fazendo no sábado! A propósito, o tema desperta perguntas interessantes a respeito dos eventos que ocorreram naquela semana. Os Evangelhos nos contam que Jesus ficou no túmulo três dias e três noites, mas as interpretações tradicionais que consideram "sexta-sábado-domingo" nos deixam com apenas um dia e duas noites! Eu creio, de fato, que Jesus morreu na quarta à tarde – todas as provas assim indicam. Presumimos que a sexta foi o dia de sua morte porque o texto afirma que ele morreu na véspera do *shabat* [entenda-se aqui feriado]. Naquele ano em questão, contudo, o *shabat* não foi no sábado. O Evangelho de João diz que "o dia seguinte seria um sábado especialmente sagrado". O primeiro dia da Páscoa era considerado um *shabat* e, em 29 d.C., provavelmente o ano em que Jesus morreu, esse dia era uma quinta, portanto a véspera da Páscoa foi uma quarta-feira. Diante das evidências, essa explicação é mais plausível do que todas as demais. Desse modo, se ele morreu às três horas da quarta-feira e ressuscitou entre seis da tarde e meia-noite do sábado, todas as evidências do Evangelho são válidas.

Voltando à passagem de Pedro, somos inclinados a pensar que Jesus ficou inativo entre sua morte e ressurreição. Ficou inconsciente, estático no túmulo. O texto, no entanto, afirma que apenas seu corpo estava morto. Seu espírito estava plenamente vivo. Ele foi até o mundo dos mortos e pregou ali. Posso imaginar a pergunta de Pedro a Jesus ao encontrar-se com ele no primeiro domingo de Páscoa:

—Por onde é que o senhor andou?

Jesus responde:

— Eu não estava por aqui, mas sim no Hades, o mundo dos que partiram.

— Mas o que andou fazendo (ou que raios andou fazendo) durante três dias e três noites?

Então Jesus diz a Pedro que estava pregando aos que haviam se afogado no dilúvio de Noé. Isso significa, é claro, que os que se afogaram no dilúvio de Noé também estavam conscientes e que nós estaremos plenamente conscientes mesmo depois de mortos. Saberemos quem somos, teremos nossa memória. Somente nosso corpo morre, não o nosso espírito. A morte separa corpo e espírito. Mais tarde, o espírito e o corpo serão reunidos na ressurreição.

Jesus, contudo, passou por três fases em menos de uma semana. Ele foi um espírito encarnado até morrer na cruz. Entregou então seu espírito a Deus e seu corpo foi colocado no túmulo. Vivificado no espírito, foi pregar aos que desobedeceram na ocasião do dilúvio. E então seu corpo e seu espírito foram unidos na manhã do domingo de Páscoa. Durante todo o tempo, no entanto, ele esteve plenamente consciente e capaz de comunicar-se.

Se aceitarmos o texto em seu nível mais simples, ele

de fato significa que Jesus foi pregar o Evangelho àquela geração em particular, e *somente* a ela. Está claramente implícito que era um Evangelho que poderia salvá-los e redimi-los, portanto não seria uma possibilidade de salvação após a morte?

Creio que tenha sido uma segunda chance para eles e somente para eles. Não há indicação na Bíblia de que qualquer outra pessoa jamais tenha recebido tal oportunidade. Parece, no entanto, que aquela geração poderia acusar Deus de ter sido injusto e parcial. Poderiam dizer: "O Senhor nos aniquilou e depois prometeu jamais fazê-lo novamente". Creio que Deus quis deixar claro que sua justiça e retidão eram puras, e por isso disse a seu Filho: "Vá falar-lhes do Evangelho. No Dia do Juízo, não quero que ninguém me acuse de ter tratado de forma injusta quem quer que seja". Deus é justo, e faz o impossível para não agir com injustiça ou parcialidade. Essa, portanto, talvez seja a explicação para esse incidente inusitado e extremo.

Assim, em vez de tentar distorcer a Bíblia para apoiar nossos argumentos, é melhor aceitá-la em seu nível mais simples e evidente. Não há, portanto, sustentação bíblica para afirmar que as pessoas terão uma segunda oportunidade de salvação – o nome disso é universalismo e não é ensinado nas Escrituras.

Conclusão

Embora o mundo ocidental esteja, de forma geral, livre de perseguição, posso prever que a pressão se intensificará, pelo menos no que se refere a temas como a lei contra a discriminação sexual, que pressionará as igrejas a adotarem uma postura mais liberal em relação às mulheres na liderança ou aos homossexuais na igreja. Posso antever o dia em que será considerado ofensivo criticar qualquer outra religião ou mesmo afirmar que sua religião é melhor do que qualquer outra. É possível que 1Pedro venha a ser particularmente relevante para nós.

A primeira palavra que Pedro ouviu de Jesus foi: "Siga-me". A ação de seguir Jesus está presente em toda a carta. Devemos enfrentar o sofrimento assim como fez Jesus. Ele é a Pedra Angular, e os cristãos são descritos como pedras vivas. Cristo é o Supremo Pastor, os líderes cristãos são subpastores. Jesus Cristo foi odiado e experimentou o sofrimento, e não será diferente com os cristãos. Aqueles que seguem Jesus devem viver como ele viveu.

2 Pedro

Pedro escreveu a segunda carta em 67 d.C., três anos após ter escrito a primeira, pouco antes de sua crucificação em Roma. No Evangelho de João, Jesus havia profetizado que Pedro morreria na velhice, de forma violenta. Durante 40 anos, portanto, Pedro esteve ciente de que morreria, embora não soubesse quando. Quando escreveu essa carta, ele suspeitava que seria em breve.

A carta apresenta um estilo tão diferente de 1Pedro que alguns estudiosos afirmam ser impossível que Pedro seja seu autor. O grego é menos elaborado, quase como se alguém estivesse traduzindo de uma língua a outra com o auxílio de um dicionário e com pouco conhecimento de gramática. Além disso, não há saudações no final ou menções a destinatários no início.

Na verdade, 2Pedro está entre os livros que não foram prontamente aceitos no cânon do Novo Testamento pela igreja primitiva. Além da diferença de estilo entre as duas cartas, a resistência em aceitar a segunda ocorreu, em parte, porque havia muitos documentos supostamente escritos pelos apóstolos, mas que, de fato, eram forjados.

As semelhanças, no entanto, são evidentes. As palavras preferidas de Pedro aparecem tanto na segunda carta quanto na primeira. Se você comparar as duas cartas perceberá que ele continua falando de nossa fé "preciosa" e de nosso "precioso" Jesus. Tudo é "precioso" ou "valioso" para Pedro. Ele usa a palavra seis vezes em sua primeira carta e duas vezes na segunda.

Além disso, o autor faz referência à sua carta anterior (veja 2Pedro 3.1). Escreve sobre si mesmo como uma testemunha ocular da Transfiguração. Ele conhecia Paulo pessoalmente e reconhecia seu apostolado. Algumas palavras de 2Pedro são encontradas somente em 1 e 2 Pedro e nos discursos de Pedro em Atos. Desse modo, há fortes razões para acreditar que o autor de 2Pedro seja de fato Pedro.

Como lidamos, então, com a diferença de estilo entre as duas cartas de Pedro? Creio que Pedro tenha escrito 2Pedro, porém sem o auxílio de seu assistente Silas, que o auxiliara em sua primeira carta. Ele sabe que precisa escrever com urgência, mas não tem muito conhecimento de grego, portanto a gramática é mais rudimentar, embora o sentido esteja claro. Isso explicaria de forma satisfatória a diferença de estilo. De certo modo, em sua segunda carta, Pedro expressa seu testamento e último desejo, assim como Paulo fez em 2Timóteo.

Conteúdo

A segunda carta trata de uma situação totalmente diferente da primeira. Os leitores são os mesmos, mas alguns anos se passaram, e Pedro sente a urgente necessidade de falar dos perigos encontrados dentro da igreja. As igrejas enfrentam dois tipos de pressões: as externas e as internas, e o segundo tipo é o mais preocupante. Satanás nunca destruiu a igreja com pressões externas. Quanto mais ele ataca do lado de fora, maior e mais forte ela fica. Isso explica por que, durante os primeiros três séculos do cristianismo, quando os cristãos estavam sendo lançados aos leões, a igreja experimentou um rápido crescimento. Essa também é a razão pela qual hoje podemos ir à China – nação onde os cristãos sofreram perseguição – e encontrar vilarejos cuja população é constituída em sua maioria por chineses convertidos. Assim, embora na primeira carta o problema fosse a hostilidade, a heresia é o problema enfrentado na segunda.

CONTRASTES ENTRE 1 E 2 PEDRO

1Pedro (64 d.C.)	2Pedro (67 d.C.)
"sofrimento" 19 vezes	"conhecimento" 14 vezes
Perigo	
Simples Externo Perseguição	Sutil Interno Heresia
Fraqueza	
Transigência Ansiedade	Corrupção Apostasia
Condição	
Nascimento Leite	Crescimento Maturidade
Tom	
Conforto Saudação	Cautela Alerta
Esperança do retorno de Cristo	
Para salvar Os justos	Para julgar Os ímpios

DO SOFRIMENTO À GLÓRIA

UM ESBOÇO DE 2 PEDRO

Capítulo 1 – Como alcançar a maturidade
Capítulo 2 – Como preservar a moralidade
Capítulo 3 – Como sustentar a motivação

A segunda carta de Pedro segue exatamente o mesmo padrão da primeira, mais uma prova de que ambas sejam do mesmo autor. Há uma seção sobre salvação e então uma seção sobre o iminente perigo. Em seguida, ele apresenta as implicações e prepara os leitores para lidarem com a perseguição que certamente viria.

Capítulo 1 – Como alcançar a maturidade

A primeira carta fala sobre o novo nascimento e como é necessário desejar o "leite espiritual puro". Na segunda carta, contudo, ele se dirige aos leitores como a adultos, exortando-os a crescer e amadurecer. Cristãos imaturos anseiam por novidades; crentes maduros desejam o conhecimento. Ele espera que seus leitores se encaixem na segunda categoria, pois acredita que o conhecimento leva à maturidade.

Pedro usa a palavra "conhecimento" mais de 10 vezes, mas nunca em seu sentido acadêmico. Sua preocupação é que os leitores tenham um conhecimento prático de Deus, fundamentado nas Escrituras. Ele também anseia que eles sejam capazes de lembrar tudo o que Deus fez e a doutrina da fé. Usa palavras como "esquecer", "lembrar" e "despertar a memória". A vida cristã exige que nos lembremos constantemente da verdade. O exemplo supremo disso, é claro, é o vinho e o partir do pão na ceia – uma ordenança idealizada para que possamos nos lembrar de Cristo.

A descrição que Pedro faz da maturidade que todo crente deve buscar pode ser resumida no diagrama da página seguinte, que retrata a família da fé.

A CHAVE PARA ENTENDER A BÍBLIA

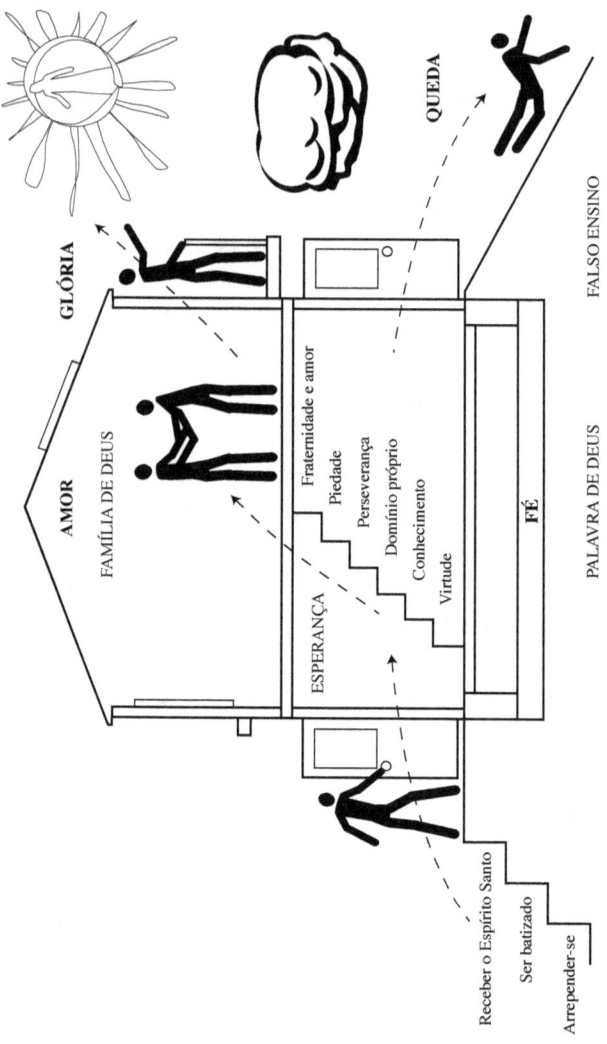

Observe os degraus da fé na porta de entrada. Eles não aparecem em 2Pedro, mas sim no sermão de Pedro, em Atos 2.38. O primeiro degrau é "arrepender-se"; o segundo é "ser batizado"; e o terceiro é "receber o Espírito Santo".

São todos passos de fé que dão acesso ao "lar". Não há outros além desses. Em meu livro *The Normal Christian Birth* explico com mais detalhes por que todo crente deve subir esses degraus para entrar no Reino. Devemos nos certificar de não elevar o acesso à porta de entrada além do que é preciso. Muitos professores de Bíblia fazem acréscimos desnecessários, que dificultam o ingresso na família da fé.

Assim que subimos os três primeiros degraus que dão acesso ao interior da casa, no entanto, nos deparamos com uma escada. Pedro afirma que devemos acrescentar à nossa fé algumas qualidades: virtude, conhecimento, domínio próprio, perseverança, piedade, fraternidade e amor.

Enquanto subimos os degraus que correspondem a essas qualidades, fortalecemos nossa esperança, pois elas certificam nosso chamado e eleição. Na realidade, essa certeza não pode ser obtida de outra forma. A convicção a respeito do que Deus fará será cada vez maior à medida que avançamos.

A igreja, portanto, está fundamentada na fé, cresce em esperança e é cheia de amor. Reaparece aqui a tríade de sua primeira carta e de outras passagens bíblicas.

No andar superior, há uma sacada de onde ascendemos para a glória, para nossa entrada grandiosa no céu. Pedro, portanto, está exortando seus leitores a seguirem adiante. Não se acomode no sofá do andar térreo. Suba as escadas, viva no andar superior, chegue lá o quanto antes.

A resposta para a heresia é a maturidade. Os que menos progridem ficam vulneráveis ao falso ensino no andar térreo. Se derem ouvidos aos falsos ensinamentos, quando menos perceberem, estarão saindo pela porta dos fundos, prestes a trilhar um caminho perigoso.

Pedro enfatiza que a verdade que pregava não era fruto de sua própria mente. Ele e os outros apóstolos a receberam de

Deus. Na verdade, os profetas não entendiam completamente que as implicações de sua mensagem serviriam às gerações futuras e não somente ao seu público imediato.

Capítulo 2 – Como preservar a moralidade
Esse capítulo de 2Pedro é praticamente idêntico à carta de Judas. Não é, obviamente, a única passagem da Bíblia coincidente. Isaías 2 e Miqueias 4 também têm textos idênticos, o que, inevitavelmente, desperta questionamentos.

Quando você se deparar com esse fenômeno na Bíblia, tenha em mente que há cinco possibilidades:
1. Pedro baseou-se no texto de Judas.
2. Judas baseou-se no texto de Pedro.
3. Pedro e Judas basearam-se no texto de outro autor.
4. Pedro e Judas se reuniram para discutir o problema e chegaram a uma solução e a enviaram em cartas distintas.
5. O Espírito Santo concedeu exatamente a mesma palavra a ambos.

Todas as opções são possíveis, embora eu me sinta inclinado a excluir a quinta opção, porque o Espírito Santo não usa pessoas como se fossem processadores de texto. A doutrina da inspiração das Escrituras não indica que os autores apenas registravam por escrito os textos. Não é dessa forma que a Bíblia explica sua inspiração. Na realidade, é improvável que o Espírito Santo concedesse exatamente as mesmas palavras a duas pessoas diferentes.

Prefiro dizer que houve colaboração. Pedro pertencia ao círculo mais próximo de discípulos e Judas era um dos irmãos do próprio Mestre, portanto é grande a probabilidade de que conhecessem um ao outro.

Em qualquer um dos casos, o trecho coincidente é relativamente curto. A carta de Judas é muito breve – o mesmo tamanho do capítulo 2 de 2Pedro. O texto que se repete em Judas faz alusão a quatro desvirtuamentos da igreja.

1. UM CREDO CORROMPIDO

Assim como havia falsos profetas em Israel, também havia falsos profetas na igreja. Não sabemos o que pregavam exatamente, mas, pela maneira como Pedro aborda o problema, fica evidente que dois pontos específicos relacionados à fé cristã estavam sendo deturpados. Eles passaram a adotar uma visão sincretista da pessoa de Cristo e uma perspectiva sentimental da graça de Deus.

(a) Uma visão sincretista da pessoa de Cristo

Alguns afirmavam que Jesus não era o único Senhor. Ele era um dos muitos caminhos para Deus. As palavras "único" ou "somente" consistiam uma ofensa. Desse modo, eles corrompiam a pessoa de Cristo, fabricando um Jesus de acordo com sua própria imaginação e em substituição ao Jesus retratado nos Evangelhos. Esse ensino não era incomum na igreja primitiva. A igreja de Colossos, por exemplo, foi afetada por esse ensino gnóstico, que trouxe efeitos devastadores.

(b) Uma perspectiva sentimental da graça de Deus

Alguns cristãos professos acreditavam que a má conduta não afetaria sua salvação e, apesar da vida desregrada que viviam, tinham entrada garantida no céu. De acordo com essa perspectiva, Deus é aquele que ama perdoar e que continuará perdoando, não importa o que façamos. Trata-se de puro sentimentalismo, uma perspectiva amplamente difundida hoje. Obviamente, contudo, ela gera cristãos que vivem deliberadamente no pecado e abusam da misericórdia de Deus. Tal perspectiva perverte a graça de Deus e conduz inevitavelmente à imoralidade, pois não há percepção de que o Senhor se desagrada da forma como vivem os cristãos.

2. UMA CONDUTA CORROMPIDA

Suas crenças afetam seu comportamento. Portanto, se os indivíduos alteram ou adaptam a fé cristã, é certo que introduzirão na igreja o engano. Pedro descreve os pecados relacionados ao mau uso da palavra [língua], que estavam tão presentes em suas vidas. Ele afirma que os leitores são insolentes e arrogantes, difamadores, blasfemos, e seu falar é vazio e jactancioso.

Além do falar, sua conduta também estava corrompida. Eles não se submetiam ao senhorio de Cristo. E ignoravam os mandamentos.

Tanto Pedro quanto Judas escreveram para ajudar as igrejas que haviam caído no erro. Infelizmente, há pessoas que se unem à família de Deus pela porta da frente, porém saem pela porta dos fundos. Há também os que sobem as escadas, fortalecem-se na esperança, chegam à sala do amor e são arrebatados para a glória. Os primeiros retrocedem a uma posição sob a ira e o julgamento de Deus. Os segundos desfrutam da alegria de sua graça e favor.

3. UM CARÁTER CORROMPIDO

O caráter corrompido é fruto de uma conduta corrompida. A carta apresenta uma descrição dos efeitos dos falsos ensinos sobre o caráter. Segundo Pedro, as pessoas se assemelham mais a animais do que a seres humanos, pois agem impelidas por instintos básicos e não se deixam ser guiadas pelo Espírito de Deus. Gananciosas e libidinosas, deixam de ser pessoas confiáveis, ou são mais movidas por seu estado de espírito do que por princípios. São como "névoas impelidas pela tempestade", como "fontes sem água" – retratos vívidos de um caráter fraco e sem valor.

4. CONVERSAS CORROMPIDAS

Inevitavelmente, a conduta e o caráter corrompidos são evidenciados no tipo de conversa presente na igreja. Murmuradores e queixosos se rebelavam contra a liderança e havia o tipo de inquietação que resulta em divisão. Os que não se envolveram inicialmente nessas conversas acabam cedendo ao poder da insatisfação coletiva, de uma forma que contradiz o poder unificador do Evangelho.

Pedro e Judas descrevem uma série de desvirtuamentos com o intuito de combatê-los, pois sabiam que eles destruiriam a igreja. A perseguição externa não abalaria a igreja. A igreja desmoronaria do lado de dentro. E assim, quando de fato viesse a perseguição, não seria capaz de resistir.

Pedro, portanto, preocupava-se com a condição dos crentes que constituíam a igreja. Com veemência, ele os alerta contra a apostasia. Segundo ele, melhor seria que os crentes jamais tivessem conhecido o caminho da retidão do que, conhecendo-o, retrocedessem para o pecado. Ele usa linguagem rude para descrever os que se desviam – são como o cão que lambe o próprio vômito ou como a porca lavada que volta a chafurdar na lama. Haviam abandonado o pecado e agora retornavam à prática pecaminosa.

Para Deus, pecado é pecado – tanto para os crentes quanto para os descrentes. Na verdade, o crente que se desvia será punido de forma mais rigorosa do que o descrente, que nunca se arrependeu. É um alerta grave e contundente para os que acreditam estar "seguros" porque "aceitaram Jesus", mas não dão um testemunho condizente com sua profissão de fé.

Capítulo 3 – Como sustentar a motivação

O último capítulo de 2Pedro considera a esperança futura. Mais uma vez, o ensino se faz necessário em decorrência dos problemas encontrados nas igrejas. Alguns consideravam desnecessário falar sobre a segunda vinda. Cristo não havia voltado. Onde ele estava?

Pedro, então, responde aos escarnecedores. Lembrou-os de que o tempo para Deus é diferente. Para o Senhor, um dia é como mil anos. Devemos entender como um ato de paciência da parte de Deus o que julgamos ser um "atraso" da vinda de Jesus. O aparente "atraso" pode representar a "salvação" de muitos. Pedro afirma que virá o dia em que todo o universo será destruído pelo fogo. Haverá outro holocausto e, dessa vez, o mundo não será destruído pela força da água, mas pela força do fogo. Não imagino que seja uma guerra nuclear. Creio que Deus liberará toda a energia contida em cada átomo. Ele carregou o átomo com energia, portanto precisaria apenas liberá-la para que o mundo todo virasse fumaça.

Mas Pedro conclui a seção lembrando seus leitores que, assim como a fênix ressurgiu das cinzas, do fogo virá um novo céu e uma nova terra. Gosto muito de pregar sobre a nova terra. Não deixe essa tarefa a cargo das Testemunhas de Jeová – é uma verdade cristã, está na Bíblia! Receio, infelizmente, que os cristãos queiram apenas ouvir sobre sua ida para o céu – que, na realidade, nada mais é do que a sala de espera para onde iremos antes de desfrutar de tudo o que Deus tem para nós.

O novo céu e a nova terra são mencionados por João no final do livro de Apocalipse. Essa terra será o centro do mundo futuro. Os cristãos são os únicos que têm conhecimento disso. Todos se apavoram com a destruição da camada de ozônio, com a poluição dos oceanos e com o desmatamento. Eles dizem que só temos um planeta Terra para viver. Nosso conhecimento, no entanto, vai além; esperamos novos céus e uma nova terra. Sabemos que este planeta se transformará, pois teremos novos céus e uma nova terra onde a justiça habitará. Não haverá perversidade, crime, pecado, sujeira ou qualquer imundície.

Pedro afirma que se mantivermos nossa esperança nessas coisas, viveremos como se já estivéssemos desfrutando dos novos céus e da nova terra. Não daremos ouvidos aos falsos ensinos e não seremos por eles enredados e corrompidos. Continuaremos incontaminados pela igreja apóstata e mortos para o mundo.

Para Pedro, uma esperança viva é a única defesa contra a imoralidade que pode infiltrar-se na igreja através dos falsos ensinos. Devemos manter os olhos fixos no mundo que há de vir, um mundo de justiça feito para os que vivem em retidão. Se tirarmos nossos olhos do alvo, então não teremos parte nesse novo mundo. É quando vivemos em fé, esperança e amor, que nos preparamos para a glória. Ao ouvir o som da trombeta, saiba que é a hora de embarcar em seu primeiro voo gratuito à Terra Santa!

No túmulo de meu avô em Newcastle, Inglaterra, estão inscritas algumas palavras de um antigo hino metodista. Logo abaixo do nome "David Ledger Pawson" lê-se "Que grande celebração". Se o louvor estrondoso não faz o seu gênero, não fique por perto, pois a voz do arcanjo ecoará bem alto e as trombetas soarão. O som será suficiente para despertar os mortos, e isso é exatamente o que acontecerá. Os que já morreram tomarão os assentos à frente, portanto não se preocupe se morrer primeiro.

Pedro conclui com um apelo drástico. Podemos ignorar seu ensino e ficar entre os que se afastam ou podemos ser os que continuam a crescer na graça de Cristo. Pedro disse que, mesmo em Sodoma e Gomorra, Deus pôde preservar Ló. Ele pode preservá-lo também.

56.
JUDAS

Introdução

Um livro menosprezado
Judas é considerado "o livro mais menosprezado do Novo Testamento". Há várias razões para isso:

1. É SUCINTO
Judas é um dos livros mais breves do Novo Testamento, ao lado de Filemom e de 2 e 3 João.

2. É SINGULAR
Os leitores ficam perplexos com a referência à disputa de Satanás e o arcanjo Miguel pelo corpo de Moisés. A que o texto se refere? As referências à "rebelião de Corá" e aos anjos presos em correntes parecem igualmente obscuras. Que rebelião foi essa e por que há anjos cativos?

3. É DUVIDOSO
Algumas pessoas opõem-se à forma como Judas cita os livros apócrifos. Este é o nome dado à literatura judaica escrita nos 400 anos do período interbíblico, que vai do final de Malaquias e até o início de Mateus. Esses livros foram incluídos na versão católica da Bíblia, porém não na Bíblia protestante. Esses livros não fazem parte da Bíblia protestante pois não incluem a frase "Assim diz o Senhor", presente 3.808 vezes no Antigo Testamento. Dessa forma, eles não são considerados palavra de Deus [não são usados como base para sustentar uma doutrina cristã]. Deus não falou no espaço de 400 anos entre os dois testamentos. Não havia profetas que falassem em seu nome. Os livros apócrifos não são proféticos, porém isso não significa que

não tenham valor ou não contenham afirmações verdadeiras. Portanto, as citações que Judas faz dos livros apócrifos, simplesmente por se tratarem de livros não canônicos, não devem lançar dúvidas sobre a relevância da carta de Judas. Os textos eram bem conhecidos e provaram-se válidos para sustentar seu ponto de vista.

4. É SEVERO
Ao alertar os crentes e desafiá-los à ação, Judas dá a impressão de ser negativo e intolerante.

5. É CONTUNDENTE
Judas é como um cirurgião que tem nas mãos um bisturi para extirpar o câncer do corpo de Cristo. Por essa razão, usa uma linguagem penetrante para condenar os falsos ensinos.

PRESSÕES
O tom contundente de Judas é necessário em certas ocasiões, especialmente quando as pressões internas, decorrentes de ensinos de mestres hereges, podem causar grande dano entre o povo de Deus. As igrejas enfrentam perigo de duas origens:

Externa
A pressão decorrente da perseguição, em diferentes níveis, estará sempre presente. Hoje a igreja está enfrentando o que pode ser chamado de "perseguição" em mais de 200 nações. Em meio à pressão externa, contudo, a igreja continua a crescer.

Interna
As pressões de origem interna são fonte de maior preocupação. A carta aos Gálatas fala do esforço de Paulo para combater o legalismo e o liberalismo [ou libertinagem]

dentro da igreja. Jesus condenava tanto o legalismo dos fariseus quanto o liberalismo dos saduceus. Esses perigos, no entanto, eram muito evidentes nas igrejas, especialmente naquelas da segunda geração de cristãos. Eles podiam tornar-se demasiadamente intolerantes, impondo padrões de disciplina que excediam os que a Bíblia exige. Ou tornar-se excessivamente complacentes, deixando de aplicar qualquer disciplina a comportamentos que eram contrários à prática apostólica.

As diferentes visões podem ser resumidas da seguinte forma. Os legalistas afirmam: "Vamos criar regras e restrições para que você não se sinta livre para pecar". Os que se dão à libertinagem declaram: "Você é livre para pecar e não há problema algum, pois, agora que é cristão e tem passagem garantida para o céu, você não tem com o que se preocupar". A verdadeira liberdade do cristianismo, contudo, diz: "Você é livre para não pecar. O pecado de fato afeta a vida do crente, mas Cristo o libertou desse poder". As inquietações de Judas, portanto, não se diferenciam das de Jesus ou do apóstolo Paulo. A mensagem de Judas é profunda e vital para a igreja hoje.

Mesmo esclarecidas algumas de suas dificuldades, contudo, não há dúvida de que se trata de um livro que desafia nossa compreensão. Com o objetivo de mostrar seu significado com um pouco mais de clareza, sugiro a paráfrase a seguir.

Uma paráfrase
Quem escreve esta carta é Judas, um dos escravos comprados pelo Rei Jesus, e irmão de Tiago, que vocês conhecem bem.

Ela é dirigida aos que foram chamados deste mundo para serem os amados membros da família de Deus, seu Pai, que estão sendo guardados para se apresentar ao Rei Jesus. Meu desejo é que vocês tenham mais e mais da misericórdia, da paz e do amor que já experimentaram.

Amados, minha intenção era corresponder-me com vocês a respeito da maravilhosa salvação que partilhamos, mas descobri que deveria escrever um tipo de carta bem diferente. Devo exortá-los a enfrentarem a dolorosa batalha pela preservação da fé verdadeira que nos foi confiada de uma vez por todas pelos primeiros santos. Soube que certas pessoas, cujos nomes não vou citar, infiltraram-se em seu meio – homens ímpios cuja sentença de desgraça há muito foi anunciada. Esses homens distorcem a graça generosa de Deus, tornando-a uma desculpa para a imoralidade desnuda, e negam que o Rei Jesus seja nosso único Mestre e Senhor.

Quero lembrá-los de algumas dessas verdades absolutas que já são de seu perfeito conhecimento, em especial, que Deus não é alguém de quem se pode zombar. Vocês se lembram que o Senhor tirou do Egito toda uma nação em total segurança, mas, quando ele interveio novamente, foram todos exterminados por não terem confiado nele.

Nem mesmo seus anjos são mais imunes do que seu povo. Quando alguns deles renunciaram suas posições e abandonaram suas habitações, ele os colocou sob custódia e os mantém permanentemente acorrentados no mais inacessível e sombrio calabouço até o grande Dia do Juízo, quando serão julgados.

Da mesma forma, os habitantes de Sodoma e Gomorra, bem como os de cidades vizinhas, saciaram-se com devassidão desmedida, mantendo relações sexuais contrárias à natureza, assim como haviam feito os anjos. O destino que lhes cabe no fogo que arde eternamente é um grave alerta a todos nós.

Apesar de tais exemplos da história, esses homens que se insinuaram em sua comunidade contaminam os próprios corpos exatamente da mesma maneira. Menosprezam a autoridade divina e difamam os anjos celestes. Até mesmo Miguel, o líder de todos os anjos – aquele cujo nome significa "semelhante a Deus" – não ousou acusar Satanás de blasfêmia quando disputavam a quem pertenceria o corpo de Moisés e contentou-se em deixar as acusações para o próprio Deus, dizendo simplesmente: "O Senhor te repreenda".

No entanto, esses que estão em seu meio não hesitam em depreciar aquilo que não compreendem, e o pouco que de fato compreendem atesta sua destruição no final, pois o conhecimento que têm da vida resulta apenas de seus instintos animais, como bestas feras sem qualquer capacidade de raciocínio. Ai deles! Seguiram o caminho de Caim. Apressaram-se impetuosamente a cometer o mesmo erro de Balaão, movidos pela mesma razão: o dinheiro. Eles terão o mesmo destino de Corá em sua rebelião.

Esses homens têm a audácia de partilhar com vocês as festas de fraternidade, embora estejam apenas à procura de pastagem para si mesmos. Têm o poder de destruição das rochas submersas. São como nuvens impelidas com tal força pelo vento, que não produzem água. São como árvores do outono, arrancadas, sem folhas ou frutos, duplamente mortas. São como ondas bravias do mar, agitando a espuma imunda de sua própria abominável vergonha. São como estrelas cadentes, despencando da órbita celeste, destinadas a desaparecer eternamente em um buraco negro.

Enoque, que viveu apenas sete gerações após o primeiro homem – Adão – anteviu tudo o que aconteceria. Era a esses homens que se referia quando anunciou seu alerta profético: "Cuidado! O Senhor vem com dez mil de seus anjos para julgar a todos e condenar os ímpios pelos atos torpes cometidos em suas vidas ímpias e pelas duras palavras proferidas contra ele. São murmuradores descontentes, com críticas e queixas constantes. Suas bocas estão cheias de palavras arrogantes a respeito de si mesmos, porém não se importam de adular outros quando lhes convêm.

Agora, amados, devem lembrar-se do que os apóstolos de nosso Senhor Jesus Cristo disseram que aconteceria. Eles previram que, no final dos tempos, haveria homens que desprezam qualquer forma de piedade, cujas vidas são governadas somente por seus próprios desejos carnais. Pessoas assim só criam divisões entre vocês, visto que são guiadas exclusivamente por seus instintos naturais e carecem da orientação do Espírito Santo.

Quanto a vocês, amados, certifiquem-se de continuar edificando-se no fundamento sólido de sua fé mais santa, orando conforme lhes concede o Espírito. Mantenham-se no amor de Deus, aguardando pacientemente pelo dia em que o Senhor Jesus Cristo, em sua pura misericórdia, os conduzirá à imortalidade. Quanto aos outros, eis aqui meu conselho: com os que ainda duvidam, sejam especialmente compassivos e gentis. Os que já foram levados pelo erro devem ser arrancados do fogo antes que se queimem gravemente. E os que foram totalmente contaminados, vocês devem tratá-los como merecem, porém sem perder o temor saudável de serem infectados, mesmo que pelo simples contato com suas roupas maculadas. Adoremos o Único capaz de impedi-los de tropeçar, aquele que, diante de sua glória, os apresentará irrepreensíveis, mas com grande júbilo – o único Deus que existe, que é nosso Salvador também, por meio de Jesus Cristo nosso Senhor. A ele somente pertence toda a glória, toda a majestade, todo poder e toda autoridade, antes do início da história, em nosso tempo presente e nas eras que virão. Assim seja. [Esse é o significado da palavra "Amém"].

QUEM É JUDAS?
Judas era o segundo irmão mais novo de Jesus. A Bíblia refere-se a ele como Judas Tadeu para distingui-lo de Judas Iscariotes, o apóstolo que traiu Jesus.

Quando analisamos a carta escrita por Tiago, outro irmão de Jesus, observamos que os irmãos de Jesus não creram nele quando estava vivo. Percebe-se isso claramente no ceticismo que eles demonstram diante das alegações messiânicas de Jesus registradas no Evangelho de João (João 7.5). A Festa dos Tabernáculos era celebrada em Jerusalém, e eles zombavam de Jesus por afirmar ter sido enviado por Deus. Todos sabiam que o Messias se manifestaria durante a festa, por isso disseram a Jesus que ele deveria ir a Jerusalém e apresentar-se como tal. Jesus lhes respondeu que ainda não havia chegado a hora de revelar publicamente quem era e foi à festa secretamente.

Após a ressurreição, no entanto, essa situação mudou e eles tornaram-se missionários de Jesus. Tanto Tiago quanto Judas escreveram cartas e ambos foram cautelosos para não enfatizar seus laços familiares com Jesus, preferindo destacar seu relacionamento espiritual com ele. Ambos referem-se a si mesmos como "um escravo de Jesus".

Conteúdo

Contaminação moral
É evidente que a intenção de Judas era escrever uma carta bem diferente. Na primeira parte, ele diz: "Embora estivesse muito ansioso por lhes escrever acerca da salvação que compartilhamos...". Contudo, quando foi informado sobre o que estava acontecendo nas igrejas às quais destinava sua carta, Judas mudou de ideia. Por isso, ele acrescenta: "Insisto que vocês prossigam na dolorosa batalha pela fé que foi entregue aos santos" (minha tradução).

Acrescentei a palavra "dolorosa" porque indica a intensidade da luta. Na verdade, é a mais dolorosa luta que enfrentarão. É particularmente difícil, pois deve ser travada contra seus próprios irmãos e irmãs. Trata-se da luta contra os mestres hereges que estavam levando a igreja a desviar-se. Judas sabia que, se não fossem reprimidos, eles continuariam a contaminar a igreja.

A primeira metade da carta fala de um tipo muito perigoso de desvirtuamento que havia se infiltrado nas igrejas às quais escrevia. Na segunda metade, o autor os instrui a lidar cautelosamente com a situação. Vamos ver primeiramente as quatro fases por meio das quais o desvirtuamento atinge a igreja.

1. O CREDO

Judas descreve a maneira pela qual aquelas pessoas haviam se infiltrado na comunidade. Fica implícito que agiam às ocultas e tinham más intenções. Envenenavam a comunidade com seu ensino e com suas atitudes, portanto precisavam ser confrontadas. O falso ensino era como um câncer que se alastrava por todo o corpo e resultaria em morte se não fosse tratado. Vemos claramente que os falsos ensinos a que Judas se refere eram semelhantes aos tratados por Pedro em sua segunda carta, razão pela qual as duas cartas apresentam um trecho idêntico. Creio que Judas tenha usado 2Pedro como parte de sua pesquisa e se alegrado por incluí-la literalmente.

A heresia dos falsos mestres concentrava-se principalmente em duas áreas. Eles tinham uma visão sentimental de Deus uma visão sincretista de Jesus.

(a) Uma visão sentimental de Deus

Sua perspectiva sentimental de Deus transformava a graça divina em uma desculpa para a imoralidade. Deus era apenas "um velho amigo" que lhe dá tapinhas nas costas enquanto diz: "Está tudo perdoado e esquecido. Meu único desejo é que você seja feliz". Essa é a caricatura de Deus propagada com muita frequência na mídia – um Deus simpático e agradável que não faria mal a uma mosca. É uma visão sentimental, porém não é bíblica. Deus não ignora o pecado, ele lida com o pecado. Precisamos resgatar a visão não sentimental e bíblica de Deus.

(b) Uma visão sincretista de Jesus

Eles também tinham uma visão sincretista de Jesus. Não criam mais que ele era o único Mestre e Senhor, e tentavam igualá-lo a outros – algo bastante comum nos dias de hoje. Quando Jesus figura entre os grandes líderes espirituais da humanidade, ao lado de Maomé, Buda e todos os demais, ele deixa de ser o único caminho para Deus. Passa a ser "um caminho, uma verdade e uma vida" e não "o caminho, a verdade e a vida".

2. A CONDUTA

Quando o credo da igreja é corrompido, em pouco tempo a conduta começa a falhar. O credo definitivamente determina o comportamento, por isso Judas chega ao trecho mais contundente de seu alerta. Ele lembra os crentes do que havia acontecido a três grupos da história.

(a) Israel no deserto

Judas relembra a história registrada em Êxodo 32, quando os filhos de Israel, no deserto, logo após terem fabricado um bezerro de ouro, caíram em imoralidade e idolatria. Sua visão de Deus desviou-se daquela que Moisés lhes havia apresentado por meio dos Dez Mandamentos e da lei. Desenvolveram uma visão equivocada uns dos outros e começaram a se agredir mutuamente, em vez de amar uns aos outros da forma como haviam sido ensinados. Como resultado, nenhum deles entrou em Canaã. Eles haviam sido resgatados do Egito, mas não entraram na Terra Prometida. Começaram a jornada, mas nenhum deles a concluiu.

Três autores do Novo Testamento citam esse incidente para alertar os cristãos de que os herdeiros das promessas de Deus não são os que iniciam a jornada, mas os que a concluem. Esse incidente é mencionado por Paulo, pelo autor de Hebreus e por Judas.

O alerta, portanto, é claro: se os filhos de Israel foram resgatados do Egito, mas não entraram na Terra Prometida, isso também pode acontecer ao crente hoje. Não se trata apenas do que você deixou para trás, mas do que está pela frente. A jornada é contínua, você precisa perseverar para não perecer no deserto.

(b) Os anjos no monte Hermom
Judas fala do que aconteceu aos anjos no monte Hermom. Os detalhes desse evento estão registrados no livro apócrifo de Enoque (embora, como já observamos, os apócrifos não façam parte da Bíblia protestante).

Na região do monte Hermom, aproximadamente 200 anjos seduziram mulheres e elas engravidaram. Esse relacionamento abominável entre anjos e seres humanos gerou criaturas horrendas chamadas nefilins – felizmente todas elas morreram. Não sabemos ao certo como eram – são conhecidos como "gigantes" em algumas traduções. Deus estabeleceu regras e limites que regem os relacionamentos – o relacionamento sexual entre anjos e seres humanos é tão ofensivo para Deus quanto o sexo entre seres humanos e animais.

O resultado desse comportamento foi a prática do ocultismo e do sexo pervertido, de forma desenfreada, a ponto de a terra ser tomada pela violência. Lemos em Gênesis que Deus se arrependeu de ter feito o homem – na minha opinião, um dos versículos mais tristes da Bíblia.

Judas, portanto, está dizendo que, se o povo de Deus, Israel, não escapou do julgamento e se os anjos não escaparam do julgamento, como vocês, cristãos, imaginam que escaparão?

(c) Sodoma e Gomorra

O terceiro exemplo refere-se a Sodoma e Gomorra. Essas duas cidades são bem conhecidas, mas havia também Admá e Zeboim, completando o grupo de quatro cidades na extremidade sul do mar Morto. No devido tempo, todas elas foram engolidas por um terremoto. O mar Morto tem o formato que lembra o número oito. As cidades estão submersas principalmente na região mais ao sul, onde o nível da superfície cai cerca de um metro por ano. Sodoma e Gomorra, portanto, podem reaparecer em nosso tempo. Que evento simbólico seria!

Sabemos, pelo historiador judeu Josefo, que o fogo que havia destruído Sodoma e Gomorra, dois mil anos antes, ainda ardia no tempo de Jesus. Quando o Mestre falava sobre o tema, bastava que os ouvintes caminhassem por 30 minutos nos arredores de Jerusalém para que pudessem ver a fumaça.

Essas duas cidades foram punidas porque se opuseram às leis de Deus. Os relacionamentos homossexuais passaram a ser tolerados, assim como a crítica às uniões entre pessoas do mesmo sexo hoje é considerada politicamente incorreta e uma forma de discriminação.

O alerta de Judas aos cristãos é que Deus os julgará caso eles decidam seguir o mesmo padrão. Não se deve zombar de Deus. Ele abomina a idolatria (pois o fere) e a imoralidade (pois fere aqueles a quem criou). É possível que Deus não lide com esses temas imediatamente, mas toda contaminação moral de sua criação um dia deverá ser punida.

3. O CARÁTER

Um credo corrompido logo afeta a conduta. Uma conduta corrompida, por sua vez, corrompe o caráter de uma pessoa. O caráter é resultado da conduta – a repetição dos atos forma um hábito, o hábito forma o caráter, e o caráter forma um destino.

Assim, a terceira fase na contaminação moral da igreja é quando seu caráter se torna progressivamente mundano. Judas fala a seguir do caráter dos falsos mestres e de sua semelhança com três personagens do Antigo Testamento.

(a) Caim
Ele começa com Caim, que matou seu irmão movido pelo ciúme (Gênesis 4). Judas conta aos leitores que os falsos mestres, assim como Caim, também são motivados em parte pelo ciúme e, portanto, tendem a prejudicar as pessoas ao seu redor.

(b) Balaão
Ele continua com Balaão, o profeta, a quem foi oferecido dinheiro para que profetizasse contra Israel (Números 22). O amor pelo dinheiro tinha dominado de tal forma Balaão que Deus teve de lhe falar através de sua jumenta! Balaão era dominado pela avareza, como Caim era dominado pela ira.

(c) Corá
Corá era um homem ambicioso que sentia inveja de Moisés e queria estar em evidência (Números 16). Ele vem completar essa tríade deprimente. Encontramos paralelos modernos com Corá. Há uma excelência em fundar novas igrejas desde que sejam criadas pelos motivos corretos. Há muitas igrejas que estão sendo estabelecidas para servir os interesses egoístas de seus líderes – "filhos de Corá" modernos, que não se submetem à liderança estabelecida por Deus e desejam fazer tudo à sua maneira. A punição de Corá foi ser tragado pela terra, juntamente com outros 250 homens que pereceram por contestar a autoridade investida por Deus a Moisés.

Todos esses três personagens foram dominados pelo egoísmo, e todos eles causaram a morte de outros. Eles retratam o tipo de caráter que emergirá na igreja se ela não lidar com os falsos ensinos. A ira, a avareza e a ambição estarão em evidência.

4. AS CONVERSAS

Esses problemas, contudo, não eram os únicos enfrentados pela igreja. Quando o caráter é corrompido, as conversas não são saudáveis, pois elas são influenciadas pela motivação do caráter. Judas descreve o tipo de falar característico daqueles que se infiltram sorrateiramente na comunidade. São indício dessa decadência interna: as queixas e murmurações, a lamúria e o descontentamento, o desprezo e a intolerância com os que são inferiores, a adulação aos superiores, o escárnio e o menosprezo de tudo o que lhes foge à compreensão e, principalmente, a rejeição indiscriminada à autoridade. Tenha cuidado com pessoas que se unem à sua comunidade por estarem insatisfeitas com outra comunidade – em seis meses elas estarão descontentes com a sua! Murmuradores e censuradores itinerantes estão sempre à procura da comunidade perfeita. O antigo adágio é verdadeiro: "Se você encontrou a comunidade perfeita, não faça parte dela, porque é muito provável que você a arruine!".

Uma passagem intrigante

É possível que os versículos mais intrigantes de Judas sejam os que falam de uma discussão entre um anjo e o diabo a respeito do corpo de Moisés. O texto refere-se a uma extraordinária afirmação registrada no final de Deuteronômio, de onde tomamos conhecimento de que Moisés morreu no monte Nebo, porém "até hoje, ninguém sabe onde está o seu túmulo". Se não havia qualquer pessoa com ele e ninguém sabe onde fica o seu túmulo – quem o sepultou? A resposta é que Deus enviou o anjo Miguel para sepultar Moisés. Os anjos são seres bastante práticos. São bons cozinheiros (Elias descobriu que eles podem preparar uma refeição muito saborosa) e sabem manejar carruagens (algo que Elias também descobriu). Em nosso tempo, já ouvi a respeito de anjos pedalando no Afeganistão para proteger um missionário que viajava de bicicleta! Os anjos não se apresentam com vestes compridas e brilhantes, asas, harpas e longos cabelos louros. Hebreus 13 fala sobre "hospedar anjos sem perceber", algo certamente improvável caso sua aparência fosse incomum. Eles parecem seres humanos normais.

Esse anjo, portanto, munido de uma pá, foi enviado para sepultar o corpo de Moisés, mas quando lá chegou, deparou-se com o diabo, afirmando que o corpo lhe pertencia. É esclarecedor observar que, no confronto que se segue, Miguel sequer repreendeu Satanás. É uma tolice agir com impertinência em relação a Satanás. Ele é muito mais esperto do que nós. Preocupo-me quando ouço de jovens: "Nós o repreendemos, Satanás". Na realidade, Miguel disse: "O Senhor o repreenda". Com isso, o diabo partiu e Miguel pode sepultar Moisés da forma apropriada.

Como enfrentar o desvirtuamento?
Depois de avaliar as quatro áreas que preocupam Judas – credo, conduta, caráter e conversa – precisamos indagar como enfrentar dificuldades semelhantes nos dias de hoje.

1. DEVEMOS ESPERAR PROBLEMAS
A primeira coisa a fazer é não se surpreender quando surgirem as dificuldades. Alguns cristãos se alarmam excessivamente, pois tanto os profetas do Antigo Testamento quanto os apóstolos do Novo Testamento nos instruíram a esperar que ocorram problemas. O próprio Jesus nos alertou sobre os lobos vestidos em pele cordeiro.

Por que ficamos tão surpresos quando suas profecias se cumprem? Não estamos completamente salvos, portanto haverá problemas na igreja. O mais importante é a forma como lidamos com eles. Devemos ser inabaláveis, encará-los com tranquilidade e tratá-los.

2. DEVEMOS RESISTIR AO QUE ESTÁ ACONTECENDO

É curioso observar que Judas não culpa Satanás por essa situação caótica. Ele é firme ao acusar "esses homens" como responsáveis pelos problemas causados. E deixa bem claro que algumas pessoas na igreja terão a incumbência de apontar o erro. É responsabilidade do homem, e não de Deus, lidar com os problemas. Judas cita o ministério do primeiro profeta da Bíblia – Enoque – o primeiro homem a receber do Senhor uma mensagem a ser transmitida a outros. Enoque anunciou que Deus viria julgar e punir toda aquela geração. Aos 65 anos, ele teve um filho e perguntou a Deus como deveria chamá-lo. Deus sugeriu um nome extraordinário para o filho de Enoque. Disse ele: "Dê-lhe o nome 'quando morrer, isto virá'" – porém nós o conhecemos como Matusalém. Sabe-se que Matusalém viveu mais do que qualquer outro ser humano porque Deus é tão paciente, que aguardou quase um milênio antes de executar o juízo. No dia em que Matusalém morreu, começou a chover. Na mesma época, contudo, seu neto, Noé, havia construído uma arca. Deus esperou 969 anos antes de julgar aquela geração. Foi Martinho Lutero quem disse: "Se eu fosse Deus, teria destruído o mundo muito antes disso".

Judas foi especialmente contundente ao apontar que o comportamento dos falsos mestres era "impiedoso". Ele usa esse termo e suas variações diversas vezes. A conduta cristã [piedade] tornara-se objeto de escárnio. Os apóstolos do Novo Testamento nos alertaram que nos últimos dias haveria zombadores e a conduta cristã seria alvo de piadas. Há momentos em que os cristãos são motivo de chacota porque seu desejo de viver retamente contraria o padrão mundano vigente. A impiedade é a tendência e qualquer um que pense de outra forma é visto como anormal.

3. PODEMOS REDUZIR A EXTENSÃO DO DANO

A seguir, Judas oferece aos crentes conselhos práticos para que protejam a si mesmos e aos outros.

(a) A si mesmos
A primeira maneira pela qual os crentes deveriam lidar com o problema era fortalecendo seu relacionamento com Deus e edificando-se em fé, esperança e amor. Quanto mais forte esse relacionamento, mais probabilidade temos de resistir. A melhor forma de evitar a enfermidade é preservar a saúde. Judas encoraja o fortalecimento da conhecida tríade da fé, da esperança e do amor. A vida sã consiste em orar no Espírito, guardar os mandamentos de Deus e viver para o futuro, entendendo que o desejo de Deus para nós é que sejamos santos, não necessariamente felizes. Afinal, comparada à "felicidade" que desfrutaremos na eternidade, a vida árdua não deveria nos preocupar. É essencial observar que somos responsáveis por nosso próprio fortalecimento e edificação. Deus não fará isso por nós.

(b) Aos outros
Havia três categorias de pessoas que precisavam de ajuda.
   i. Os que duvidam. Judas exorta os crentes a ajudarem aqueles que vacilam. Esses irmãos questionam se deveriam seguir esses mestres e estão em conflito. Deve-se conversar e até discutir com eles, mas

sempre de forma mansa, nunca áspera. A aspereza pode levá-los a se enredar ainda mais no erro.
ii. Os que correm perigo mortal. Logo haverá outros que também seguirão em direção à perdição porque já começaram a crer nas novas ideias. Judas afirma que os crentes devem "arrebatá-los do fogo" – imaginá-los como se estivessem em uma casa em chamas e tirá-los de lá de qualquer maneira! A frase "arrebatá-los do fogo" tem sido aplicada no evangelismo com o sentido de arrancar pessoas do fogo do inferno, porém esses versículos não têm qualquer relação com essa ideia. Trata-se, realmente, de arrancar pessoas do fogo do inferno, não porque não são salvas, mas por serem cristãos que estão prestes a se desviar. Até mesmo os que espalhavam os falsos ensinos não devem ser excluídos, mas sim receber a oportunidade de se arrepender.
iii. Os que se contaminaram moralmente. A terceira categoria de pessoas refere-se aos que estão contaminados. O texto em grego afirma que devemos ser extremamente cautelosos para não sermos infectados por eles, mesmo que apenas pelo contato com suas roupas íntimas! A imagem parece estranha, mas é evidente que devemos temer as enfermidades decorrentes de um comportamento sexual pervertido e promíscuo.

4. PODEMOS EVITAR O QUE ESTÁ ACONTECENDO

A mensagem de Judas é que não devemos nos surpreender com os ataques à fé, mas sim enfrentá-los, lembrando-nos todo o tempo que Deus é capaz de nos impedir de cair. É importante, contudo, que tenhamos bom senso quando lemos versículos que falam da proteção de Deus sobre nossas vidas. Vários textos bíblicos afirmam que somos protegidos e guardados pelo poder de Deus, porém esses versículos, invariavelmente, são precedidos e seguidos por outros que enfatizam a necessidade de permanecermos nele. O penúltimo versículo de Judas, portanto, não está afirmando que "é certo que Deus o impedirá de cair", mas sim que "ele é *capaz* de ajudá-lo a permanecer nele". A responsabilidade não é toda nossa, nem toda de Deus. A mensagem é: "Mantenha-se nele, pois ele é capaz de guardá-lo. Continue confiando nele e você não cairá".

Podemos afirmar que ele tem a capacidade de nos guardar e nos apresentar diante de Deus, contanto que permaneçamos fiéis. Ele também tem a autoridade, pois é o único Deus e o único Salvador.

Judas, portanto, conclui com uma palavra de louvor. Apesar do ensino perverso e dos perigos presentes, Deus é capaz de nos guardar e nos apresentar inculpáveis diante dele no Dia Final. Não há qualquer dúvida quanto a isso. Se Deus estiver ao nosso lado (o verdadeiro significado do nome Emanuel é "Deus conosco"), podemos passar pelas lutas e sair vencedores. Então, assim seja!

Conclusão

O estudo das cartas do Novo Testamento nos mostra uma mensagem inconfundível. O maior perigo para a igreja está do lado de dentro. Precisamos vigiar todo o tempo e lutar em verdade e amor pelo Evangelho que foi "confiado" aos santos. Uma grande batalha está sendo travada neste momento no mundo ocidental e requer que façamos exatamente isso. Devemos estar conscientes a respeito de toda a verdade. Se você considera que meu ensinamento contradiz o que sua Bíblia afirma, então esqueça tudo o que eu falei até agora. Mas se você encontrar nele a verdade bíblica, apegue-se a essa verdade, lute por ela e defenda a fé que foi confiada aos santos! A tarefa talvez não pareça muito glamorosa, mas é vital para que as comunidades cristãs permaneçam firmemente alicerçadas na verdade.

Embora Judas seja um dos livros mais menosprezados do Novo Testamento, sua mensagem é sempre relevante e precisa ser ouvida pela igreja hoje a fim de que ela não seja cada vez mais enredada pelos mesmos problemas.

57.
1, 2 e 3 JOÃO

Introdução

No Novo Testamento, encontramos dois tipos de carta. Algumas delas são gerais ou circulares, sem destinatários específicos – como se fossem dissertações. Outras são pessoais, dirigidas a indivíduos, e expressam o que os leitores precisavam ouvir.

As cartas de João mesclam os dois tipos. A primeira tem um tema geral e é a mais longa das três, com cinco capítulos. Ela expressa as inquietações de João a respeito dos crentes. A segunda e a terceira cartas são mais pessoais e constituem-se os mais breves livros do Novo Testamento. João usa uma única folha de papiro para cada carta, dirigindo-se a dois indivíduos distintos.

As cartas são calorosas e pessoais, refletindo o caráter desse santo, que, a essa altura, tem mais de oitenta anos. São chamadas de "cartas de um pai", mas, se levarmos em conta a idade de seu autor, "cartas de um avô" seria um nome mais apropriado.

Foram escritas numa época em que a igreja sofria influência positiva e negativa dos mestres itinerantes que ensinavam a Bíblia. João preocupa-se muito com o dano causado por alguns desses mestres, porém sua idade não lhe permitia viajar – diferentemente dos falsos mestres, que pareciam propagar sua heresia com considerável vigor. Para João, portanto, as cartas eram a maneira mais prática de tratar o problema.

João foi um dos doze apóstolos chamados por Jesus durante seu ministério terreno e o único deles a chegar à idade avançada. Registros extrabíblicos afirmam que ele cuidou de Maria, mãe de Jesus, em Éfeso, até a morte dela. Ele também teria falecido naquele local. Suas cartas deixam transparecer a autoridade não apenas de um ancião, mas *do* ancião que teve contato pessoal com Cristo (veja 1.2; 2.1; 4.6, 14).

Alguns estudiosos da Bíblia questionam se o apóstolo João foi, de fato, o autor dessas cartas. Certamente surpreende que haja poucas referências ao Antigo Testamento – apenas a menção ao assassinato de Abel por Caim – principalmente por serem encontradas mais de 300 dessas referências no livro do Apocalipse, também de autoria de João. No entanto, a comparação entre as cartas e o Evangelho de João nos mostra que ambos têm o mesmo estilo e vocabulário. Expressões características do Evangelho de João, como " vida eterna", "novo mandamento" e "permanecer em Cristo", também estão presentes nessas cartas e, em certos casos, há frases idênticas como "andar nas trevas" e "para que sua alegria seja completa".

Além disso, tanto o Evangelho quanto as cartas descrevem a vida cristã com contrastes absolutos em relação ao mundo. A avaliação que João faz do mundo contemporiza nitidamente com a tendência moderna ao relativismo, que afirma serem inapropriadas as distinções – nada é verdadeiro ou falso – trata-se apenas de opinião. João, assim como o restante da Bíblia, opõe-se a essa visão. São vários os contrastes que apresenta: vida e morte, luz e trevas, verdade e mentira, amor e ódio, retidão e transgressão, filhos de Deus e filhos do diabo, amar o Pai e amar o mundo, Cristo e o anticristo e – o maior de todos os contrastes – céu e inferno. Tais opostos não dão margem a um "terceiro caminho". Podemos estar em um ou em outro, não há outras opções.

Desse modo, embora não haja um nome nos manuscritos, fortes evidências indicam que eles sejam de autoria de

João. Irineu e Papias, dois dos primeiros pais da igreja, confirmam que as cartas são fruto do trabalho de João.

Nenhuma data é informada, mas é provável que as cartas tenham sido redigidas depois do Evangelho e antes do livro de Apocalipse, que foi escrito durante seu exílio em Patmos. Visto que não há referência aos terríveis ataques à igreja conduzidos por Domiciano em 95 d.C., é possível que a carta tenha sido escrita por volta de 90 d.C.

1 João

Os leitores de João

Já comentamos que a primeira é uma carta geral, sem qualquer destinação específica. São claras, entretanto, as categorias de leitores que João tem em mente. Podemos identificá-las em 2.12-14, quando ele se dirige a três grupos de pessoas: "filhinhos", "jovens" e "pais".

O que é levado em conta não é a idade física, mas a espiritual. Os "filhinhos" são os recém-convertidos, que precisam ser alimentados com leite para que possam crescer. João afirma que os filhinhos experimentaram duas coisas: conhecem o perdão e sabem que Deus é o Pai, nada mais.

Os "jovens" são os que cresceram e amadureceram. João faz três comentários a respeito deles: tornaram-se mais fortes do que os frágeis bebês, compreenderam as Escrituras e venceram as batalhas contra Satanás.

João também escreve a cristãos muito mais velhos, a quem chama de "pais". Esses irmãos têm uma longa vivência cristã e são pessoas que desfrutam de uma intensa experiência com Deus.

Numa visão moderna, observa-se que João se refere a esses grupos na forma masculina. Isso não é atípico, pois todo o Novo Testamento é dirigido a "irmãos", não a "irmãos e irmãs". Precisamos explicar essa ênfase no sexo masculino, principalmente numa época de Bíblias "não machistas" ou "inclusivas", que é marcada, inclusive, por certa confusão a respeito do gênero apropriado para referir-se a Deus.

A principal razão para o enfoque masculino nas Escrituras é que a força e o caráter da igreja podem ser percebidos nos homens que a constituem. Sobre os homens recai a responsabilidade de liderar tanto a igreja quanto o lar, e seu caráter é o que determinará a força da igreja como um todo. Essa é a única razão pela qual atuei por tanto tempo como organizador e preletor das conferências "Men for God" [Homens para Deus]. Recebi muitas cartas de agradecimento de esposas que testemunhavam a transformação de seus maridos! Por outro lado, infelizmente, eu teria ficado rico se recebesse 10 reais por família na qual a esposa demonstrava ter mais maturidade espiritual do que o marido. É saudável que o marido esteja à frente da esposa, pois ele não pode ser o cabeça se não tiver mais maturidade. Isso não significa, é claro, que as mulheres sejam inferiores sob qualquer aspecto; significa simplesmente que os papéis são complementares.

As razões que levaram João a escrever a carta
É evidente que o primeiro objetivo de João ao escrever é prover cuidado pastoral. Ele se refere aos leitores como seus "filhinhos". Nutre grande afeição por eles, porém está impossibilitado de visitá-los. Alguns aspectos do texto indicam que ele tem em mente certas inquietações. Há duas maneiras de examinar as razões que levaram João a escrever:

LISTA 1
Ele deseja que seus leitores estejam:
- *Satisfeitos* (1.4). João escreve "para que a nossa alegria seja completa", sugerindo que os crentes estavam insatisfeitos com a vida.

- *Sem pecado* (2.1). Seu desejo é que vivam de forma inculpável.
- *Salvos* (2.26). Ele quer que estejam protegidos contra todos os ardis do diabo, especialmente os falsos ensinos – a principal arma do diabo contra a vida da igreja – que afetavam os irmãos a quem escrevia.
- *Seguros* (5.13). Acima de tudo, ele espera que os leitores tenham convicção da fé cristã. Os cristãos precisam estar seguros e convictos da salvação. Nessas breves cartas, encontramos uma importante doutrina da certeza da salvação. Isso não quer dizer que vamos acordar todos os dias sem saber se estamos salvos, mas precisamos estar seguros de quem somos em Cristo. Precisamos "saber" (palavra-chave aqui) que estamos nas mãos de Deus.

LISTA 2

Veja a seguir uma forma alternativa de examinar as motivações de João. Ele está escrevendo:
- Para propiciar a harmonia entre os irmãos (1.3)
- Para produzir alegria (1.4)
- Para proteger a santidade (2.1)
- Para preveni-los contra a heresia (2.26)
- Para promover a esperança (5.13)

Obviamente, João escreve essas cartas aproximadamente 60 anos depois de ter ouvido do próprio Jesus o convite: "Siga-me". Agora está velho, e podemos imaginá-lo, com sua longa barba, dizendo: "Sou seu avô na fé. Meu desejo é que estejam plenamente satisfeitos e seguros de sua identidade em Cristo, que sejam santos e vivam em harmonia, cheios de esperança". Um coração pastoral muito afetuoso, portanto, está por trás dessas cartas.

Um esboço de 1João

Embora seja possível discernir os motivos que levaram João a escrever as cartas, não é muito fácil identificar qualquer padrão na forma como organizou o texto. É praticamente impossível analisar a carta, pois o autor parece repetitivo. Seu pensamento não é linear, mas cíclico. Meu estilo é o linear – preciso ver e analisar a evolução de um argumento. O apóstolo Paulo, com sua mente jurídica, escreve dessa forma. Sinto-me um pouco perdido, portanto, quando me deparo com a alternância de temas, característica do pensamento cíclico (repetitivo) de João, que pode ser explicado por sua profissão, sua idade e sua identidade judaica.

1. SUA PROFISSÃO

João não é um advogado como Paulo, mas um pescador, inclinado a passar de um tema a outro como se estivesse conversando. Como não tivera educação formal, não fora ensinado a pensar num padrão linear.

2. SUA IDADE

Os idosos tendem a ser tagarelas – são repetitivos – e é uma característica da idade. Os ouvintes precisam de concentração para absorver a sabedoria que eles transmitem.

3. SUA IDENTIDADE JUDAICA

Creio, porém, que a principal explicação para o texto cíclico de João seja o fato de seguir o estilo de conversação dos judeus, que tendem a se expressar como se narrassem histórias. Tanto o livro de Provérbios no Antigo Testamento quanto Tiago, no Novo, alternam entre um tema e outro. Qualquer pessoa que esteja em busca do estudo sistemático de um tema específico em algum desses livros precisa estar preparada para garimpar o tempo todo. Não há neles uma estrutura, de fato.

PECADO OU PALAVRA?

Uma forma de analisar 1João é concentrar-se em um tema que o autor desenvolve por toda a epístola, ilustrado pelo diagrama da próxima página.

A imagem mostra um mundo com dois hemisférios. O primeiro é governado pela palavra de Deus – um ambiente de vigor, amor e resplendor da glória de Deus. O outro é governado pelo pecado – desigualdade, dolo e devassidão. João exorta seus leitores a viverem pela palavra de Deus. Seu desejo é que eles atentem à palavra de Deus e não se sintam tentados a seguir as concupiscências do mundo. Todo cristão precisa fazer essa escolha. Se você ama o pecado, logo estará assumindo uma postura condizente com o mundo. Se ama a palavra, viverá de forma completamente diferente.

Esse esboço simples nos permite identificar certa estrutura na carta. Ela começa de forma positiva, torna-se negativa e volta a ser positiva – camadas de um sanduíche com a predominância da perspectiva positiva. Precisamos de ambas; temos de saber em que crer e em que não crer, como agir e que atitudes evitar.

A estrutura "sanduíche" de 1João, portanto, pode ser resumida da seguinte forma:

Vigor – 1.1-4 } Positiva
Resplendor – 1.5-2.11 }
Desigualdade, dolo e devassidão – 2.15-3.10} Negativa
Amor – 3.11-4.21 } Positiva
Vigor – 5.1-21 } Positiva

A seguir, vamos analisar os temas presentes em 1João.

Amor

João é a única pessoa na Bíblia a afirmar: "Deus é amor". Para o cristão esclarecido, pode parecer uma afirmação "normal"; porém, na realidade, ela é revolucionária. Nenhuma outra religião do mundo jamais fez tal declaração, e não poderia ser diferente. O judaísmo pode afirmar que "Deus nos ama", mas isso é completamente diferente. Declarar que "Deus é amor" significa entender que ele é mais do que uma Pessoa. Você não pode *ser* "amor" isoladamente. Desse modo, por estarmos cientes de que Deus é três em um – Pai, Filho e Espírito Santo – podemos afirmar que "Deus é amor". Antes que o mundo viesse a existir, o Pai, o Filho e o Espírito Santo desfrutavam de perfeita comunhão de amor.

As pessoas, às vezes, indagam: "Por que Deus nos criou?". Em palavras bem simples, Deus amou tanto seu Filho que desejou ter uma família maior. Queria partilhar todo seu amor num círculo mais amplo – com uma família de muitos filhos.

Heresia

Além da preocupação geral com o bem-estar espiritual dos leitores, que estava comprometido em decorrência dos falsos ensinos, João também aborda problemas específicos e escreve para combater as distorções propagadas pelos falsos mestres. Em diversos pontos da carta, João faz menção a "eles" (em contraste com "nós" e "vocês") referindo-se a um grupo de mestres conhecido pela igreja.

Os falsos mestres propagavam a filosofia grega, que incluía vários elementos contrários à cosmovisão bíblica. Eles ensinavam, basicamente, que havia uma separação distintiva entre o físico e o espiritual. Essa perspectiva desagregada de vida infiltrou-se em boa parte do pensamento moderno. Por exemplo, embora jamais encontremos na Bíblia a distinção entre "sagrado" e "secular", deparo-me até mesmo com cristãos que me dizem: "Tenho um trabalho secular". Sempre respondo que tal coisa não existe. A menos que um trabalho seja imoral ou ilegal, ele não é secular. Não há nada que seja secular, exceto o pecado. Certa vez, um conhecido cantor pop converteu-se quando eu pregava sobre esse mesmo conceito. Ele acreditava ter um trabalho secular que envolvia a criação de *jingles* para comerciais de televisão. Minhas palavras o ajudaram a perceber que ele poderia fazer esse trabalho para a glória de Deus.

Os adeptos da filosofia grega também acreditavam que o mundo físico fosse mau e somente o espiritual fosse bom. O corpo, portanto, era mau, e a alma era boa. Eles ensinavam que qualquer elemento físico era invariavelmente sujo ou pecaminoso. Essa filosofia implícita influenciou a doutrina e a conduta da igreja. Vamos primeiro avaliar a doutrina de fé.

1. DOUTRINA DE FÉ

A maior preocupação de João era que os falsos mestres aplicassem essa filosofia à pessoa de Jesus. Para eles, era impossível aceitar que Deus pudesse se manifestar na forma de um homem. Esses mestres ensinavam que Deus é eterno e o homem é temporal. Deus é espiritual e o homem é físico. Como, portanto, Deus poderia ser um homem na terra?

Essa crença assumiu muitas formas distintas. Uma delas negava a humanidade de Jesus, alegando que seu corpo era pura aparência. O nome dessa heresia é "docetismo" e significa, simplesmente, "colocar uma máscara" ou "aparentar". João afirma em sua carta que o ensinamento de que Jesus não veio em carne é certamente inspirado pelo diabo. Ele se esforçava para enfatizar que vira o próprio Jesus e até tocara nele. Jesus era homem em carne e osso e, na verdade, ainda é. A chamada filosofia da Nova Era ensina algo semelhante quando separa o Jesus humano do Cristo divino.

Outra heresia afirmava que Jesus viveu como um ser humano até seu batismo, aos 30 anos de idade, quando "o Cristo" desceu sobre ele. Posteriormente, antes de sua morte, "o Cristo" partiu novamente, e foi "Jesus" quem morreu e foi sepultado. Segundo essa teoria, portanto, "Jesus" e o "Cristo" são duas entidades distintas.

Os mestres da Nova Era, da mesma forma, falam a respeito de Cristo, mas não apreciam o nome "Jesus". Afirmam que o Cristo pode vir sobre qualquer pessoa. Trata-se de uma filosofia muito sutil, que usa terminologia bíblica para mascarar uma doutrina enganosa. Uma das afirmações preferidas dos mestres da Nova Era é que Deus está além do tempo, que ele é atemporal – crença que não é rara entre os cristãos. Na verdade, a Bíblia jamais firma que Deus é atemporal. Ela diz que Deus é eterno, algo bem diferente. O tempo é real para Deus. Ele é o Deus que era, que é e que há de vir. Deus não está no tempo; mas o tempo está em Deus.

Os gregos também acreditavam que Deus está totalmente desassociado do tempo e, ainda hoje, muitos creem assim. Você ficaria surpreso com o número de cristãos que pensa que deixamos a estrutura do tempo quando vamos para o céu. Isso não acontece. Nós entramos na vida eterna. O tempo estende-se infinitamente. O tempo é real em Deus, assim como na Bíblia, portanto a história é a "sua história".

Obviamente, contudo, esses mestres acreditavam "ser conhecedores". Eles acreditavam estar à frente da igreja. Era uma forma de gnosticismo, filosofia que perseguiu a igreja durante séculos e ainda hoje está presente, porém com outra roupagem.

João, portanto, precisava enfrentar a heresia em várias frentes. Dessa forma, ele começa enfatizando a encarnação de Cristo – um verdadeiro ser humano. Os três sentidos predominantes – audição, visão e tato – foram usados. João declara: "Nós o ouvimos, nós o vimos e nele tocamos".

Para João, a encarnação é fundamental – sobretudo, a questão se resume em como compreendemos a natureza de Jesus. Devemos entender que ele é totalmente divino e totalmente humano – que o físico e o espiritual nele se integram de forma completa. Este mundo e o mundo por vir se fundiram plenamente, contradizendo o pensamento grego, que separa as dimensões de tempo e eternidade, da matéria física e do espírito, pois o "Verbo se fez carne e habitou entre nós" [ARA]. Como disse o arcebispo William Temple: "O cristianismo é a mais materialista de todas as religiões".

2. CONDUTA

A separação entre o físico e o espiritual defendida pelos gregos influenciava não somente a sua compreensão da natureza de Jesus, mas também a sua própria conduta. Os gregos pensavam que a salvação de uma pessoa (por mais que esse conceito pudesse variar) não estava associada, de forma alguma, ao que ela fazia com seu corpo. E essa visão difundia-se no meio da igreja. Alguns conduziam-se de forma bastante imoral, alegando ser espirituais, pois acreditavam que não havia qualquer relação entre seu corpo e sua alma.

Esse pensamento está por trás do discurso de cristãos que vivem deliberadamente no pecado. Eles afirmam o seguinte: "Minha entrada no céu está garantida, não importa se eu peque ou não". Outros ainda vão além e afirmam que não há pecado nos cristãos, sugerindo um tipo de perfeccionismo: Deus não vê pecado algum neles.

Um dos maiores erros cometidos por aqueles que entregam suas vidas a Cristo é acreditar que seus pecados futuros estão perdoados. Contudo, sabemos que somente nossos pecados passados são perdoados quando recebemos a Cristo. Precisamos nos arrepender, confessar e receber o perdão pelos pecados cometidos posteriormente. Foi necessário que João lhes dissesse: "Se continuarmos a confessar nossos pecados, ele é fiel e justo para continuar perdoando nossos pecados, e o sangue de Jesus continuará a nos purificar de toda injustiça". Quando me entrego a Cristo, não recebo uma licença para pecar. Meus pecados passados agora estão perdoados, mas preciso prestar contas a Deus, diligentemente. O perdão dos pecados está intimamente associado ao arrependimento e à confissão.

O ponto enfatizado por João é muito necessário à igreja do nosso tempo. O pensamento grego resulta em transgressão da Lei e imoralidade, bem como promove um elitismo espiritual daqueles que julgam estar acima das regras do certo e do errado. Deus é absolutamente justo; o pecado cometido tanto por crentes como por descrentes não lhe passa despercebido. Para perdoar, contudo, ele espera que haja arrependimento genuíno.

Essa tendência ao pecado deliberado causou muitos danos à igreja da época de João. Todos pareciam estar confusos e perplexos, sem saber exatamente o que pensar a respeito da conduta e sem discernir sua posição perante Deus. Estavam inseguros a respeito da salvação e indiferentes ao pecado. Os mestres demostravam pouco interesse pelos "cristãos mais simples", a quem julgavam ser pessoas menos esclarecidas.

Convicção
Com seu imenso coração pastoral, contudo, João deseja que os cristãos estejam convictos de sua identidade em Cristo e pede que examinem a si mesmos em quatro áreas, com testes bastante rígidos. Ele aborda cada um deles com muito cuidado, meticulosamente.

O TESTE DOUTRINÁRIO
O primeiro teste é o doutrinário. Todo verdadeiro cristão precisa ser aprovado nesse teste. Trata-se de suas percepções a respeito de Cristo. Aquele que tem um entendimento vacilante, e não tem certeza de que Jesus é o Cristo divino, não será aprovado. Ao longo das três cartas, João usa sistematicamente o verbo "conhecer". Para ele, o conhecimento era importante para os crentes, especialmente porque os mestres gnósticos alegavam possuir o chamado "conhecimento superior ou espiritual". Há nas igrejas um bom número de pessoas que veem Jesus como um ser humano excepcional, que obedeceu a Deus e sobressaiu a todos os outros homens. Elas não acreditam, porém, que ele seja, ao mesmo tempo, totalmente Deus e totalmente homem, conforme a Bíblia nos ensina.

O TESTE ESPIRITUAL
João afirma: "Sabemos que permanecemos nele, e ele em nós, porque ele nos deu do seu Espírito". O Espírito de Deus testifica ao nosso espírito que somos filhos de Deus. Sem o Espírito Santo, portanto, não passamos no segundo teste, pois é ele quem confirma que somos filhos de Deus.

Alguns tentam encontrar essa confirmação nas Escrituras – procuram versículos que lhes permitam inferir que são filhos de Deus. O argumento deles é o seguinte: a Bíblia diz isso, eu acredito e assunto encerrado. A Bíblia, contudo, jamais nos encoraja a pensar dessa maneira. A convicção, na verdade, vem do Espírito e não do texto bíblico do Novo Testamento. Você pode tentar provar que é filho de Deus citando versículos. É o Espírito, entretanto, e não as Escrituras, quem confirma que você é filho de Deus. Esse, consequentemente, é um teste espiritual, e crucial, porque se você não tem o Espírito, ainda é propriedade do diabo.

O TESTE MORAL
O terceiro teste é moral. Se você leva uma vida reta diante de Deus, sua consciência lhe diz que você pertence ao Pai. A consciência foi concedida para fortalecer nossa convicção. Em termos bíblicos, se praticamos a justiça e guardamos as leis de Deus, temos a confirmação de que somos seus filhos. Se, contudo, nos rebelamos contra suas leis, desdenhando de seus padrões de conduta, então não somos aprovados no terceiro teste.

O TESTE SOCIAL
O último teste é o social. Tomamos conhecimento de que não podemos afirmar que amamos Cristo se não amarmos os cristãos, pois Cristo está nos outros cristãos. Se você ama Cristo, então amará o Cristo presente em seus irmãos. Se você odeia seus irmãos, certamente não ama seu Pai, porque ele os ama.

Outra prova é o amor que temos pelo povo judeu. Não é fácil amá-los. Sob a perspectiva humana, creio que eu me relacionaria melhor com árabes do que com judeus. O Espírito, contudo, nos concede um grande amor pelo povo judeu. Esse amor não é natural, mas sobrenatural. Jesus os chamou de "irmãos", e Deus ainda os ama, apesar de tudo o que lhe fizeram.

João afirma principalmente que é nosso amor e nossas orações que testificam que o amor do Pai está em nós. Passamos a amar pessoas com quem não temos nenhuma afinidade, pois são filhos do Pai e o amor do Pai está em nós.

Essa convicção da comunhão com Deus faz com que o crente tenha a confiança de iniciar cada dia com a certeza de que é filho de Deus. Essa confiança é demonstrada em sua atitude em relação a Deus. Ao dirigir-se a Deus, em oração, o crente pode afirmar: "Pai, peço em nome de Jesus", ciente de que Deus pode e deseja responder sua oração.

O teste social também nos capacita a termos uma atitude confiante diante de homens e mulheres. Quando estamos certos de que somos membros da família real celestial, literalmente fazemos parte da realeza na terra, o que nos torna confiantes para testemunhar com ousadia.

Pecado

Da mesma forma, é importante identificar os que não são verdadeiros cristãos. Naquela igreja já havia indícios da presença de cristãos nominais – aqueles que fingiam ser parte da família de Deus, mas que, na realidade, não acreditavam em Cristo. Um teste rigoroso era a presença ou a ausência de pecado – esse tema é tratado em detalhes por João. Na realidade, ele faz afirmações um tanto estranhas e, por vezes, até contraditórias a esse respeito. Em algumas delas, ele pressupõe que os crentes pecarão, porém, em outras, declara que eles não podem pecar, e isso confunde muitas pessoas.

Precisamos esclarecer o que João entendia por "pecado". Ele define pecado como "transgressão da Lei", indicando o indivíduo [insubmisso] que acredita não ser necessário prestar contas a ninguém, somente a si mesmo. João lembra aos leitores que Cristo se revelou para nos purificar do pecado e destruir as obras do diabo. O pecado é próprio para os filhos do diabo, mas impróprio para os filhos de Deus.

AS POSSIBILIDADES

A maior preocupação de João, entretanto, é a presença do pecado entre os crentes e, nesse ponto, surge a controvérsia. Há diversas afirmações possíveis. Para os crentes, o pecado é:

Incontestável – nós pecamos.
Inevitável – nós pecaremos.
Incompatível – não devemos pecar.
Intolerável – não devemos jamais pecar.
Inaceitável – não precisamos pecar.
Inaplicável – não pecamos.
Inconcebível – não podemos pecar.

A controvérsia concentra-se nas afirmações encontradas nas cartas de João que parecem estar em contradição. Compare, por exemplo, a afirmação do apóstolo em 1João 1.8 com as que aparecem mais adiante na epístola:

Se afirmarmos que estamos sem pecado, enganamo-nos a nós mesmos, e a verdade não está em nós. (1.8)

Todo aquele que é nascido de Deus não pratica o pecado, porque a semente de Deus permanece nele; ele não pode estar no pecado, porque é nascido de Deus. (3.9)

Sabemos que todo aquele que é nascido de Deus não está no pecado; aquele que nasceu de Deus o protege, e o Maligno não o atinge. (5.18)

O primeiro versículo sugere que o pecado é inevitável, e os dois últimos sugerem que aqueles nascidos de Deus não podem pecar. Poucos, no entanto, ousariam afirmar que essa é a realidade a seu respeito. Então, como interpretar esses versículos?

ANÁLISE DE UM VERSÍCULO-CHAVE
Vamos avaliar os problemas com 1João 3.9.

(a) Problemas principais
O versículo sugere que todo aquele que é nascido de Deus (ou seja, da água e do Espírito, João 3.5): (a) Não peca e (b) Não pode pecar. São várias as interpretações.

  i. O texto é literalmente verdadeiro – significa exatamente o que afirma. Isso, no entanto, contradiria 1.8 e 5.16, que deixam implícito que é possível pecar.
  ii. O pecado em questão envolve somente atos ofensivos e flagrantes: vícios, crimes e pecados contra o amor [ao próximo]. Grandes teólogos como Agostinho, Lutero e Wesley respaldam essa visão.
  iii. Deus não considera pecado o erro cometido pelos crentes. Há efetivamente, portanto, dois padrões de moralidade.
  iv. A palavra refere-se apenas a nossa nova natureza. O "velho homem" ainda comporta-se de forma indevida, porém isso jamais acontece com o "novo homem". Um cristão, no entanto, não é uma pessoa dividida, mas uma unidade!
  v. O versículo descreve o ideal, sem jamais presumir que isso seja de fato possível. É, portanto, o reflexo de um objetivo que devemos buscar, sem a pretensão de alcançá-lo.
  vi. O versículo refere-se apenas ao pecado habitual, persistente. O tempo verbal sugere alguém que continua pecando.

(b) Problemas menores
  i. A razão pela qual o crente não peca é o fato de ser "nascido de Deus". Acredita-se que a regeneração conduza à justiça e à retidão. Neste mundo em que vivemos, contudo, quem alegaria ser justo?

ii. Em segundo lugar, sabemos que a semente de Deus permanece no crente. O significado literal da palavra é "esperma", uma metáfora bastante forte! Mas como devemos interpretá-la? Ela pode ser usada de forma literal, como uma referência ao esperma humano, animal ou vegetal. Não fica claro, contudo, a que se refere o termo "sua semente". Seria uma referência a Deus ou ao crente?

iii. Surge então um terceiro problema. Seria essa uma afirmação categórica ou condicional? O uso da expressão "permanecer nele" também dá margem a outras interpretações. Ela é tão categórica como o versículo 9, uma verdade a respeito de todo aquele que é "nascido de Deus"? Ou é condicional como no versículo 6, verdadeira apenas aos que *vivem nele*"? Uma afirmação categórica é uma afirmação que sempre será verdadeira. Uma afirmação condicional será verdadeira conforme determinadas condições.

Então, como devemos entender o versículo?
Primeiramente, precisamos indagar por que João faz essa afirmação. Aqui, ele não está discutindo o clichê "uma vez salvo, salvo para sempre". Está lidando com aqueles que se autodenominam discípulos, mas continuam a pecar e aceitar o pecado, quase que de forma deliberada!

João, portanto, afirma que não podemos pecar, pois somos nascidos de Deus. A implicação clara é que a regeneração conduz à retidão. O pecado não tem lugar na vida do crente.

Em segundo lugar, precisamos observar o tempo verbal em "Todo aquele que nele permanece não está no pecado". Os verbos usados aqui estão em uma forma especial da língua grega chamada presente contínuo. Não se referem, portanto, a uma ação que ocorre no momento da fala ou que acabou de acontecer, mas a algo que continua a ser feito.

Desse modo, Jesus não disse: "Peçam, e lhes será dado; busquem, e encontrarão; batam, e a porta lhes será aberta". Ele, de fato, disse: "Continuem pedindo, e receberão; continuem buscando, e encontrarão; continuem batendo, e a porta lhes será aberta". Veja, por exemplo, o conhecido versículo João 3.16, cuja interpretação costuma ser totalmente equivocada. O tempo verbal também está no presente contínuo: "Porque Deus tanto amou o mundo que deu o seu Filho Unigênito, para que todo o que nele continuar a crer não pereça, mas continue a ter a vida eterna". Isso não significa que os que creem uma única vez têm vida eterna, mas sim que aqueles que continuam crendo são os que continuam a ter a vida eterna.

Assim, retornando ao versículo, ele diz: "Ninguém que continua vivendo em Cristo continuará pecando". A palavra "viver" tem o mesmo sentido de "permanecer". João 15 diz: "Eu sou a videira verdadeira – fiquem em mim", que significa "permaneçam em mim", "continuem vivendo em mim". O versículo, portanto, está condicionado pelo contexto. "Continue a viver em Cristo" é a premissa para que a afirmação se torne verdadeira. Aquele que continua vivendo em Cristo deixa o pecado e não consegue continuar pecando.

As pessoas que não permanecem em Cristo não mostrarão qualquer progresso espiritual. Não terão parte na promessa.

O terceiro versículo citado anteriormente (1João 5.18) sustenta essa ideia: "Sabemos que todo aquele que é nascido de Deus não está no pecado; aquele que nasceu de Deus o protege, e o Maligno não o atinge".

Quem é nascido de Deus, portanto, "não está no pecado" – não pode continuar pecando, pois se estiver vivendo em Cristo fará progressos e será vitorioso. É o relacionamento com Cristo que determina a verdade dessa promessa. A carta como um todo presume que os cristãos cairão em pecado – não há uma única pessoa perfeita neste mundo – mas isso não significa que continuarão pecando.

Para nossa compreensão, devemos acrescentar a perspectiva da carta aos Hebreus, que afirma que se, mesmo depois de termos recebido o perdão dos pecados, continuarmos deliberadamente a pecar, já não resta sacrifício pelos pecados. O texto não está dizendo que os cristãos jamais pecarão, mas que lidam com o pecado de forma diferente e, se estiverem vivendo em Cristo, serão livres do poder que o pecado exerce sobre a vida das pessoas. Uma das evidências de que você é um cristão é o fato de odiar o pecado. Você não ama o pecado; na verdade, quer se ver livre dele. Aqueles que permanecem em Cristo não podem continuar pecando. Não é compatível com sua nova vida.

Tratado esse problema, o capítulo 5 também sugere algo que é muito grave. Quando vemos um irmão pecar, somos instruídos a fazer o que estiver ao nosso alcance para ajudá-lo, na tentativa de convertê-lo de seus maus caminhos. Se assim fizermos, "salvamos" esse irmão. João, contudo, acrescenta: há um "pecado que leva à morte". Não faz sentido orar por um irmão que pecou para a morte!

Em toda a Bíblia lemos que os que se desviam podem chegar a um ponto sem retorno. Há um pecado para a morte e devemos encarar os alertas com muita seriedade. Esses alertas encontram-se principalmente na carta aos Hebreus. A certa altura, alcançar o arrependimento é impossível. João afirma que um irmão pode pecar a tal ponto que orar por ele não faz mais sentido. Isso significa, é claro, que ele não está vivendo em Cristo; perdeu a conexão com a videira verdadeira e nela não mais permanece.

Portanto, se sintetizarmos tudo o que João afirma a respeito do pecado e dos crentes, teremos um agradável equilíbrio. Não nos tornaremos neuróticos de um lado ou complacentes de outro. Haverá um temor saudável do Senhor que nos manterá em Cristo. Contudo, devemos ter o cuidado de não usar um único versículo fora do contexto, o que pode ser muito contraproducente.

Deus
À luz de suas inquietações a respeito do pecado, João deseja que seus leitores conheçam a natureza de Deus. Ele os recorda que Deus é "luz" – Deus é puro e santo e moralmente separado do mundo. Deus também é "vida". O pecado leva à morte, mas a vida é o dom de Deus para nós. O Deus descrito por João quer ter comunhão conosco. A palavra "comunhão" significa literalmente "partilhar" ou "parceria". João explica as condições para a comunhão com esse Deus:

1. ANDAR NA LUZ
Devemos abraçar a luz e nos afastar das trevas. Não podemos ter comunhão com Deus ou com seu povo se encobrirmos o nosso pecado – nossas vidas devem ser transparentes.

2. ANDAR EM AMOR
É imperativo que amemos a Deus e nossos novos irmãos na fé. De fato, se não amarmos nossos irmãos, não podemos amar a Deus – simples assim. O mandamento para amarmos uns aos outros é descrito em João como um "mandamento antigo", embora Jesus tenha se referido a ele como um "novo mandamento". A razão é simples – já haviam-se passado 60 anos desde que fora enunciado pela primeira vez.

3. ANDAR EM NOVIDADE DE VIDA
Cristo proveu tudo o que é necessário para que vivamos essa nova vida, portanto os crentes são encorajados a desfrutar dos benefícios que a acompanham.

Fica evidente que o desejo de João é que os leitores pudessem experimentar a alegria da comunhão com Cristo, sem qualquer empecilho.

2 e 3 João

Introdução

Para o estudo que faremos dessas duas cartas, vamos primeiramente analisar a diferença entre homens e mulheres. Essa talvez seja uma forma pouco convencional de começar, mas ela nos propicia um fundamento útil para compreendermos a estrutura e o propósito de cada livro. Quando Deus nos criou à sua imagem, ele nos fez homem e mulher e, portanto, complementares um ao outro. É espantoso como os pontos fortes da masculinidade correspondem às fraquezas da feminilidade e vice-versa. Um precisa do outro.

O diagrama da página seguinte mostra as diferenças entre homens e mulheres – ou seja, entre o homem comum, representado por um círculo, e a mulher comum, representada por outro – embora, obviamente, homens e mulheres demonstrem essas características em maior ou menor grau. Existem homens efeminados e mulheres masculinizadas.

Os humanistas têm a tendência de presumir que há somente uma esfera – um lado masculino e um lado feminino, com uma combinação de ambos, como se todos fôssemos, de fato, apenas um gênero. No entanto, somos feitos distintamente homem e mulher, e as duas esferas se sobrepõem.

A imagem nos ajuda a compreender as diferenças entre 2 e 3 João. A segunda epístola de João é a única do Novo Testamento endereçada a uma mulher, e sua terceira epístola é praticamente idêntica à segunda, porém, desta vez, endereçada a um homem. As duas cartas expressam ideias opostas e, no entanto, tratam do mesmo tema.

DO SOFRIMENTO À GLÓRIA

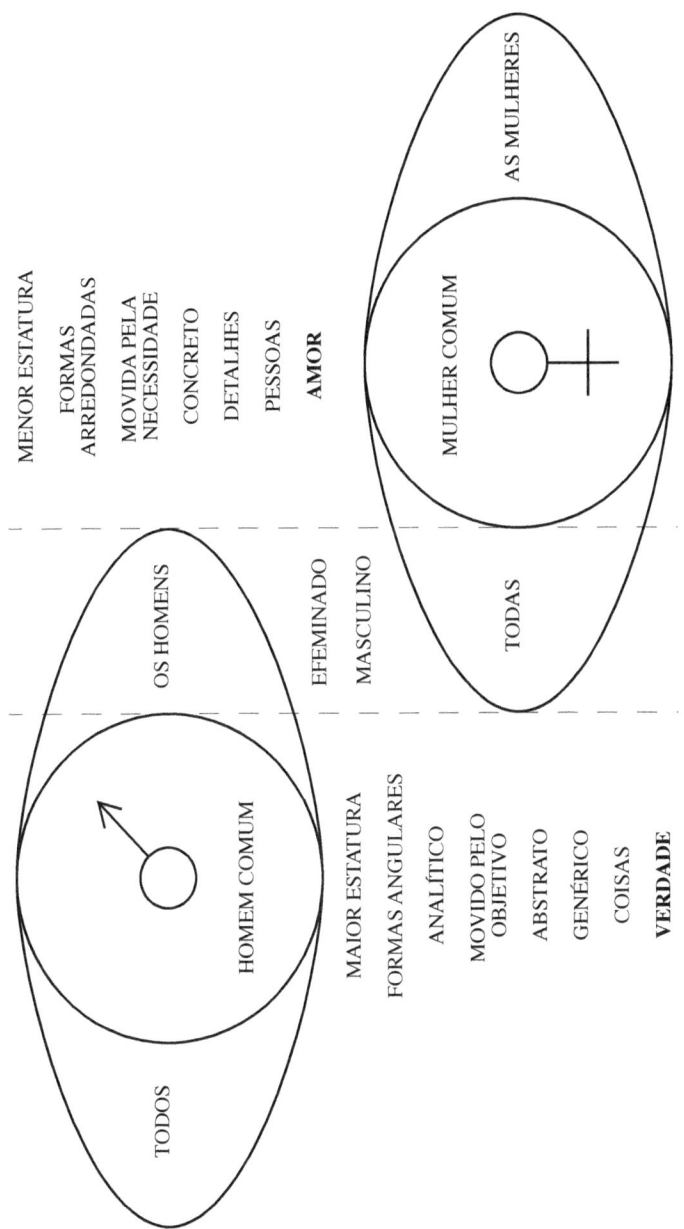

A distinção visual óbvia é que os homens são figuras angulares e as mulheres, figuras arredondadas. Os homens têm uma mente analítica, enquanto as mulheres são mais intuitivas. É muito irritante quando minha esposa conclui o mesmo que eu, principalmente se ela faz isso com seis semanas de antecedência! A intuição é muito mais forte na maioria das mulheres; os homens, por sua vez, apreciam parar e refletir sobre o assunto.

O pensamento dos homens é mais subjetivo, e o das mulheres mais prático. Os homens enxergam o quadro geral, e as mulheres, os detalhes. Por isso, enquanto os homens são movidos pelo objetivo e vivem para o futuro, o que move as mulheres é a necessidade. Um homem realiza-se quando tem um objetivo a alcançar; a mulher realiza-se quando tem uma necessidade a suprir. Os homens, portanto, tendem a ficar mais interessados em coisas, enquanto a tendência nas mulheres é interessar-se pelas pessoas.

Essa característica pode ser percebida nas conversas. Em uma reunião de homens, é provável que a conversa gire em torno de temas como motos e carros; as mulheres, em contrapartida, falam sobre pessoas e relacionamentos.

Um homem pode desassociar pensamentos de sentimentos, mas uma mulher pensa como um ser completo. Por essa razão, um homem é capaz de apaixonar-se por mais de uma mulher de uma única vez, enquanto uma mulher geralmente apaixona-se por um único homem. As mulheres precisam entender que os homens enfrentam tentações diferentes. Se a esposa descobre que seu marido saiu com uma colega de trabalho, ela presumirá que ele não a ama mais. Por causa dessas diferenças, ela tem dificuldades de acreditar que ele ainda a ama. O comportamento dele, mesmo assim, é errado.

Essa habilidade de ser frio e analítico é uma das razões pelas quais os homens são incumbidos da disciplina. Eles podem desassociar pensamentos de sentimentos e ser mais

DO SOFRIMENTO À GLÓRIA

objetivos a respeito de uma situação que exige confronto e punição. Aliás, sou a favor da pena de morte. Quando me perguntam se eu seria capaz de executar uma pessoa condenada à pena de morte, eu respondo que provavelmente sim. Minha esposa, por sua vez, jamais poderia fazer isso.

Graças a essas diferenças, os homens preocupam-se mais com a verdade e as mulheres, com o amor. Os homens correm o risco de enfatizar a verdade de forma exagerada e o amor, de forma insuficiente. Nas mulheres, o risco é que deem pouca ênfase à verdade, e ênfase excessiva ao amor. A segunda e a terceira epístolas de João encaixam-se perfeitamente nesse padrão. São muito semelhantes entre si, mas as diferenças correspondem a essas características dos gêneros.

Um esboço de 2 e 3 João

2JOÃO	3JOÃO
HOSPITALIDADE	**VERDADE E AMOR**
Para uma mulher:	Para um homem:
Perigo:	Perigo:
Excesso de amor	Excesso de verdade
Atitude:	Atitude:
Excessivamente sensível	Excessivamente prático
Porta escancarada	Porta emperrada
Recepciona as pessoas erradas	Rejeita as pessoas certas
Negligencia a verdade	Negligencia o amor
Doutrina inadequada	Comportamento inadequado

Ambos precisam...

Mulher	Homem
Amor	Verdade
Amor *e* verdade	Verdade *e* amor
nas mulheres	nos homens

As cartas são muito breves. João usa uma única folha de papiro tamanho A4. Ambas tratam do tema da hospitalidade e, provavelmente, foram escritas concomitantemente.

A hospitalidade tinha um papel importante na igreja primitiva porque os cristãos, de forma geral, não eram bem-vindos em lugar algum. As igrejas não possuíam edifícios próprios, por isso os membros se reuniam nas residências. Além disso, as hospedarias, muitas vezes, também serviam como prostíbulos, não sendo apropriadas, portanto, para os pregadores itinerantes. O sustento financeiro da maioria desses pregadores dependia dos crentes.

A igreja precisa tanto do ministério itinerante quanto do ministério local. Algumas igrejas estão trancafiadas em seu próprio ministério local e não se relacionam com outros ministérios. Outras dependem de visitas frequentes de pregadores de fora, e não investem em pregadores locais. No Novo Testamento, contudo, havia ministérios locais – pastores e mestres – e ministérios itinerantes – apóstolos, profetas e evangelistas. O Didaquê, um dos primeiros documentos cristãos, alerta que se um profeta permanece no mesmo local por mais de três dias, ele é um falso profeta. Os profetas costumam tornar-se demasiadamente enérgicos à medida que passam mais tempo com uma congregação. Uma igreja que tem um profeta residente terá problemas, pois, a cada semana, ele carregará mais e mais no tom!

Profetas e evangelistas precisam viajar; pastores e mestres precisam ficar na igreja. Aqueles que servem à igreja devem escolher se preferem exercer as funções de um pastor ou de um pregador itinerante. A igreja pode ser penalizada se os líderes que a servem tentam desempenhar as duas funções. Já vi muitas igrejas serem prejudicadas porque os membros nunca sabiam se o pastor estaria presente.

João escreve essas duas cartas porque acredita que a postura quanto à hospitalidade tem sido inapropriada. Cada carta reflete as fraquezas características do gênero ao qual se dirigia – a senhora escancarava a porta e o homem a mantinha firmemente fechada. Elas representam reações emblemáticas com as quais podemos aprender.

Para a senhora, o perigo era o excesso de amor e a insuficiência de verdade. Ela abria a porta a pessoas que não deveria receber. Demonstrava hospitalidade, mas sua atitude, na realidade, revelava um coração demasiadamente sensível e receptivo a qualquer um que desejasse ficar. Inconscientemente, ela estava sendo usada para introduzir o falso ensino na igreja. João precisava repreendê-la com mansidão, pois agindo dessa forma ela estava negligenciando a verdade.

Muitas heresias foram propagadas dentro da igreja por meio de mulheres. Elas se identificam com o mestre, mas é importante que também se dediquem a avaliar o conteúdo do ensino propagado. A segunda carta de Paulo a Timóteo nos mostra que os mestres hereges eram hábeis em enganar viúvas e mulheres inseguras. Paulo precisava alertar Timóteo a protegê-las do engano. Essa é uma das razões pelas quais Paulo diz a Timóteo que as mulheres não deveriam ser mestres. Ele ressalta o erro de Eva, embora devamos acrescentar que Eva foi enganada na presença de Adão, que se manteve calado.

Outro perigo é encontrado na terceira carta de João. Ele escreve sobre um homem que tem um ciúme excessivo de seu ministério, e não recebe qualquer outro mestre em sua comunidade. Mesmo aos bons mestres, que poderiam contribuir efetivamente com a comunidade, a entrada era recusada. O perigo nesse caso é que ele se concentre excessivamente na verdade e se esqueça do amor. O homem acha que, no que tange à doutrina, somente ele, e mais ninguém, detém a verdade. Por isso ele fecha a porta, e sua atitude revela um coração endurecido.

As duas cartas enfatizam a importância do trabalho

conjunto entre homens e mulheres. Deus nos criou como seres interdependentes, embora isso não signifique que essa relação de parceria seja encontrada no casamento apenas. Jesus é o perfeito exemplo de um homem que manteve relacionamentos perfeitos com mulheres. Ele as valorizava, ministrava-lhes e permitia que o servissem. Ainda assim, fazia distinções claras entre os papéis e as responsabilidades de homens e mulheres. Ambos foram igualmente criados à imagem de Deus e são iguais em dignidade, depravação e destino. Precisamos encontrar amor e verdade na mulher, e precisamos de verdade e amor no homem.

Uma análise de 2 e 3 João

2João		3João	
1–3	Amar em verdade	1	Amar em verdade
4	Seguir a verdade	2–4	Seguir a verdade
5–6	Seguir o amor	5–8	Seguir o amor
7–9	Alguns rejeitam a verdade	9–10	Alguns recusam o amor
10–11	Não os convide	11–12	Não os imite
12–13	Nossa alegria	13–15	Sua paz

É evidente que essas cartas foram escritas na mesma época e seguem exatamente o mesmo padrão. A "segunda" carta é endereçada a *Kyria*, que significa "senhora", mas não sabemos se o título refere-se a uma pessoa importante. Os "filhos" dessa senhora mencionados por João podem ser os filhos espirituais que se reuniam em sua casa. A análise revela que as duas cartas têm um esboço idêntico, porém os pontos centrais para o homem e para a mulher são completamente distintos.

A "terceira" carta é endereçada a Gaio, mas contém

um alerta a respeito de um homem chamado Diótrefes. A forma como esse indivíduo [Diótrefes] é descrito não é positiva. Ele é acusado de ser demasiadamente rígido. Era prolixo, arrogante e tinha fome de poder. Sentia ciúmes de sua pequena comunidade e receava que a vinda de outros mestres desviasse a atenção de sua liderança. Negava-se a permitir a visita do apóstolo João, chegando a ponto de rasgar uma carta que dele recebera.

Era um homem que excomungava qualquer um que não o apoiasse e que punia os que discordassem dele – até mesmo os apóstolos. Não encontramos registros de que ele tenha sido negligente em relação à fé, mas certamente refreava os dons de ensino que outras pessoas pudessem manifestar.

João, portanto, precisava exortar Gaio a que recebesse Demétrio – um respeitado mestre que não deveria ter sido afastado do ministério. Não está claro se Demétrio era um pregador local ou itinerante. É possível até que tenha sido o portador das cartas à igreja. Mas eles, certamente, o conheciam.

O apóstolo idoso
Os registros da igreja relatam duas histórias a respeito de João em idade avançada. Elas revelam o equilíbrio entre verdade e amor que havia em João. Ele defendia firmemente a verdade, recusando-se a fazer concessões, principalmente no que se refere à Pessoa de Cristo. Ao mesmo tempo, contudo, era um senhor extremamente amoroso.

Jerônimo, um dos pais da igreja, relata uma história sobre João que se passa por volta de 90 d.C. Nessa época, todas as semanas, o idoso João era carregado até a igreja sobre uma cadeira erguida por varas. Os membros da igreja costumavam pedir que ele falasse. Certo dia, João sentou-se diante de todos e disse apenas: "Filhinhos, ameis uns aos outros!".

No domingo seguinte, eles o carregaram à igreja e perguntaram se ele teria uma palavra a lhes dar. "Sim", disse ele, "tenho uma palavra para vocês hoje". A cadeira foi colocada à frente e ele anunciou: "Filhinhos, ameis uns aos outros!".

Na semana seguinte, eles o trouxeram novamente à igreja e o mesmo ocorreu. Começaram então a imaginar que João estivesse senil. Será que não se dava conta de que repetia as mesmas palavras? Finalmente foram até ele e lhe indagaram: "Mestre, por que sempre dizes: 'Filhinhos, amem uns aos outros'?". João respondeu: "Porque é uma ordem de Deus, e, se apenas isso for colocado em prática, será suficiente".

Outra história revela que a preocupação de João pela defesa da verdade não era menor. Ele fazia visitas frequentes às termas romanas para banhar-se. Certa vez, ao ser baixado à agua, avistou no outro lado da piscina um homem chamado Cerinto. Era o falso mestre que estava visitando as igrejas. João exclamou: "Saiamos daqui! Saiamos! Não aconteça que os próprios banhos venham abaixo porque Cerinto, o inimigo da verdade, neles se encontra!".

Naquele dia, portanto, tiveram de erguê-lo e levá-lo para casa sem o seu banho. João era um homem extremamente amoroso, porém a verdade tinha para ele a mesma importância que o amor.

Quando Jesus o conheceu, ele era um dos homens mais irascíveis da região. Jesus deu a João e a seu irmão Tiago o nome de *Boanerges* ou "filhos do trovão" – um apelido nada lisonjeiro! A reação de João aos samaritanos não foi atípica. Quando os samaritanos cuspiram sobre eles em Samaria, João perguntou a Jesus: "Senhor, queres que façamos cair fogo do céu para destruí-los?".

Mais tarde, João e Tiago foram persuadidos por sua mãe

a exigir uma posição de maior destaque em comparação aos outros apóstolos quando Jesus entrasse em seu Reino.

    Alguns sugerem que essa postura mais mansa tenha sido fruto do abrandamento que acompanha a velhice. Nem todo mundo, contudo, fica mais manso com a idade! João era o discípulo a quem Jesus amava e, pouco a pouco, o seu caráter tornava-se semelhante ao de seu Mestre.

    Essas cartas não exibem nenhuma das características menos encantadoras de um período anterior da vida de João. Eis aqui um homem pleno de amor e verdade, que anseia que outros também sejam encontrados assim. Jesus o transformou e, nessas cartas, ele se mostra desejoso de que seus leitores conheçam e apreciem o Salvador assim como ele o faz.

58.
APOCALIPSE

Diferenças de opinião

Há uma imensa variedade de opiniões a respeito do livro de Apocalipse. Quando reunidas, parece impossível afirmar que todas se referem à mesma peça literária.

Opinião humana
A opinião humana varia espantosamente. A reação dos incrédulos é compreensível, pois não são eles o público-alvo. Apocalipse talvez seja o livro menos indicado para ser usado como introdução à Bíblia cristã. Um comentário típico é que o autor do livro sofria de "indigestão, na melhor das hipóteses, ou de insanidade, na pior delas".

Mesmo entre os cristãos, há diversas posturas em relação ao livro. Há aqueles que têm pavor e não conseguem sequer abrir o livro, e os fanáticos, que não falam de outra coisa! Comentários negativos também foram feitos por estudiosos da Bíblia: "O número de mistérios equivale ao de palavras"; "é um amontoado aleatório de símbolos estranhos"; "Quem lê Apocalipse é louco; se não é louco, vai ficar".

Surpreendentemente, a maioria dos reformadores protestantes (os "magisteriais", assim chamados porque usaram as autoridades civis para alcançar seus objetivos) tinha uma perspectiva extremamente negativa do livro:

Lutero: "Nem apostólico nem profético...cada um pode formar seu próprio julgamento deste livro... devemos nos ater aos livros mais nobres... minha mente é incapaz de aceitá-lo".

Calvino omitiu-o de seu comentário sobre o Novo Testamento!

Zuínglio afirmou que o testemunho do livro pode ser rejeitado porque "não se trata de um livro da Bíblia".

Essa depreciação influenciou muitas das denominações que se originaram da Reforma. Como sabemos, houve certo debate na igreja primitiva a respeito da inclusão de Apocalipse no "cânon" bíblico, mas, no século 5º, todo o seu conteúdo foi incluído, sem ressalvas.

Alguns comentaristas avaliam positivamente o livro: "É a única obra-prima de pura arte encontrada no Novo Testamento"; "Belo além do que se pode descrever". Até mesmo William Barclay[16] – autor de uma série de comentários bíblicos que, posteriormente, adotou uma visão liberal das Escrituras – disse a seus leitores que o livro de Apocalipse era "infinitamente digno do esforço de digladiar com ele até que sejamos capazes de identificar suas bênçãos e desvendar suas riquezas".

Opinião satânica

A opinião satânica é invariavelmente negativa. O diabo odeia as primeiras páginas da Bíblia (que revelam como ele obteve controle de nosso planeta) e as páginas finais (que mostram como perderá esse controle). Se ele puder convencer os seres humanos de que Gênesis é uma compilação de mitos inadmissíveis e Apocalipse, de mistérios inexplicáveis, ficará satisfeito.

Este autor tem provas excepcionais do ódio de Satanás por Apocalipse, especificamente pelo capítulo 20. Muitas fitas cassete de uma pregação sobre esse capítulo foram danificadas entre as etapas de envio e recebimento. Em alguns casos, o trecho que fala da condenação do diabo foi simplesmente apagado antes de as fitas chegarem no destino; em outros, gritos em uma língua estranha sobrepuseram a mensagem gravada originalmente, tornando-a ininteligível!

O livro de Apocalipse revela o jogo enganoso de Satanás. Ele é príncipe e governante deste mundo somente por permissão de Deus. E essa permissão é temporária.

---

[16] Nota de Tradução (NdT): Um liberal nega muitos ensinos e milagres bíblicos.

Opinião divina

A opinião divina é invariavelmente positiva. Apocalipse é o único livro da Bíblia cuja leitura e preservação estão associadas diretamente às sanções divinas de recompensa e punição. Por um lado, uma bênção especial virá sobre os que leem em voz alta e os que ouvem a profecia (1.3), e sobre os que "guardam as palavras" [RA], meditando nelas e colocando-as em prática (22.7). Por outro lado, há uma maldição específica para aqueles que adulteram seu texto. Se alguém acrescentar alguma coisa, sofrerá as consequências – as pragas descritas no livro. Caso sejam subtrações ou eliminações, o ofensor será privado do privilégio de entrar na nova Jerusalém.

Tal bênção e tal maldição nos mostram a seriedade com que Deus encara os fatos e as verdades aqui revelados. Dificilmente ele poderia ser mais explícito a respeito da importância do livro.

Tendo como ponto de partida as opiniões a respeito de Apocalipse, vamos agora nos ater ao livro em si.

Considere, em primeiro lugar, a sua posição na Bíblia. Assim como Gênesis não poderia estar em outro lugar que não fosse o início, Apocalipse só poderia estar no final. De muitas maneiras, ele completa a "história".

Se tão somente considerarmos que a Bíblia é a história de nosso mundo, a função de Apocalipse é encerrá-la. Obviamente, a história bíblica é diferente de todas as outras publicações históricas. Ela começa antes de existirem observadores para registrar os eventos e termina depois, prevendo eventos que ainda não podem ser observados e registrados.

Consequentemente, precisamos definir se estamos diante do resultado da inspiração divina ou do fruto da imaginação humana. A resposta depende da fé. É uma escolha simples: crer ou não crer. Embora transcenda a razão, a fé não se contrapõe a ela. Os relatos bíblicos sobre a origem e o destino de nosso universo podem ser a melhor explicação para sua condição presente. Conhecer o final da história afeta de maneira significativa a forma como vivemos hoje.

No entanto, o interesse da Bíblia não é a preservação do meio ambiente, mas, sim, a preservação da raça humana, particularmente, o povo escolhido de Deus. Com esse povo ele mantém um relacionamento "pactual", análogo ao casamento. A Bíblia pode ser entendida como a história de um romance – um Pai celestial em busca de uma noiva terrena para seu Filho. Como todo bom romance, eles "se casam e vivem felizes para sempre". Esse clímax, contudo, é alcançado somente no livro de Apocalipse, sem o qual jamais saberíamos se o noivado (2Coríntios 11.2) de fato prosperou ou se a relação foi rompida!

Na verdade, é bem difícil imaginar a Bíblia sem o livro de Apocalipse, mesmo que não o lemos com frequência. Imagine se o Novo Testamento terminasse com a breve carta de Judas dirigida a uma igreja em sua segunda geração de cristãos, cujo credo, conduta, caráter e conversa estavam sendo corrompidos. Então é assim que tudo termina? Seria um anticlímax deprimente!

A maioria dos cristãos, portanto, mesmo sem muita familiaridade com o livro de Apocalipse, alegra-se que ele esteja disponível. Eles costumam lidar bem com os primeiros e com os últimos capítulos, mas estranham o extenso trecho central (capítulos 6–18). Essa estranheza deve-se em grande parte à singularidade desse trecho. Ele é difícil porque é diferente. Mas o que o torna tão diferente?

A natureza do texto apocalíptico

Apocalipse não se difere dos outros livros do Novo Testamento apenas em conteúdo. Sua concepção também é única.

Todos os outros livros foram escritos de forma intencional. Cada autor, por si próprio ou através de um escriba (ou assistente, como vemos em Romanos 16.22), decidiu escrever. Antes de registrar suas palavras, eles refletiam sobre o que desejavam dizer. O texto traz as marcas do temperamento, do caráter, da perspectiva e da experiência do próprio autor – muito embora ele fosse "inspirado" pelo Espírito Santo, que influenciava seus pensamentos e sentimentos.

Os estudiosos notaram muitas diferenças entre Apocalipse e os outros textos do apóstolo João (um evangelho e três epístolas). O estilo, a gramática e o vocabulário de Apocalipse são tão diferentes que eles concluíram ser obra de outro "João". Chegaram até mesmo a encontrar uma referência um tanto vaga a um desconhecido presbítero de mesmo nome em Éfeso que preenchia os requisitos. No entanto, o homem que escreveu Apocalipse simplesmente se apresenta como "seu servo João" (1.9) – uma indicação de que se tratava de alguém muito conhecido.

Há uma explicação mais simples para esse contraste que não diz respeito à evidente diferença de tema. Nunca foi intenção de João escrever Apocalipse. Ele o fez a partir de uma "revelação" totalmente inesperada, recebida de forma audível (vozes) e visual (visões). À medida que "ouvia" e "via" essa sequência assombrosa de vozes e visões, João era repetidamente instruído a "escrever" todas as coisas (1.11, 19; 2.1, 8, 12, 18; 3.1, 7, 14; 14.13; 19.9; 21.5). A repetição dessa ordem sugere que ele teria ficado tão envolvido com o que via e ouvia que, ocasionalmente, se esquecia de registrar.

Isso explica o "nível inferior" do grego, comparado ao seu nível de fluência normal. O livro foi escrito às pressas, em circunstâncias muito perturbadoras. Seria como se você recebesse instruções para "registrar por escrito" o filme enquanto assiste. Esse estilo "desconexo" é o mesmo usado por universitários quando fazem anotações durante as aulas. Por que, então, João não escreveu o livro usando essas anotações como base, a fim de que o resultado final pudesse ser mais elaborado? Isso ele dificilmente faria considerando que as últimas palavras ditadas continham uma maldição a qualquer um que alterasse o que ele havia escrito!

Tudo isso significa que João não foi o autor de Apocalipse. Ele apenas serviu de "escriba", registrando as informações. Quem, portanto, foi o autor? A mensagem foi muitas vezes transmitida a João por anjos. Tratava-se também da mensagem do Espírito às igrejas, além de ser a revelação de Jesus Cristo. Porém foi Deus quem a concedeu a Jesus. Observamos então uma cadeia complexa de comunicação: Deus, Jesus, o Espírito, os anjos e João. Mais de uma vez, o pobre João ficou confuso a respeito de quem deveria levar a glória pelo que ele estava vivenciando (19.10; 22.8-9). Somente os dois primeiros elos da corrente recebem adoração.

Esse livro, mais do que qualquer outro livro do Novo Testamento, faz juz ao nome de "revelação". A palavra grega assim traduzida na primeira frase é *apokalypsis*, de onde veio o substantivo "apocalipse" e o adjetivo "apocalíptico", hoje mais comumente usados em literatura de estilo e conteúdo semelhantes. A raiz da palavra significa "desvendar".

É como abrir a cortina para revelar o que estava escondido (como tirar o véu que encobre uma pintura ou uma placa).

No contexto bíblico, é a revelação do que estava oculto aos homens, porém era conhecido por Deus. Há certas coisas que o homem não pode saber a menos que Deus decida revelar. Em especial, o homem não pode saber o que está acontecendo no céu ou o que o futuro trará. Os fatos registrados e interpretados estão, portanto, rigorosamente limitados pelo tempo e pelo espaço. Pode ser, na melhor das hipóteses, um relato parcial do fluxo da história.

Quando Deus escreve a história, ele revela todo o quadro, especialmente porque ordena os eventos ao mesmo tempo que os observa. "A história é, de fato, o relato dele". Desde o início, ele faz "conhecido o fim, desde tempos remotos, o que ainda virá" (Isaías 46.10). O passado, o presente e o futuro nele estão interligados.

O mesmo acontece com o céu e a terra. Há uma interação entre o que acontece lá em cima e os fatos aqui embaixo. Um dos aspectos perturbadores de Apocalipse é a constante alternância de cena entre o céu e a terra. Isso acontece graças à conexão entre os eventos acima e abaixo (por exemplo, a guerra no céu leva à guerra na terra – 12.7; 13.7).

"Apocalíptica" é a história escrita do ponto de vista de Deus. Ela apresenta o quadro completo. Expande nosso entendimento dos acontecimentos no mundo, porque os vemos à luz de algo acima e além de nossa percepção limitada. Proporciona previsão e provisão, ampliando nossa compreensão do que se passa ao nosso redor, tornando-a maior do que a percepção de um historiador.

Emergem agora padrões e propósitos que o historiador desconhece. A história não se resume a um amontoado de acontecimentos fortuitos. A coincidência rende-se à providência.

A história não é estática. O tempo tem importância eterna. O tempo e a eternidade estão inter-relacionados. Deus não é atemporal, como afirma a filosofia grega. Ele está inserido no tempo; ou melhor, o tempo está inserido em Deus. Ele é o Deus que era, que é e que há de vir. O próprio Deus não pode mudar o que está no passado! A morte e a ressurreição de Jesus jamais podem ser alteradas ou canceladas.

Deus está cumprindo seus planos e propósitos dentro dos limites do tempo (*Cristo e o Tempo*, de Oscar Cullmann, Custom, 2003, é um clássico sobre o tema). Ele é o Senhor da história. Mas ela segue o padrão de Deus, que somente pode ser discernido quando ele revela as peças faltantes do quebra-cabeças. Tanto o que estava oculto à percepção humana quanto o que é revelado por Deus recebem o nome de "mistérios" no Novo Testamento.

O rumo dos eventos no passado e no presente torna-se aparente à luz do futuro. O formato da história não pode ser identificado no curto prazo, somente no longo, pois, para Deus, o tempo é, simultaneamente, relativo e real. Para ele, "mil anos são como um dia" (Salmo 90.4, citado em 2Pedro 3.8). Por isso sua admirável paciência conosco nos parece "lentidão" (2Pedro 3.9).

A Bíblia contém uma "filosofia da história" bem diferente da filosofia da pura razão humana. O contraste é evidente quando a comparamos com os quatro conceitos mais comuns sobre a história:

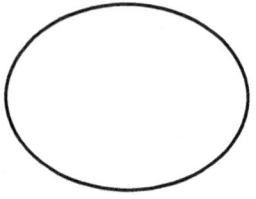

1. *Cíclica.* "A história se repete". Ela simplesmente move-se infinitamente em círculos ou ciclos. Às vezes o mundo fica melhor e, então, fica pior, depois melhora e piora novamente...e assim por diante. Esse era um conceito do pensamento grego.

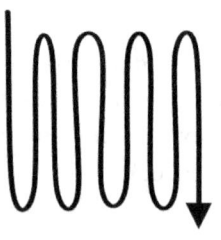

2. *Rítmica.* É uma variação da cíclica. O mundo ainda alterna entre períodos de melhora e piora, porém, eles nunca se repetem exatamente da mesma forma. O mundo sempre segue adiante; não temos como saber se terminará em "alta" ou em "baixa"!

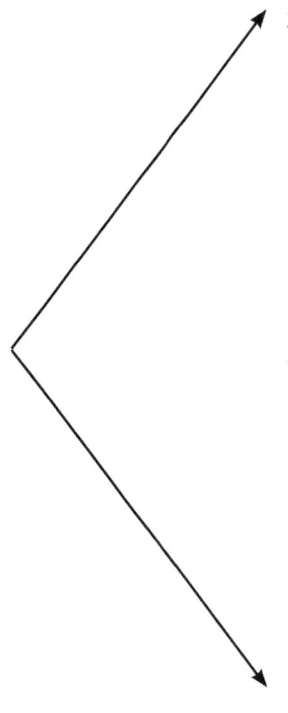

3. *Otimista.* O mundo está ficando cada vez melhor. Como disse certo primeiro-ministro britânico no início do século 20: "Para o alto e sempre avante". A palavra da vez era "progresso". A história seguia uma rota ascendente.

4. *Pessimista.* No final do século 20, não se falava em outra coisa a não ser "sobrevivência". Os especialistas do pessimismo acreditam que estamos numa rota descendente. Ela pode ser desacelerada, jamais detida. O mundo ficará pior até que a vida se torne impossível (estimativas atuais afirmam que seria por volta de 2040!).

O padrão bíblico, no entanto, é bem diferente de todos esses, pois une o pessimismo e o otimismo em um realismo baseado em todos os fatos.

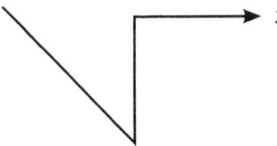

5. *Apocalíptica.* O mundo piorará progressivamente, e então, repentinamente, ficará melhor do que jamais esteve – e assim permanecerá.

Esse último conceito encaixa-se na visão de judeus, cristãos e comunistas. Todos eles o obtiveram da mesma fonte: os profetas hebreus (Karl Marx era filho de mãe judia e pai luterano). Eles divergem em um único ponto:

o elemento que produzirá a mudança drástica de direção. Os comunistas acreditam que a mudança se dará por meio da revolução do homem. Os judeus creem que será pela intervenção divina. Os cristãos acreditam que será com a volta de Jesus, o Deus-homem, ao planeta Terra.

Os que leram o livro de Apocalipse em sua totalidade perceberão agora que, na realidade, ele está estruturado exatamente sobre esse fundamento. Depois de tratar do presente em seus capítulos iniciais, o tema passa a ser o curso futuro da história, que piora gradualmente (nos capítulos 6–18) e depois melhora repentinamente (nos capítulos 20–22) – mudança que coincide com a segunda vinda de Cristo (no capítulo 19).

Há duas outras características da história apocalíptica sobre as quais devemos falar antes de seguir adiante.

A primeira delas é seu padrão basicamente *moral*. Visto que Deus ordena a história e ele é Todo-poderoso e perfeitamente bom, esperamos ver sua justiça sendo executada como recompensa para os que praticam o bem e como punição para os que agem com impiedade.

Não é isso, aparentemente, que vemos na prática, seja na vivência em âmbito universal e comunitário seja em âmbito individual. A vida parece terrivelmente injusta. A história parece indiferente à moralidade. O justo sofre e o ímpio prospera. O clamor constante é: "Por que um Deus que é bom permite que o mundo continue dessa maneira?". A Bíblia é sincera o bastante para registrar a perplexidade de Jó, de Davi, do próprio Jesus (Marcos 15.34, Salmo 22.1) e dos cristãos que foram martirizados por se manterem fiéis a ele (Apocalipse 6.10).

Tais dúvidas são fruto de uma visão de curto prazo centrada predominantemente no presente e, em parte, no passado. Uma visão de longo prazo leva em conta o futuro – o resultado final. Isso pode mudar totalmente a percepção de uma pessoa em relação ao presente (Jó 42; Salmo 73.15-28; Hebreus 12.2;

Apocalipse 20.4; resumida por Paulo em Romanos 8.18).

Todas as porções "apocalípticas" da Bíblia suportam essa visão de longo prazo, indicando que a história defende, sim, a moralidade (Daniel 7–12, passagem que tem muito em comum com Apocalipse, é um ótimo exemplo). Vivemos, sim, em um universo moral. O bom Deus ainda está assentado no trono. Não há dúvida de que ele é capaz de dar o melhor desfecho para essa história. Punirá o ímpio e recompensará o justo. Endireitará novamente o mundo e o entregará aos que demonstram o desejo de andar retamente. A história terá um final do tipo "felizes para sempre".

A literatura apocalíptica, Apocalipse inclusive, concentra-se em temas como recompensa, retribuição e restauração. Acima de tudo, retrata o Soberano Deus, assentado em seu trono, exercendo o perfeito controle das questões do mundo. Observe a palavra "retrata", que introduz a próxima característica da história apocalíptica.

A história é retratada geralmente de forma *simbólica*. É necessário que seja assim, pois o que é incomum está sendo comunicado. Os professores e mestres sabem que o desconhecido precisa, de alguma forma, ser relacionado ao que já é conhecido, e isso geralmente é feito por meio da analogia (expressões do tipo "é o seguinte:" normalmente introduzem a explicação de uma analogia). Na maioria das parábolas de Jesus a respeito do Reino dos céus encontramos referências a situações terrenas que nos ajudam a entender o princípio em questão (a expressão "O Reino dos céus é semelhante a..." introduz uma analogia).

Ajudar as pessoas a compreenderem algo requer a mesma medida de imaginação e de informação. Se elas conseguirem "visualizar" em suas mentes, entenderão com muito mais facilidade. Significativamente, a resposta muitas vezes é "Agora entendi o que você quer dizer".

Apocalipse está repleto de linguagem pictórica. Por meio

do uso constante de "símbolos", podemos visualizar o que, de outra forma, seria incompreensível. Nunca é demais enfatizar que o intuito é facilitar nossa compreensão, não a dificultar. Muitos usam a natureza "extremamente simbólica" do livro como justificativa para ignorar ou até mesmo desconsiderar seu ensinamento, como se os símbolos fossem demasiadamente obscuros e incapazes de transmitir uma mensagem clara. Esse não é o caso aqui, simplesmente porque é perceptível a classificação dos símbolos em quatro categorias:

Alguns têm significados *óbvios*. O "dragão" ou a "serpente" representam o diabo. O "lago de fogo" é o inferno. O "grande trono branco" é onde se assenta o juiz.

Alguns são *explicados* pelo contexto. As "estrelas" são anjos. Os "candelabros" são igrejas. Os "selos", as "trombetas" e as "taças" são desastres. O "incenso" representa as orações ascendentes. Os "dez chifres" são reis.

Alguns possuem *equivalentes* com outras passagens das Escrituras. No Antigo Testamento é possível encontrar: a árvore da vida, o arco-íris, a estrela da manhã, o cetro de ferro, os cavaleiros e os regimes tirânicos retratados como "animais" selvagens. Podemos concluir com segurança que esses símbolos preservaram seu significado original.

Alguns poucos símbolos são *obscuros*. Um exemplo é a "pedra branca", sobre a qual os estudiosos já apresentaram um número impressionante de interpretações. Uma declaração de inocência? Um sinal de aprovação? Uma medalha de excelência/honra? É bem provável que só conheceremos seu significado quando de fato a recebermos!

Os números também são usados como símbolos. Em Apocalipse há uma série de conjuntos de "sete": estrelas, candelabros, lâmpadas, trombetas, taças. É o número "redondo" da Bíblia, indicando completude e perfeição. O número "doze" é associado tanto ao povo escolhido de

Deus (as tribos de Israel) quanto ao novo (seus apóstolos); o "vinte e quatro" os une. "Mil" é a ordem mais alta. "Doze mil" de cada tribo de Israel eleva o total a "cento e quarenta e quatro mil".

O número que chama a atenção é o "666". Ele é formado pelo algarismo 6, que sempre aponta para o fracasso do homem em alcançar a "perfeição completa", representada pelo número 7. Em Apocalipse, o número 666 é usado como um sinal da identidade do último ditador, que se manifestará antes que Jesus reine por mil anos (em latim, um *millennium*). Seria um indicativo o fato de "666" ser a soma de todos os algarismos romanos (I=1 + V=5 + X=10 + L=50 +C=100 + D=500), desprezando apenas o algarismo de milhar (M=1000)? Falharão, contudo, todas as tentativas de identificá-lo com base nesse número até o momento de sua chegada, quando tudo ficará perfeitamente claro.

Há tantos elementos evidentes em Apocalipse que podemos aceitar algumas obscuridades agora, crendo que serão esclarecidas pelos eventos futuros, quando a informação for realmente necessária. Enquanto isso, podemos agradecer a Deus por nos ter revelado tantos detalhes.

Está claro que Deus se expressa por meio de vozes humanas – pela boca de seus "profetas". João percebeu que a mensagem que transmitia não vinha de si mesmo. Ele chama seus escritos de "esta profecia" ou "profecia deste livro" (1.3; 22.7, 10, 18, 19). Portanto, além de apóstolo, João é também um profeta. Assim, Apocalipse é o único livro "profético" do Novo Testamento.

A profecia em geral nos permite "entre-ver" (uma palavra de Deus sobre o presente) e "ante-ver" (uma palavra de Deus sobre o futuro). Apocalipse tem os dois tipos de revelação, sendo que a maior parte delas são predições de eventos que ainda estão por vir.

Quando essas previsões se cumprirão? Os fatos já

ocorreram? Estão acontecendo neste momento? Ainda estão por vir? Devemos analisar as diversas respostas oferecidas a essas indagações.

Escolas de interpretação

Aproximadamente um terço dos versículos do livro de Apocalipse contém uma previsão. Entre eles, 56 eventos distintos são preditos. Exatamente metade deles está em linguagem simples e a outra metade, na forma simbólica de imagens.

A maioria deles ocorre após o capítulo 4, que inicia com uma evidente mudança de perspectiva – da terra para o céu e do presente para o futuro ("Suba para cá, e lhe mostrarei o que deve acontecer depois dessas coisas" – 4.1).

São claras referências a acontecimentos futuros, que são revelados para o autor e para os leitores originais do primeiro século d.C., mas até que ponto do futuro se estendia a previsão? Os eventos previstos estão no passado, no presente ou no futuro em relação a nós, que vivemos 19 séculos depois? Eles já foram cumpridos (um olhar para trás), estão sendo cumpridos (um olhar a nossa volta) ou serão cumpridos (um olhar adiante)?

É nesse ponto que surgem as diferentes interpretações. Durante o intervalo de anos entre o momento em que a profecia foi dada e hoje, surgiram quatro conceitos principais que deram origem a quatro "escolas de interpretação". A maioria dos comentários se baseia em um único ponto de vista. É importante analisar todos eles antes de presumir que um deles está correto. É demasiadamente fácil e arriscado aceitar o primeiro comentário que lemos ou ouvimos.

Por estarem hoje tão bem convencionadas, as quatro escolas receberam rótulos conhecidos: preterista, historicista (dividida em duas variantes), futurista e idealista. Não deixe que o jargão técnico o desanime. É importante que você esteja apto a identificar as diversas abordagens com as quais pode se deparar.

1. Preterista

Essa visão considera que as previsões foram cumpridas durante o declínio e a queda do império romano, quando a igreja estava sob as pressões das perseguições imperiais. O livro de Apocalipse foi escrito para os cristãos do século 1º d.C. com o intuito de prepará-los para o que aconteceria nos dois séculos seguintes. A "grande cidade" da Babilônia, assentada sobre as "sete colinas" (17.9), é identificada como Roma (Pedro aparentemente fez a mesma comparação – veja 1Pedro 5.13).

Embora a maior parte de Apocalipse esteja no "passado" para nós, isso não significa que tenha menos valor. Aprendemos muito com toda a narrativa histórica encontrada nas Escrituras. Na verdade, ela constitui a maior parte da Bíblia. Podemos encontrar inspiração e instrução nos fatos passados.

O ponto forte dessa visão é que, de fato, qualquer estudo bíblico deve iniciar com a análise do contexto original do autor e de seus leitores. Qual seria o significado desse texto para os leitores originais? A compreensão da intenção do autor e da visão dos leitores em seu contexto é imprescindível para se obter a verdadeira interpretação e aplicação da mensagem.

Essa escola de interpretação, no entanto, tem vários pontos fracos. Para começar, poucas previsões específicas, talvez nenhuma delas, realmente se cumpriram durante o império romano. Somente algumas tendências genéricas podem ser identificadas, porém sem equivalências específicas (alguns tentaram extrair "666" das cartas de "Nero César", embora Apocalipse provavelmente tenha sido escrito 30 anos após a morte do imperador!). Isso também significa que a maior parte do livro perde sua relevância direta após a queda de Roma e pouco teria a dizer à igreja dos dias posteriores. Diante do consenso entre os estudiosos de que os últimos poucos capítulos referem-se ao fim do mundo que ainda é futuro para nós, resta apenas uma imensa lacuna entre o início e o fim da história da igreja, sem qualquer orientação direta para os muitos séculos que sucederam. A segunda abordagem preenche essa lacuna.

2. Historicista

Essa visão afirma que as previsões cobrem toda a "era da igreja" entre a primeira e a segunda vinda de Cristo. É uma história do *anno Domini,* codificada na forma simbólica, abrangendo as fases e crises mais importantes de todo o período. O cumprimento, portanto, é passado, presente e futuro para nós. Estamos vivenciando o livro de Apocalipse e, com base no que já se passou, podemos saber o que virá a seguir na programação.

Certo acadêmico elaborou um índice de referência cruzada entre cada seção de Apocalipse e os muitos volumes do *Cambridge Ancient and Modern History* – um tratado sobre a história. Acredita-se que estejamos vivendo em algum ponto da história que corresponde aos capítulos 16 ou 17!

Essa teoria, pelo menos, tornou o livro relevante e despertou o interesse de muitas gerações de cristãos. Porém, essa característica não compensa as falhas.

Uma dessas falhas é que muitos detalhes são "forçados" para que possam adequar-se aos eventos conhecidos. O maior problema, entretanto, é o fato de não existirem dois "historicistas" que estejam de acordo quanto à correlação entre Bíblia e história! Se estivessem usando o método correto, certamente haveria um grau maior de unanimidade em suas conclusões. E ainda lhes restam muitos detalhes sem cumprimento.

Até agora, consideramos apenas um tipo de "historicismo". Nós o chamaremos de *linear*, pois afirma que a parte central de Apocalipse segue uma linha reta de eventos entre o primeiro e o segundo advento de Cristo.

Há outro tipo – nós o chamaremos de *cíclico* – segundo o qual Apocalipse cobre toda a história da igreja mais de uma vez, retornando constantemente ao início e "recapitulando" os eventos sob outro ângulo. William Hendriksen, autor de *Mais que vencedores* (1960), alega ter descoberto sete ciclos, sendo que cada um deles cobre uma das eras da igreja (nos capítulos 1–3, 4–7, 8–11, 12–14, 15–16, 17–19, 20–22)! O autor consegue, portanto, situar o Milênio (capítulo 20) antes da segunda vinda (capítulo 19) e, assim, defender a visão "pós-milenista". Porém, esse "paralelismo progressivo", como é chamado, não é encontrado no texto, mas parece ser "forçado". A separação radical dos capítulos 19 e 20, em especial, é totalmente injustificável.

A interpretação historicista é provavelmente a menos satisfatória e convincente, tanto na forma linear quanto na cíclica.

3. Futurista

De acordo com essa visão, o bloco central de previsões aplica-se aos últimos poucos anos que antecedem a segunda vinda. Para nós, portanto, ainda é futuro, por isso leva esse nome. Ela refere-se ao clímax do controle maligno no mundo, que será a Grande Tribulação para o povo de Deus (Apocalipse 7.14; também mencionada por Jesus em Mateus 24.12-22).

Todos os eventos serão compactados em um período bastante curto – três anos e meio, para ser exato (explicitamente referido como "um tempo, tempos e meio tempo" ou "quarenta e dois meses" ou "mil, duzentos e sessenta dias" – 11.2-3; 12.6, 14, citando Daniel 12.7).

Visto que os eventos ainda são futuros, as previsões tendem a ser compreendidas de forma mais literal, como uma descrição precisa do que acontecerá. Não há mais necessidade de customizá-las para que se encaixem na história. A série de desastres certamente parece conduzir diretamente ao fim do mundo.

Qual é, então, a mensagem para a igreja no decorrer das eras? A maior parte do livro, nesse caso, seria relevante somente à última geração de crentes. Surpreendentemente, muitos futuristas também creem que a igreja será "arrebatada" aos céus antes que comecem as dificuldades ou tribulações, sendo assim, nem mesmo os últimos cristãos precisariam ter conhecimento dessas profecias!

Outro ponto fraco é que os futuristas tendem a tratar Apocalipse como um "almanaque", produzindo um interesse excessivo em gráficos e cronogramas do futuro. O fato de os futuristas nem sempre estarem de acordo entre si sugere que Apocalipse não tenha sido escrito com esse propósito especulativo.

4. Idealista

Essa abordagem elimina todas as referências específicas de tempo e igualmente desencoraja a correlação com eventos específicos. Apocalipse retrata a luta "eterna" entre o bem e o mal, e as "verdades" contidas em suas narrativas podem ser aplicadas aos cristãos de qualquer século. A batalha entre Deus e Satanás está em progresso, mas a vitória divina pode ser experimentada por uma igreja "vencedora" em qualquer época. A "mensagem essencial" pode ser aplicada, de forma universal e atemporal – em qualquer período do tempo e em qualquer lugar.

O principal e, possivelmente, único mérito dessa visão é

que a mensagem do livro se torna imediatamente relevante a todos os que a leem. Eles enfrentam a batalha descrita e podem ter a garantia de que "aquele que está em vocês é maior do que aquele que está no mundo" (1João 4.4). É possível ser "mais que vencedores" (Romanos 8.37).

Essa postura, contudo, nos leva a encarar Apocalipse como "mito". O livro teria apenas aplicação espiritual, sem dispor de fundamentação histórica. Como acontece nas Fábulas de Esopo ou em O Peregrino, os eventos descritos são ficção, mas as histórias contêm verdades que devem ser extraídas da narrativa antes de ser aplicadas. O resultado desse processo de "desmitologização" é que muitos relatos e fatos históricos são descartados, configurando licença poética [e linguagem figurada], pois servem apenas de fachada e estão desvinculados do conteúdo.

Por trás de tudo isso está a filosofia grega, que separava o espiritual e o físico, o sacro e o secular, a eternidade e o tempo. Deus, diziam eles, é atemporal. A verdade, portanto, é atemporal, embora também seja pontual. Mas a verdade não está relacionada a "períodos de tempo". A noção de história como algo cíclico desconsidera o conceito de "final dos tempos" – a ideia de que o tempo chegaria a um clímax ou conclusão.

Essa ideia traz graves consequências à "escatologia" (o estudo dos "últimos eventos", da palavra grega *eschatos* = "fim" ou "último"). Eventos como a segunda vinda e o Dia do Juízo são transferidos do futuro para o presente, do então para agora. A escatologia torna-se "existencial" (isto é, referente ao momento presente da existência) ou "realizada" (como em "investimento realizado" – quando o dinheiro está disponível para gastar agora).

É claro que as "previsões" precisam sofrer mudanças radicais para que possam ser adaptadas ao presente – isso geralmente ocorre por meio de um processo de "espiritualização" (uma forma "platônica" de pensar). A nova Jerusalém (no capítulo 21), por exemplo, passa a ser a descrição de uma pessoa e não de um lugar, uma imagem "idealizada" (atenção à palavra) da igreja, com os detalhes arquitetônicos convenientemente ignorados!

Vamos resumir essa análise. A pergunta "Que período do tempo o livro de Apocalipse abrange?" é respondida de quatro maneiras distintas.

- O preterista responde: os primeiros séculos d.C.
- O historicista responde: todos os séculos d.C. entre a primeira e a segunda vinda.
- O futurista responde: os últimos anos do último século d.C.
- O idealista responde: qualquer século d.C., nenhum em particular.

Logo, qual das visões é a correta? Há pontos fortes e fracos em cada uma delas. Precisamos escolher uma apenas? É possível que todas estejam corretas? Ou que todas estejam equivocadas?

As observações a seguir podem ajudar o leitor a chegar a uma conclusão.

Em primeiro lugar, parece óbvio que nenhuma delas destrava a mensagem de todo o livro. Cada uma das "escolas" enxergou verdades, mas nenhuma delas revelou o todo. O uso de uma abordagem única sempre requer certa medida de manipulação do texto.

Segundo, não há razão para se ater a uma interpretação somente. Os textos têm significados e aplicações diferentes. No entanto, é necessário aplicar algum controle para evitar que o uso arbitrário de abordagens distintas reforce uma opinião formada antes mesmo de analisar o texto bíblico. Esse controle é provido pelo contexto e pelo questionamento constante: é esse o sentido que o autor divino e o leitor humano têm em mente?

Terceiro, trechos específicos de cada um dos quatro

métodos podem auxiliar na compreensão. Em todos eles há elementos que são compatíveis e podem ser usados de forma conjunta, embora deva-se acrescentar que outros são completamente incompatíveis e não podem ser associados.

Quarto, a ênfase pode mudar de acordo com as diferentes seções do livro. A cada estágio, o método ou os métodos de interpretação mais apropriados devem ser selecionados e aplicados. No restante deste capítulo ilustraremos isto em termos práticos, considerando as três principais divisões de Apocalipse:

O INÍCIO (CAPÍTULOS 1–3)

Não há muita controvérsia a respeito dessa seção, por isso ela é apresentada com mais convicção e frequência do que as demais (veja, por exemplo, *O Que Cristo Pensa da igreja*, de John Stott, United Press, 1999). A maioria das pessoas sente-se à vontade com a interpretação tradicional (porém pouco à vontade com sua aplicação!). O problema com essa seção é que nós a compreendemos *bem demais*. Encontramos alguma dificuldade com detalhes (anjos) e símbolos (pedras brancas e maná escondido), mas as cartas às sete igrejas na Ásia não se diferenciam de outras epístolas do Novo Testamento. Sendo assim, qual "escola de interpretação" é apropriada?

A "preterista" seguramente acerta ao direcionar nossa atenção ao primeiro século. Qualquer exegese genuína deve *começar* com o estudo diligente do texto e do contexto histórico. Mas precisa se limitar a isso?

A "historicista" acredita que as sete igrejas representam a igreja como um todo, ao longo do *tempo*, em sete épocas consecutivas de sua história. Éfeso abrange a igreja primitiva; Esmirna, as perseguições romanas; Pérgamo, o período de Constantino; Tiatira, a Idade Média; Sardes, a Reforma; Filadélfia, o movimento missionário mundial; e

Laodiceia, o século 20. Os paralelos, contudo, são "forçados" (as igrejas ocidentais podem parecer "laodiceianas", mas as do terceiro mundo estão bem longe disso!). Esse esquema simplesmente não se encaixa.

A "futurista" é ainda mais bizarra, pois crê que, pouco antes do retorno de Jesus, as sete igrejas serão restabelecidas exatamente nas mesmas cidades da Ásia, com base na suposição equivocada de que a expressão "virei a você" (2.5, 16; 3.3) seja uma referência à segunda vinda. Na realidade, essas igrejas há muito desapareceram – seus "candelabros foram removidos".

A "idealista" geralmente partilha da visão "preterista" nessa seção, porém acrescenta que as sete igrejas históricas representam as variações da igreja universal. Éfeso representa as comunidades ortodoxas, porém frias; Esmirna, as que sofrem; Pérgamo, as pacientes; Tiatira, as corrompidas; Sardes, as comunidades mortas; Filadélfia, as fracas, porém evangelísticas; Laodiceia, as mornas.

É questionável se essas categorias abrangem toda a gama de variações da igreja. Mas o consolo e o desafio encontrados na mensagem das cartas podem ser aplicados às igrejas em qualquer período de tempo e lugar.

A preterista, com um toque da idealista, portanto, parece ser a combinação certa para a primeira seção.

O MEIO (CAPÍTULOS 4–18)

É nessa seção que as diferenças são mais nítidas. O relato da visão inicial do trono de Deus apresenta poucos problemas de interpretação e tem inspirado a adoração através dos tempos. O debate começa quando Jesus, o Leão/Cordeiro, libera os desastres no mundo e o sofrimento à igreja. Quando isso acontece? Provavelmente num período entre o segundo século (para as sete igrejas, ainda seria "o que está por vir" 4.1) e a segunda vinda (no capítulo 19).

A "preterista" limita essa seção ao "declínio e queda do império romano". No entanto, os eventos mais profetizados, particularmente as catástrofes "naturais", simplesmente não aconteceram durante aquele período. Boa parte do texto precisaria ser entendida como "licença poética" – uma vaga referência ao que poderia acontecer.

A "historicista" apresenta praticamente o mesmo problema ao tentar inserir toda a história da igreja nesses capítulos, seja numa narrativa contínua ou em "recapitulações" repetidas. Os detalhes não se encaixam.

A "futurista", obviamente, acredita no cumprimento literal das previsões detalhadas, visto que nada relacionado a ela aconteceu. Dois aspectos parecem confirmar que essa escola é a que mais se aproxima da aplicação correta. Em primeiro lugar, a "tribulação" que está por vir é nitidamente pior do que qualquer outra que o mundo já tenha conhecido (conforme Jesus previu em Mateus 24.21). Segundo, esse período de tribulação parece conduzir diretamente aos eventos que marcam o fim dos tempos. Mas isso é tudo? O trecho não tem qualquer relevância para a igreja antes desse período?

A escola "idealista" erra quando "desmitologiza" essa seção, desassociando-a completamente do seu tempo. É correto, no entanto, procurar uma mensagem que possa ser aplicada a qualquer fase da história da igreja. A chave está na própria Bíblia, que ensina claramente que os eventos futuros são precedidos por sinais. Há muitas "prefigurações" de Jesus no Antigo Testamento (como explica a carta aos Hebreus). A vinda do anticristo é precedida por "muitos anticristos" (1João 2.18), e a do falso profeta, por muitos falsos profetas (Mateus 24.11). A futura perseguição universal já é realidade em muitos lugares. Somente por sua escala é que a Grande Tribulação se distingue das "muitas tribulações" ou "aflições" que ocorreram ao longo dos tempos (João 16.33; Atos 14.22). Esses capítulos, portanto, podem nos ajudar a entender tanto as tendências atuais quanto seu clímax final.

Desse modo, a combinação entre a escola futurista e, em certa medida, da idealista desvenda da melhor forma essa seção.

O FIM (CAPÍTULOS 19–22)

O livro de Apocalipse parece ficar mais claro à medida que se aproxima do final, porém ainda há alguns trechos que suscitam polêmica. Muitos encaram esses capítulos como uma referência ao futuro distante – os "últimos acontecimentos" – que tem início com o retorno de Cristo (no capítulo 19).

A "preterista" para por aqui. São poucos os que tentam relacionar esses capítulos aos eventos ocorridos na época da igreja primitiva.

A escola "historicista" divide-se nitidamente em duas. A variedade "linear" entende essa seção como o "fim dos tempos", subsequente à "era da igreja". A "cíclica", contudo, encontra "recapitulações" até mesmo aqui. Alguns entendem o Milênio do capítulo 20 como uma descrição da igreja antes da segunda vinda, relatada no capítulo 19! Outros entendem a "nova Jerusalém" do capítulo 21 como uma descrição do Milênio antes do Juízo Final, presente no capítulo 20! O texto em si não justifica esse deslocamento radical de eventos, mas parece ter sido manipulado para se alinhar a métodos e dogmas teológicos.

A "futurista" tem poucos oponentes nessa seção. É evidente que a segunda vinda, o Dia do Juízo, o novo céu e a nova terra ainda não chegaram.

A "idealista" tem poucos defensores nessa seção. Eles tendem a ignorar por completo a nova terra e referem-se ao "céu" como a esfera atemporal para a qual os crentes serão transferidos após a morte. A "nova Jerusalém" retrata esse reino eterno ("o monte Sião" e "a Jerusalém celestial" de Hebreus 12.22); mas ela não "desce do céu", de acordo com essa visão (apesar de Apocalipse 21.2, 10!).

Nessa seção, portanto, a escola "futurista" pode ter o monopólio da abordagem.

Mais adiante, compartilharemos uma "introdução" ao próprio texto de Apocalipse, usando as ferramentas que consideramos apropriadas (e que não incluem a visão historicista). Antes disso, porém, há outra questão importante a considerar.

As quatro "escolas" de interpretação partilham da mesma premissa: a pergunta mais importante é: QUANDO? Isto é, em que momento do tempo são cumpridas as previsões?

Isso significa começar com a suposição de que o enfoque principal de Apocalipse estaria na previsão do futuro, a fim de satisfazer nossa curiosidade ou reduzir nossa ansiedade por meio da revelação do que acontecerá, tanto no futuro imediato quanto no futuro distante.

Essa visão, no entanto, é extremamente questionável. O Novo Testamento não foi escrito para satisfazer a curiosidade humana. Na realidade, somos incentivados a evitar qualquer tipo de especulação. Toda "revelação" de eventos futuros tem um propósito prático, até moral. O futuro só é revelado para que o presente possa ser influenciado por ele.

A pergunta fundamental, portanto, não é "quando", mas "POR QUE?". Por que o livro de Apocalipse foi escrito? Por que foi revelado a João? Por que ele foi instruído a transmiti-lo a outros? Por que precisamos ler e "guardar" essas palavras?

A resposta a essas perguntas é "não apenas para nos comunicar o que acontecerá, mas para nos *preparar* para o que virá". Como chegamos a essa conclusão?

Senso de propósito

Por que o livro de Apocalipse foi escrito? A resposta pode ser encontrada facilmente quando outra pergunta é feita: Para quem o livro foi escrito?

O livro nunca foi concebido para ser um texto acadêmico dirigido a alunos ou mestres de teologia. São estes que costumam torná-lo complexo a ponto de intimidar as pessoas simples. Leia a confissão de um deles:

> Afirmamos corajosamente que o estudo deste livro não ofereceria absolutamente qualquer possibilidade de erro se o preconceito inconcebível, geralmente ridículo, de teólogos de todas as eras não o tivesse emaranhado a tal ponto e tornado espinhoso por suas supostas dificuldades, que os leitores, em sua maioria, recuam alarmados. À parte desses preconceitos, Apocalipse seria o livro mais simples e mais transparente já escrito pelo profeta. (Reuss, em 1884, citado em *The Prophecy Handbook*, World Bible Publishers, 1991).

A situação não evoluiu muito desde então, como revela um comentário recente:

> É um dos infortúnios de nossa cultura voltada ao conhecimento que algo aparentemente difícil seja sempre encaminhado à universidade para que seja desvendado. (Eugene Peterson, escrevendo em *Reversed Thunder*, Harper-Collins, 1988, p. 200).

O efeito disso é a noção generalizada de que o livro não será compreendido pelo "leigo" (quer o rótulo seja usado em seu sentido educacional ou eclesiástico).

Leitores comuns

Nunca é demais enfatizar que Apocalipse foi escrito para pessoas muito simples. Destinava-se aos membros das sete igrejas em uma época em que "poucos eram sábios segundo os padrões humanos; poucos eram poderosos; poucos eram de nobre nascimento" (1Coríntios 1.26).

A respeito de Jesus, a Bíblia diz que "a grande multidão o ouvia com prazer" (Marcos 12.37). Trata-se de um elogio tanto para a multidão quanto para Jesus. A multidão reconhecia que ele "falava com autoridade", pois sabia do que estava falando. É muito mais fácil enganar os que são muito cultos!

O livro de Apocalipse descortina seus tesouros aos que o leem com uma fé simples, uma mente aberta e um coração manso.

Circula nos Estados Unidos uma história que destaca esse ponto, embora pareça história inventada de pregador (como o filho do pastor certa vez lhe perguntou: "Papai, aquela história é verdadeira ou você só estava pregando?")! Conta-se que alguns alunos de teologia estavam tão cansados e confusos com as aulas sobre temas "escatológicos" que decidiram jogar basquete no ginásio do campus. Durante o jogo, perceberam que o zelador lia sua Bíblia enquanto aguardava o fim do jogo para trancar o ginásio. Os alunos perguntaram, então, que passagem ele estava lendo e ficaram surpresos ao descobrir que ele estudava Apocalipse.

— Não dá para entender nada, né? – perguntaram.
— Claro que dá – ele respondeu.
— Então, diga-nos, do que se trata?

Com o olhar iluminado e um sorriso aberto, ele respondeu:
— É simples! Jesus ganha!

Obviamente, há muito mais a ser dito a respeito de Apocalipse. Esse, contudo, é um bom resumo. Muitos são os que estudaram seu conteúdo e não discerniram sua mensagem. O bom senso é um requisito básico. Ninguém encara todo o livro de forma literal. Ninguém o aceita somente como simbologia. No entanto, onde fica a linha que separa o literal e o simbólico? Essa compreensão terá um efeito profundo na interpretação do livro. O bom senso pode ser de grande ajuda. Os quatro cavaleiros são símbolos, mas as guerras, o derramamento de sangue, a fome e as enfermidades que eles representam são claramente literais. O "lago de fogo" é um símbolo do inferno, porém é literal o "tormento" eterno que ele produz (Apocalipse 20.10).

As normas do discurso podem ser aplicadas de forma útil. As palavras devem ser compreendidas em seu sentido denotativo [literal], mais básico, mais simples, a menos que seja indicado de outra forma. Deve-se presumir que os interlocutores (inclusive Jesus) e os escritores (inclusive João) realmente sabiam o que desejavam comunicar com suas palavras. Por essa razão, elas devem ser compreendidas em seu sentido literal.

Também é útil presumir que palavras repetidas em um mesmo contexto tenham o mesmo sentido, a menos, novamente, que o contrário esteja claramente indicado. Uma alteração repentina de sentido confundiria tanto quanto uma mudança na pronúncia ou na grafia. Essa regra não se aplica às duas "ressurreições" de Apocalipse 20.

Isto posto, devemos acrescentar a necessária observação de que o livro de Apocalipse foi escrito para pessoas comuns, que viviam num tempo e lugar muito diferentes dos nossos. Não é de se estranhar que aspectos óbvios para eles sejam obscuros a nós, que estamos separados por dois mil anos no tempo e a muitos quilômetros de distância.

Eles eram gentios de etnia mista que residiam em uma província de Roma, falavam grego, liam as Escrituras judaicas e estavam unidos pela fé cristã que partilhavam. Por isso, precisamos usar o máximo de conhecimento possível de sua origem, cultura e língua. O objetivo do exercício é descobrir o que *eles* teriam entendido quando ouviram Apocalipse lido em voz alta, possivelmente de uma só vez, do início ao fim. Uma experiência assim pode ser muito diferente da nossa, que lemos, silenciosamente, pequenas porções diárias do texto.

O livro, contudo, também é claramente direcionado a nós, em nosso tempo, ou não estaria no Novo Testamento. Esse deve ter sido o plano do Senhor quando entregou a mensagem a João. Podemos presumir, desse modo, que a distância espaço-temporal não seja um obstáculo intransponível.

Um fator muito mais importante do que a lacuna cultural é a diferença de contexto. É vital saber quais circunstâncias exigiram que o livro fosse escrito. Essa é a chave-mestra para destravar sua mensagem. Há um fator motivador para todos os livros do Novo Testamento – a razão pela qual ele foi escrito, a necessidade que deveria suprir. Apocalipse não é exceção.

Razões práticas
Já afirmamos que o principal propósito do livro não era apresentar um cronograma dos eventos futuros, mas preparar os leitores para o que estava por vir. Sendo assim, o livro deveria prepará-los para qual fato futuro? A resposta está na primeira página (1.9-10).

João, o autor, já enfrenta sofrimento e perseguição por causa de sua fé. Ele está preso, embora não tenha cometido crime algum. Em Patmos, uma ilha do mar Egeu (o equivalente a Alcatraz, em São Francisco, EUA, ou Robben Island, na África do Sul), João é um preso "político". Foi encarcerado e exilado por motivos religiosos. Sua devoção exclusiva à "palavra de Deus e ao testemunho de Jesus" é vista como traição pelas autoridades e como ameaça à *pax romana,* que se baseava na tolerância politeísta e no culto ao imperador. Os cidadãos deveriam crer em muitos deuses, e o imperador era um deles.

Próximo ao final do primeiro século, essa situação atingiu seu ápice, produzindo nos cristãos uma crise de consciência. Júlio Cesar fora o primeiro a autoproclamarse divino. Seu sucessor, Augusto, havia encorajado a construção de templos em sua própria honra, e vários deles foram erguidos na Ásia (hoje Turquia ocidental). Embora Nero tivesse iniciado a perseguição aos cristãos (cobrindo-os com piche e usando-os como tochas vivas em suas festas noturnas ou costurando em seus corpos peles de animais selvagens para que fossem caçados por cães), essa perseguição foi limitada a um período de tempo e lugar.

Foi a chegada de Domiciano, na última década do primeiro século, que inaugurou os ataques mais violentos aos cristãos. Esses ataques persistiriam de forma intermitente por 200 anos. Domiciano exigia a adoração universal à sua pessoa, sob pena de morte. Uma vez por ano, lançava-se incenso no fogo do altar diante de seu busto com a aclamação: "César é Senhor". O dia designado para essa cerimônia era chamado "Dia do Senhor".

Nesse dia, o livro de Apocalipse começou a ser escrito. Os leitores modernos estão perdoados por acreditarem que esse dia era o domingo. De fato, poderia ter sido, mas, na igreja primitiva, o domingo era chamado de "primeiro dia da semana". Dois elementos presentes no texto em grego indicam que se trata da cerimônia imperial anual. Um deles é o artigo definido ("*no* dia do Senhor" e não em "*um* dia do Senhor"). O outro é o fato de que "Senhor" está na forma adjetiva, não substantiva, uma referência ao nome escolhido pelo próprio Domiciano, que também reivindicava o título de "Senhor e nosso Deus".

Tempos difíceis viriam. Para os que se recusavam a fazer qualquer outra afirmação que não fosse "Jesus é Senhor", seria uma questão de vida ou morte. A palavra "testemunha" (em grego, *martur*) adquiria um significado novo, mortal. A igreja enfrentava seu teste mais cruel até o momento. Quantos permaneceriam fiéis sob tal pressão?

João era o único que restava dos 12 apóstolos. Todos

os outros já haviam sido martirizados. A tradição cristã registra que André morreu em uma cruz em formato de X em Patras; Bartolomeu (Nataniel) foi esfolado vivo na Armênia; Tiago (irmão de João) foi decapitado por Herodes Agripa em Jerusalém; Tiago (filho de Alfeu e Maria) foi lançado do pináculo do templo e apedrejado; Judas (Tadeu) foi morto por lanças na Armênia; Mateus foi morto por uma espada em Pártia; Pedro foi crucificado de cabeça para baixo em Roma; Filipe foi enforcado em um pilar em Hierápolis, na Frígia; Simão (Zelote) foi crucificado na Pérsia; Tomás foi morto com uma lança na Índia; Matias foi apedrejado e decapitado; Paulo também havia sido decapitado em Roma. O autor de Apocalipse, portanto, estava absolutamente ciente do preço a ser pago por sua lealdade a Jesus. O que ele não sabia, naquele momento, é que seria o único apóstolo a morrer de causas naturais.

Apocalipse é um "manual para o martírio". Convoca o leitor a ser "fiel até a morte" (2.10) e destaca os mártires em suas páginas.

Os crentes são encorajados a "resistir". É frequente a exortação para que "perseverem" – uma atitude passiva. Em meio à Grande Tribulação, surge o apelo: "Aqui está a perseverança dos santos que obedecem aos mandamentos de Deus e permanecem fiéis a Jesus" (14.12). Podemos considerar essa passagem o versículo-chave de todo o livro.

No entanto, há também um chamado a uma atitude ativa no sofrimento por Jesus: "vencer". Esse verbo é mais frequente do que "perseverar" e pode ser considerado chave em todo o livro.

Cada carta às sete igrejas é concluída com uma convocação para que todo crente seja um "vencedor", isto é, que resista a todas as tentações e pressões, sejam elas internas ou externas à igreja. Negligenciar a fé e a conduta verdadeiramente cristãs é ser infiel a Jesus.

A mensagem não diz apenas que Cristo vence, mas que os cristãos também devem vencer. Eles devem seguir o Senhor que exclamou: "Tenham ânimo! Eu venci o mundo" (João 16.33) e que agora, em Apocalipse, afirma: "Vocês também podem vencer o mundo".

Essa é a razão pela qual Apocalipse torna-se muito mais significativo aos cristãos que enfrentam perseguições. É possível que também explique por que os cristãos ocidentais em igrejas confortáveis têm dificuldades em perceber sua relevância. Apocalipse precisa ser lido entre lágrimas.

Com o intuito de estimular os perseguidos a "vencer", o livro traz dois incentivos. Um deles é positivo: *recompensa*. Aos que perseveram são feitas muitas promessas – o direito de comer da árvore da vida no paraíso de Deus; nunca ser ferido pela segunda morte; alimentar-se do maná escondido e receber uma pedrinha branca com um novo e secreto nome nela escrito; ter autoridade para governar as nações; assentar-se com Jesus em seu trono; vestir-se de branco e ser uma coluna no santuário de Deus que leva seu nome e jamais ser removido daquele lugar. Acima de tudo, ao crente vencedor é prometido um lugar no novo céu e na nova terra, desfrutando da presença de Deus para todo o sempre. A perspectiva é gloriosa.

Há também, no entanto, uma motivação negativa: *punição*. Qual é o destino dos crentes que são infiéis quando estão sob pressão? É simples: eles não terão acesso a nenhuma das bênçãos citadas acima. E, ainda pior, partilharão do destino dos incrédulos no "lago de fogo". Dois versículos, extraídos da primeira e da última seção, confirmam essa terrível possibilidade.

"O vencedor... jamais apagarei o seu nome do livro da vida" (3.5). Se há algo que se pode concluir do texto é que aqueles que não são vencedores correm o risco de ter seus nomes apagados do livro (literalmente "riscados" do rolo com uma faca). O Livro da Vida é citado em quatro livros da Bíblia (Êxodo 32.32; Salmo 69.28; Filipenses 4.3; Apocalipse 3.5). Três desses contextos mencionam pessoas do povo de Deus sendo excluídas após terem pecado contra o Senhor. Ler o versículo de Apocalipse como se a promessa fosse estendida também "àquele que não vencer" é tornar irrelevante a recompensa.

"O vencedor herdará tudo isto [o novo céu e a nova terra, com a nova Jerusalém], e eu serei seu Deus e ele será meu filho. Mas os covardes, os incrédulos, os depravados... o lugar deles será no lago de fogo que arde com enxofre. Esta é a segunda morte" (21.7-8). É preciso ter em mente que todo o livro de Apocalipse é dirigido aos crentes, não aos incrédulos. Seu alvo são "os santos" e "seus servos". Aqui, o texto refere-se aos crentes covardes e infiéis. A conjunção "mas" contrasta diretamente os crentes "vencedores" com os que merecem tal destino.

Em outras palavras, Apocalipse expõe dois destinos diante dos *cristãos*. Eles subirão com Cristo e partilharão de seu Reino no novo universo ou perderão sua herança no Reino e terminarão no inferno.

Essa alternativa é confirmada em outras passagens do Novo Testamento. O Evangelho de Mateus é um "manual para o discipulado" e contém os cinco principais sermões dirigidos aos "filhos do Reino". No entanto, a maior parte do ensino de Jesus sobre o inferno é encontrada no que chamamos de Sermão do Monte, e todas as suas exortações, com exceção de duas, são dirigidas aos discípulos. Nos capítulos 5–7, após descrever as bênçãos aos que são perseguidos por sua causa, Jesus fala sobre o inferno e conclui com um lembrete a respeito dos dois destinos. O comissionamento missionário (no capítulo 10) inclui a ordem: "Não tenham medo dos que matam o corpo, mas não podem matar a alma. Antes, tenham medo daquele que pode destruir tanto a alma como o corpo no inferno (versículo 28) e "Aquele que me negar diante dos homens, eu também o negarei diante do meu Pai que está nos céus" (versículo 33). Nos capítulos 24–25, servos preguiçosos e negligentes são condenados a estar no "lugar com os hipócritas" (24.51) e ser lançados "nas trevas, onde haverá choro e ranger de dentes" (25.30).

Paulo segue a mesma linha quando lembra Timóteo de uma "afirmação fiel e digna":
Se morremos com ele, com ele também viveremos;
se perseveramos, com ele também reinaremos.
Se o negamos, ele também nos negará...
(2Timóteo 2.11-12)

Muitos cristãos negam as implicações de tudo isso. Por certo, há mais a ser dito (no livro *Once Saved, Always Saved?* o autor aborda com mais profundidade essa questão vital). Entretanto, a orientação encontrada em Apocalipse parece muito clara. Os crentes podem perder sua "parte na árvore da vida e na cidade santa" simplesmente por adulterarem o texto do livro (22.19), distorcendo sua mensagem.

Podemos sintetizar o objetivo de Apocalipse afirmando que o livro foi escrito para exortar os cristãos que enfrentam enormes pressões a "perseverar" e a "vencer" e assim evitar a "segunda morte", preservando seus nomes no Livro da Vida. Ao analisarmos a estrutura de todo o livro, poderemos perceber que cada capítulo e versículo se ajusta com facilidade a esse propósito geral.

A estrutura de Apocalipse
Se Apocalipse realmente foi escrito com o objetivo de preparar os crentes para o momento de perseguições e até de martírio, então é possível relacionar esse propósito a todas as partes do livro. Dessa forma, até a estrutura, como um todo, deve revelar o desenvolvimento desse tema.

Analisando os conteúdos a partir de diferentes perspectivas e com propósitos distintos, vamos elaborar alguns esboços, começando pelo mais simples. A divisão mais óbvia ocorre em 4.1, com a mudança radical de perspectiva (da terra para o céu) e da situação presente para panoramas futuros:

1–3 Presente
4–22 Futuro

A segunda e maior parte também se divide perfeitamente entre as más e as boas notícias. A mudança de uma para outra ocorre no capítulo 19. Agora, portanto, temos:

1–3 Presente
4–22 Futuro
    4–18 *Más notícias*
    20–22 *Boas notícias*

Vamos analisar agora como cada parte se relaciona com o propósito central do livro. Isto é, de que forma cada seção prepara os crentes para a Grande Tribulação? Podemos, então, expandir esse esquema:

1–3 Presente
    A situação deve ser corrigida agora.
4–22 Futuro
    4–18 *Más notícias*: a situação ficará muito pior antes de melhorar.
    20–22 *Boas notícias*: a situação ficará muito melhor depois de piorar.

Resta apenas um item a ser acrescentado, a saber, o capítulo 19. O que acontece nesse capítulo que transforma toda a situação? A segunda vinda de Jesus ao planeta Terra! Essa é, de fato, a estrutura de todo o livro, segundo o prólogo e o epílogo (1.7 e 22.20). Podemos agora inserir o item "19 – o retorno de Jesus" entre as más e as boas notícias (para não repetir o esboço desnecessariamente, você mesmo pode escrever no espaço que deixamos acima).

Se tivermos esse esboço em mente durante a leitura do livro, muitas coisas se esclarecerão. Acima de tudo, a harmonia de todo o livro se tornará aparente. Seu objetivo é alcançado em três fases.

Primeiramente, Jesus diz às igrejas que elas devem lidar com os problemas internos se esperam ser bem-sucedidas ao enfrentar as pressões externas. A negligência na fé e na conduta e a tolerância com a idolatria ou a imoralidade enfraquecem a igreja de dentro para fora.

Em segundo lugar, Jesus, que sempre se distinguiu por sua sinceridade, descreve o pior cenário. Eles jamais terão de enfrentar uma tribulação maior do que essa! E ela terá a duração de apenas alguns anos.

Terceiro, Jesus revela as maravilhas que virão depois. Lançar fora tal perspectiva eterna a fim de evitar a tribulação temporária seria a maior de todas as tragédias.

De todas as três formas, Jesus está encorajando seus seguidores a "perseverar" e "vencer" até que ele volte. Um versículo é a síntese de tudo: "Tão somente apeguem-se com firmeza ao que vocês têm, até que eu venha" (2.25). Então, ele poderá afirmar: "Entra no gozo do teu senhor" (Mateus 25.21).

É claro que existem outras maneiras de analisar o livro. Um esboço do tipo "temático" assemelha-se mais a um índice de temas ou tópicos e nos ajuda a "localizar" determinado assunto no livro.

Tal esboço ignora a mudança da perspectiva: da terra para o céu e do céu para a terra novamente. Podemos trabalhar com três períodos de tempo:

A. O que já está acontecendo no presente (1–5).
B. O que acontecerá no futuro próximo (6–19).
C. O que acontecerá no futuro distante (20–22).

Observaremos, então, as principais características de cada período e tentaremos enumerá-las de uma forma que facilite sua memorização. A seguir, um exemplo dessa "lista" de eventos:

A. O presente
1–3   O Senhor elevado
      Sete candelabros variados
4–5   Criador e criaturas
      Leão e Cordeiro

B. O futuro próximo
6–16   Selos, trombetas, taças
        Diabo, anticristo, falso profeta
17–19 Babilônia – a última capital
       Armagedom – a batalha final

C. O futuro distante
20   O reino do Milênio
       O Dia do Juízo
21–22 Novo céu e nova terra
       A nova Jerusalém

Observe que os capítulos 4–5 agora encontram-se na primeira seção. Isso acontece porque a "ação" que precede a Grande Tribulação, na realidade, tem início com o capítulo 6. O capítulo 19 agora está na segunda parte porque a Grande Tribulação termina ali, com a vitória de Cristo sobre a "trindade profana".

Esse tipo de esboço é facilmente memorizado e oferece uma "referência pronta", útil na pesquisa de temas específicos. É fundamental fazer esse tipo de exercício antes de examinar de forma mais minuciosa as várias seções. O provérbio "A altura das árvores impede a visão do bosque" aplica-se bem aqui. Em Apocalipse é muito fácil interessar-se pelos detalhes a ponto de perder de vista a mensagem principal.

Entretanto, chegou a hora de trocar o telescópio pelo microscópio – ou, pelo menos, por uma lente de aumento!

Os conteúdos de Apocalipse

Em um livro como este que você lê é impossível incluir um comentário completo sobre Apocalipse. Nossa intenção é apresentar, para cada uma das seções, uma introdução que possibilitará ao estudante da Bíblia "ouvir, ler, observar, aprender e digerir interiormente" seu conteúdo, conforme súplica encontrada no Livro de Oração Comum[17].

Queremos destacar as principais características, confrontar alguns dos problemas e, de forma geral, ajudar o leitor a não perder o rumo diante de certos perigos. Teremos de deixar muitas perguntas sem resposta, mas alguns dos comentários publicados poderão respondê-las (Introdução e Comentário, de George Eldon Ladd; Mundo Cristão, 1986, é um dos melhores).

A sugestão é que cada trecho de Apocalipse seja lido antes e depois da respectiva seção encontrada neste capítulo.

Capítulos 1–3: A igreja na terra
Esse é, sem dúvida, o trecho mais direto e de mais fácil leitura e interpretação. A sensação é de estar banhando-se na beira da praia e então ser levado por uma forte corrente e perceber-se, repentinamente, em águas profundas demais, girando em pânico num turbilhão!

Embora muitas vezes se autodenomine uma "profecia", Apocalipse está, na realidade, em formato de carta (compare 1.4-6 com as saudações iniciais de outras epístolas). Essa

---
[17] Uma publicação da igreja Episcopal Anglicana do Brasil.

carta, contudo, é enviada a sete igrejas, e não somente uma. Embora contenha uma mensagem específica para cada uma delas, é evidente o intuito de que todos leiam seu conteúdo.

Após a saudação cristã de praxe ("graça e paz"), o tema principal é anunciado: "Ele está vindo", um evento que trará infelicidade ao mundo, mas alegria à igreja. Esse evento é absolutamente certo ("Amém").

O "remetente" da carta é o próprio Deus, o Senhor do tempo, que é, que era e que há de vir, o Alfa e o Ômega (a primeira e a última letra do alfabeto grego, simbolizando o início e o fim de todas as coisas). Os mesmos títulos serão atribuídos a Jesus por ele mesmo (1.17; 22.13) – uma evidência de que ele acreditava na própria divindade.

O "assistente" que redige o texto é o apóstolo João, preso político por motivos religiosos e exilado em Patmos, uma ilha de 45 quilômetros quadrados no Dodecaneso do mar Egeu.

Os acontecimentos são apresentados na forma audível e visual. Perceba que João "ouviu" antes de "ver" qualquer coisa. A voz que ordenou que ele registrasse tudo por escrito foi seguida por uma visão sublime e inusitada de Jesus: cabelos brancos como a lã, olhos como chama de fogo, língua afiada, pés reluzentes. Mesmo no monte da Transfiguração ele nunca vira algo semelhante. Não surpreende que João tenha perdido os sentidos e só os tenha recobrado quando ouviu palavras muito familiares: "Não tenha medo".

Todos os outros grandes personagens da história viveram, morreram e permanecem mortos. Somente Jesus morreu, ressuscitou e está vivo "para todo o sempre" (1.18; literalmente "pelos séculos dos séculos").

João é instruído a escrever "as coisas presentes" (capítulos 1–3) e "as que estão por vir" (capítulos 4–22). A palavra para o presente é a condição das sete igrejas da Ásia, com seus respectivos "anjos da guarda", para as quais Jesus tem uma mensagem específica de previsão, provisão e supervisão. Na visão inicial, esses elementos são representados por sete estrelas (os anjos) e sete candelabros (as igrejas). Observe que Jesus "anda" no meio deles, como João deve ter feito quando estava livre. Nos Evangelhos, grande parte das mensagens e dos milagres de Jesus, tanto antes quanto após sua ressurreição, aconteceram enquanto ele caminhava.

O estudo mais proveitoso das sete cartas às sete igrejas é feito reunindo-se todas elas e comparando-as entre si. É muito esclarecedor colocá-las lado a lado, enfatizando desse modo suas semelhanças e suas diferenças.

Nota-se imediatamente que sua estrutura é idêntica, composta de sete elementos (mais um "sete"):

1. Abertura:
    "Ao anjo da igreja em..."
2. Atributo:
    "Estas são as palavras daquele que..."
3. Aprovação:
    "Conheço as suas obras..."
4. Acusação:
    "Contra você, porém tenho isto:..."
5. Aconselhamento:
    "...Se não... virei a você..."
6. Afirmação:
    "Ao vencedor..."
7. Apelo:
    "...ouça o que o Espírito diz..."

A única variação dessa ordem está nas quatro últimas cartas, onde ocorre a inversão dos dois itens finais (a razão para isso não está clara). Vamos agora comparar e contrastar as cartas.

A ABERTURA

É exatamente a mesma em todas as sete cartas, exceto pelo nome da igreja a que se destina. As cidades localizam-se em uma rota circular, começando no grande porto de Éfeso (uma igreja sobre a qual temos mais informações de época do que qualquer outra), seguindo pela costa norte, e então para o interior à leste e finalmente, ao sul, para o fértil vale do rio Meandro.

O único ponto de debate é se a palavra *angelos* (literalmente "mensageiro") refere-se a um ser celestial ou humano. Visto que em todas as outras ocorrências em Apocalipse a palavra é corretamente traduzida por "anjo", é forte a suposição de que seja a mesma usada aqui. Os anjos estão muito envolvidos com as igrejas (chegando a observar o comprimento de cabelo dos adoradores! 1Coríntios 11.10). Estando João totalmente isolado, os "mensageiros" celestiais teriam de entregar as cartas. Somente o ceticismo moderno a respeito dos anjos pode ter produzido a tradução: "ministros" (provavelmente com o título de "Reverendo"!).

O ATRIBUTO

Observamos que Jesus nunca se refere a si mesmo pelo nome, mas somente por títulos, muitos deles totalmente novos. Na verdade, Jesus tem mais de 250 títulos, número maior do que o de qualquer personagem histórico (enumerá-los é um proveitoso exercício devocional). Em cada uma das cartas, o título de Jesus é cuidadosamente escolhido para descrever um aspecto de seu caráter do qual a igreja tem se esquecido ou sobre o qual precisa refletir. Alguns são encontrados na visão inicial que João teve de Jesus. Todos são muito significativos. Ele tem a "chave de Davi", o que aponta para seu cumprimento das esperanças messiânicas de Israel. "Soberano da criação de Deus" significa sua autoridade universal (Mateus 28.18).

A APROVAÇÃO

Essa é a abertura do trecho mais intimista de cada carta, passando da terceira (ele) para a primeira pessoa (eu). Trata-se da mesma pessoa? O "ele" é uma clara referência a Cristo, mas o "eu" poderia ser o Espírito, o "Espírito de Cristo", é claro. Afirmações posteriores (e.g. "Recebi autoridade de meu Pai" em 2.28) favorecem a referência a Cristo.

"Conheço" é a afirmação de estar totalmente ciente tanto da condição interna quanto da situação externa da igreja em questão. Seu conhecimento e, portanto, seu entendimento, são plenos. Seu julgamento é correto, sua opinião, crucial, e sua honestidade, transparente.

Acima de tudo, ele conhece suas "obras", ou seja, seus feitos, suas ações. Essa ênfase nas obras está presente em todo o livro de Apocalipse. Isso ocorre porque seu tema é o juízo. Jesus virá outra vez – para julgar os vivos e os mortos. Somos justificados pela fé, mas seremos julgados pelas obras (2Coríntios 5.10). Jesus aprova as boas obras e encoraja sua continuidade.

Quando as cartas são analisadas lado a lado, percebe-se imediatamente que Jesus não tem nada de positivo a dizer sobre duas delas: Sardes e Laodiceia. No entanto, ambas são "bem-sucedidas" aos olhos dos homens. A opinião de Jesus pode ser muito diferente da opinião dos homens. Grandes congregações, arrecadações volumosas e agendas lotadas não são, necessariamente, sinais de saúde espiritual.

Entre as sete igrejas, cinco são elogiadas: Éfeso, por seu trabalho árduo, sua perseverança, paciência e seu discernimento (rejeitando os falsos apóstolos); Esmirna, por sua coragem diante da oposição e privação (mesmo estando próxima a uma "sinagoga de Satanás", possivelmente uma forma oculta de judaísmo); Pérgamo, por não renunciar à fé sob pressão, nem mesmo diante do martírio de um de seus membros (embora estivesse sob a sombra do "trono de

Satanás" – a base do altar desse templo gigantesco pode ser vista hoje em um museu em Berlim); Tiatira, por seu amor, fé, perseverança e progresso; Filadélfia, pela fidelidade que muito lhe custava (tendo outra "sinagoga de Satanás" nas proximidades).

Notamos também que Jesus fala com frequência sobre Satanás, que está por trás de toda a hostilidade contra as igrejas. Ele também é responsável pela iminente crise que os crentes enfrentarão: "A hora da provação que está para vir sobre todo o mundo, para pôr à prova os que habitam na terra" (3.10).

Finalmente, como de costume, Jesus faz um elogio antes de anunciar a crítica – exemplo seguido pelos apóstolos. Paulo agradeceu a Deus por todos os "dons espirituais" dos coríntios (1Coríntios 1.4-7) antes de repreendê-los pelos abusos cometidos no exercício desses dons. Evidentemente, ele também encontrou situações em que não foi possível elaborar nenhum elogio, como na carta aos Gálatas. O princípio, contudo, deve ser imitado por todos os cristãos.

A ACUSAÇÃO

Outra vez, duas igrejas estão isentas da crítica: Esmirna e Filadélfia. Que alívio devem ter sentido quando suas cartas foram lidas em voz alta! Eram igrejas que tinham pouca força em relação às demais e, apesar do sofrimento, permaneciam fiéis, e essa postura deixava Jesus muito satisfeito (Mateus 25.21,23).

O que havia de errado com as outras? Éfeso abandonara seu "primeiro amor" (pelo Senhor? pelos irmãos? pelos pecadores perdidos? provavelmente todos os três, pois estão interconectados); Pérgamo envolvera-se com a idolatria e a imoralidade (sincretismo e libertinagem são os equivalentes modernos); Tiatira era culpada das mesmas coisas (consequência de dar ouvidos a "Jezabel", uma falsa profetiza); Sardes estava sempre dando início a novas empreitadas, adquirindo assim a reputação de igreja "viva", mas essas obras não se sustentavam nem eram concluídas (há algo de familiar nisso?); Laodiceia estava enferma e não sabia.

É provável que essa última carta seja a mais conhecida de todas e também a mais surpreendente. A igreja orgulhava-se de ser uma comunidade calorosa, que recebia de forma afetuosa os muitos visitantes. igrejas "mornas", no entanto, provocam náuseas em Jesus. Ele consegue lidar mais facilmente com igrejas gélidas ou ardentes! Ele usa esses termos como uma referência às fontes termais de água salgada que cobriam um monte nas proximidades da cidade (o "castelo branco" de Pamukkale ainda é um "spa" muito visitado por turistas em busca de saúde e bem-estar); quando chegava a Laodiceia, a água estava "morna" e, portanto, tinha um efeito emético, provocando náusea e vômito naqueles que a ingeriam.

Jesus não participa dos cultos dessa igreja! Ele não é encontrado no lado de dentro da igreja, apenas do lado de fora. É possível que Apocalipse 3.20 seja o texto mais deturpado da Bíblia, sendo usado de forma praticamente universal como um convite aos incrédulos ou como um apelo durante sessões de aconselhamento. O texto, no entanto, não tem qualquer conexão com o processo de tornar-se cristão. Usado dessa forma, transmite uma mensagem completamente equivocada (na verdade, é o pecador quem está do lado de fora e precisa bater para entrar no Reino do qual Jesus é a porta; Lucas 11.5-10; João 3.5; 10.7). A "porta", em Apocalipse 3.20, é a porta da igreja de Laodiceia. O versículo é uma mensagem profética e esperançosa a uma igreja que perdeu a presença de Cristo. Se um membro deseja sentar-se à mesa com Cristo, ele deve abrir a porta para que Jesus entre novamente! Para uma análise completa desse versículo e de como tornar-se cristão segundo o Novo Testamento, veja meu livro *The Normal Christian Birth*.

Antes de concluir essa seção, é preciso destacar que essas acusações têm origem no amor de Jesus pelas igrejas. É o próprio Mestre quem afirma: "Repreendo e disciplino aqueles que eu amo" (3.19). Na realidade, a ausência de tal disciplina pode ser um sinal de que não se pertence à sua família (Hebreus 12.7-8)! Seu desejo não é desanimá-los, mas encorajá-los. Acima de tudo, seu intuito é prepará-los para a pressão iminente, que os "porá à prova" (3.10). Se cederem agora, eles não conseguirão resistir depois. E isso poderia lhes custar sua herança.

O ACONSELHAMENTO

Há uma palavra de aconselhamento a todas as sete igrejas. Mesmo as duas igrejas que recebem total aprovação de Jesus são exortadas a perseverar nas boas obras, a se apegar "com firmeza ao que vocês têm, até que eu venha" (2.25).

As outras cinco são advertidas com duas palavras: "lembre-se" e "arrependa-se". Elas devem trazer à mente o que foram no passado e o que deveriam ser. E o verdadeiro arrependimento envolve muito mais do que lamento e remorso; exige confissão e correção.

Aos que desprezam seu apelo, ele avisa que "virá" contra eles. Um dia será tarde demais para endireitar todas as coisas. Algumas vezes, essa é uma referência à sua segunda vinda, quando a "coroa da vida" será entregue aos que foram "fiéis até a morte" (2.10; compare com 2Timóteo 4.6-8), mas os que não estiverem prontos ouvirão as temíveis palavras: "Não os conheço" (Mateus 25.12).

A promessa "virei a você" refere-se à "visitação" antecipada a uma igreja específica, para remover o seu "candelabro" (2.5). Um dos ministérios de Jesus é encerrar as atividades de igrejas! Uma igreja transigente, que não aceita correção, é mais do que inútil para o Reino de Deus. Melhor é remover por completo tal publicidade negativa para o Evangelho.

Esse trecho das cartas pode ser resumido da seguinte forma: "Endireite seu caminho, permaneça fiel ou será eliminada".

A AFIRMAÇÃO

Percebe-se que o chamado para "vencer" não é dirigido à igreja como um todo, mas a cada membro, individualmente. Seja com o propósito de recompensar ou de punir, o julgamento é sempre individual, jamais coletivo (observe as palavras "cada um" em 2Coríntios 5.10). Não encontramos a recomendação para que o indivíduo saia de uma igreja corrompida e vá para outra melhor na próxima esquina! Da mesma forma, o fato de a igreja estar corrompida não justifica o comportamento intransigente de uma pessoa. As tendências erradas de uma comunidade não devem ser seguidas. Em outras palavras, talvez seja necessário que um cristão primeiro aprenda a resistir às pressões internas da igreja antes de enfrentá-las no mundo. Se não conseguimos "vencer" as pressões na igreja, é pouco provável que "vençamos" as pressões no mundo.

Jesus não hesita em oferecer recompensas como incentivo (5.12). Ele mesmo suportou a cruz, desprezando sua vergonha, "pela alegria que lhe fora proposta" (Hebreus 12.2). Em cada uma das cartas, ele encoraja os "vencedores" a pensarem no prêmio que está reservado aos que "prosseguem para o alvo" (Filipenses 3.14).

Assim como os títulos de Jesus em cada uma das cartas são extraídos do primeiro capítulo, as recompensas que ele oferece são encontradas nos últimos. Elas não virão no presente imediato, mas no futuro distante. Somente os que acreditam que Jesus cumpre suas promessas serão motivados por distantes compensações futuras.

Novamente, devemos ter em mente que as alegrias do novo céu e da nova terra não estão reservadas a todos os crentes, mas somente aos que vencerem as pressões da tentação e da perseguição (21.7-8 mostra isso de forma excepcionalmente clara). São os que permanecem obedientes e fiéis "até o fim" (2.26) que serão salvos (compare Mateus 10.22; 24.13; Marcos 13.13; Lucas 21.19).

O APELO

A convocação final, "aquele que tem ouvidos ouça" é uma conhecida conclusão das palavras de Jesus (Mateus 13.9, por exemplo). Seu significado torna-se claro à luz de um dos textos do Antigo Testamento mais citados no Novo: "Ainda que estejam sempre ouvindo, vocês nunca entenderão...de má vontade ouviram com os seus ouvidos...se assim não fosse, poderiam...ouvir com os ouvidos, entender com o coração e converter-se, e eu os curaria" (Isaías 6.9-10, aqui conforme o registro de Mateus 13.13-15; também encontrado em Marcos 4.12; Lucas 8.10; Atos 28.26-27).

Jesus sabia que essa seria a resposta dos judeus em geral. Agora ele está desafiando os cristãos a não agirem da mesma forma. Ele enfatiza a diferença entre ouvir e estar atento à mensagem. A questão é: quanta atenção dedicam ao que ele diz? Suas palavras em Apocalipse serão uma bênção somente se forem lidas e "guardadas" (1.3), ou seja, não apenas ouvidas, mas levadas a sério. O pai ou a mãe cuja ordem é ignorada pelo filho pergunta: "Você ouviu o que eu disse?", sabendo muito bem que o filho a ouviu, porém não obedeceu.

Muito simples, a observação final de cada uma das cartas às sete igrejas indica que Jesus espera uma resposta, na forma de uma reação positiva de obediência. Ele tem direito de esperar isso. Ele é Senhor.

Capítulos 4–5: Deus no céu

Essa seção é relativamente clara e requer pouca introdução. É provável que o texto do capítulo 4, em especial, seja conhecido no contexto da adoração; costuma ser lido para encorajar o louvor e tem inspirado muitos hinos e cânticos. A passagem nos permite vislumbrar a adoração celestial que o louvor terreno apenas ecoa.

Um convite é feito a João: "Suba para cá" (4.1) e veja como é o céu – um privilégio que poucas pessoas tiveram em vida (Paulo teve uma experiência semelhante – 2Coríntios 12.1-6). É o lugar onde Deus reina e de onde ele governa. "Trono" é a palavra-chave e aparece 16 vezes. Observe a ênfase em "assentado" (4.2, 9, 10; 5.1). Esse lugar é a central de controle do "Reino dos céus".

A cena é extraordinariamente bela, descrevê-la é quase um desafio. Arco-íris verdes (!), coroas de ouro, trovões e relâmpagos, lâmpadas de fogo – imaginamos os olhos de João passando de um detalhe sublime para outro enquanto contempla a cena em assombro e admiração. Na tentativa de descrever o próprio Deus, ele compara o que vê a duas das mais reluzentes pedras preciosas que conhecia (jaspe e sardônico).

Acima de tudo, a cena assume um aspecto pacífico, descrito como um "mar de vidro" que se estende no horizonte. Seu nítido contraste com o alvoroço na terra (do capítulo 6 em diante) é claramente intencional. Deus reina soberanamente acima de todas as batalhas entre o bem e o mal. Ele não precisa guerrear; até mesmo Satanás deve pedir sua permissão antes de tocar em um ser humano (Jó 1). Nada foge do seu controle. Ele sabe exatamente como lidar com qualquer situação que possa surgir, pois todas as coisas lhe são sujeitas.

Ele não é homem, é Deus. É digno, portanto, de toda adoração (no inglês arcaico adorar significa "dar tributo de dignidade ou valor a uma pessoa"). Da obra de suas mãos, o Criador recebe louvor eterno. Os quatro seres viventes eram apenas "semelhantes" a um leão, um bezerro, um homem e uma águia; é possível que juntos eles representem todas as criaturas dos quatro cantos da terra (embora existam outras 20 interpretações!). O louvor que oferecem é vagamente "trinitariano": três vezes Deus é "santo", reconhecidamente em três dimensões do tempo: passado, presente e futuro.

Vinte e quatro anciãos formam o conselho do céu (Jeremias 23.18). É praticamente certo que representem os dois povos da aliança de Deus: Israel e a igreja (observe os 24 nomes nas portas e nos fundamentos da nova Jerusalém; 21.12-14). Eles têm "coroas" e "tronos", mas recebem autoridade delegada.

Não há ação no capítulo 4 além do louvor ininterrupto. É uma cena contínua, mas sem referência de tempo. No capítulo 5, começa a ação: a busca por alguém, "no céu e na terra", que seja "digno de romper os selos e abrir o livro".

A importância do livro torna-se aparente à luz dos acontecimentos. Nele deve estar registrado o roteiro que levará ao fim a era da história terrena em que vivemos. A ação de quebrar os selos dá início à contagem regressiva.

Até que isso aconteça, o mundo deve continuar em seu estado atual. A "presente era perversa" deve ser encerrada antes que a "era que há de vir" possa ter início. É necessário que haja uma conclusão definitiva dos "reinos do mundo" a fim de que o "Reino de Deus" seja plenamente estabelecido na terra. Por essa razão, João "chorava muito" tanto de frustração quanto de pesar, pois ninguém foi achado "digno" de inaugurar essa nova era.

Mas por que isso seria um problema? No decorrer da história, o próprio Deus havia julgado a terra muitas vezes. Por que não faria o mesmo no fim? Talvez ele prefira não fazê-lo ou não se sinta qualificado para tal! Se levarmos em consideração o que se afirma a respeito da única Pessoa achada "digna", esse último pensamento não é tão esdrúxulo ou até blasfemo como pensam alguns.

Quem é essa pessoa? Alguém que é, ao mesmo tempo, um "Leão" e um "Cordeiro"! Na verdade, o contraste entre os dois não é tão grande como muitos presumem. O cordeiro é macho e plenamente maduro, como todo cordeiro usado em sacrifícios ("de um ano" Êxodo 12.5). Nesse caso, o "Carneiro" como, na verdade, deveríamos dizer, tem sete chifres, que significam perfeito poder, e sete olhos, que representam perfeita vigilância (um a mais do que as ovelhas chamadas "de Jacó", que chegam a ter até seis chifres). No entanto, ele foi "morto" em sacrifício.

O leão, soberano das selvas, representa o Rei da tribo de Judá, com raízes na dinastia davídica. Temos, portanto, uma combinação singular entre o soberano Leão e o Cordeiro sacrificial, que corresponde ao futuro rei e servo sofredor prenunciado pelos profetas hebreus (e.g. Isaías 9–11 e 42–53).

Todavia, não somente o que ele é, mas também o que ele fez, o torna apto a liberar as tribulações que levarão o mundo ao seu fim, e esse "fim" pode significar duas coisas: término e cumprimento. Ele conduzirá o cumprimento do fim.

Ele preparou um povo para assumir o governo do mundo. Pagando com o próprio sangue, ele os comprou de todas as etnias da raça humana. Capacitou-os em todos os deveres reais e sacerdotais no serviço de Deus, preparando-os para a responsabilidade de *reinar sobre a terra* (esse tema é aprofundado em Apocalipse 20.4-6).

Somente alguém que tenha realizado todos esses feitos é capaz de dar início à série de desastres que derrubarão todos os outros regimes. Destruir um sistema maligno sem apresentar uma boa opção para substituí-lo de imediato somente resultará em anarquia.

E o próprio Deus é um soberano digno do governo que preparou, precisamente porque está disposto a dar tudo de si para torná-lo possível. Foi por tornar-se "obediente até a morte – e morte de cruz!" que "Deus o exaltou à mais alta posição" (Filipenses 2.8-9).

Não se estranha, portanto, que milhares de anjos concordem, em aclamação musical, que só ele merece todo poder, riqueza, sabedoria, força, honra, glória e louvor. Todas as criaturas do universo, portanto, se unem ao canto do coral, porém há um detalhe importante. O poder, a honra, a glória e o louvor devem ser partilhados entre aquele que se assenta no trono e o que está no centro, à sua frente. Pai e Filho estão juntos, pois esse foi um esforço conjunto. Ambos estavam envolvidos. Embora de formas muito distintas, ambos sofreram para tornar tudo isso possível.

Nada revela de forma mais clara a divindade de nosso Senhor Jesus Cristo do que a oferta de louvor e adoração absolutos ao Filho e ao Pai, juntos.

Capítulos 6–16: Satanás na terra
Chegamos à parte essencial do livro, e a mais difícil de ser compreendida e aplicada.

Começam as más notícias. Antes de melhorar, as coisas ficarão muito piores. Pelo menos, temos o consolo de saber que a situação não pode ficar pior do que a previsão encontrada nesses capítulos. Mas ela já é ruim o bastante!

Os que tentam interpretá-la enfrentam três problemas principais.

Primeiramente, qual é a *ordem* dos eventos? É muito difícil colocá-los todos em um gráfico de tempo, como descobrirão rapidamente os que tentarem essa façanha.

Em segundo lugar, o que significam todos esses *símbolos*? Alguns são claros. Alguns podem ser explicados. Outros, porém, são um problema (a "mulher grávida", no capítulo 12, é um desses casos).

Terceiro, quando as previsões serão cumpridas? Em nosso passado, nosso presente ou nosso futuro? Elas já se passaram, estão em andamento ou ainda vão acontecer?

Vamos nos concentrar na ordem dos eventos – que não fica de forma alguma evidente em uma primeira leitura – analisando os símbolos à medida que surgirem. A tarefa complica-se com o surgimento de três características que estão fora de ordem, distribuídas de forma aparentemente aleatória ao longo desses capítulos.

Primeiro, há *digressões*. Na forma de "interlúdios" ou parênteses, essas digressões tratam de temas sem conexão aparente com a sequência central de eventos.

Em segundo lugar, há *recapitulações*. Ocasionalmente, a narrativa parece retroceder, recordando eventos já mencionados.

E terceiro, há *antecipações* ou *vislumbres*. Os eventos são citados antes e somente serão explicados mais adiante ("Armagedom", por exemplo, aparece primeiramente em 16.16, mas não ocorre até o capítulo 19).

Essas características levam a especulações e equívocos, sobretudo na interpretação "historicista cíclica" que já discutimos. Seguiremos um percurso mais simples, trabalhando do óbvio ao obscuro.

Na leitura ininterrupta desses capítulos destacam-se os aspectos mais marcantes: as três sequências de selos, trombetas e taças. O simbolismo desses elementos é relativamente fácil de decifrar.

Selos: 1. Cavalo branco – força militar
           2. Cavalo vermelho – derramamento de sangue
           3. Cavalo preto – fome
           4. Cavalo verde – enfermidade, epidemias

***

5. Perseguição e oração
6. Tremor e terror

***

7. Silêncio no céu, resposta às orações dos santos resulta em uma catástrofe final: forte terremoto

Trombetas: 1. Queimado um terço da terra
2. Mar poluído
3. Água dos rios e nascentes contaminada
4. Luz solar reduzida

***

5. Insetos e praga (cinco meses)
6. Invasão oriental (200 milhões)

***

7. A vinda do Reino é chegada, o mundo é dominado por Deus e por Cristo após forte terremoto

Taças: 1. Feridas malignas na pele
2. Sangue no mar
3. Sangue nas fontes de água
4. Queimaduras provocadas pelo sol

***

5. Trevas
6. Armagedom

***

7. Temporal de granizo e forte terremoto que resultam em um colapso mundial

Apresentados dessa forma, muitos pontos logo tornam-se claros:

Esses eventos não nos são totalmente desconhecidos. As pragas de rãs e gafanhotos lembram vagamente as pragas no Egito, quando faraó foi confrontado por Moisés (Êxodo 7–11). Essas pragas também estão acontecendo hoje, no âmbito local ou regional. A sequência dos quatro cavalos, por exemplo, pode ser observada em muitas partes do mundo, sendo cada uma delas consequência da anterior. A grande novidade é a escala universal que elas alcançam em Apocalipse, como se os problemas tivessem se disseminado por todo o mundo.

Cada série (selos, trombetas, taças) divide-se ainda em três partes: os quatro primeiros itens estão inter-relacionados, sendo seu exemplo mais ilustre os "quatro cavaleiros do Apocalipse", como ficaram conhecidos desde que o artista [renascentista alemão] Albrecht Dürer os retratou; os outros dois itens de cada série não estão associados de forma tão próxima; e o último item figura isoladamente. O último item de cada série é chamado de "ai" – palavra que indica maldição.

Examinando as três séries em conjunto, parece haver uma *intensificação* na gravidade dos eventos. Apesar de um quarto da raça humana perecer em decorrência das catástrofes ocasionadas pela abertura dos "selos", um terço dos que permanecem vivos são incapazes de sobreviver às catástrofes suscitadas pelo toque das "trombetas". Observa-se também uma progressão na origem dos desastres. Os "selos" são de origem humana; as "trombetas" parecem ser uma deterioração natural do meio ambiente; as "taças" são ações diretas de seres angelicais.

Há também uma *aceleração* dos eventos. Os "selos", aparentemente, estão bem espaçados no tempo, mas as séries seguintes parecem ter um intervalo menor – de meses ou até dias.

Tudo isso sugere uma progressão nas três séries, o que nos leva à questão da conexão entre elas. A resposta mais óbvia é que elas são *sucessivas*, sendo representadas desta forma: os selos 1-2-3-4-5-6-7, depois as trombetas: 1-2-3-4-5-6-7 e, em seguida, as taças: 1-2-3-4-5-6-7. Em outras palavras, as séries simplesmente se sucedem, com 21 eventos ao todo.

Mas não é tão simples assim! Um estudo cuidadoso revela que o sétimo item de cada série parece referir-se ao mesmo evento (um grave terremoto em escala mundial é o fator comum; 8.5; 11.19; 16.18). Esse estudo deu origem a uma teoria alternativa, apreciada pela escola "historicista cíclica", que acredita que as séries são *simultâneas*. Portanto:

Selos: 1-2-3-4-5-6-7
Trombetas: 1-2-3-4-5-6-7
Taças: 1-2-3-4-5-6-7

Em outras palavras, elas cobrem o mesmo período (acredita-se que seja desde o primeiro até o segundo advento de Cristo) sob ângulos diferentes.

Um padrão mais convincente, porém mais complexo, reúne essas duas visões, tratando os seis primeiros itens como sucessivos e os sétimos, simultâneos.

Selos: 1-2-3-4-5-6   7
Trombetas: 1-2-3-4-5-6   7
Taças: 1-2-3-4-5-6-7

Em outras palavras, cada série avança a partir da anterior, mas todas culminam no mesmo final catastrófico. Essa opção parece se ajustar melhor às evidências e costuma ser defendida principalmente pela escola "futurista", segundo a qual as três séries ainda estão por vir.

Todas as três séries concentram-se no que acontecerá ao mundo. Não podemos deixar de observar, contudo, a reação dos seres humanos. Mesmo reconhecendo que essas tragédias terríveis são provas da ira de Deus (e do Cordeiro!), a reação humana é de terror (6.15-17) e blasfêmia contra Deus (16.21) e não de arrependimento (9.20-21), muito embora o Evangelho do perdão ainda esteja acessível (14.6). Trata-se de uma constatação lamentável, porém absolutamente verdadeira, da dureza do coração do homem. Diante dos desastres, o homem se volta para Deus ou contra ele (as últimas palavras de pilotos que estão em rota de colisão geralmente são blasfêmias contra Deus – elas costumam ser apagadas da gravação da "caixa preta" antes de serem apresentadas na investigação para não comprometer a reputação do piloto).

Vamos examinar os capítulos que aparecem entre as três séries de selos, trombetas e taças – ou melhor, que aparecem dentro das próprias séries, como se abrissem parênteses. Encontramos: (a) o capítulo 7; (b) os capítulos 10–11; e (c) os capítulos 12–14. O primeiro aparece entre o sexto e o sétimo selo; o segundo entre a sexta e a sétima trombeta; mas o terceiro aparece antes da primeira taça, como se não houvesse tempo suficiente entre a sexta e a sétima taça. Usando a ilustração anterior, podemos explicar com um diagrama:

Selos: 1-2-3-4-5-6 (cap 7)   7
Trombetas: 1-2-3-4-5-6 (cap 10–11)   7
Taças: (cap 12–14) 1-2-3-4-5-6-7

Agora temos um esboço completo dos capítulos 6–16.

Embora as três séries de selos, trombetas e taças tratem a princípio do que acontecerá ao *mundo*, o conteúdo dos capítulos que aparecem entre elas refere-se ao que acontecerá à *igreja*. Nesses trechos, encontramos informações sobre o que acontecerá ao povo de Deus durante essa terrível turbulência. Como serão afetados? Se levarmos em consideração que o objetivo de Apocalipse é preparar os "santos" para o que virá, esses capítulos ganham maior relevância e importância.

Capítulo 7: os dois grupos
Entre o sexto e o sétimo selos, vislumbramos dois tipos distintos de pessoas, em dois lugares muito diferentes.

De um lado, *há um número limitado de judeus protegidos na terra* (versículos 1-8). Deus não rejeitou Israel (Romanos 11.1,11). Ele prometeu incondicionalmente que os judeus sobreviveriam enquanto existisse o universo (Jeremias 31.35-37). Deus cumprirá sua palavra. Os judeus têm um futuro.

Os números parecem um tanto arbitrários, até artificiais. Talvez sejam números "arredondados" ou, de alguma forma, simbólicos. Inquestionável é a informação de que haverá uma proporção muito pequena de uma nação com milhões habitantes. E o total remanescente será igualmente dividido entre as 12 tribos, sem favorecimento de nenhuma delas. Isso significa que as dez tribos levadas à Assíria não estão "perdidas" – Deus conhece o remanescente e preservará os sobreviventes de cada tribo. Há uma tribo perdida – Dã – que se rebelou contra a vontade de Deus e foi substituída – assim como ocorreu com Judas Iscariotes entre os 12 apóstolos. Ambos exemplos são advertências contra uma visão displicente dos propósitos de Deus para nossas vidas.

Do outro lado, *há* um *número incontável de cristãos que estão protegidos no céu* (versículos 9-17). A multidão internacional ocupa lugar de honra diante do Rei, unindo-se aos anciãos e aos seres viventes em seus cânticos de louvor. A multidão acrescenta, porém, uma nota de louvor: por sua "salvação".

João desconhece a identidade e a procedência daqueles que ocupam tamanha posição de honra. Um dos anciãos esclarece: "Estes são os que vieram da grande tribulação" (versículo 14; o tempo verbal claramente indica um processo contínuo de indivíduos e grupos durante todo o período de tribulação). Como eles conseguem "escapar"? Eles não estão no céu porque foram "arrebatados" repentina e secretamente, mas porque foram martirizados e enfrentaram a morte. Observe que esses mesmos capítulos dão um grande destaque ao martírio (já ouvimos os clamores de suas "almas" por vingança – 6.9-11).

Não foi, porém, por seu próprio sangue que foram resgatados, mas sim pelo derramamento do sangue do Cordeiro. Foi o sofrimento de Cristo, e não o seu próprio, que foi aceito por Deus como sacrifício e expiação pelos pecados, tornando-os puros o bastante para se apresentarem diante dele como seus servos.

Deus não se esquece do que sofreram em nome de seu Filho e assegura que eles "nunca mais" experimentarão tal dor. O sol abrasador não os queimará (7.16; 16.8). Eles receberão os cuidados do "bom pastor" (Salmo 23; João 10). Serão refrigerados com a água "da vida" – fonte de água a jorrar e não águas paradas! (João 4.14; 7.38; Apocalipse 21.6; 22.1, 17). E Deus, assim como faz o pai de uma criança que chora, "enxugará dos seus olhos toda a lágrima" (21.4). Perceba que estar no céu é uma amostra de como será a vida na nova terra.

Capítulos 10–11: as duas testemunhas
Entre a sexta e a sétima trombetas, a atenção volta-se aos canais humanos por meio dos quais as revelações divinas são comunicadas. A palavra-chave nos dois capítulos é "profetizar" (10.11; 11.3, 6). No início da era da igreja, o profeta é João, em Patmos; no final, haverá duas "testemunhas" que profetizarão na cidade de Jerusalém.

Há um senso de iminente desastre na aparição espetacular

de dois anjos "poderosos". As terríveis revelações do primeiro em estrondosa voz são dirigidas somente a João e não devem ser comunicadas a mais ninguém (compare 2Coríntios 12.4). O segundo anuncia que não haverá mais demora no cumprimento dos eventos – a sétima trombeta será o ponto culminante (confirmando nossa conclusão de que o sétimo selo, a sétima trombeta e a sétima taça referem-se todos ao mesmo "fim").

A última e pior parte das "más notícias" está prestes a ser comunicada. Trata-se de um "livrinho" (uma versão expandida, mais detalhada de parte do livro maior que já foi aberto?). João recebe ordens para "comê-lo" (nós diríamos: "digeri-lo"). Seu sabor será "doce e amargo". Doce, a princípio, porém amargo quando começar a ser digerido (exatamente a reação de muitos quando começam a compreender a mensagem do livro de Apocalipse).

João é instruído a "profetizar novamente", a dar prosseguimento à sua tarefa de prever o futuro do mundo. A ele são mostrados, então, a cidade de Jerusalém e o templo. Ele é orientado a medir o altar e o templo, mas não o pátio exterior, reservado às nações, pois os gentios virão para "pisar" a cidade e não para orar no templo. Encontrarão, no entanto, duas pessoas extraordinárias que lhes pregarão sobre o Deus que eles desprezam.

O resultado será morte tanto aos que pregam quanto aos que ouvem! As duas testemunhas terão o milagroso poder de deter a chuva (como Elias; 1Reis 17.1; Tiago 5.17) e trarão fogo sobre seus inimigos (como Moisés; Levítico 10.1-3). Porém serão mortas quando seu testemunho for concluído. Seus cadáveres ficarão expostos nas ruas por pouco mais de três dias, enquanto uma multidão multinacional, "atormentada" em sua consciência pelas palavras ouvidas, se regozijará e celebrará a morte dos dois profetas. O alívio se tornará terror quando, aos olhos de todos, os dois profetas forem ressuscitados. Uma forte voz dos céus dizendo "Subam para cá" precederá sua ascensão. No momento de sua partida, um forte terremoto destruirá um décimo das edificações da cidade e sete mil de seus habitantes.

É impressionante a semelhança entre o destino das duas testemunhas e o do "profeta" Jesus. Será impossível não lembrar de sua crucificação, ressurreição e ascensão nessa mesma cidade. Há diferenças, é claro: no caso de Jesus, o terremoto coincidiu com sua morte (Mateus 27.51) e sua ressurreição e ascensão não foram testemunhadas pelo público em geral. Mesmo assim, os acontecimentos serão um vívido lembrete daqueles dias distantes, especialmente para os judeus. O resultado será temor e glória a Deus.

Desconhecemos a identidade dessas duas testemunhas. Todas as tentativas de identificá-las não passam de especulação. Não há sugestão de que sejam "reencarnações" de figuras de tempos remotos, portanto, embora existam semelhanças, não se trata de Moisés e Elias ou mesmo de Jesus. Devemos "esperar para ver" quem são, mas isso, obviamente, não importa de fato. Importante é o que elas fazem e o que a elas é feito.

Antes de prosseguirmos, dois "vislumbres" precisam ser observados. Um deles é a primeira menção a um período de 1260 dias – ou 42 meses – que correspondem a três anos e meio. Encontraremos esse número nos capítulos seguintes, indicando, aparentemente, a duração da Grande Tribulação. Muitos o associam à "meia semana" prevista por Daniel (Daniel 9.27; a versão O Livro traduz acertadamente "semana" como "sete anos"). É um curto espaço de tempo e lembra a previsão do próprio Jesus de que os dias seriam abreviados (Mateus 24.22).

Outro vislumbre é a primeira menção à "besta", que aparece com destaque nos próximos parênteses no decorrer da narrativa.

Capítulos 12–14: as duas bestas

Para seguir o padrão literário usado até o momento, essa seção deveria estar entre a sexta e a sétima taças, mas elas estão tão próximas entre si que não há tempo ou espaço para outros eventos. Esses três capítulos, portanto, estão inseridos antes que as sete taças sejam derramadas sobre um mundo rebelde como expressão final da ira de Deus (veja diagrama na página 247).

Os seis selos e as seis trombetas já passaram. As últimas séries de desastres estão prestes a acontecer. Será o pior período para o mundo – e o mais difícil para a igreja. Os poderes malignos terão mais controle sobre a sociedade do que jamais tiveram, embora essa influência esteja prestes a ser anulada.

A seção apresenta três pessoas que formam uma aliança para governar o mundo. Uma delas é angelical em sua origem e natureza: o "grande dragão" e "antiga serpente", também conhecido como "Satanás" ou "o diabo" (12.9). As outras duas são seres humanos em sua origem e natureza: "bestas" também conhecidas como "o anticristo" (1João 2.18) ou "o homem do pecado" (2Tessalonicenses 2.3) e "o falso profeta" (16.13; 19.20; 20.10). Juntos, eles formam um tipo de "trindade profana", uma imitação grotesca de Deus, Cristo e o Espírito Santo.

Satanás é introduzido no contexto da "tribulação" pela primeira vez. Não há menção a ele desde as cartas às sete igrejas (2.9, 13, 24; 3.9). Os selos e as trombetas lançam sobre a terra seus fardos, enquanto Satanás está no céu. Sendo anjo, ele tem acesso às "regiões celestiais" (Efésios 6.12; compare Jó 1.6-7). É ali que se trava a verdadeira batalha entre o bem e o mal, como descobrirá qualquer pessoa que adentre esse domínio por meio da oração.

Essa batalha celestial entre anjos bons e maus não durará para sempre. Os exércitos não são equivalentes em número. O lado do diabo conta com um terço das estrelas do céu (12.4); os outros dois terços são liderados pelo arcanjo Miguel, que conduzirá seus exércitos à vitória (uma escultura que retrata essa conquista adorna uma das paredes externas da Catedral de Coventry, na Inglaterra).

O diabo será "lançado" à terra. Posteriormente, ele será outra vez derrotado e, então, lançado no "abismo" (20.3). Enquanto isso, nos poucos anos que lhe restam, sua fúria e frustração voltam-se para nosso planeta. Incapaz de continuar desafiando Deus no céu, ele declara guerra contra o povo de Deus na terra. É uma ação de retaguarda, executada na esperança de preservar seu reino na terra através de governantes fantoches, um deles é político e o outro, religioso.

Até agora, a mensagem do capítulo 12 é bastante clara, mesmo que requeira um pouco de imaginação. Entretanto, omitimos (deliberadamente) a outra figura importante no drama – uma mulher grávida, vestida do sol, com a lua debaixo dos seus pés e uma coroa de 12 estrelas sobre a cabeça.

Quem é ela? Trata-se de fato, de uma pessoa, ou uma "personificação" de um lugar ou um povo (como são interpretadas outras "mulheres" em Apocalipse, por exemplo, a "prostituta" que representa a Babilônia nos capítulos 17–18)?

Certamente essa figura tem sido fonte de muito debate e de muita divergência entre os estudiosos da Bíblia. Para alguns, a questão resolve-se pelo fato de que o diabo queria "devorar seu filho no momento que nascesse" (versículo 4) e pela afirmação: "Ela deu à luz um filho, um homem, que governará todas as nações com cetro de ferro" (versículo 5). Segundo eles, trata-se de uma referência inquestionável ao nascimento de Jesus e ao plano imediato, porém frustrado, concebido por Herodes para destruí-lo. Desse modo, a mulher é sua mãe, Maria (a interpretação católica habitual); ou a personificação de Israel, de onde veio o Messias (uma frequente interpretação protestante com o objetivo de excluir Maria).

Mas não é tão simples assim. Por que uma passagem que descreve o final dos tempos retomaria, de forma repentina e inesperada, um evento relacionado ao início da era cristã? Qual o motivo de trazer Maria à cena (depois de Atos 1, tendo cumprido sua tarefa, ela desaparece por completo do Novo Testamento)? É claro que, na concepção dos "historicistas cíclicos", trata-se de outra "recapitulação" de todo o ciclo da história da igreja, dessa vez tendo início no nascimento de Cristo, com Satanás derrotado e expulso dos céus.

Ainda há problemas. Ao que parece, a criança é arrebatada para junto de Deus e de seu trono quase imediatamente após o nascimento. Essa poderia ser uma visualização da encarnação e ascensão futuras, mas a ausência de qualquer referência ao ministério, à morte e à ressurreição de Jesus é, no mínimo, surpreendente. E se a mulher é sua mãe, Maria, quem seria "o restante de sua descendência" contra o qual o irado dragão sai para fazer guerra (12.17)? Sabemos que Maria teve outros filhos, pelo menos quatro meninos e algumas meninas (Marcos 6.3), mas é pouco provável que o texto se refira a eles. Também não se pode afirmar que a frase "governará as nações com cetro de ferro" diz respeito a Jesus necessariamente; ela se aplica a ele (19.15, em cumprimento ao Salmo 2.9), mas também é uma promessa feita a seus seguidores fiéis (2.27). Em seguida, lemos que a mulher será sustentada no "deserto" por 1260 dias (12.6), um período já citado como o de maior aflição da era da igreja.

A interpretação que melhor se ajusta a todas essas informações é a de que a mulher seja uma personificação da igreja no fim dos tempos, mantida distante das áreas urbanas durante o período mais intenso de tribulação. A criança também é uma personificação e representa os crentes martirizados a salvos no céu, longe do alcance de Satanás. Eles retornarão à terra um dia e reinarão com Cristo (20.4 declara isso enfaticamente). O "restante de sua descendência" é uma referência aos que sobrevivem ao holocausto, que "obedecem aos mandamentos de Deus e se mantêm fiéis ao testemunho de Jesus" (12.17; compare 1.9; 14.12). Essa interpretação não resolve todos os problemas, mas, quando comparada a outras interpretações, é a que deixa menos dúvidas.

Mais uma vez, parece haver uma comparação implícita entre a experiência de Cristo no início da era cristã e a de seus seguidores no final da mesma era (como vimos há pouco). Assim como ele "venceu" (João 16.33), seus seguidores também "vencerão", pois, "diante da morte, não amaram a própria vida" (12.11). Sua vitória demonstra "o Reino do nosso Deus, e a autoridade do seu Cristo" (12.10; compare 11.15 e Atos 28.31).

A chegada das duas "bestas" acontece no capítulo 13. A primeira e principal delas é uma figura política, um ditador à frente de um regime totalitário que governa sobre todos os grupos étnicos conhecidos. Ele é "o anticristo" (1João 2.18; observe que um dos significados do prefixo *anti* em grego é "em lugar de", uma indicação de que ele é uma imitação [de Cristo] e não um oponente), "o homem do pecado" (2Tessalonicenses 2.3-4), que não reconhece lei alguma acima de sua própria vontade e, portanto, reivindica a divindade e exige adoração. A besta é um indivíduo que aceita a oferta satânica recusada por Jesus (Mateus 4.8-9; caso tivesse aceitado, ele teria se tornado Jesus Anticristo!).

No entanto, ele também é "anticristão" no outro sentido do mesmo prefixo. Tem o poder de "guerrear contra os santos e *vencê-los*" (13.7; ele os vence temporariamente, mas será derrotado eternamente por eles, 12.11).

Suas características são as mesmas de outras bestas ferozes – leopardo, urso e leão. Aparentemente, ele surge de uma coalizão de governantes políticos, atraindo a atenção do mundo graças à sua recuperação assombrosa de um ferimento fatal, possivelmente uma tentativa de assassinato. Seu egotismo blasfemo é anunciado durante 42 meses.

Sua posição é reforçada pela segunda besta, um parceiro religioso com poder sobrenatural que direciona a adoração do mundo à besta. Seus milagres – fogo que desce do céu e imagens falantes do ditador – enganarão as nações.

Sua aparência será "semelhante a um cordeiro", um carneiro jovem com apenas "dois chifres". Apesar de ter uma aparência mansa como a de um carneiro, ele não tem nada a ver com Cristo. De fato, a figura branda, na realidade, contrasta-se à de um dragão, pelo menos no que diz respeito a seu discurso.

Seu golpe de mestre não será a exibição de milagres, mas sua capacidade de controlar os mercados. As transações comerciais serão limitadas aos que tiverem um número especial implantado no corpo em local visível (mão ou testa). Essa marca estará disponível apenas aos que se submeterem à idolatria imperial. Judeus e cristãos, portanto, não terão permissão para adquirir itens básicos necessários para sua sobrevivência.

O número "666" é o nome codificado do ditador. Já discutimos seu significado (veja a página 531). Até a sua chegada, quando a relação entre sua identidade e o número será absolutamente óbvia, todas as tentativas de decifrá-lo não passam de meras especulações. Uma coisa, porém, está clara: ele fica aquém da perfeição (7) em todos os sentidos.

O capítulo 14 parece compensar essas cenas horríveis atraindo nossa atenção a um grupo de pessoas que estão em pé (literalmente) num contraste nítido com aqueles que se permitiram ser enredados pelo sistema. Em lugar do enigmático nome da besta, essas pessoas trazem escrito na testa o nome do Cordeiro e o de seu Pai (outra característica identificada em 22.4). Não são conhecidas por mentiras arrogantes, mas pela integridade de suas palavras, bem como por relações sexuais puras.

Há alguma incerteza a respeito de sua localização – no céu ou na terra – mas o contexto favorece a primeira opção, por causa dos cânticos de louvor dos quatro seres viventes e dos anciãos (14.3 parece repetir 4.4-11), cânticos esses que somente os redimidos podem "aprender" e também cantar. O número (144.000) é enigmático. Não deve ser confundido com o mesmo número presente no capítulo 7. Ali, o texto se referia aos judeus na terra, aqui, fala dos cristãos no céu. No capítulo 7, o grupo era formado pelas 12 tribos, mas isso não ocorre aqui. Também não há equivalência com a frase "grande multidão que ninguém podia contar" presente naquele mesmo capítulo. Aqui também o número pode ter sido "arredondado". Mas é provável que encontremos explicação no fato de terem sido "comprados dentre os homens e ofertados como *primícias* a Deus e ao Cordeiro" (versículo 4). Eles são apenas uma pequena amostra de uma farta colheita. É possível, portanto, que o número total de judeus preservados na terra seja apenas uma porcentagem dos cristãos que adoram no céu.

O restante do capítulo descreve uma procissão de anjos que transmitem várias mensagens de Deus aos homens:

O primeiro convida ao temor e à adoração a Deus, lembrando que o Evangelho ainda está disponível para salvar todos da "ira que se aproxima" (Lucas 3.7).

O segundo anuncia a queda da Babilônia. Trata-se de mais um "vislumbre", pois é a primeira vez que tal local é mencionado. Na seção seguinte (capítulos 16–17) tudo será esclarecido.

O terceiro alerta os crentes sobre as terríveis consequências de ceder às pressões do derradeiro sistema ditatorial. O vocabulário é o mesmo usado em referência ao inferno: incessante "tormento" (a palavra que descreve a experiência do diabo, do anticristo e do falso profeta no "lago de fogo"– 20.10). Em outras palavras, esses crentes partilharão do destino daqueles a quem se renderam. O fato de que os "santos" podem encontrar-se nesse destino medonho é evidenciado por um chamado à "perseverança" imediatamente após o alerta (14.12 – que repete 13.10). Os dois contextos reconhecem que alguns pagarão por sua lealdade com a própria vida. Para eles, uma bem-aventurança especial: "Felizes os mortos que morrem no [o sentido é quase "pelo"] Senhor de agora em diante" (14.13). A benção é dobrada: eles podem agora descansar da árdua labuta e, mantido o registro de sua fidelidade, podem esperar uma recompensa. Mesmo os que, nesse período, morrerem de causas naturais desfrutarão dessa bênção. O versículo, contudo, ainda não deve ser usado em funerais; a promessa restringe-se a "de agora em diante", uma referência ao reinado da "besta".

O quarto lança um brado "àquele que estava assentado sobre a nuvem" (uma clara referência a Daniel 7.13), dizendo-lhe que chegava o tempo da colheita. Não fica imediatamente claro se objetivo era juntar o joio para ser queimado ou o trigo para ser armazenado (Mateus 13.40-43).

O quinto simplesmente aparece trazendo na mão uma foice.

O sexto aponta a foice às "uvas", que devem ser pisadas no grande lagar da ira de Deus, localizado "fora da cidade". A indicação de que o texto se refere ao extermínio em massa de seres humanos é um gigantesco lagar de sangue (um metro de profundidade por cerca de trezentos quilômetros – certamente uma hipérbole?). É provável que a imagem seja um vislumbre da batalha de Armagedom, quando os abutres devorarão os cadáveres humanos (19.17-21). Observamos também a conexão entre sangue, vinho e a ira de Deus, que ocorre com bastante frequência. O texto nos remete à cruz, particularmente à agonia da oração no "Getsêmani", nome que significa "lagar de azeite", local onde as olivas eram esmagadas. Na Bíblia, o uso metafórico de "cálice" refere-se, invariavelmente, à ira de Deus (Isaías 51.21-22; Marcos 14.36: Apocalipse 16.19).

Esses seis anjos são seguidos por outros sete que, em vez de apenas anunciar a ira de Deus, tomam medidas práticas. Levam consigo sete taças – não apenas cálices – para derramá-las sobre a terra. O ato é acompanhado de um cântico de vitória dos mártires no céu, que conscientemente ecoam o regozijo de Moisés após a derrota do exército egípcio no mar Vermelho (15.2-4). O tema é a justiça e a retidão de Deus, expressas em grandes e maravilhosos feitos que vindicam sua santidade através da punição aos opressores. O "Rei eterno" talvez pareça tardio para julgar o culpado, mas é certo que o julgamento acontecerá – e Apocalipse relata que esse dia finalmente chegará.

Antes de deixarmos essa importante seção central de Apocalipse, duas observações devem ser feitas.

A primeira delas refere-se à *ordem* dos eventos. Houve uma tentativa de elaborar um tipo de cronograma consecutivo que encaixasse os selos, as trombetas e as taças juntamente com os capítulos que aparecem entre as séries. O êxito de tal tentativa será julgado pelo leitor, que talvez já tenha elaborado um esquema diferente.

Na verdade, é extremamente difícil, se não impossível, ordenar todos os eventos previstos em um padrão coerente. Jesus, no entanto, é um mestre por demais qualificado, e não ocultaria sua mensagem principal em uma narrativa tão complexa como esta. A que conclusão chegamos?

Simplesmente esta: *a ênfase dessa seção não está na ordem dos eventos.* O foco está muito mais sobre o que acontecerá, e não sobre quando será. O propósito não é nos tornar adivinhos, capazes de fazer previsões exatas, mas sermos servos fiéis do

Senhor, preparados para encarar o pior que pode nos acontecer. Mas isso de fato acontecerá a nós?

A segunda observação refere-se ao *cumprimento* das previsões. Se a Grande Tribulação cobre apenas os últimos poucos anos, é possível que não tenhamos de enfrentá-la em vida. Desse modo, seria, então, um desperdício de tempo para todas as gerações de santos, exceto a última, preparar-se para ela?

Uma resposta é que a tendência e a velocidade dos acontecimentos mundiais hoje tornam a Grande Tribulação uma possibilidade cada vez mais real num futuro próximo.

A principal reação a esse tipo de pensamento deve ser a lembrança de que os eventos futuros são precedidos por sinais. "Filhinhos, esta é a última hora; e, assim como vocês ouviram que o anticristo está vindo, já agora muitos anticristos têm surgido" (1João 2.18). O falso profeta está a caminho, e mesmo hoje há muitos falsos profetas (Mateus 24.11; Atos 13.6; Apocalipse 2.20).

Em outras palavras, o que um dia será vivenciado em escala universal por toda a igreja ("serão odiados por todas as nações" – Mateus 24.9) já está acontecendo em âmbito regional ou local. Qualquer cristão está sujeito a enfrentar muita tribulação antes que a Grande Tribulação, de fato, chegue a todos. Devemos estar prontos para as dificuldades que alcançarão seu ápice na ocasião, mas que também podem ocorrer hoje.

Essa seção (capítulos 6–16), portanto, tem total relevância para todos os crentes, seja qual for sua situação atual. A igreja já sofre pressão na maioria dos países, e é cada vez maior o número de países onde a igreja é perseguida.

E acima de tudo isso, está a volta do Senhor Jesus Cristo – um evento para a qual todo crente precisa estar pronto. A principal razão de nos prepararmos para agir fielmente sob pressão é que possamos nos apresentar diante dele sem qualquer sentimento de vergonha. Isso talvez explique a advertência encontrada entre a sexta e a sétima taças da ira (que, aliás, confirma a presença de alguns cristãos na terra na ocasião): "Eis que venho como ladrão! Feliz aquele que permanece vigilante e conserva consigo as suas vestes, para que não ande nu e não seja vista a sua vergonha" (16.15; a mesma ênfase sobre as vestimentas é observada em Mateus 22.11; Lucas 12.35; Apocalipse 19.7-8).

Capítulos 17–18: o homem na terra
Essa seção, ainda que em parte, está relacionada com a Grande Tribulação. Ela se refere ao momento final, o forte terremoto do sétimo selo, da sétima trombeta e da sétima taça (veja 16.17-19).

A história do mundo avança para uma conclusão. Seu desfecho é iminente. Apesar de todos os alertas, tanto em palavras quanto em feitos divinos, os seres humanos ainda se recusam a se arrepender e amaldiçoam Deus por seus sofrimentos (16.9, 11, 21).

O restante do livro de Apocalipse é dominado por duas figuras femininas: uma prostituta repugnante e uma noiva pura. Não se trata de pessoas; ambas são personificações. Elas representam cidades.

Poderíamos usar aqui o título: "Um conto de duas cidades". São Babilônia e Jerusalém, respectivamente a cidade do homem e a cidade de Deus. Nessa seção, avaliamos a primeira, já mencionada anteriormente (14.8; 16.19).

Na Bíblia, as cidades são geralmente consideradas lugares de impiedade. A primeira menção (geralmente significativa) as associa com a linhagem de Lameque e a manufatura de armas para destruição em massa. As cidades reúnem pessoas, consequentemente, pecadores e pecado. Com menos comunhão e mais anonimato, florescem o crime e a imoralidade. Há mais luxúria (prostituição) e ira (violência) em comunidades urbanas do que nas rurais.

Os dois pecados destacados aqui são ganância e orgulho. Ambos estão relacionados à idolatria [apego] ao dinheiro. Uma vez que é impossível adorar a Deus e a Mamom (Lucas 16.13), é mais fácil esquecer-se do Criador do céu e da terra quando se vive em uma cidade próspera. Quando os homens são bem-sucedidos e alcançam sucesso por seu próprio esforço, adoram a si mesmos! A arrogância humana mostra-se na arquitetura; os edifícios costumam ser monumentos à ambição e à realização humana.

Foi o que aconteceu no episódio da torre de Babel, às margens do rio Eufrates, posicionada na rota entre a Ásia, a África e a Europa. Fundada por Ninrode, o mais valente caçador (de animais) e guerreiro (entre os homens), Babel fundamentava-se na lei do mais forte, na sobrevivência do mais apto.

Como era de se esperar, a torre seria a mais alta estrutura já construída pelo homem em todo o mundo, um testemunho extraordinário tanto para os homens quanto para Deus. A expressa intenção – "nosso nome será famoso" (Gênesis 11.4) – marca o início do humanismo – a autodeificação do homem. Deus puniu essa soberba concedendo o dom de línguas a todos os habitantes! A remoção simultânea da língua comum, contudo, produziu uma balbúrdia ininteligível (observe que isso não aconteceu no Pentecoste, pois o mesmo dom trouxe unidade – Atos 2.44).

Essa cidade tornou-se mais tarde a capital de um vasto e poderoso império, principalmente sob o governo de Nabucodonosor, um tirano cruel que, na conquista de um novo território, destruía os bebês, os animais e até as árvores (Habacuque 2.17).

Enquanto isso, o rei Davi de Israel havia estabelecido Jerusalém como sua capital. A cidade não ocupava uma posição estratégica para o comércio, pois não havia mar, rio ou estrada importante nas proximidades. Era, contudo, a "cidade de Deus", o lugar que o Senhor batizou com seu nome e onde escolheu viver entre o seu povo – a princípio no tabernáculo erguido por Moisés, mais tarde no templo construído por Salomão.

Babilônia tornou-se a maior ameaça a Jerusalém. Nabucodonosor acabou destruindo a cidade santa juntamente com seu templo, saqueando seus tesouros e deportando o povo para um exílio de 70 anos. Deus permitiu que isso acontecesse porque os habitantes haviam feito de Jerusalém uma cidade "ímpia", como todas as outras.

Esse castigo, no entanto, não foi permanente. Por meio dos profetas, Deus prometeu tanto restaurar Jerusalém quanto destruir a Babilônia (por exemplo, Isaías 13.19-20; Jeremias 51.6-9, 45-48). De fato, Babilônia tornou-se um desolador monte de entulho, totalmente inabitada, exceto pelas criaturas selvagens do deserto, exatamente como havia sido previsto.

Não são meras coincidências as profundas semelhanças entre os livros Daniel e Apocalipse. Ambos contêm visões do fim dos tempos que se equiparam de forma notável. No entanto, as revelações foram concedidas a Daniel no tempo de Nabucodonosor (o jovem Daniel foi incluído na primeira de três deportações). Ele "viu" a maldição futura dos impérios do mundo ao longo da história até o tempo de Cristo e, ainda além, chegando ao epílogo da história, o reinado do anticristo, o governo milenar, a ressurreição dos mortos e o Dia do Juízo.

Os dois livros falam sobre uma cidade chamada "Babilônia". Mas estão referindo-se ao mesmo lugar?

Se esse for o caso, a cidade precisará ser reconstruída. Aqueles que entendem que a "Babilônia" de Apocalipse é a mesma descrita em Daniel, empolgaram-se quando parte da cidade foi reconstruída pelo ex-presidente do Iraque, Saddam Hussein. Ao que parece, contudo, sua intenção não era restaurá-la como uma cidade habitável; ela seria apenas uma demonstração de sua força e notoriedade. (Em 1999, nas festividades anuais da Babilônia, luzes a laser projetaram nas nuvens os rostos de Saddam Hussein e do rei Nabucodonosor!) É muito pouco provável que a antiga Babilônia, mesmo que totalmente reconstruída, possa tornar-se novamente um centro estratégico.

A escola de interpretação "preterista" entende "Babilônia" como a metrópole Roma. Há algum fundamento para tal interpretação, visto que essa pode ter sido a compreensão dos leitores originais de Apocalipse. Uma das cartas de Pedro, escrita com um propósito muito semelhante (preparar os santos para o sofrimento), talvez tenha feito essa associação de códigos (1Pedro 5.13). E a referência às "sete colinas" provavelmente ratificaria essa interpretação (17.9-10, observe, porém, que as "colinas" são representações de reis).

O caráter decadente de Roma também se encaixaria na descrição encontrada em Apocalipse. A sedução atraente de bens e dinheiro em troca de favores prestados e o domínio de seus reis mesquinhos se ajustam bem à imagem.

É discutível, no entanto, se esse seria seu cumprimento total. Roma foi certamente *um tipo de* Babilônia. Trata-se, porém, apenas de uma prefiguração *da* Babilônia que domina o fim da história, onde Apocalipse firmemente a situa.

Algumas pessoas solucionaram o problema presumindo um renascimento do império romano. Seus corações bateram acelerados quando dez nações (17.12) assinaram o "Tratado de Roma" como base para a constituição de uma nova superpotência – a Comunidade Econômica Europeia. O interesse diminuiu com a inclusão de outros estados; hoje há "chifres" em excesso! A respectiva bandeira, contudo, tem as 12 estrelas de Apocalipse 12.

A relutância em deixar de lado Roma como a principal

candidata também é aparente na escola de interpretação "historicista". Entendendo o livro de Apocalipse como um panorama de toda a história da igreja, os protestantes fixaram sua atenção no papado e no Vaticano e em suas reivindicações de poder político e religioso, passando a vê-los como representações da "mulher escarlate" da Babilônia (essa analogia tem agravado as "turbulências" na Irlanda do Norte). Em resposta, os católicos começaram a encarar os reformadores protestantes sob a mesma perspectiva!

Na realidade, não há qualquer indicação em Apocalipse de que "Babilônia" seja um centro religioso. A ênfase está nos negócios e no prazer com os quais seus habitantes estão envolvidos.

A escola "futurista" parece estar mais próxima da verdade quando interpreta a cidade como uma nova metrópole que surge para dominar sobre as outras durante o "fim dos tempos". Por ser classificada como "mistério" (ou seja, um segredo agora revelado), dá a impressão de ser uma criação recente do homem e não o restabelecimento de uma cidade que já existiu (seja ela Roma ou a antiga Babilônia).

É evidente que será um centro dos mercados financeiros, talvez o maior de todos, um lugar para ganhar e gastar dinheiro (os negociantes são afetados por sua queda; 18.11-16). Também será uma cidade que valorizará a cultura (observe a música em 18.22).

A cidade, porém, será corrompida e corruptora, caracterizada pelo materialismo sem moralidade, pelo prazer sem pureza, pela riqueza sem sabedoria, pelo desejo sem amor. A imagem da meretriz é particularmente apropriada, disposta a satisfazer os desejos de qualquer um em troca de dinheiro.

Até agora, consideramos apenas a "mulher", porém ela está montada numa "besta" com sete cabeças e dez chifres – a representação clara de uma coalizão política. O texto não nos informa quem são, nem oferece muitos detalhes a seu respeito. São homens poderosos, porém sem território específico para governar. A autoridade deriva da "besta", possivelmente o anticristo, a quem devotam absoluta fidelidade. Acima de tudo, eles serão categoricamente anticristãos e "guerrearão contra o Cordeiro" e contra os que estiverem "com ele" (17.14), talvez por estarem atormentados em sua consciência.

Babilônia, entretanto, está condenada. Cairá juntamente com todos esses homens. Seus dias estão contados. A maneira assombrosa como isso se cumprirá é perfeitamente crível no mundo moderno.

A mulher vem sobre a besta. Uma rainha está montada nas costas de reis (uma reversão de gênero, contrária à criação). É uma outra forma de afirmar que a economia dominará a política, que o poder do dinheiro desbancará a autoridade. Se levarmos em consideração que, no ano 2000 d.C., 300 corporações colossais detinham nas mãos a maior parte dos negócios do mundo, não é difícil imaginar o cenário descrito em Apocalipse.

Políticos ambiciosos, sedentos de poder, melindram-se com essa influência financeira. Dispõem-se até a produzir um desastre econômico, se for necessário, para permanecer no poder. Lembramos do tratamento dispensado por Hitler aos judeus, que controlavam muitos bancos na Alemanha.

Os "reis" se sentirão enciumados da "mulher" que está montada sobre eles e decidirão destruí-la. A cidade será arrasada pelo fogo. O maior desastre econômico já visto no mundo. Muitas, muitas pessoas "chorarão e se lamentarão" diante das ruínas.

Deus terá provocado a catástrofe, mas não o fará por meio de qualquer ato físico. Ele colocará no "coração deles o desejo de realizar o propósito que ele tem" (17.17). Encorajados pelo próprio Deus, eles se tornarão aliados da besta contra a cidade. O anticristo terá o controle político, e o falso profeta, o controle religioso; os "reis" agora lhes oferecerão o controle econômico em troca de poderes a eles delegados. O gozo de tais privilégios, contudo, será extremamente breve ("uma hora" – 17.12).

A queda da Babilônia é de tal modo inevitável que Apocalipse a descreve como um fato no passado. Os cristãos podem estar absolutamente certos disso. No entanto, há razões práticas para que tenhamos conhecimento desses fatos. Qual é a relação entre o povo de Deus e essa última "Babilônia"? O texto oferece três diretrizes:

Em primeiro lugar, haverá na cidade muitos mártires. A prostituta está "embriagada com o sangue dos santos, o sangue das testemunhas de Jesus". Essa última frase está presente em todo o livro de Apocalipse (1.9; 12.17; 14.12; 17.6; 19.10; 20.4) e é mais uma indicação da presença de cristãos na tribulação. Não há lugar para os santos em uma cidade dedicada à imoralidade. Pessoas que despertam a consciência do certo e errado na comunidade não são bem-vindas.

Segundo, aos cristãos é direcionada a exortação: "Saiam dela, vocês, povo meu, para que vocês não participem dos seus pecados, para que as pragas que vão cair sobre ela não os atinjam! Pois os pecados da Babilônia acumularam-se até o céu, e Deus se lembrou dos seus crimes" (18.4-5). O texto é praticamente idêntico ao apelo de Jeremias aos judeus na antiga Babilônia (Jeremias 51.6). Note que eles precisam "sair"; o Senhor não os tira de lá. Está claro que nem todos os crentes serão martirizados; alguns escaparão com vida, embora talvez sejam obrigados a deixar para trás dinheiro e posses.

Em terceiro lugar, quando a Babilônia cair, a ordem é comemorar: "Celebre o que se deu com ela, ó céus! Celebrem, ó santos, apóstolos e profetas! Deus a julgou, retribuindo-lhe o que ela fez a vocês" (18.20). Isso ocorre em 19.1-5. Poucas pessoas percebem que o conhecido refrão "Aleluia" da obra *O Messias*, de Handel, é uma celebração do colapso da economia mundial, o término da bolsa de valores, a bancarrota de bancos e a ruptura do comércio! Somente o povo de Deus cantará "Aleluia" (que significa: "Louvem o Senhor") nesse dia!

A prostituta desaparece e surge a noiva. O "banquete das bodas do Cordeiro" está prestes a começar. Jesus está vindo para se casar (Mateus 25.1-13). A noiva "se aprontou" com um vestido de puro linho branco (perceba novamente a referência às "roupas") e o tecido é um símbolo dos "atos justos dos santos" (19.8). A lista de convidados está completa e são "bem-aventurados" os que dela constam.

Nesse ponto, já entramos no capítulo 19 – encerrando uma seção e iniciando a seção seguinte. O texto original não foi escrito com divisões de capítulos – elas costumam estar nos lugares errados, dividindo o que Deus juntou. Isso ocorre de forma mais marcante na penúltima seção de Apocalipse.

Capítulos 19–20: Cristo na terra
Essa série de eventos leva a um desfecho da história como a conhecemos. Nosso mundo finalmente chega a um fim. Lidamos agora com o futuro distante.

Infelizmente, essa seção tem suscitado mais controvérsia do que qualquer outra seção de todo o livro, principalmente no que se refere ao Milênio – a referida menção a um período de "mil anos". Tal é a importância do tema que ele será analisado à parte. Essa análise incluirá uma completa exegese do texto, por isso teremos aqui apenas um resumo (veja a página 619).

É vital observar a mudança das revelações audíveis para as visuais. Em toda a seção anterior, João afirma: "Ouvi" (18.4; 19.1,6). Então, a frase repetida passa a ser: "Vi", até que, finalmente, retorna a "Ouvi" (em 21.3).

Quando o trecho visual é analisado, discerne-se

claramente uma série de sete visões. Não fosse pela violação injustificada das divisões de capítulos (20 e 21), essa revelação em sete partes teria sido identificada pela maioria dos leitores. Da forma como está, contudo, poucos a percebem. Esse é o último "sete" no livro de Apocalipse. Assim como ocorre com os setes anteriores, os primeiros quatro estão inter-relacionados, os dois seguintes não apresentam uma conexão próxima e o último está isolado (vamos postergar seu estudo até examinarmos os capítulos 21–22). Eles podem ser enumerados da seguinte forma:

1. Parúsia – Segundo advento (19.11-16)
Rei dos reis, Senhor dos senhores (e *logos* = "palavra")
Cavalos brancos, mantos tingidos de sangue

2. Ceia/Banquete (19.17-18)
Convite angelical às aves...
... para se fartarem com os corpos

3. Armagedom (9.19-21)
Reis e exércitos destruídos (pela "palavra" = *logos*)
Duas bestas lançadas no lago de fogo

4. Satanás (20.1-3)
Acorrentado e banido para o "abismo"
Mas por tempo limitado

5. Milênio (20.4-10)
Santos e mártires reinam (primeira ressurreição)
Satanás liberto e lançado no lago de fogo

6. Julgamento (20. 11-15)
Ressurreição geral de todo o "restante" dos seres humanos
Abertos os livros e o Livro da Vida

7. Re-criação (21.1-2)
Novo céu e nova terra
Nova Jerusalém

Esse esboço indica de forma clara uma série consecutiva de eventos, começando com a segunda vinda e terminando com a nova criação. Algumas referências cruzadas internas servem de confirmação (por exemplo, 20.10 refere-se a 19.20). Infelizmente, com o intuito de favorecer os interesses de um sistema teológico, os comentaristas tentaram desconstruir essa sequência (alegando, por exemplo, que o capítulo 20 precede o 19). Mas a ordem nesses últimos capítulos é muito mais evidente do que no trecho central de Apocalipse – e isso é muito significativo.

Os inimigos do povo de Deus, por exemplo, são expulsos de cena na ordem inversa à sua introdução. Satanás aparece no capítulo 12, as duas "bestas" aparecem no capítulo 13 e a Babilônia, no 17. A Babilônia desaparece no capítulo 18, as duas "bestas", no capítulo 19 e Satanás, no capítulo 20. A cidade cai antes da volta de Cristo, mas é necessário que ele esteja na terra para lidar com a "trindade profana" formada pelo diabo, pelo anticristo e pelo falso profeta.

A maioria dos estudiosos reconhece a visão inicial que João teve de Jesus como um retrato da segunda vinda (apenas alguns, por força de interesses teológicos, afirmam que ela se refere à primeira vinda). O retorno de Jesus à terra, contudo, causará consternação aos poderes estabelecidos. Chocados com seu reaparecimento, eles planejarão um segundo assassinato. Dessa vez, no entanto, um pequeno pelotão de guardas será totalmente inadequado visto que milhões de seus devotos seguidores terão se unido a ele em Jerusalém (1Tessalonicenses 4.14-17). Uma gigantesca força militar se reunirá alguns quilômetros ao norte da planície de Esdrelão, ao pé do monte de Megido (em hebraico, *Har-Mageddon*): é a encruzilhada do mundo, sendo avistada de Nazaré. Ali, muitas batalhas foram travadas e muitos reis morreram (Saul e Josias entre eles).

Jesus precisa apenas de uma "palavra" para ressuscitar os mortos ou aniquilar os vivos. É mais uma sentença proferida do que uma batalha travada. Os abutres cuidarão dos cadáveres – são muitos os corpos para que sejam sepultados.

A essa altura, há várias revelações surpreendentes. As duas "bestas" não são mortas, mas "lançadas vivas" no inferno – os primeiros seres humanos que entram ali. O diabo não é enviado para lá, mas levado sob custódia – para ser novamente liberto mais tarde!

Acima de tudo, Jesus não destrói este mundo, mas assume ele mesmo o seu governo, preenchendo com seus fiéis seguidores – sobretudo os mártires – o vácuo político deixado pela "trindade profana". Obviamente, será preciso que os santos ressuscitem dentre os mortos para que cumpram seu dever. Esse "Reino" terá a duração de mil anos, mas chegará ao fim quando o diabo – sob liberdade condicional – levar as nações a uma derradeira, porém malsucedida rebelião, que será contida pelo fogo dos céus. Esse ínterim entre o retorno de Jesus e o Dia do Juízo é amplamente rejeitado na igreja hoje, porém era a interpretação da igreja primitiva.

Há unanimidade quanto ao que ocorre a seguir. Um dia final de arrependimento é claramente ensinado em todo o Novo Testamento. Ele é prenunciado por dois prodígios notáveis. A terra e o céu desaparecem. Sabemos (em 2Pedro 3.10) que ambos serão "desfeitos" pelo calor. Os mortos, inclusive os que morreram no mar, reaparecem. Trata-se da segunda ressurreição, ou ressurreição geral, e confirma que tanto o justo quanto o injusto ressuscitarão antes que enfrentem seu destino eterno (Daniel 12.2; João 5.29; Atos 24.15). "Alma e corpo" serão lançados no lago de fogo (Mateus 10.28;

Apocalipse 19.20). O "tormento" será, ao mesmo tempo, físico e mental (Lucas 16.23-24). Desse modo, são agora abolidos tanto a "morte", que separa corpo e espírito, quanto o Hades ou Sheol – a pousada dos mortos (20.14). A "segunda morte", que não separa corpo e alma e tampouco os aniquila, assume o poder a partir desse momento.

Tudo o que se vê agora é o juiz assentado sobre um trono e, diante dele, aqueles que serão julgados e uma enorme pilha de livros. O trono é grande e branco, representando poder e pureza absolutos. É provável que não seja o mesmo trono visto no céu por João (4.2-4). Aquele não era descrito como "grande" ou "branco". Além disso, é pouco provável que aos ímpios ressurretos fosse permitido se aproximar do céu. De fato, não há indicação de que a cena no capítulo 20 ocorra novamente no céu; é mais provável que ocorra no local onde estava a terra, pois esta desapareceu deixando apenas seus habitantes passados e presentes. Antes de tudo, a pessoa que se assenta nesse trono não é identificada como Deus (como em 4.8-11). De fato, não é Deus. Outros textos bíblicos nos informam que ele delegou ao seu Filho, Jesus, a tarefa de julgar a raça humana: "Pois [ele] estabeleceu um dia em que há de julgar o mundo com justiça, por meio do homem que designou" (Atos 17.31; compare Mateus 25.31-32; 2Coríntios 5.10). Os seres humanos serão julgados por um ser humano.

Não será um julgamento demorado. Todas as provas já foram reunidas e examinadas pelo juiz. Estão contidas em "livros", volumes que, verdadeiramente mereceriam o título "Esta é sua vida"! Não se trata de uma seleção dos episódios louváveis da vida de uma pessoa para apresentação em um programa na TV, mas de um registro completo dos atos (e palavras; Mateus 5.22; 12.36) de toda uma vida, do nascimento à morte. Podemos ser justificados pela fé, mas seremos julgados pelas obras [ações].

Fossem essas as únicas provas a ser consideradas, estaríamos todos condenados à "segunda morte". Que esperança restaria a qualquer um de nós? Graças a Deus, outro livro será aberto naquele dia terrível. É o registro da vida do próprio juiz na terra, absolvendo-o e qualificando-o para julgar outros. É o "livro da vida do Cordeiro" (21.27). O livro, contudo, contém outros nomes além do nome do Cordeiro. Nele, foram anotados os nomes daqueles que estão "em Cristo" – os que viveram e morreram nele. Aqueles que foram ligados à videira verdadeira e nela permaneceram (João 15.1-8). Aqueles cujo fruto atesta sua união contínua com ele (Filipenses 4.3 – compare com Mateus 7.16-20). Seus frutos são prova de sua fidelidade.

Seus nomes foram colocados nesse livro quando passaram a viver em Cristo, quando se arrependeram e creram (a frase "desde a criação do mundo" em 17.8 refere-se àqueles cujos nomes *não estão* registrados no livro e simplesmente significa "por toda a história humana"; o mesmo acontece em 13.8, embora a frase ali possa estar relacionada ao sacrifício do Cordeiro). Seus nomes não foram "apagados" do Livro da Vida porque eles "venceram" (3.5).

Somente aqueles cujos nomes ainda estão nesse livro escapam da "segunda morte" no "lago de fogo". Em outras palavras, fora de Cristo não há qualquer esperança, pois "todos pecaram e estão destituídos da glória de Deus" (Romanos 3.23). O Evangelho é, portanto, *exclusivo*: "Não há salvação em nenhum outro [exceto Jesus], pois debaixo do céu não há nenhum outro nome dado aos homens pelo qual devamos ser salvos" (Atos 4.12). O Evangelho, contudo, também deve ser *inclusivo*: "Vão pelo mundo todo e preguem o Evangelho a todas as pessoas" (Marcos 16.15 compare Mateus 28.19 e Lucas 24.47).

A raça humana será, então, permanentemente dividida em dois grupos (Mateus 13.41-43; 47-50; 25.32-33). Para um deles, o destino já foi "preparado" (Mateus 25.41). O lago (ou "mar") de fogo existe há pelo menos mil anos (Apocalipse 19.20). Para o outro grupo, uma nova metrópole foi "preparada" (João 14.2), porém não há lugar na terra onde ela possa ser localizada, tampouco um céu acima dela. Um novo universo se faz necessário.

Capítulos 21–22: o céu na terra
É com grande alívio que entramos na seção final. A atmosfera muda drasticamente. As nuvens escuras se afastaram e o sol está brilhando outra vez – no entanto, o sol também desapareceu, para ser substituído pela muito mais reluzente glória de Deus (21.23).

Esse é o ato final de redenção que traz salvação a todo o universo. É a obra "cósmica" de Cristo (Mateus 19.28; Atos 3.21; Romanos 8.18-25; Colossenses 1.20; Hebreus 2.8), a renovação do céu e da terra (observe que "céu" significa "firmamento" – que chamamos de "espaço"; a mesma palavra aparece em 20.11 e 21.1). Os cristãos já receberam novos corpos [glorificados] quando Jesus retornou à antiga terra. Agora receberão um novo meio ambiente que corresponda a seus novos corpos.

Os dois primeiros versículos cobrem a última visão da sequência de sete conferidas a João (19.11 a 21.2) – o clímax dos eventos finais da história. Mas não acaba aí. Nesse novo universo, observamos uma criação "especial", no âmbito da criação "geral". Assim como Deus "plantou um jardim" (Gênesis 2.8) no meio do primeiro universo, também aqui ele projetou e construiu uma "cidade jardim", a qual Abraão viu pela fé e pela qual ansiava (Hebreus 11.10).

Da mesma forma como "o novo céu e a nova terra" são reconhecidamente semelhantes aos antigos, a ponto de terem os mesmos nomes, essa cidade recebe o nome da capital de Davi. Jerusalém exerceu um papel importante no Antigo Testamento, e não é diferente no Novo. Jesus a chamou "cidade do grande Rei" (Mateus 5.35 – compare Salmo 48.2). "Fora das portas da cidade" ele morreu, ressuscitou e subiu aos céus. Para essa mesma cidade ele retornará a fim de sentar-se no trono de Davi. No Milênio, ela será o lugar de "acampamento dos santos [de Deus], a cidade amada" (20.9).

A cidade terrena foi, de certo modo, uma réplica temporária da "Jerusalém celestial, a cidade do Deus vivo", da qual todos os crentes em Jesus já são cidadãos, ao lado dos anjos e dos santos (Hebreus 12.22-23). Isso, porém, não significa que a cidade original seja de alguma forma menos real do que a réplica, uma delas física e a outra "espiritual". A principal diferença entre as duas cidades diz respeito à localização. E isso mudará.

A cidade celestial "descerá do céu" e será colocada na nova terra. Será uma cidade real, física, construída, no entanto, com materiais muito diferentes! Infelizmente, desde que Agostinho defendeu a separação platônica dos reinos físico e espiritual, a igreja tem mostrado dificuldades em aceitar o conceito da nova terra, muito menos uma cidade nela localizada. A equação do "espiritual" e "intangível" causou imenso dano às esperanças cristãs para o futuro. Esse novo universo e sua metrópole não serão menos "físicos" do que os antigos.

Apocalipse 21.3-8 é um comentário explicativo sobre essa visão final. A atenção é imediatamente desviada da nova criação para seu Criador. Observe a transição do que João "viu" para o que ele "ouviu". Mas de quem era a "forte voz" que ouviu? A voz fala sobre Deus na terceira pessoa, e depois, na primeira. Trata-se certamente das palavras de Cristo (compare 1.15). A frase "assentado no trono" é a mesma do capítulo anterior (compare 20.11 com 21.5). Nos dois contextos, o juízo é expresso e há menção ao "lago de fogo" (compare 20.15 com 21.8). Além disso, uma afirmação idêntica a essa "voz" é feita por Jesus no epílogo (compare 21.6 com 22.13). Todavia, o "trono de Deus e do Cordeiro" são vistos posteriormente como um só (22.1).

Seguem três afirmações surpreendentes:

A primeira é a mais notável revelação a respeito do futuro encontrada em todo o livro. O próprio Deus está mudando de residência – do céu para a terra! Virá morar com os seres humanos no endereço deles, deixando de ser o "Pai nosso, que estás nos céus" (Mateus 6.9) para ser o "Pai nosso, que estás na terra", no mais íntimo relacionamento entre seres humanos e divinos. Visto que toda a morte, tristeza e dor opõem-se à natureza de Deus, nessa terra elas não terão lugar. Não haverá mais separação, não haverá mais lágrimas. Lembramos aqui a única outra menção bíblica à presença de Deus na terra: seu passeio no jardim do Éden (Gênesis 3.8). Novamente, a Bíblia completa o círculo.

A segunda é a frase: "Estou fazendo novas todas as coisas" (Apocalipse 21.5). Aqui, o carpinteiro de Nazaré declara ser o Criador do novo universo, assim como foi do antigo (João 1.3; Hebreus 1.2). Sua obra não se limita à regeneração de pessoas, embora isso também se classifique como "nova criação" (2Coríntios 5.17). Jesus também está restaurando todas as coisas.

Há um grande debate sobre as palavras "novo" e "nova". Quão novo será esse "novo" universo? Será uma simples "reforma" do antigo ou uma criação novinha em folha? Há duas palavras para "novo" na língua grega (*kainos* e *neos*), mas elas são de certa forma sinônimas e o uso da primeira não esclarece a questão. Referências ao antigo universo sendo "desfeito pelo calor" (2Pedro 3.10) e tendo "passado" (Apocalipse 21.1) sugerem erradicação e não transformação. O processo, contudo, já começou – com a ressurreição de Jesus. Seu "velho" corpo, envolto nos lençóis, dissolveu-se, e Jesus ressurgiu da morte com um novo e "glorioso" corpo (Filipenses 3.21); confira meu livro *Explaining the Ressurrection*. A verdadeira "conexão" entre os dois corpos está oculta na escuridão do túmulo, mas o que ali se passou um dia acontecerá em escala universal.

A terceira afirmação expressa as implicações práticas dessa nova criação para os leitores de Apocalipse (observe que João precisou ser lembrado de continuar registrando o que ouvia, pois as palavras eram "verdadeiras e dignas de confiança"; 21.5). Por um ângulo positivo, está a promessa de que os sedentos serão saciados com a "água da vida" (21.6; 22.1, 17). Isso, no entanto, deve nos encorajar a viver uma vida "vencedora", para que herdemos um lugar na nova terra e nela desfrutemos do relacionamento com Deus, nosso Pai.

Por um ângulo negativo, está o alerta: os que não vencerem, mas forem covardes, infiéis, imorais ou enganadores, jamais tomarão parte de tudo isso, mas acabarão "no lago de fogo que arde com enxofre. Esta é a segunda morte" (21.8). É necessário salientar que esse alerta, bem como todo o livro, é dirigido aos crentes rebeldes, não aos incrédulos. Jesus não dirige a maior parte das exortações a respeito do inferno aos pecadores, mas aos seus próprios discípulos (veja meu livro *The Road to Hell*).

Nesse momento, um anjo conduz João por um tour pela nova Jerusalém e pela vida da cidade (é tão estapafúrdia a ideia de que os acontecimentos seguintes sejam, na realidade, uma "recapitulação" da "velha" Jerusalém no Milênio que nem vamos considerá-la; é evidente que o versículo 10 amplia o versículo 2). A descrição é de tirar o fôlego, esgota o vocabulário e, por isso, desperta a pergunta crucial: Quanto essa descrição é literal e quanto é simbólica?

Por um lado, encarar o texto de forma totalmente literal não parece certo. É evidente que João está descrevendo o indescritível (Paulo teve a mesma dificuldade quando as realidades celestiais lhe foram apresentadas; 2Coríntios 12.4). Repare na frequência com que João usa uma comparação ("como" ou "semelhante" em 21.11, 18, 21; 22.1), portanto todas as analogias são somente aproximadas e definitivamente inadequadas. As realidades retratadas aqui com imperfeição, contudo, devem ser ainda mais maravilhosas do que isso.

Por outro lado, também parece errado encarar o texto de forma totalmente simbólica. Levado a esse extremo, o quadro todo se dissipa em ficção "espiritual", que não faz justiça à "nova terra" como um lugar específico.

Para destacar o problema, podemos indagar: a nova Jerusalém representa um lugar ou um povo? A pergunta surge porque a cidade é chamada de "noiva", nome que anteriormente indicava um povo – a igreja (em 19.7-8). A princípio, essa é apenas uma analogia (em 21.2, "como uma noiva") e qualquer um que tenha assistido a um casamento judaico entenderá a semelhança das roupas de cores fortes ornamentadas com joias. Mais adiante, no entanto, a cidade é especificamente designada "a noiva, a esposa do Cordeiro" (21.9). O anjo, prometendo *mostrar* a João "a noiva", mostra-lhe a cidade (21.10), embora a visão passe a revelar a vida de seus habitantes (21.24–22.5).

A resposta ao dilema é muito mais óbvia para um judeu do que para um cristão. "Israel", a noiva de *Yahweh*, sempre foi um povo *e* um lugar, profundamente envolvidos um com o outro, o que explica todas as promessas proféticas da restauração definitiva do povo à sua própria terra. Os cristãos, por sua vez, representam um povo que não tem a própria terra, são estrangeiros, peregrinos, viajantes de passagem, a nova "diáspora", o povo de Deus disperso e exilado (Tiago 1.1; 1Pedro 1.1). O céu é nosso "lar". No entanto, o céu finalmente desce à terra. Judeus e gentios, unidos, serão o povo estabelecido em um lugar. Por essa razão, estão escritos na cidade os nomes das 12 tribos e dos 12 apóstolos (21.12-14).

Essa unificação dupla de judeus e gentios, céu e terra, é fundamental para o propósito eterno de Deus "de fazer convergir em Cristo todas as coisas" (Efésios 1.10; Colossenses 1.20). A "noiva", portanto, que se torna uma, tanto em si mesma quanto com seu marido, é um povo e um lugar. E que lugar!

As medidas têm clara importância, sendo todas múltiplas de 12. O *tamanho* é gigantesco: com mais de dois mil quilômetros em cada uma das três dimensões, a cidade cobriria a maior parte da Europa ou caberia na lua se ela fosse oca. Em outras palavras, ela é grande o bastante para acomodar todo o povo de Deus. Seu formato também é significativo; assemelha-se mais a um cubo do que a uma pirâmide, indicando uma cidade "santa" como o cúbico "santo dos santos" do tabernáculo e do templo. A serventia dos muros é determinar o que fica de fora, não necessariamente proteger o que está dentro, pois as portas estão sempre abertas. Não há ameaça de perigo, por isso seus habitantes entram e saem livremente.

Os materiais usados em sua construção já nos são conhecidos, mas somente a referência a raras pedras preciosas, que nos oferecem um pequeno vislumbre do céu. A lista apresentada aqui é uma das provas mais admiráveis da inspiração divina desse livro. Agora que somos capazes de produzir luz "mais pura" (polarizada e a laser), uma qualidade antes desconhecida das pedras preciosas pode ser revelada. Quando porções delgadas das pedras são expostas à luz polarizada cruzada (por exemplo, com a sobreposição de duas lentes de óculos de sol no ângulo certo), elas se dividem em duas categorias muito distintas. As pedras "isotrópicas" perdem toda a sua cor, pois seu brilho depende de raios aleatórios (e.g. diamantes, rubis e granadas). As pedras "anisotrópicas", independentemente de sua cor original, produzem todas as cores do arco-íris em padrões deslumbrantes. *Todas* as pedras da nova Jerusalém pertencem à segunda categoria! Ninguém poderia ter esse conhecimento quando Apocalipse foi escrito – exceto o próprio Deus!

Outro aspecto extraordinário dessa descrição é o fato de haver, em apenas 32 versículos, 50 alusões ao Antigo Testamento (principalmente Gênesis, Salmos, Isaías, Ezequiel e Zacarias). Cada característica é, na realidade, o cumprimento das esperanças dos judeus expressas em profecia. É também uma comprovação de que todas as profecias do Antigo e do Novo Testamento se originam da mesma fonte (1Pedro 1.11; 2Pedro 1.21). Apocalipse é o clímax e a conclusão de toda a Bíblia.

Quando o enfoque da demonstração angelical passa a ser a vida desfrutada pelos habitantes da cidade, encontramos algumas surpresas. Talvez o maior contraste com a "velha" Jerusalém seja a ausência de um prestigioso templo que concentre a adoração em um local específico (ou em um tempo determinado?). Toda a cidade é templo de Deus, onde os remidos "o servem dia e noite" (Apocalipse 7.15), o que sugere que o trabalho e a adoração se harmonizam outra vez, como acontecia com Adão (Gênesis 2.15 – Adão não foi instruído a separar um dia entre sete para a adoração).

A cidade será enriquecida com a cultura internacional (Apocalipse 21.24, 26). Jamais será contaminada pelo comportamento imoral (21.27). É por essa razão que os crentes condescendentes com o pecado correm o risco de ter seus nomes riscados do "livro da vida do Cordeiro" (3.5; 21.7-8).

O rio e a árvore da vida serão garantia contínua de saúde. Como no princípio, a alimentação será à base de frutas e não de carne (Gênesis 1.29), embora, antes disso, ninguém esteja obrigado a seguir a dieta vegetariana (Gênesis 9.3; Romanos 14.2; 1Timóteo 4.3).

Acima de tudo, os santos viverão na presença de Deus. Contemplarão de fato o seu rosto; o privilégio antes concedido a poucos (Gênesis 32.30; Êxodo 33.11) será usufruído por todos, daquele momento em diante (1Coríntios 13.12). Eles terão no próprio rosto o reflexo de Deus, seu nome escrito na testa, da mesma forma como, anteriormente, outros foram marcados com o número da "besta" (Apocalipse 13.16). Reinarão "para todo o sempre", não uns sobre os outros, mas provavelmente sobre a nova criação como foi originalmente designado (Gênesis 1.28). Dessa forma "servirão" o Criador.

É preciso enfatizar mais uma vez que os seres humanos não foram ao céu para ficar com o Senhor para sempre; é Deus quem vem à terra para desfrutar da eterna companhia de seu povo. A nova Jerusalém é, ao mesmo tempo, "tabernáculo" divino e humano – um lugar de habitação permanente.

Novamente, João precisa ser lembrado de registrar tudo por escrito. Sua distração é compreensível!

O "epílogo" (Apocalipse 22.7-21) tem muitos aspectos em comum com o "prólogo" (1.1-8). Os dois trechos usam o mesmo título para Deus e para Cristo (1.8; 22.13). Essa exortação final é totalmente trinitariana: Deus, o Cordeiro e o Espírito estão presentes.

Há uma forte ênfase na conscientização de que o tempo é curto. Jesus virá "em breve" (22.7, 12, 20). O fato de muitos séculos terem se passado desde que essas palavras foram ditas e escritas não deve nos levar à complacência; certamente estamos muito mais próximos das "coisas que em breve hão de acontecer" (22.6).

Ainda vivemos o tempo oportuno para salvação. O sedento ainda pode beber da água da vida ofertada gratuitamente

(22.17). As escolhas, contudo, devem ser feitas agora. Perto está o dia em que o rumo moral de nossas vidas será para sempre definido (22.11). Sete vezes faraó endureceu seu coração contra o Senhor, por isso Deus endureceu o coração do faraó outras três vezes (Êxodo 7–11; Romanos 9.17-18). Virá o momento em que isso acontecerá a todos os que desafiarem e desobedecerem sua vontade.

No final, há somente duas categorias de pessoas: aquelas que "lavam as suas vestes" (Apocalipse 22.14 – compare 7.14) e, portanto, entram na cidade, e as que são mantidas do lado de fora (22.15), como acontece hoje com os cães selvagens no Oriente Médio, que vivem nos arredores da cidade. Aqui, pela terceira vez, uma lista de delitos desqualificadores é incluída nesse sublime desfecho (21.8, 27; 22.15), como se aos leitores jamais fosse permitido esquecer que as glórias do futuro não lhes sobrevirão simplesmente por crerem em Jesus e pertencerem a uma igreja, mas porque "prosseguiram para o alvo, a fim de ganhar o prêmio do chamado celestial de Deus em Cristo Jesus" (Filipenses 3.14) e que se esforçaram "...para ser santos"... pois "sem santidade ninguém verá o Senhor" (Hebreus 12.14).

Outra maneira pela qual os crentes podem rejeitar esse futuro é adulterando o livro de Apocalipse, seja pelo acréscimo seja pela subtração de qualquer informação. Trata-se de uma "profecia", a palavra de Deus dada por meio de seu servo, e alterá-la de qualquer forma é cometer sacrilégio, ficando, portanto, sujeito à mais severa das punições. É improvável que os incrédulos se deem ao trabalho de fazê-lo. É muito mais plausível que seja algo feito pelos que assumem a tarefa de explicar e interpretar o seu texto a outros. Que Deus tenha misericórdia deste pobre autor caso tenha cometido tal afronta!

A mensagem final, no entanto, é positiva e pode ser resumida em uma palavra: "Venha!".

Por um lado, esse convite nos lábios da igreja é dirigido ao mundo, a "todo aquele" que responder ao Evangelho (Apocalipse 22.17 – compare João 3.16). Por outro lado, ele é dirigido ao Senhor: "Amém. Vem, Senhor Jesus" (22.20).

Esse apelo duplo é uma marca distintiva da verdadeira noiva, que é movida pelo Espírito (22.17) e está experimentando a graça do Senhor Jesus (22.21). Todos os santos exclamam "Vem!" tanto ao mundo renegado quanto ao Senhor que logo retornará.

A centralidade de Cristo

Esse último livro da Bíblia é a "revelação de Jesus Cristo" (1.1). O genitivo ("de") pode ser compreendido de duas formas: é revelação *por* ele ou *sobre* ele. É possível que esse sentido duplo seja intencional. De qualquer maneira, Jesus é o tema central da mensagem.

Se o tema é o fim do mundo, Jesus é "o fim", assim como foi "o princípio" (22.13). O plano de Deus é "fazer convergir em Cristo todas as coisas, celestiais ou terrenas" (Efésios 1.10).

Tanto o prólogo quanto o epílogo concentram-se no retorno de Jesus ao planeta Terra (1.7; 22.20). O eixo sobre o qual a história futura se desloca do pior para o melhor período é a segunda vinda (19.11-16).

"Este mesmo Jesus...voltará" (Atos 1.11). Ele é o Cordeiro de Deus que veio a primeira vez para "tirar o pecado do mundo" (João 1.29). Em todo o livro de Apocalipse, o Cordeiro "parecia ter estado morto" (5.6). Presume-se que as cicatrizes em seu corpo (cabeça, lado, costas, mãos e pés) ainda estivessem visíveis (João 20.25-27). Em Apocalipse, muitos versículos nos lembram que ele derramou seu sangue para redimir seres humanos de todas as raças e etnias (5.9; 7.14; 12.11).

No entanto, o Jesus de Apocalipse também é muito diferente do homem da Galileia. Mesmo tendo sido João seu discípulo mais chegado (João 21.20), a aparição de Jesus foi tão impressionante que João caiu como morto a seus pés (1.17). Como já mencionamos, na visão, ele tinha cabelos brancos como a lã, olhos como chama de fogo, língua afiada e pés reluzentes.

Embora encontremos breves exemplos da ira de Jesus nos Evangelhos (Marcos 3.5; 10.14; 11.15), sua incessante ira em Apocalipse aterroriza os corações dos homens, que preferirão ser esmagados por rochas que resvalam dos montes, em vez de fitar seus olhos (6.16-17). Não há um sinal do "Jesus manso e humilde" e, mesmo que esses atributos sejam discutíveis, essa descrição nesse contexto parece um tanto quanto inapropriada.

Muitos creem que Jesus pregava e praticava o pacifismo, muito embora ele tivesse afirmado: "Não pensem que vim trazer paz à terra; não vim trazer paz, mas espada" (Mateus 10.34; Lucas 12.51). É claro que suas palavras podem ser "espiritualizadas", mas não é tão fácil justificá-las em Apocalipse, pois a compreensão mais natural do final é encará-lo como um conflito físico.

Jesus desce do céu montado em um cavalo de guerra, não um jumentinho da paz (Zacarias 9.9; Apocalipse 19.11; compare 6.2). Seu manto está "tingido de sangue" (19.13), mas não de seu próprio sangue. Embora a única "espada" que empunhe seja sua língua, seu efeito é o massacre de milhares de reis, generais e homens poderosos (tanto aqueles que se voluntariaram como os que foram convocados); essa mesma língua havia, certa vez, proferido palavras que causaram a morte a uma figueira (Marcos 11.20-21).

Jesus é claramente retratado aqui como o responsável por um massacre, seguido pelos abutres que farão a limpeza! Esse retrato vívido vem como um choque aos respeitáveis adoradores acostumados a vê-lo com seu olhar benévolo, estampado nos vitrais coloridos das igrejas. Surpresa ainda maior terão os que costumam apresentá-lo em peças natalinas como um indefeso bebê no presépio. Ele jamais será assim novamente.

Jesus mudou? Sabemos que o avanço da idade abranda alguns. Outros, porém, tornam-se irritadiços e até maldosos. Isso aconteceu com ele com o passar dos séculos? Espero que não!

Não foi seu caráter ou personalidade que mudou, mas sua missão. Sua primeira vinda tinha o intuito de "buscar e salvar o que estava perdido" (Lucas 19.10). Ele não veio "para condenar o mundo, mas para que este fosse salvo por meio dele" (João 3.17). Veio oferecer aos seres humanos a oportunidade de serem libertos do poder do pecado antes de executar juízo, destruindo todo pecado. Sua segunda vinda tem o propósito oposto – destruir em vez de salvar, punir o pecado em vez de perdoá-lo, "julgar os vivos e os mortos", como declara o Credo Niceno.

A frase "Jesus ama o pecador, mas odeia o pecado" tornou-se um clichê. A primeira afirmação é percebida nitidamente em sua primeira vinda; a segunda será também evidente quando ele vier outra vez. Os que se apegam aos seus pecados devem enfrentar as consequências. Naquela ocasião, "o Filho do homem enviará os seus anjos, e eles tirarão do seu Reino tudo o que faz tropeçar e todos os que praticam o mal" (Mateus 13.41). Essa "limpeza" será tão meticulosa quanto justa. Para que seja totalmente justa, no entanto, deve ser aplicada tanto aos crentes como aos incrédulos (conforme Paulo ensina sem rodeios em Romanos 2.1-11, concluindo com "Pois em Deus não há parcialidade").

Mais uma vez, precisamos nos lembrar que o livro de Apocalipse é dirigido exclusivamente aos que passaram pelo "novo nascimento". As descrições da feroz oposição de Jesus ao pecado têm como objetivo infundir um temor saudável nos "santos", como um incentivo para que "obedeçam aos mandamentos de Deus e permaneçam fiéis a Jesus" (14.12).

Aqueles que experimentaram a graça de nosso Senhor Jesus Cristo se esquecem com facilidade que ele ainda será seu Juiz (2Coríntios 5.10). Aqueles que o conhecem como amigo e irmão (João 15.15; Hebreus 2.11) têm a tendência de ignorar seus atributos mais radicais. No mínimo, ele é digno de "louvor, e honra, e glória e poder, para todo o sempre!" (5.13).

Entre os 250 nomes e títulos concedidos a Jesus nas Escrituras, um número considerável é usado em Apocalipse e alguns estão exclusivamente aqui, não sendo encontrados em outras passagens. Ele é o Primeiro e o Último, o Princípio e o Fim, o Alfa e o Ômega. Ele é o Soberano da criação de Deus. Essa é sua *relação com o universo*. Ele esteve envolvido em sua criação, é responsável por sua continuidade e promoverá sua consumação (João 1.3; Colossenses 1.15-17; Hebreus 1.1-2).

Ele é o Leão da tribo de Judá, a Raiz (e renovo) de Davi. Essa é *sua relação com Israel, o povo escolhido de Deus*. Ele era, é e sempre será o Messias judeu.

Ele é santo e verdadeiro, fiel e verdadeiro, a testemunha fiel e verdadeira. É aquele que vive, que foi morto e vivo está para todo o sempre, que tem as chaves da morte e do *Hades*. Essa é *relação de Cristo com a igreja*. A igreja precisa lembrar-se da paixão de Jesus pela verdade, que conduz à realidade e à integridade, em oposição à hipocrisia.

Ele é o Rei dos reis, o Senhor dos senhores. É a resplandecente estrela da manhã, a única cujo brilho persiste quando todas as outras (inclusive astros da música e do cinema!) desaparecem. Essa é *a relação de Cristo com o mundo*. Um dia, a autoridade de Jesus será reconhecida em todo o universo.

Muitos desses títulos são introduzidos por uma conhecida expressão encontrada no Evangelho de João: "Eu sou". Não se trata apenas de uma afirmação pessoal. A expressão é tão semelhante ao nome por meio do qual Deus se revelou a Israel, que Jesus sofreu vários atentados e, finalmente, foi executado por referir-se a si mesmo usando o nome de Deus (João 8.58-59; Marcos 14.62-63). Seu intuito de indicar que partilhava da igualdade e da divindade com Deus confirma-se em Apocalipse, quando são atribuídos ao Pai e ao Filho exatamente os mesmos títulos, como, por exemplo, "Alfa e Ômega" (1.8 e 22.13).

O mundo está chegando ao seu fim, mas esse fim é pessoal, não impessoal. Na realidade, o fim é uma pessoa. Jesus é o fim.

Se estudamos Apocalipse com o principal objetivo de descobrir para *onde* irá o mundo, então deixamos de compreender sua mensagem central. A mensagem essencial é para *quem* o mundo irá ou, melhor, quem virá ao mundo.

Os cristãos são de fato os únicos que anseiam pelo "fim". Cada geração espera que esse fim aconteça durante sua existência. Para eles, "o fim" não é um evento, mas uma pessoa. Eles aguardam ansiosamente por "quem virá", não pelo "que acontecerá".

O penúltimo versículo (22.20) contém um resumo muito pessoal de todo o livro: "Aquele que dá testemunho destas coisas diz: 'Sim, venho em breve!' Amém. Vem, Senhor Jesus!"

As recompensas do estudo

Já comentamos que Apocalipse é o único livro da Bíblia que expressa tanto uma bênção aos que o leem quanto uma maldição aos que fazem qualquer alteração em seu conteúdo (1.3; 22.18-19). A título de resumo, vamos agora enumerar dez benefícios que resultam do estudo de sua mensagem e servem de grande auxílio aos que vivem a autêntica vida cristã.

1. A completude da Bíblia

O estudante começará a partilhar do conhecimento de Deus, que faz o fim conhecido "desde o início" (Isaías 46.10). A história está completa. O final feliz é revelado. O romance termina com o casamento, que marca o início do verdadeiro relacionamento. Sem essa revelação, a Bíblia estaria incompleta e deveria ser conhecida como a "Versão Amputada"! A notável semelhança entre a primeira e a última página das Escrituras Sagradas (e.g. a árvore da vida) é coerente com tudo que se situa entre elas.

2. Uma defesa contra a heresia

É bastante comum que certos cultos e seitas, cujos representantes vêm bater à nossa porta, se especializem em Apocalipse. Seu aparente conhecimento impressiona os cristãos, que jamais entenderam o livro principalmente pela falta de ensino (e de professores que dominem o tema). Esses cristãos são incapazes de desafiar a interpretação oferecida pelas seitas, que pode ser bastante excêntrica. O único jeito de se defender contra a heresia é ter conhecimento superior.

3. Uma interpretação da história

Uma noção superficial dos temas atuais pode impedir qualquer pessoa de discernir o rumo a seguir. Ciente de que os eventos futuros são precedidos por sinais, o cristão que estuda Apocalipse encontrará espantosa equivalência com os acontecimentos em âmbito mundial, que claramente rumam para o estabelecimento de um governo mundial, com uma moeda mundial. Qualquer pregador que exponha o livro sistematicamente receberá de seus ouvintes muitos links de matérias de jornal relacionadas e relevantes.

4. Uma esperança bem fundamentada
Tudo segue conforme o plano – o plano de Deus. Ele ainda está no trono, dirigindo os acontecimentos que rumam ao fim – Jesus. Apocalipse nos assegura que o bem triunfará sobre o mal, que Cristo derrotará Satanás e os santos um dia governarão o mundo. Nosso planeta será limpo de toda poluição, tanto física quanto moral. Até o universo será reciclado. A esperança de que todas essas coisas acontecerão é a "âncora da alma" nas tempestades da vida (Hebreus 6.19). O paganismo, o secularismo e o humanismo apenas parecem ganhar terreno; seus dias estão contados.

5. Uma razão para evangelizar
Não há apresentação mais clara das alternativas de destino para a raça humana – novo céu e nova terra ou o lago de fogo; regozijo ou tormento eternos. A oportunidade de escolher não durará eternamente. O Dia do Juízo chegará e cada indivíduo da raça humana deverá responder por seus atos. "Quem tiver sede, venha; e quem quiser, beba de graça da água da vida" (22.17). O convite – "Venha!" – é apresentado em conjunto pelo Espírito e pela noiva [i.e. a igreja]".

6. Um estímulo à adoração
O livro de Apocalipse está repleto de adoração em cânticos e brados de muitas vozes. Há 11 cânticos principais que têm inspirado muitos outros hinos ao longo dos tempos, desde *O Messias*, de Handel, até *Vencendo vem Jesus* ("Já refulge a glória eterna de Jesus, o Rei dos reis"). A adoração é direcionada a Deus e ao Cordeiro, não ao Espírito; e jamais aos anjos. "Como os anjos, que O louvam, Eu também O louvarei".

7. Um antídoto contra o mundanismo

É muito fácil ter uma "mente centrada nas coisas terrenas". Como nos lembra o poeta William Wordsworth [tradução livre]:

> O mundo está impregnado em nós, estamos atrasados ou adiantados,
>
> Ganhando e gastando, esgotamos nossas forças, exauridos,
>
> Não há do que se orgulhar, pois, da Natureza, fomos destituídos.

Apocalipse nos ensina a pensar mais no lar eterno do que na "casa ideal" e transitória, mais em nosso corpo ressurreto do que no envelhecimento de nossa carcaça.

8. Um incentivo à retidão

A vontade de Deus para nós é: santidade hoje e felicidade na vida futura. Não o contrário, como muitos cristãos entendem a vontade de Deus. A santidade é essencial para que possamos sobreviver o sofrimento do presente, vencer a tentação interior e a perseguição exterior. Apocalipse nos desperta de nossa frouxidão, complacência e indiferença, lembrando-nos de que Deus é "santo, santo, santo" (4.8) e que, quando Jesus voltar, somente os "santos participarão da primeira ressurreição (20.6). Todo o livro e, principalmente, as sete cartas do início confirmam o princípio de que "sem santidade ninguém verá o Senhor" (Hebreus 12.14).

9. Uma preparação para a perseguição

Essa, certamente, é a razão fundamental para que o livro de Apocalipse fosse escrito. Sua mensagem é clara aos cristãos que estão sofrendo por sua fé, encorajando-os a "perseverar" e "vencer", preservando assim seus nomes no Livro da Vida e sua herança na nova criação. Jesus previu que seus seguidores seriam odiados de todas as nações antes que viesse o fim (Mateus 24.9). Portanto, todos nós temos de estar preparados.

Leitor, se o seu país ainda não sofre com a perseguição, saiba que ela certamente virá. E Jesus também virá, diante de quem os covardes serão "vergonhosamente expostos" (16.15) e condenados ao inferno (21.8).

10. Um entendimento a respeito de Cristo
Com Apocalipse, a imagem de nosso Senhor e Salvador está completa. Sem esse livro, o retrato seria desequilibrado, até distorcido. Se os Evangelhos o apresentam em seu papel de profeta e as Epístolas o mostram como sacerdote, em Apocalipse afirma-se sua posição de Rei, o Rei dos reis e o Senhor dos senhores. Em Apocalipse, vemos o Cristo que o mundo nunca viu, mas que um dia verá; o Cristo que os cristãos hoje veem pela fé e um dia verão face a face.

Depois de estudar Apocalipse, ninguém consegue ser o mesmo. A mensagem do livro, contudo, pode ser esquecida. É por essa razão que sua bênção não está reservada somente aos que leem, mesmo em voz alta a outros, mas aos que "guardam" o seu conteúdo. É importante que a mensagem não seja apenas levada ao coração e à mente, mas também colocada em prática. "Sejam praticantes da palavra, e não apenas ouvintes, enganando-se a si mesmos" (Tiago 1.22).

59.
O MILÊNIO

Infelizmente, o capítulo 20 de Apocalipse tem causado profundas divisões entre os cristãos. São tão divergentes as interpretações que, para não prejudicar a unidade, estabeleceu-se o consenso de não tocar no assunto.

Os leitores devem ter ouvido a respeito dos três principais pontos de vista: *a*-milenista, *pré*-milenista e *pós*-milenista – mas há outras variações.

Alguns tendem a tratar toda a questão como acadêmica, especulativa e irrelevante e, por isso, criaram um novo rótulo: *pan*-milenista (nós não sabemos qual visão do Milênio está correta, mas sabemos que tudo vai ficar bem no final).

No entanto, a esperança é parte tão integrante da vida cristã quanto o são a fé e o amor. Nossa certeza em relação aos eventos futuros afeta profundamente nossa atitude no presente. Nossas convicções "milenistas" influenciam nosso evangelismo e nossa ação social.

Nossas esperanças para *este* mundo são particularmente cruciais. O mundo só pode piorar ou tem chances de melhorar? A volta de Jesus a este planeta trará algum efeito benéfico ou simplesmente causará sua destruição? Ele virá para julgar as nações ou para reinar sobre elas? E por que trará consigo todos os cristãos que partiram (1Tessalonicenses 4.14)?

O Senhor não revela o futuro para satisfazer nossa curiosidade ou conceder-nos um conhecimento superior. Ele o faz a fim de que possamos nos preparar para enfrentar esses desafios. A convicção de que reinaremos com Cristo sobre este mundo deve nos levar a viver de forma mais responsável hoje.

Precisamos examinar o texto em seu próprio contexto; em seguida indagar quando surgiram interpretações tão divergentes e o que as motivou; e, finalmente, fazer uma análise e chegar a uma conclusão.

A exposição bíblica

Os versículos 1-10 do capítulo 20 de Apocalipse são o ponto central de todo o debate. Antes de tentar tirar conclusões, é importante verificar o que está claramente indicado no texto.

A característica mais notável são as seis repetições do termo "mil anos" – três delas precedidas pelo artigo definido "os". A ênfase é inconfundível. Quer encaremos a expressão em seu sentido literal ou metafórico, é evidente que ela representa um período de tempo estendido, como concorda a maioria dos comentaristas. Trata-se de uma era, uma época.

Surpreendentemente, há poucas informações a respeito desse período de tempo. Na verdade, apenas três eventos são mencionados. Um deles no início, outro no fim e uma situação contínua entre os dois. Os acontecimentos inicial e final se referem a Satanás, enquanto a seção contínua diz respeito aos santos.

O Milênio começa com a remoção completa do diabo da cena terrena. Desce do céu um anjo com uma grande corrente para prender Satanás – ele é aprisionado, acorrentado, lançado, trancado e recebe um selo. As cinco ações enfatizam a total impotência do diabo, confirmada pela clara afirmação de que é chegado o fim de sua carreira de enganador – mas somente durante o Milênio. Ele não é lançado no lago de fogo (ainda!), mas é aprisionado com segurança no "abismo" – muitos entendem que se trata de um lugar subterrâneo, fora do alcance e do contato com os seres viventes que habitam o planeta.

Tanto o banimento de Satanás como a ausência de seus dois escudeiros – o anticristo e o falso profeta (ou as duas "bestas" de Apocalipse 13) – que foram lançados no lago de fogo anteriormente deixarão o mundo sem governo, em um vácuo político.

Na segunda parte dessa visão milenista, João vê "tronos" (plural somente aqui e em 4.4), ocupados por aqueles aos quais foi concedida autoridade para "julgar" (i.e. solucionar conflitos, manter a lei e a ordem, aplicar a justiça). Nesse grupo maior, ele observa, em particular, aqueles que foram martirizados por terem se recusado a adorar o anticristo ou a receber seu número (666). Que maravilhosa inversão de sua antiga situação!

Obviamente, esse grupo menor de mártires faz parte do grupo maior, e ambos retornaram da morte. Eles "voltaram a viver" para reinar com Cristo durante o Milênio. A descrição específica é "ressurreição" – substantivo usado em toda a Bíblia somente em referência a corpos físicos. Sabemos que aqueles que pertencem a Cristo são, portanto, ressuscitados na sua vinda (1Coríntios 15.23). São "felizes e santos" por terem ressuscitado, tornam-se sacerdotes reais no Milênio e a "segunda morte" não tem poder sobre eles (o "lago de fogo", isto é, o inferno).

Nessa passagem, há uma distinção muito clara entre essa "primeira ressurreição" dos santos e a ressurreição do "restante" da raça humana. Os dois eventos são separados durante todo o Milênio. As duas ressurreições também têm objetivos completamente distintos. Uma é reinar com Cristo, a outra é enfrentar o julgamento (20.12).

A terceira seção dessa visão nos leva ao final do Milênio – Satanás aprisionado (1-3), os santos reinando (4-6) e Satanás solto (7-10). Trata-se de um desdobramento espantoso – facilmente visto como revelação divina, algo que a imaginação humana não poderia conceber! Quem teria imaginado que ao diabo seria permitido retornar à terra para uma segunda (e derradeira) tentativa de reivindicá-la como seu reino! No entanto, ele é novamente capaz de levar multidões a acreditar em seu poder de lhes conceder liberdade, e, para isso, convoca um vasto exército para marchar contra o "acampamento dos santos, a cidade amada" (certamente uma referência a Jerusalém). As forças recebem os nomes de "Gogue e Magogue" (em Ezequiel sabemos que se referem a um ataque ao trono restaurado de Davi), e esse ataque não deve ser confundido com o Armagedom (19.19-21). Não há batalha alguma. Os exércitos são destruídos pelo fogo do céu e o diabo finalmente é lançado no inferno, juntamente com o anticristo e o falso profeta, onde será atormentado eternamente (a frase do grego "para todo o sempre" não pode significar menos).

O texto não explica porque o diabo tem permissão para tentar sua última jogada, após a humanidade ter experimentado os benefícios de viver sob um governo de justiça. Servirá, no entanto, para enfatizar a verdade de que a rebelião do pecado vem do coração e não do ambiente externo e para justificar a divisão imediata da raça humana em dois grupos – os que desejam viver sob o governo divino e os que não têm esse desejo. O Milênio leva diretamente ao Dia do Juízo Final, quando ocorre essa separação final.

Duas perguntas ainda precisam de respostas e são cruciais para que entendamos a razão de tanta controvérsia sobre o Milênio. São elas:

ONDE tudo isso acontece?
QUANDO tudo isso acontece?

"A revelação de Jesus Cristo" registrada nesse livro, na forma de elementos audíveis ("ouvi") e visuais ("vi"), alterna entre os ambientes do céu e da terra, relacionando eventos nos dois locais. As mudanças de cena, contudo, são indicadas de forma clara (4.1; 12.13).

Está claro que os eventos descritos no trecho que vai de 19.11 a 20.11 se passam na terra. Os céus se abrem e o Rei dos reis desce em seu cavalo para "ferir as nações" da terra; a batalha contra as forças do anticristo e do falso profeta é travada na terra; o anjo "desce do céu" para banir da terra Satanás; os mártires "reinam com Cristo", que agora está na terra; Satanás finalmente reúne seus exércitos, "Gogue e Magogue", "dos quatro cantos da terra"; a terra finalmente "foge da presença daquele que se assenta no grande trono branco".

É um erro evitar a conclusão de que o Milênio acontece na terra. O "céu" é mencionado somente quando alguém "desce" de lá para vir à terra. Assim, respondemos à pergunta: "Onde?".

A pergunta "Quando?" teria uma resposta igualmente clara se, na Idade Média, a palavra de Deus não tivesse sido dividida em capítulos. Essa segmentação [em capítulos e versículos] pode ser conveniente, mas às vezes o texto é dividido no lugar errado, separando assim o que Deus planejou que estivesse junto. Isso é particularmente evidente aqui. O bispo que inseriu "20" no texto obviamente não temia a maldição sobre os que "acrescentassem algo à profecia deste livro" (22.18). Também não imaginava o dano que causaria, embora sua decisão provavelmente reflita a própria interpretação, como veremos.

Quando os três capítulos 19, 20 e 21 são lidos como uma revelação contínua, conforme o Senhor planejou, a sequência das sete visões (desde "Vi" em 19.11 até 21.1) torna-se clara. Elas revelam os eventos finais da história do mundo, na ordem em que eles se sucedem (por exemplo, 20.10 refere-se a 19.20 como algo já ocorrido). Dividir as visões em três capítulos significa que elas raramente são lidas, muito menos, estudadas em conjunto. Perde-se a noção de sequência. E o resultado é que os eventos podem ser manipulados em uma ordem muito diferente.

Qualquer pessoa que leia Apocalipse sem qualquer predisposição mental e sem permitir que a divisão de capítulos exerça qualquer influência presumirá naturalmente que o Milênio *sucede dois eventos:* o retorno de Cristo e a batalha de Armagedom, e *precede* o Dia do Juízo e o novo céu e a nova terra. Esse é o sentido simples e claro do texto.

A passagem, portanto, parece revelar um período extenso de governo cristão nesta terra depois que Cristo retornar e ressuscitar os seus seguidores dentre os mortos, porém antes de julgar o mundo definitivamente. Por que os cristãos não creem logo nisso – e se alegram com expectativa de ser parte da grande transformação que o retorno de Cristo ocasionará?

A interpretação histórica

Durante os primeiros cinco séculos, a igreja aparentemente concordava com a interpretação acima. Mais de uma dezena dos "pais da igreja", como são chamados os primeiros teólogos, mencionam o que Pápias, bispo de Hierápolis, batizou de "o reinado corpóreo de Cristo na terra" [o reinado que se fixará fisicamente na terra]. Não há indicação de qualquer outro ponto de vista, muito menos de algum debate sobre o tema. Eles aceitavam que o texto bíblico, seja sobre o Milênio seja sobre outras questões, deveria ser entendido da forma como se apresenta.

Essa posição, aparentemente universal na igreja primitiva, é mais conhecida como pré-milenista, pois sustenta que Jesus voltará *antes* (i.e. "pré") do Milênio descrito em Apocalipse 20.

A mudança ocorreu através de Agostinho, bispo norte-africano que, mais do que qualquer outra pessoa, exerceu forte influência na teologia "ocidental" – católica e protestante. Ele começou com a perspectiva pré-milenista, porém mais tarde permitiu que sua educação grega (neo-platônica) interferisse em seu pensamento não apenas sobre esse aspecto, mas sobre muitos outros aspectos da fé e do comportamento cristão.

O problema básico era que o pensamento grego, diferente do pensamento hebraico das Escrituras, separava o mundo espiritual do físico e inclinava-se a identificar o primeiro como santo e o último como pecaminoso. O sexo, mesmo dentro do casamento, passou a ser encarado como pecaminoso e a consequência foi o celibato clerical.

Inevitavelmente, o retorno corpóreo de Jesus para reinar sobre a terra física tornou-se um tema difícil, e é possível que tenha havido uma reação à pregação exageradamente permissiva dos prazeres físicos na terra durante o Milênio. Basta dizer que até mesmo a "nova terra" ficou fadada ao desaparecimento e os cristãos passaram a ansiar somente por "ir para o céu". A segunda vinda de Jesus ficou restrita ao julgamento de "vivos e mortos" e à destruição da terra (na realidade, em Apocalipse 20 a ordem é inversa). O Concílio de Éfeso em 431 d.C. sofreu tão forte influência dessa nova abordagem que condenou o pré-milenismo como uma heresia, o que o passou a ser encarado como duvidoso desde então!

O que devemos fazer com o capítulo 20 de Apocalipse? Ele continua sendo parte da palavra de Deus e não podemos nos dar ao luxo de ignorá-lo. A solução mais simples é transferir o Milênio para antes da volta de Cristo e alegar que o capítulo 20 precede o 19 no curso da história, mesmo que não esteja dessa forma nas Escrituras! O capítulo 20 encobre uma "recapitulação" de eventos que culminam na segunda vinda. Ele pertence à história da igreja no presente, não no futuro.

A rigor, a igreja abriu mão da posição pré-milenista para assumir uma visão pós-milenista, pois defende a ideia de que Jesus retornará *depois* (i.e. "pós") do Milênio descrito em Apocalipse 20!

No entanto, podemos observar uma ambiguidade nessa visão, que conduz a divisões ainda maiores. Agostinho não explicou claramente se esse novo Milênio seria um reinado dos santos com Cristo puramente na esfera *espiritual* (algo que, de certa forma, poderia ser aplicado a toda a história da igreja, entre a primeira e a segunda vinda de Cristo) ou se também seria no âmbito *político* (uma igreja capacitada para assumir o governo das nações em nome de Cristo). Seu livro *A Cidade de Deus*, escrito quando o império romano entrava em colapso, não deixa claro se ele esperava que o "Reino de Deus" se manifestasse a partir de Roma (o que virtualmente aconteceu) ou que meramente sobrevivesse e se desenvolvesse apesar da catástrofe. Isso tornou possível o surgimento de duas escolas de pensamento, ambas alegando estar fundamentadas em Agostinho.

De um lado estão aqueles que acreditam que a igreja "cristianizará" o mundo, não por meio da conversão de todos, mas pela conquista de poder político que lhes permitirá aplicar as leis de Deus e consequentemente os preparará para a introdução de um período extenso (talvez mil anos literalmente) de paz e prosperidade universal. A segunda vinda ficaria relegada a um futuro remoto, visto que esse Milênio ainda nem começou e, na verdade, parece estar mais distante do que nunca. Essa ideia tem reaparecido com frequência – nos hinos vitorianos que coincidem com a expansão de um império britânico "cristão", por exemplo; e, mais recentemente, sob rótulos como Restauração, Reconstrução e até Reavivamento. Essa perspectiva otimista reivindica o uso exclusivo do adjetivo "pós-milenista".

Por outro lado, aqueles que creem que o "reino" de Jesus e de seus santos seja puramente espiritual e que teve início na primeira vinda e continuará até a segunda foram obrigados a encontrar um novo título que refletisse sua posição e, assim, escolheram o termo "a-milenista". O nome é, ao mesmo tempo, inexato e enganoso, visto que o prefixo "a-" significa "sem" (como em "amoral"). É ainda pós-milenista por acreditar que o Milênio corresponde a um período de tempo *anterior* ao retorno de Cristo, mas apenas distingue-se de outros "pós-milenistas" por crer que *já* estamos no Milênio há dois mil anos!

Essa visão, cuja origem passa pelos reformadores protestantes até Agostinho, é provavelmente a mais comum na Europa, embora isso não ocorra na América do Norte, como veremos. Vale a pena fazer uma pausa para observar como os que a defendem abordam Apocalipse 20.

Muitas mudanças sutis precisam ser feitas [para nos convencer de que já estamos vivendo no Milênio]. O "anjo" que lida com Satanás torna-se o próprio Jesus, a "prisão" ocorre no momento da tentação no deserto ou na crucificação. Satanás é preso, porém não é banido. Uma longa corrente apenas limita seus movimentos ("lançado", "fechado" e "selado" são verbos descartados, considerados sem significado). O "limite" das atividades de Satanás costuma ser entendido apenas como certa inabilidade de evitar que o evangelho seja proclamado e a igreja, edificada. Ele permanece na terra e não é lançado no "abismo". Os que foram martirizados pelo anticristo representam todos os santos, em todas as eras, reinando no céu com Jesus. A "volta à vida" na "primeira ressurreição" pode ter acontecido no momento da conversão de um crente (ressuscitados da "morte" do pecado) ou quando de sua ida ao céu na ocasião de sua morte – porém nada acontece com seu corpo. No entanto, o remanescente que "volta a viver" (mesma expressão no mesmo contexto) é uma referência *sim* a corpos ressurretos! Em todas as seis ocorrências, os eventos relacionados aos "mil anos" já duram pelo menos dois mil anos até agora.

E a lista continua. O leitor deve ter bom senso para julgar se essa abordagem apresenta boa exegese (ler nas Escrituras o que realmente está lá) ou má exegese (ler nas Escrituras o que se deseja encontrar ali). Este autor considera tal interpretação absolutamente pouco convincente.

Outro importante desdobramento na discussão sobre o Milênio precisa de nossa atenção, no mínimo por ser um conceito amplamente defendido na América do Norte, embora tenha surgido na Europa, nos ensinamentos de John Nelson Darby, fundador do movimento Brethren [Irmãos]. A visão popularizou-se por meio de seu discípulo, um advogado americano chamado Dr. C. I. Scofield, criador da Bíblia "Scofield", e de um seminário em Dallas, Texas, particularmente, de um de seus ex-alunos, Hal Lindsey.

O aspecto positivo é que, desde o início do século 19, muitos foram reconduzidos à convicção pré-milenista da igreja primitiva. Ela nunca desapareceu por completo (Isaac Newton a defendia) e outros viriam a redescobri-la, entre eles os bispos anglicanos Ryle, Westcott e Hort. A mais importante influência, contudo, veio através do movimento Brethren.

O aspecto negativo é que Darby mesclou alguns conceitos novos a essa antiga perspectiva, gerando um sistema teológico completo, conhecido atualmente como Dispensacionalismo: ele dividiu a história em sete eras, ou dispensações, nas quais Deus dispensou sua graça aos homens de formas diferentes. Ele ensinava que a condição da igreja era de ruína irrecuperável; que os judeus eram o povo "terreno" de Deus e os cristãos, seu povo "celestial", mantidos separados por toda a eternidade, e acima de tudo, que Cristo voltaria *duas vezes*: em uma delas, secreta, ele arrebataria sua igreja antes da Grande Tribulação; na outra, pública, ele viria para governar o mundo. Seu cronograma detalhado do futuro também incluía quatro julgamentos distintos.

Tragicamente, tudo estava integrado de forma tão rigorosa que muitos acreditam que uma convicção pré-milenista deve ser "dispensacionalista". Entendem que se rejeitarem a visão dispensacionalista estão rejeitando a visão pré-milenista! Isso, no entanto, é jogar o bebê fora junto com a água do banho (uma expressão antiga que se refere ao tempo em que todos os membros da família tomavam banho na mesma água da tina e que, no final, a água estava tão turva que o último ocupante não seria percebido!)

É necessário, portanto, distinguir claramente entre o pré-milenismo "clássico" da igreja primitiva e o pré-milenismo "dispensacionalista" de muitos evangélicos e pentecostais modernos. Um número pequeno, porém crescente de estudiosos da Bíblia, já percebe isto (George Eldon Ladd e Merril Tenney foram os primeiros).

Uma conclusão pessoal

Encerrarei esse Apêndice expondo as razões pelas quais sou um "pré-milenista clássico" na interpretação de Apocalipse 20.

1. É a interpretação mais natural, sem qualquer distorção do texto.
2. Oferece a explicação mais satisfatória da razão pela qual Jesus precisa voltar e nos levar com ele.
3. É a visão que mais enfatiza a expectativa esperançosa de seu retorno.
4. Explica por que Deus escolheria vindicar seu Filho aos olhos de todo o mundo.
5. "Aterrissa" nosso futuro, assim como faz todo o Novo Testamento, sendo o céu uma sala de espera até que retornemos.
6. É realista, evitando o pós-otimismo e o a-pessimismo, segundo os padrões deste mundo.

7. Apresenta menos problemas do que as outras visões, embora ainda deixe algumas perguntas sem resposta.
8. É o que a igreja primitiva acreditava de forma unânime, sendo que eles estavam mais próximos dos apóstolos.

Pelas razões acima, posso orar, com propósito e anseio verdadeiros: "Venha o teu reino... assim na terra como no céu". Observação: Toda essa questão é discutida com maior profundidade e mais detalhes em "The Millenium Muddle" [A confusão em torno do Milênio], a quarta seção de meu livro *When Jesus Returns*.

www.ingramcontent.com/pod-product-compliance
Lightning Source LLC
Chambersburg PA
CBHW071113080526
44587CB00013B/1321